U0829260

The Brethren: Inside the Supreme Court

隐秘的江湖

美国联邦最高法院要案审理内幕

[美] 鲍勃·伍德沃德
[美] 斯科特·阿姆斯特朗 / 著
于鹏 / 译

中国法制出版社
CHINA LEGAL PUBLISHING HOUSE

谨将此书献给《华盛顿邮报》公司董事局主席凯瑟琳·格雷厄姆，因其对新闻独立以及美国《宪法》第一修正案毫不动摇的坚守。同时将此书献给我们的子女塔利、塞恩和特蕾西。

Preface
序

在全面推进依法治国的大背景下，新一轮的司法改革取得了重要突破，特别在建立司法责任制，推行“审理者裁判、裁判者负责”，破除司法地方化、行政化，实现司法公正方面，迈出了坚实的步伐，为建立公正、高效、权威的中国司法制度奠定了坚实基础。

太平洋的彼岸，是自诩为“最民主、最自由”并有着强烈“天赋使命感”的“山巅之国”美国。在诸多为美国人引以为傲的制度设计中，司法制度无疑是最显眼的一个，而美国联邦和州两套法院体系的设计，尤具特色。1803 年的“马伯里诉麦迪逊”案确立了联邦最高法院的宪法解释权，使得美国联邦最高法院在美国政治、经济、文化和社会生活的方方面面举足轻重。然而，正如中国民间俗语所说，有人的地方就有江湖，从这个视角来看，联邦最高法院这个江湖是怎样一道风景呢?

美国联邦最高法院于 1790 年根据《美利坚合众国宪法》成立。如果不算上英国的枢密院，这应该是欧美最古老的最高法院了。联邦最高法院是美国联邦法院系统内级别最高的审判机关，在美国拥有至高无上的权力和权威。两百多年年来，无论是在建国初期的拓荒年代，风雨飘摇的内战前后，还是在风起云涌的民权运动时期以及日新月异的当代，最高法院一直是美国宪政国家的基石和捍卫者。远如司法审查制度的确立、种族隔离制度的废除，近如奥巴马政府医改政策的实施、同性婚姻合法化，一系列由最高法院作出的判决深刻影响着美国的公共政策、政治生活、社会生活和公民权利。

美国联邦最高法院由九位大法官组成，其中一位充任首席大法官，现任首席大法官是约翰·罗伯茨（John G. Roberts Jr）。大法官均由总统提名，且需经参议院通过后才能获得任命。为保障司法独立，大法官实行任期终身制，无需定期重选，非经国会弹劾也不得被免职。最高法院作出的判决在全国范围内产生拘束力，并且，最高法院还享有特殊的司法审查（judicial review）权，即有权审查联邦或州的立法或行政行为是否违宪。有关美国最高法院的作用，托克维尔在《论美国的民主》中曾有过精彩的论述："联邦的安定、繁荣和生存本身全系于七位联邦法官之手，没有他们，宪法只是一纸空文。行政权依靠他们去抵制立法机构的侵犯，而立法机构则依靠他们使自己不受行政权的进攻。联邦依靠他们使各州服从，而各州则依靠他们抵制联邦的过份要求。公共利益依靠他们去抵制私人利益，而私人利益则依靠他们去抵制公共利益。保守派依靠他们去抵制民主派的放纵，民主派则依靠他们去抵制保守派的顽固。他们的权力是巨大的，但这是受到舆论支持的权力。只要人民同意服从法律，他们就力大无穷；而如果人民忽视法律，他们就无能为力。"

但是，这样一个位高权重的机构的内部运作机制很长时间以来却一直隐藏在公众的视野之外。除了开庭审理，公众对最高法院的运行状况知之甚少，最高法院整体上来说也不受公众审查。大法官就职后，其与公众的接触途径不过是在少数公开仪式上的露面。他们很少接受访谈，一般情况下被禁止与媒体接触，在极少数个别谈话的场合也鲜少触及个案的具体情况和其司法立场。至于法官助理和最高法院其他工作人员，更是在入职之初就被告诫要严格遵守保密原则，不得向外界透露法院的工作内情。由于内部运作机制不透明，最高法院被蒙上了一层神秘的面纱。通常，周五的下午，最高法院的九位大法官会在华盛顿一间秘密的房间聚集。这场每周一次的例行会议可能是这个国家最至关重要，也是最神秘的会议。大法官们闭门讨论案情，甚至连他们的助理们也不允许进入。很多事关这个国家前途命运的重大争议，就在这里以这种方式被讨论决定。无怪乎美国全国公共广播电台（NPR）的法律事务记者妮娜·托特伯格（Nina Totenberg）在《纽约时代》杂志上撰文说："没有什么机构比最高法院更像一个秘密社团，从来听不到一个大法官披露有关工作的细节，法院的职员也发誓信守秘密，最后写成的判决被看作是大法官们为自己的表达。最高法院可真是政府机构中责任最少的一个。"

在这样的背景下，《最隐秘的江湖：美国联邦最高法院探行》甫一出版，就引发了美国各界的热烈讨论，被《洛杉矶时报》称为“有关联邦最高法院的最有争议的书”。这本书以1969年至1975年沃伦·伯格任职首席大法官的最高法院为背景，记录了这一时期美国司法史上具有里程碑意义的若干重大案件，如废除学校种族隔离案、堕胎案、死刑存废案、水门事件案等。之所以引发了诸多争议，是因为该书首次开启了最高法院的神秘之门。通过作者的描述，读者得以窥见一个真实、生动、前所未闻的最高法院。在案件审理过程中每个大法官的倾向和动机，不同意见之间的碰撞、协调和妥协，大法官们的司法理念、政治派别乃至个人偏好对判决意见的影响，在判决形成过程中法官助理起到的推波助澜的作用等，都淋漓尽致地展现在读者眼前。从大法官的选任到案件的受理、从审理案件到撰写判决意见，笼罩在最高法院之外的神秘面纱被层层揭开。正因如此，美国《商业周刊》将该书誉为“第一本解密世界上最重要的法院——美国联邦最高法院——的内幕报道”。更有人称之为“美国最高法院研究的开山之作”。

该书作者之一鲍勃·伍德沃德（Bob Woodward），是当年揭发尼克松水门案丑闻的主要记者。为了写作该书，作者对包括数位最高法院大法官、一百七十多位前法官助理以及几十位最高法院前雇员等在内的两百多名相关人员进行了采访，搜集了丰富的从未公开过的第一手资料。如作者所言，“本书最为核心的文件材料均来自尚未公开的资料”，作者“获取了大量的大法官的内部备忘录、信件、讨论会上随手写下的记录、案件分配表、日记、未公开的判决意见草拟稿，几个判决意见草拟稿甚至从未在大法官之间传阅”。根据作者在该书前言中所言，在书中所描述的最高法院七个庭期中，每个庭期在每个大法官办公室，作者都至少寻找到1-4个可靠的信息来源。所有书中引用的文件，都有原件或复印件佐证。只是因为该书出版之际，为作者提供第一手信息的大法官们仍然在任，他们的姓名并未在书中披露。后来，随着大法官们先后离世，他们的名字才最终得以揭晓，他们是：波特·斯图尔特大法官、路易斯·鲍威尔大法官、哈里·布莱克蒙大法官。

正是基于作者全面、翔实、可靠的资料收集工作，我们得以窥见最高法院运作过程中最为真实、生动的一面。在书中，最高法院的大法官们不再是不苟言笑、超凡脱俗、高高在上如神一般的存在，而更像是生活中的普通人，个性鲜明，有自己的喜怒哀乐。哈伦的严谨、博学和学者风范，伯格的狭隘、小心眼；道格拉斯的坚守，布莱克蒙出入最高法院时的小心翼翼、忐忑不安……美国司法系统中最为神秘的群体，如此栩栩如生地呈现在读者面前。颇为有趣的是，作者在书中还描写了大法官们许多鲜为人知的生活细节，完美呈现了大法官褪去光环之后更为真实的另一面。例如，书中的斯图尔特除了是最高法院的大法官，还是个棒球迷，是辛辛那提红人队的粉丝。他的钱夹里经常会有一张折角的报纸，上面有经过计算得出的红人队每一局棒球比赛得分的可能性。甚至，当在法官席上听审言辞辩论时，他也会要求助理将红人队季后赛每局比赛的结果传给他。

《最隐秘的江湖：美国联邦最高法院探行》自上个世纪70年代中后期首次出版发行后，在美国至今畅销不衰。其中译本也不断推陈出新，一版再版。之所以历久弥新，真实性是其能够焕发出长久生命力之源泉所在。美国最高法院的历任大法官们，运用其司法智慧，传承历史，顺应现实，充分发挥了司法对社会生活和公共政策的影响力，塑造了美国的法治形象和社会形象。司法的公正和独立是民主法治的根基，虽然司法的公正和独立并不意味着法院可以无视社会和政治现实作出判决，但对于法治的真诚信仰，只向法律低头的信念，应该成为每个司法者的坚定操守。考察美国的最高法院制度，探寻最高法院在捍卫美国法治中的作用，对于我国法治建设，特别是司法体制改革也有一定的参考价值。

北京理工大学法学院的于鹏副教授早年毕业于复旦大学外语系，后来又分别在中国人民大学、中国政法大学获得了法律硕士、法学博士学位，在法学研究和教学方面取得了优异的成绩，尤其是在法律翻译方面功底扎实，文笔流畅，遣词造句颇见功力。这本《最隐秘的江湖：美国联邦最高法院探行》是其新近的译作，这本书虽然有过两部汉语译本，但因译者个人的专业背景、视角等因素，在翻译特色方面仍存在一些区别，希望这一译本能对有意愿对美国司法制度进行深入了解的同道有所裨益。

是为序。

马怀德

2017年10月于北京

Author's Note
作者题记

为完成此书，有两个人耗费了和作者同样的心力。前《落基山报》的记者艾尔·卡门帮助我们报道、撰写和编辑了本书。他起到了缓冲器的作用，是我们之间的主要协调人。他认真的态度、质疑的精神和正义感，对此书贡献巨大。没有人像他那样将给予我们如此多的智慧、忍耐、机智、耐心和友谊。

现任《华盛顿邮报》记者本杰明·维斯在调研、撰写、编辑和报道本书方面给予了我们帮助。他是一个尽心尽力、足智多谋的助手。没有人比他更忠诚，更值得信赖。

本书不仅属于我们，也属于他们。

Introduction
前　言

美国最高法院是美国级别最高的法院，是美国司法体系内最终的上诉法院。近两个世纪以来，该法院对宪法进行解释，并且判决了美国最引人注目的法律争议。事实上，美国社会每一件具有深远意义的事件最终都会到达最高法院。其判决最终会影响到每个公民的权利和自由——无论他是穷人、富人、黑人、印第安人、孕妇、被指控的罪犯、死囚、报刊出版人、色情文学作家、环保主义者、商人、棒球选手、服刑者还是总统。

近两百年来，最高法院的判决都是绝对秘密作出的，只是以正式的书面判决的形式将其公布。只有这些终局的、不可复审的判决被公之于众。没有哪个美国机构可以如此完全控制公众了解它的方式。最高法院对判决的评议过程——法院内部的争论、大法官们踌躇的立场、初步投票、书面判决各种版本的草拟稿、协商、对峙和妥协——都隐藏在公众的视野之外。

最高法院已经设计并逐步形成了特定的传统和规则以确保评议过程的秘密性，其中大部分是非书面形式的。之前试图描述最高法院内部工作机制的少数几次尝试，要么是特定法官的传记，要么是对特定案件历史的记录。但它们是在事件发生多年后，通常是数十年后才被公之于众，或者仅反映了少数大法官的观点。

最近一段时期的历史，尤其是包含越战和“水门事件”连锁丑闻那段时期的历史表明，裁决作出的详细步骤、裁判者隐藏的动机可能和最终的裁决具有同等的重要性。但与国会和总统不同，最高法院总体上不受公众审查。并且因为最高法院成员任期终身制，无须定期重选，最高法院并不倾向于将其裁决过程公之于众。公众对最高法院法官知之甚少，当其就职后，其出现在公众面前的途径也仅局限于最高法院的公开判决，或者是在公开仪式上露面。

《隐秘的江湖》一书是对1969年至1976年，即沃伦·E.伯格作为美国最高法院首席大法官任期的最初7年内部运行机制的记录。为保证我们的调查不会干扰最高法院正在进行的工作，我们将调查局限在上述时期。我们没有向被采访者了解任何1976年之后上诉至最高法院的案件的情况。

我们选择检视当代最高法院，是为了获取清晰的回忆、处理热点问题以及将任期内的法官纳入我们的记录中。本书无意对这一时期最高法院作出的所有重要判决进行全面的回顾。我们检视的案例通常反映了法官自己赋予这些案例的意义、时代性和重要性。因此，一些引起关注的、重要的案例，如若无法借其洞察最高法院的内部运作机制，只被简要提及或被完全忽略。最高法院运作过程中每年开庭的期间被称作庭期(term)，庭期开始于每年的10月份，一直持续到来年6月或7月初最后一个案件判决宣告。之后最高法院休庭到10月份。

一般而言，最高法院受理的案件要经过七个步骤才作出判决。

1. 作出受理案件的决定，要求法院对案件拥有管辖权，或者可以签发正式的调卷令（grant cert）。根据最高法院的诉讼程序，大法官在审理案件选择方面享有裁量权。在每年向最高法院提出申请的五千件案件中，只有不到两百件会被受理。九位大法官中至少有四位投票决定审理某件案件，该案件才会被受理。投票在只有大法官参加的秘密会议上进行，并且实际投票情况通常不会公开。

2. 一旦决定受理某件案件，法院就会为双方当事人的律师安排进行书面和口头辩论的日程。书面辩论也被称为书状（legal briefs），需要提交到最高法院，并且会向公众公开。口头辩论在法庭公开进行，由法官出席，向双方当事人各分配半个小时的时间。

3. 口头辩论几天后，大法官会在被称为案件讨论会（case conference）的非公开会议上对案件进行讨论。经过初步的讨论，会进行预备性投票。

像所有上诉法院一样，最高法院一般会援用已通过证词证明的案件事实和当事人提交给下级法院的诉讼资料。最高法院可以重新解释法律、美国宪法和先前判例。在此基础上，下级法院的判决或者被维持，或者被撤销。和决定受理哪些案件的调卷会议（cert conference）一样，只有大法官参加案件讨论会（最高法院的九位大法官通常将其全体自称为讨论会）。

4. 下一步关键的步骤，是在九位大法官中选择其中一位撰写多数人意见判决。根据惯例，如果首席大法官在最初投票时站在多数人立场上，即可指定自己或其中一位持多数意见的大法官撰写判决。当首席大法官不属于多数派时，多数派中资历较老的法官负责确定执笔法官人选。

5. 在一位大法官撰写多数人意见判决的同时，其他大法官也可撰写不同意见（dissent）判决或单独的并存意见（concurrence）判决。这些判决可能历经数月才会送交其他大法官传阅。在某些情况下，多数人意见判决可能会数易其稿。原因在于，为了适应可能赞同多数派意见的其他法官，或者为了说服举棋不定的大法官，判决的结论或是推理都有可能会被修改。当大法官们阅读判决书草案后，他们可能会改变其原有立场。有时候，最初的多数人意见不复存在，不同意见获得了足够多的票数从而成为法院暂时性的多数意见。

6. 接下来直至最后阶段，大法官将决定参与多数意见或不同意见。大法官通常十分重视参与的时机、顺序以及理由，以努力形成并保持多数人意见判决。

7. 在宣告及公布最终的判决时，大法官可以有选择地公布判决的理由。只有最终版本的判决才可以在法律图书馆查阅。被公之于众的多数意见判决成为先例，对下级法院和最高法院本身的未来裁判起到指导作用。

撰写本书的计划始于 1977 年夏天，那时的我们还是对法律知识缺乏全面了解的两个门外汉。我们利用了我们可以支配的所有时间，尽可能多地阅读了该时期所有的案件及背景资料。我们发现德里克·贝尔、保罗·布莱斯特、莱尔·丹妮斯顿、弗莱德·格雷厄姆、尤金·格雷斯曼、杰拉尔德·冈瑟、理查德·克鲁格、内森·勒温、安东尼·路易斯、约翰·麦克肯兹、迈克尔·梅尔兹内、约翰·诺瓦克、罗纳德·罗唐达、妮娜·托特博格和劳伦斯·泰伯的著作对我们帮助尤其大。我们向他们以及无数被我们引用的著作作者表示感谢。

本书大部分信息来源于对两百多人的采访结果。他们中有数位大法官、一百七十多位前法官助理以及几十位最高法院前雇员。首席大法官沃伦·E.伯格拒绝以任何方式对我们提供帮助。事实上，所有的采访都是幕后进行的，也就是说，我们会对消息来源的身份保密。向我们的消息来源提供保密保证是必要的，只有这样才能取得他们的配合。

帮助我们提供信息的人士都具有非凡的智慧。有关最高法院处理的案件，尤其是那些重要案件，他们都有精准的回忆。不过，本书最为核心的文件材料均来自尚未公开的资料，许多能够接触这些资料的人士将其披露给我们。我们获取了大法官的内部备忘录、信件、讨论会上随手写下的记录、案件分配表、日记、未公开的判决意见草拟稿，几个判决意见草拟稿甚至从未在大法官之间传阅。当我们结束我们的研究工作时，8个文件抽屉被几千页文件塞得满满的，它们来自1969年至1976年期间在最高法院任职的12个大法官中11位的办公室。唯一的例外是约翰·P.史蒂文森大法官，他在本书涉及的这段时期的最后6个月进入最高法院。

在本书描述的最高法院七个庭期中的任何一个庭期，我们在每个大法官办公室都至少拥有一个，一般是两个，乃至三四个可靠的信息来源，因而每个庭期我们拥有的信息来源绝不会少于二十个。任何被引用的文档，我们都能直接取得原件或复印件。我们描述了每个大法官的想法、感受、结论、倾向和动机。这些信息直接来源于大法官本人、他们的日记或备忘录、他们对法官助理或同僚的陈述或是他们通常在法院公开的判决中阐明的立场。对任何一位大法官的描述都不可能是全面的，但我们相信书中所述有助于解释最高法院作出的判决和采取的行动。

未来很可能也会获取伯格任期内的新的法院文件资料。这些材料会为进一步解释相关事件和人物提供支持。本书下文所述均基于我们可以获取的信息和文件。

鲍勃·伍德沃德

斯科特·阿姆斯特朗

Contents
目 录

一个可以作出终局裁决且不受审查的法院，比其他任何法院都需要更为细致的监督。不受审查的权力最易放纵自己，并且最无可能进行不带感情色彩的自我分析。在我们这样一个国家，任何公共机构，或操控该机构的人，都不能不受公众监督。

——引自巡回上诉法院法官沃伦·E.伯格于1968年9月4日，即其被任命为美国最高法院首席大法官9个月前，在俄亥俄州司法会议的讲话

Prologue

引　言

谁会是下一任首席大法官

厄尔·沃伦，这位美国最高法院首席大法官，就像他正参加竞选一样地向电梯操作员致意。他走进电梯，电梯降到最高法院大楼的地下室。在那里，最高法院的豪华大轿车正在等着他。沃伦轻松地将他6尺1寸、220磅的庞大身躯塞进车子里。尽管他已经77岁了，但这位大法官还有着惊人的体力和柔韧性。

1968年11月，在一个晴朗的周六，四个年轻的男人同他一起坐进车子，他们是沃伦的助理，刚刚毕业的法学研究生，是他一年来的机要助理、代笔者、干儿子和密友。他们知道“沃伦时代”将要终结。作为任职15年的首席大法官，沃伦曾引导了一场重塑美国社会政治关系的司法改革。沃伦任职期间的最高法院常常将这个国家带入激烈的论战之中，因为他颁布法令，终结了公开受到支持的种族歧视，取消了公立学校的祷告仪式，扩大了对黑人、穷人、共产党员及被警察讯问、逮捕和指控之人的宪法保障。沃伦的助理将他奉若精神象征。这位引导了司法改革的前任检察官、三届的加州州长和当选过共和党副总统候选人的首席大法官对国家产生的影响，比大多数总统还要深远。

助理们热爱他们的工作。首席大法官办公室的工作模式对他们产生了巨大的影响。沃伦会告诉他们，他希望案件事实应以何种方式浮出水面。但是法律研究和草拟法院判决都是他们职责的范围，即使是那些使得沃伦和他任职期间的最高法院声名远扬或臭名昭著的判决。沃伦并不是一个抽象思想家，也不是一位有天赋的学者。他对于判决基本公正的兴趣远高于法律的基本原理。

他们前往西部的市区中心，转进16大街，驶入了大学俱乐部的环形车道。这是一家私人餐饮和健身俱乐部，紧挨着苏联大使馆，位于白宫以北四个街区远的地方。全体员工正在等待着他们，这是周六的例行仪式。沃伦在这里非常舒服，他的助理们却没那么轻松了。他们从不会问他怎能融入这个没有黑人会员的俱乐部的。

在助理的跟随下，沃伦跳跃着踏上铺着厚厚地毯的阶梯来到了烧烤厅。现在还没到中午，吃午饭有些早，屋里空空的。沃伦喜欢早点开始，这样他们就能在橄榄球比赛开始之前有时间享用饮料与午餐。他们坐在靠近电视那桌的木质老板椅上点了饮料。首席大法官照常点了他的鸡尾酒，他陷入了沉思。他们又点了另外一轮。沃伦回忆过往，讲述政治故事、谈论体育运动，然后他们聊到最近发生的事，最后是理查德·尼克松的竞选。首席大法官认为这对于国家来说是一场灾难。从这位加州共和党的同伴身上，他找不到任何可取之处。尼克松脆弱、不坦诚、笨拙、口是心非且卑鄙。纵观 1968 年的总统大选，尼克松与沃伦及最高法院的冲突和他与共和党对手（参议员休伯特·汉弗莱）的竞争一样激烈。尤其是在南方，尼克松利用人们的偏见和愤怒，承诺他对最高法院首席法官人选的任命将会不同于以往。

尼克松任命的法院想要推翻沃伦法院的全部判决是不太可能的。虽然大法官约翰·哈伦、波特·斯图尔特和拜伦·怀特不赞同沃伦作出的若干著名判决，但他们每个人对于最高法院推翻自己判决的事，都持坚定的保留态度。他们坚信本着遵循先例原则，即先前判决具有约束力的原则，最高法院是一个持续造法的主体，且法律不会随着大法官的更替而突然改变。

但是当沃伦和他的助理们开始用餐时，他表达了自己的失望和对尼克松任职的不祥预感。在年初选举之前，沃伦向林顿·B.约翰逊总统递交辞呈，想竭力确保一位自由派的首席大法官继任者。但参议院否决了约翰逊的提名人选——总统的密友，副大法官艾贝·福特斯。现在的情况是，沃伦的辞呈放在尼克松的办公桌上，而尼克松将会任命下一任首席大法官。

沃伦对前景感到忧虑。最高法院的任命当然是不可预知的。他告诉助理们，没人能断言总统将会怎么做。他从未想到德怀特·艾森豪威尔会在

1953年选任他。艾森豪威尔说他选择沃伦是为了他的“中庸之道”。后来，艾森豪威尔评价说，这次任命是其“所犯下的最愚蠢的错误”。[①] 当然，沃伦说道，艾森豪威尔不是律师。助手们笑了。但是理查德·尼克松是律师，并且他必须兑现自己的竞选诺言。他一定从艾森豪威尔的经历中学到了一些东西。他将选择一名观点明确、经验丰富、经历了不同事件公开考验的法官。总统将寻找一名值得信赖的、可预测的人来，他将信奉尼克松自己的哲学。

“会是谁呢？”助理们问。

“我们何不将自己所认为的候选人写在一张纸上呢？”沃伦笑着建议。

一个助理将一张纸撕成五张小条，他们将自己的选择写下后密封在一个信封里，等待尼克松提名之后再开启。

沃伦轻轻弯向那张光滑的木桌，遮住了他所写下的名字——沃伦·伯格。

伯格与尼克松

三个月之后，1969年2月4日的早晨，61岁的沃伦·伯格正在他位于宾夕法尼亚大街上诉法院五楼的宽敞办公室里。这间办公室几乎位于白宫和与最高法院的中间。刚上任两周的尼克松总统，邀请他去白宫参加几个高层政府官员的就职宣誓仪式。当伯格来到白宫时，他立刻被获准进入。

尼克松和伯格的初次会面是在1948年共和党全国代表大会上。尼克松是新任的国会议员，而伯格是他的同乡候选人明尼苏达州州长哈罗德·斯达森的竞选总干事。在四年之后的下一次会议上，伯格在艾森豪威尔的提名中扮演了重要角色。他被指派担任首席检察官助理，主管司法部

---

① 《最高法院：正义和法律》，载《国会季刊》第二版，第163页。

理赔处。1956 年，他调任哥伦比亚特区美国联邦上诉法院[①]。在那个著名的自由派法院，伯格发出了反对的声音，他的法与秩序理念登上了新闻头条。他不是软心肠或者社会活动家，而是一位职业法官，一个事业有成的男人。

现在，在白宫，正式的就职仪式仅持续了几分钟。但之后，总统邀请伯格前往椭圆形办公室。尼克松强调，作为政府首脑，他深切关心司法制度，认为其还有很多地方需要改进。

伯格对总统说，他非常赞同。

尼克松告诉他，在他的一次竞选演说中，他引用了伯格 1967 年在威斯康星州里彭大学所做的演讲中的两个观点。《美国新闻与世界报道》又以《如何处理美国犯罪》为标题再度出版。他们认为《美国新闻与世界报道》是美国最好的新闻周刊，自由派占主导地位的新闻机构中发出了共和党人的声音。伯格随身带着这篇文章。

在他的演讲中，伯格指责刑事审判经常被拖延，随之会被过多的上诉、再审和其他法院为被告设计的程序性保护措施所拖累。

伯格论述了刑事审判 5 到 10 年的诉讼延迟会削弱了公众对司法制度的信心。正派人士感到愤怒、沮丧和怨恨，而罪犯们则被鼓励去幻想自己的免费律师可以从某处找到技术性法律漏洞来让他们摆脱罪名。他指出，诸如荷兰、丹麦和瑞典等先进国家，拥有更简单高效的刑事司法制度。他们的监狱设计更好，并且更有利于罪犯的改造。瑞典的谋杀犯罪率是美国的 4%。他强调美国的司法制度目前正偏向罪犯，这需要修正。

理查德·尼克松对伯格印象深刻。这是理性的、具有启发性的保守主义的声音——坚定、直率和公正。伯格法官知道他在说些什么。总统询问

---

① 联邦司法系统分为三个层次：地区法院有大概 600 名法官，作为联邦法院系统的第一层次，由这些法官听审案件；巡回上诉法院是中间层次的法院，共有 11 个，从第一巡回上诉法院（新英格兰地区各州）到第十巡回上诉法院（西部各州）根据数字依次命名，再加上哥伦比亚特区巡回上诉法院。每个巡回法院有 4 至 14 名上诉法院法官。这些法官审理地区法院的上诉案件，解释宪法、最高法院的裁定和联邦法律。最高法院有 9 名法官，对联邦法院和州法院的裁决进行复审，同时处理其他事项，如各州之间的争议。

了他一些细节，发现伯格回答坚定，反映了他自己的观点，并有证据支持。伯格对提高法官效率有一些想法。通过减少日常行政事务管理和调停律师间微小的审前争议上的时间浪费，法官可以专注于他真正的听审工作。伯格也显然不是一个只关注独立个案的法官。他关心司法制度、公诉人、被告人、被害人、监狱，以及家庭、学校、教会和社区对年轻人的惩戒教育和遵规守纪的影响。

总统急于任命坚定的保守派人士到全国的联邦法院担任法官。作为著名的美国律师协会委员会的主席，伯格已经周游全国并且一定认识很多有任职资格的人。总统希望在联邦法院，包括联邦最高法院被任命的法官具有伯格的水准。即使这次会晤持续的时间超出了他的计划，总统仍然按铃叫来了白宫法律顾问——约翰·埃利希曼。

埃利希曼从他位于白宫西厢二楼的办公室走下来。尼克松介绍他们互相认识。“伯格法官带来了一篇绝好的文章。确保这份文件在白宫工作人员之间传阅。”尼克松说道。他又补充说，伯格关于司法体系和预防犯罪的想法极具建设性，且十分可靠，伯格法官做了很多功课。“请同他预约一次谈话，”总统说道，“然后按他所说的来实施。”这次闲谈变成了一场长达 70 分钟的会晤。

埃利希曼离开了，并得出了这样的结论：如果有一个人在司法界竞选，那一定是沃伦·伯格。他堪称完美，有着很高的政治敏锐度，并且完全符合总统的要求。伯格和埃利希曼并没有后续的会面，但是通过媒体描述和律师协会的谈话，伯格知道尼克松指派司法部长约翰·米歇尔——他的前任竞选总干事和律所合伙人，去帮助找到他的新法官，包括新任首席大法官。

伯格明白，米歇尔是一位显要人物，是总统的亲信。私底下，伯格对朋友表达了他的疑虑：一个纽约证券律师是否有足够的经验胜任国家最高执法官员。

2 月 18 日，米歇尔向伯格请求帮助。随后不久，伯格前去他位于司法部的办公室拜访。知道伯格在法律界和司法界拥有广泛的人脉，米歇尔请求伯格推荐联邦席位的提名人选。伯格提供了一些人名，米歇尔记下这些建议。理查德·克莱蒂斯特——米歇尔的代理人，出席了这场长达一小时的会面。伯格离开后，米歇尔评价说："依我看来，他就是美国的下一任最高法院首席大法官。"

一个月过去了。4 月 4 日，伯格以他个人的名义给米歇尔写了一封信。伯格说："在我们之前的一次谈话中，你曾就可以考虑任命或提拔哪些人作为地区法院法官和全国范围内其他法院法官咨询我的意见。"他立即给出了三个建议，并补充说道："这其中的每一个人都足以胜任。"这三个人其中之一是 G. 哈罗德·卡斯韦尔，一名佛罗里达州的联邦地区法院法官。伯格同时也承诺会"时不时地"给出其他建议。米歇尔在当天回复了一封感谢信。那月月末，伯格接到了一份邀请函，总统将在 4 月 23 日举办白宫晚宴，向首席大法官沃伦致敬。

伯格携夫人提前到达白宫，以便有时间查阅宾客名单。所有重要的共和党人都在，包括副总统斯皮罗·阿格纽和所有的最高法院助理大法官。伯格是唯一受邀的来自低级别法院的法官。"如果你感觉到他们在打量我们，"伯格对夫人说，"表现得自然些。"

被艾森豪威尔任命的保守派人士，最高法院大法官约翰·哈伦向伯格打招呼。"我很高兴你在这里。"他温和地说。

总统热情洋溢地向沃伦敬酒，沃伦起身回赞尼克松。他总结了自己 40 年来的公共服务事业，并说"心中没有丝毫怨气"。

第二天，伯格在上诉法院一直以来的劲敌，自由派大法官大卫·L. 贝兹伦找到他。他真诚地指出，伯格是晚宴中唯一的地区或巡回法院法官。"看上去就是你了。"贝兹伦说。

"不。"伯格说，甩开他的老对头。对于伯格来说，59 岁的贝兹伦是个好事者，是自封的少数种族、穷人和刑事被告的保护人。

但是华盛顿记者已经意识到伯格受邀参加白宫晚宴的重要性，并开始向他询问此事。伯格很谦逊，他既不了解情况也不期待任何事的发生。当被问到其他人尽皆知的大法官人选，如国务卿威廉·罗格斯，伯格对每一个都评价很低。"不不，"他悄悄地告诉记者，"他不称职。"媒体使得伯格成为候选人中的一匹黑马，但是波特·斯图尔特大法官仍然是领先者。

一周之后的 4 月 30 日，周三的早上，斯图尔特很晚才来到最高法院。

他讨厌开始得太早。斯图尔特有卓越的学术水平和够硬的文凭。他出身于俄亥俄州一个高贵富裕的共和党人家庭，曾在霍奇基斯中学和耶鲁大学读书。在那里他成了美国大学优等生荣誉学会成员和《耶鲁日报》的编辑，这是在他进入耶鲁法学院之前；之后，他成为耶鲁法学院的尖子生。39 岁时，他被艾森豪威尔任命为第六巡回上诉法院的法官。“我向你保证他并不很老。”一位参议院的主要拥护者这么说。斯图尔特很快就爱上了这项工作。他将其评价为“免受客户烦扰，还能感受到法律实践的乐趣”。四年之后，1958 年底，艾森豪威尔将斯图尔特提拔到最高法院，成了历史上最年轻的大法官。十年之中，他对沃伦法院的大多观点持异议。现在，54 岁的他正处于鼎盛时期，或许已经准备好迈出最后一步。

那个早上，斯图尔特径直走进他的办公室，盯着大理石地板，习惯性地避免与路上遇到的人有目光接触。斯图尔特很容易害羞，他有中等身高和体型，稀疏的棕发从后退的发际线处向后梳。在如同男人俱乐部般的法院工作环境中，斯图尔特找到了舒适的落脚处。这份工作堪称完美，位居政府要职，还能从中获取从事高智慧工作的满足感，并且毫不费力。来到他的办公室，他给白宫的约翰·亚列舒曼打了电话，斯图尔特说他想同总统进行简短会面。

亚列舒曼很快回电。“三点钟可以吗？”他看出了端倪，说他只是告诉总统是有关法院的事情。“时间足够用吗？”

“是的，足够用了。”斯图尔特说。现在他努力想见到总统，但是他仍然有几小时的时间去思考。斯图尔特知道，有来自俄亥俄州、中西部和共和党圈子的支持者，激励他争取首席大法官的职位。但是这真是他想要的吗？无可否认，他野心勃勃，事业也自然而然地取得了进展，总是呈上升状态，总是最好的。如果他获得了这个职位，新的时代将被称为“斯图尔特法院”时代。从技术角度看，首席大法官只是在大法官行列中位居首位，但该职位无疑更有声望。

另一方面，首席大法官的投票权并不比其他八名大法官权重更大。首席大法官也要承担法院管理的额外任务。就纯粹的律师职业而言，做一名大法官更好。他需要关注的全部是法律事务而无须处理无意义之事。他希望牵涉其中整日决定这些琐碎乏味之事吗？他是为了监督像司法会议这样的委员会或团体吗？司法会议是联邦法官和法官游说团的“董事会”。他的结论是否定的，他不想被这些烦扰。如果他获得了首席大法官的职位，他将很难和家人见面或是有休息的时间。夏天，他将无法在新罕布什尔州的鲍文布鲁克农场度假。表面看来，做首席大法官将带来巨大的附加收益。但从深层次而言，并没有那么多的益处。工作的法律性降低了，而官僚色彩愈加浓厚。

还有其他方面的考量。当约翰逊总统试图将他的朋友艾比・福塔斯从大法官提拔到首席大法官之位时，斯图尔特已经看到其无益的尝试给最高法院造成的影响。其他一些大法官的升迁也多有麻烦。斯图尔特认为最高法院最不和谐的两段时期分别是在 1910 年和 1941 年。1910 年，爱德华・D. 怀特法官被任命为首席大法官；而 1941 年，哈伦・菲斯克・斯通从他的同事中被选拔出来担任首席大法官。

斯图尔特认为，确认的过程既充满争议又很有趣。一个可能成为被批判的对象是他 1964 年出具的裁决意见——法国电影《情人》不是赤裸裸的色情作品（雅格贝里斯诉俄亥俄州案）。他不能够将其定义为淫秽，他写道，但是“当我看到它时我就知道”。它也许无法达到法律技巧高超的水准，但是这一评论表达了斯图尔特中西部式的实用主义。

最大的改变可能是失去了隐私权。大法官们可以享受隐私受到保护且相对而言不为人知的生活。斯图尔特可以在华盛顿散步，没有人会注意他；他在享用午餐时，也没人打扰他；也没有人追着他索要签名。这一切将会改变。首席大法官被某些人视为是仅次于总统的最有权的职位。他将接受联邦调查局的调查、参议院的质询以及参议院司法委员会的听证。新闻界会对他产生更大的兴趣。他将会成为众人注目的中心。当他开始认真考虑这事时，他发现这可能是最大的问题。1958 年他被提名任职最高法院时，副总检察长威廉・罗格斯问过斯图尔特是否有过让他自己和行政机构不光彩的历史。斯图尔特想到一些事——他为《耶鲁日报》写过一篇支持民主党富兰克林・D. 罗斯福 1963 年竞选总统的社论；或者是他大二那年醉酒的夜晚。这些没什么大不了的。但是现在有所不同了。这对他的家人公平吗？他将会不得不担心他的私人事务会出现在报纸上吗？甚至是出现在八卦专栏呢？

斯图尔特离开了他的办公室，为了在三点前抵达白宫，时间充裕。当他驱车穿过华盛顿地区时，他的胃部开始痉挛。他开车非常蛮横。总统没有把这个职位给他。但是如果他从这场比赛中全身而退，他将不必费心处理诱惑来临时面对的选择。如果这个职位给了他，将其拒之门外会更困难。斯图尔特驱车穿过白宫大门，然后被护送进入椭圆形办公室。

尼克松热情地向他打招呼。

斯图尔特说，总统为沃伦举办晚宴是非常有意义的。

总统谈到谁将被选为首席大法官。“波特，”尼克松说，“你的支持率很高。”

斯图尔特说他知道公众会有这样的预测，这是不可避免的。但是，他说他来是为了告诉总统他不想做首席大法官，他不想被考虑提名，他想退出竞争。

“为什么？”尼克松惊讶地问道。

斯图尔特说出了他心中准备好的话。在他看来，提拔一名现任大法官担任首席大法官存在着固有的、也许难以克服的问题。从历史上看，这样做效果不好。首席大法官在法院中扮演着特殊的角色，他是最高法院的指挥者。从八名大法官中选任一名首席大法官可能会破坏多年来形成的关系。提拔一名现任大法官不是最好的办法，斯图尔特说。

尼克松停顿了一下。“让我想一下谁现在在法院任职。”他说。首先他提起了倒霉的福塔斯。尼克松看了看斯图尔特。他又慢慢地列举出了其他人。

福塔斯？斯图尔特想。总统想要任命福塔斯？不，绝对不行；没门。但是斯图尔特意识到尼克松有可能想到其他的现任大法官。其中仅存的共和党人就是约翰·哈伦，但是他七十岁了而且老眼昏花。可能尼克松会考虑一个民主党的？

斯图尔特提出，二战前夕，罗斯福将共和党派的哈伦·斯通提拔为首席大法官，以超无党派的行动实现国家的团结。或许任命民主党人并不是一个坏主意。

尼克松罗列了民主党大法官的名单。有被艾森豪威尔任命的威廉·布伦南，还有拜伦·怀特……尼克松会考虑怀特吗？不太可能。怀特是由肯尼迪任命的，斯图尔特知道尼克松对肯尼迪的看法。

之后尼克松又提起了福塔斯。为什么？斯图尔特很好奇。为什么尼克松要提名福塔斯？他想要一些反应吗？斯图尔特对福塔斯没什么好说的。显而易见，对约翰逊而言，试图在最后一刻提拔他的密友和顾问是一个错误。这种做法损害了法院，导致了大法官之间陌生、不融洽的关系。斯图尔特说，最好不要再让法院陷入那种局面，应该按等级提名候选人。但是斯图尔特有些不安。他再次大致提出自己的立场、他妻子和孩子的需求和希望、他们对隐私的高度关注。“这对我的家庭不公平。”他说。

尼克松说他理解。他询问了更多关于最高法院及其成员的问题。他对联邦法院有强烈的兴趣和深切的关注。还有太多需要改进的地方，作为总统，他想去提供帮助。

最后，两个男人起身握手，斯图尔特离开。这次会晤比他预期的时间长了很多，但是他却感觉如释重负。

当他驱车回来，斯图尔特有些后悔，自己为了退出而编造了虚假的理由，但这对保护他的家庭却是必要的。总统坚持要提拔福塔斯是很奇怪的。这是为什么呢？斯图尔特不确定他是否做了正确的事，但是他现在的感觉比之前很长一段时间都要良好。

尼克松对法院提出了很多想法。他想要兑现自己的竞选誓言使情况好转。替换沃伦不足以动摇目前占多数的沃伦派，包括沃伦本人、福塔斯、由林登·约翰逊任命的最高法院首位黑人大法官瑟古德·马歇尔、由艾森豪威尔任命但结果却与其期望相去甚远的另外一位大法官威廉·J.布伦南和 70 岁的激进自由派大法官威廉·O.道格拉斯——其文章和法院内外的生活都引发了公众争议。尼克松窃笑地谈论着道格拉斯的第四任妻子凯西，一名 25 岁的法律专业的学生。“有些律所会想要聘用她。”他对埃利希曼说。

这个由五个法官组成的自由派多数团体在种族和人权问题上得到来自

拜伦·怀特和雨果·布莱克的支持。一位新的保守派首席大法官是最高法院中除了沃伦以外唯一的共和党人，他与斯图尔特和哈伦是最高法院里的三位“狭义宪法解释者”，即反对广泛、自由地解释宪法。在特定的刑事案件中，怀特和布莱克可能加入了保守派，但是没人能确定。总统至少需要另外一个职位去扭转局面，而道格拉斯似乎最容易受到行政调查的影响。尼克松甫一就职就开始安排各联邦机构从事此事。仅仅在总统就职典礼的五天后，国内税收署就开始对道格拉斯的纳税申报单进行审计。与此同时，联邦调查局开始收集有关道格拉斯和拉斯维加斯赌场老板艾伯特·帕文之间关系的信息。道格拉斯是艾伯特·帕文基金会的董事。但是对道格拉斯展开的调查成效缓慢。

现在，另外一个追查出乎意料地启动了。约翰·米歇尔的司法部向《生活》杂志提供帮助，试图证实 1966 年艾比·福塔斯曾经接受由百万富翁、实业家路易斯·沃尔夫森建立的基金会提供的一笔 20000 美元的经费。[①] 在那时，沃尔夫森已经被证券交易委员会调查，并公然吹嘘他的朋友福塔斯将要利用其影响力去进行干预。沃尔夫森被控诉并随后被判有罪，福塔斯秘密地退还了 20000 美元。

当尼克松知道这次调查时，他意识到福塔斯的行为或许未必是犯罪。但是这是一个机会，他不但可以利用这个机会让福塔斯离开最高法院，也可以搞臭他强硬的自由主义思想。对福塔斯展开的调查成了米歇尔的第一个行动计划，尼克松亲自从椭圆形办公室发号施令，要求对他时时报告调查的进展。

5 月 1 日，米歇尔收到了检察总长助理威廉·H. 伦奎斯特发来的备忘录。备忘录上说，如果福塔斯帮助了沃尔夫森，他们可以起诉他。第二天，

---

① 在一份1969年6月2日递交给总检察长米歇尔的备忘录中，联邦调查局局长J.埃德加·胡佛说，联邦调查局从可靠的信息来源得知：“在对前最高法院大法官艾博·福塔斯的调查中，司法部为《生活》杂志的撰稿人威廉·兰伯特提供了大量信息。这些信息不仅使兰伯特得以揭露福塔斯与沃尔夫森基金会的关系，还为其调查此事提供了信息。”胡佛没有提到任何个人的名字，而仅提到了司法部。这一点颇有深意。这就意味着，他所称的可靠信息来源表明，消息泄露是官方性质的，可能经过了米歇尔的授权。

5 月 2 日，埃利希曼收到了一份《生活》杂志文章的初校样张。以《最高法院的福塔斯：一个道德问题》为标题的报道是头版头条，足足铺满了 6 个版面。米歇尔让一名助手打电话给市里的所有重要新闻媒体，使他们注意此事。当文章在 5 月 4 日（周日）下午发布时，华盛顿沸腾了。共和党人要求弹劾；而民主党派和自由派目瞪口呆。

但是尼克松不想进行弹劾。那可能会花费很长时间并最终损害法院。尼克松想要的只是福塔斯的职位，并且他想要它完好无损，且不能贬值。辞职显然是条捷径。福塔斯和沃伦离开后，尼克松可以提名两名法官。那将终结自由派对最高法院的控制。在他任职的第一年里，他会改变最高法院的性质。

5 月 6 日，周二，沃尔夫森向政府调查人员主动递交了一份文件，证明 20000 美元并非一次性支付。沃尔夫森基金会同意在他下半生每年支付其 20000 美元，或者支付给他的遗孀直至她离世。

当米歇尔刚结束了纽约之行，于凌晨 1 点 30 分到达杜勒斯机场时，他的助手给他看了这份文件。米歇尔对此表示怀疑。他认为这可能是伪造的。但助手保证这是真的。消息传到总统那里，尼克松和米歇尔认为司法部长应该由厄尔·沃伦担任。随着议会和社论作者对福塔斯的攻击，来自最高法院内部的压力也会强迫其立即做决定。

汽车穿过地下车库进入最高法院。周三上午 11 点 30 分，米歇尔去办公室拜访了沃伦。会见是秘密进行的。摆出他手里的文件并提及其他事项，米歇尔概述了针对福塔斯的调查案件的进展。福塔斯和沃尔夫森之间不仅签有合同，说明了每年支付金钱的真相，米歇尔还获取了双方之间的信件往来。在这些信件中，他们讨论了 S. E. C 案件。在其中一封信中，沃尔夫森请求福塔斯帮助他获得总统的赦免。

沃伦向米歇尔表达谢意，感谢他提供的信息。米歇尔谈到，这件事会使每个人感觉如此尴尬。他巧妙地接近主题，说福塔斯如果自愿辞职，对其展开的犯罪调查将会“自然灭亡”。同辞职比起来，调查将会对福塔斯和最高法院造成更多伤害。沃伦领会了米歇尔想要传递的信息。

甫一开始，沃伦就对福塔斯事件感到震惊，并觉得福塔斯必须辞职。

而现在，争论更加咄咄逼人了。在确保获得其他几名法官的支持后，沃伦开始了长达一周的行动，以让福塔斯辞职。只有道格拉斯公然反对。他曾是福塔斯在耶鲁法学院及华盛顿的老师和导师。道格拉斯自己曾谈过退休的问题，但他不情愿空出一个职位供尼克松填补。他决定不在法院被攻击的时候提出退休。

尽管道格拉斯对福塔斯的犯罪感到惊讶。“上帝！艾比怎么能做这样的傻事？”道格拉斯问道。

在沃伦看来，福塔斯有两个问题导致了他的行为失检。第一，作为在华盛顿的私人律师以及总统为人熟知的密友，福塔斯发了大财。进入法院工作后，他不得不减掉自己大约 90% 的收入，但他并不想改变自己的生活作风。

第二，沃伦总结道，作为一个在罗斯福新政时期进入华盛顿工作的聪明人，福塔斯制定规则要求他人遵守，但从未想到这些规则也适用于他。

争论激烈的会议一直在进行。一周之后的 5 月 14 日，周三，福塔斯坐在他的办公室并草拟他的辞呈。他知道所有的证据将会被封存。太棒了！尼克松致电福塔斯表示慰问。

福塔斯事件结束了，但现在其他两个自由派大法官——道格拉斯和布伦南——因为法官职责之外的经济活动而被攻击。道格拉斯因为其在艾伯特·帕文基金会年薪 12000 美元的高管职位而被批评。在最高法院工作 30 年，道格拉斯习惯于遭受政治攻击。但是福塔斯事件让事情从不同的角度被认识。他决定 5 月 21 日从基金会辞职。

一些保守派追随 63 岁的布伦南。新闻报道针对他与福塔斯和其他级别更低的法官（包括贝兹伦）共同投资的价值 15000 美元的房产提出了一些问题。布伦南因这些批评感到受了伤害。他在纽瓦克贫民窟长大，从他父亲那里学会了政治上的尔虞我诈。他父亲是爱尔兰移民，后成为工会领导，是民主党政客，也是警察专员。在一家私人律所短暂工作后，布伦南在州法庭工作，之后成为上诉法院的法官。1956 年，艾森豪威尔从新泽西州最高法院将他提拔到了美国联邦最高法院。布伦南的生涯成了一个通过谨言慎行从事公务而步步高升的典范。媒体暗示，在对其他法官作出的裁判进行复审时，与这些法官共享资产的事实可能会影响复审结果。他对此怒不可遏。他怀疑这些攻击是受到怨恨他的人的指使，他们嫉妒他在沃伦法院的核心地位，怨恨他坚决拥护工会和公民权，以及他投票赞成限制警察的权力。

5 月，布伦南决定降低他的身段。“好吧，伙计们，”他说着，走进他助理的办公室，“计划全部取消。”他正式取消了将来所有的演讲计划，放弃了房产投资上的红利，卖掉了他的股票，辞去了他暑假在纽约大学兼任的教职，甚至从哈佛大学董事会辞职。除了最高法院的工作、他的家庭和到教堂做礼拜，他放弃了所有活动。

一个认为布伦南反应过度的助理开玩笑问他：“你写信给罗马教皇了吗？”

布伦南，这个最高法院里唯一的天主教徒，并没有被逗笑。

总统的任命

福塔斯辞职后的那个周末，尼克松身在马里兰的总统度假地戴维营。自由派因福塔斯事件被揭露而被搞得头晕目眩。选出首席大法官的时机到了，这也许是他作为总统要做出的最重要的决定。米歇尔准备了上诉法院法官的名单。尼克松心中的理想人选是一个具有丰富司法经验的人，且其想法具有可预测性。他不仅应是自己的密友或政治盟友，同时又应是一个正直、有行政管理能力的人，足够年轻，可以任职至少十年。

沃伦·E.伯格。

5 月 19 日，总统指示米歇尔，应由联邦调查局开展必要的调查活动，并将结果马上汇报给他。伯格通过了考核。周三，5 月 21 日，尼克松告诉米歇尔，正式任命伯格。

直到在米歇尔的办公室，沃伦才得知他将被任命为美国联邦法院首席大法官。他马上接受了。任命为最高法院的大法官就足够了，首席大法官的任命让他难以置信。他已经感受到了与这些人以及米歇尔、尼克松的亲密关系。他们是政府的当权者，是他们将他从众人中挑选出来的。

尼克松痴迷于将任命消息保密，直到他可以在国家电视台宣布的那晚。伯格将被悄悄送到白宫。他们将一起在镜头前大步迈过而不会走漏消息。总统是舞台总监，他派出一个助手将伯格和夫人带进来。他安排好交通工具、控制好时机和次序。埃利希曼细细观察，他认为尼克松对保守秘密和对任命一样感兴趣。显而易见，尼克松觉得如果他公开宣布任命前没有走漏消息，他就比媒体高出一筹。

伯格回家让家人做好准备，确保每个人都在典礼上看起来得体庄重。他们在早上六点被接走，前往财政部，被引进地下室并穿过一条很长的汽车隧道。他们来到白宫，6 点 57 分走入电梯，就在直播开始前三分钟。

总统正在等候，他向伯格走过去。

“好吧，你能接受这项工作吗？”尼克松问道。

伯格停顿了一下。“你知道，我认为这个问题有些滑稽，”他说，“但是今天下午我想到这个问题，我有些担心。”当然他会接受，但是他意识到他肩负着重大责任。

当他们站着闲聊时，伯格说：“当我们有更多时间讨论时，我想为此感谢你。”

尼克松说他想邀请伯格在典礼之后喝咖啡，并见一见内阁成员和他们的夫人。他紧张地补充道：“我很抱歉，我们不能邀请你共进晚餐了，因为这太过了。”

“别担心，总统先生，”伯格说，“今天下午过后，我只想回家休息了。”

晚上七点，尼克松和伯格走到摄像机前。第二天早上，首席大法官的任命成了各大报纸的头条。《纽约时报》专栏作家詹姆斯·莱斯顿写道，伯格“经验丰富、勤勉，他是中产阶级、中年，信奉中庸之道，来自中西部，长老会成员，井井有条且英俊潇洒”。他注意到自由派和知识分子团体的沮丧，并补充道：“相关人士因总统没有将助理法官斯图尔特任命为首席大法官而感到悲伤。”《纽约时报》也引用了一位与伯格在上诉法院共事的不知名的法官的话：“伯格是一个情绪化的人，他会不知不觉地令你站到反对派一方。认为他能够将法院团结成一体——正如一个首席大法官应做的那样——这仅仅是一个梦。”

许多认识伯格的老对头贝兹伦的人怀疑，这段评价来自他。但是贝兹伦否认自己这么对媒体说过。“我说不出话来，而且病了一个星期。”他说。

伯格待在家里以躲避记者，他们聚集在他位于弗吉尼亚阿灵顿家里的私家车道的尽头。即使他外出，他仍要求记者和摄影师远离上诉法院的五楼，他的办公室所在地。之后，他听说媒体无视他的要求而把大厅占满。“他们进入的唯一方式就是通过贝兹伦，”伯格告诉他的下属，“如果我证实这是真的，我将会给他一拳。”

伯格预计参议院司法委员会批准对其任命的听证会可能是一场血腥的斗争。在被移送到参议院全体会议投票表决前，他任职首席大法官的提名必须经过参议院司法委员会批准。他预料到整个自由派利益集团联盟会计划攻击他。“他们试图打垮我。”当他郁闷地思索着将要发生的一切时，他这样对助手说。沃伦的对立面包括贝兹伦、哥伦比亚地区上诉法院自由派法官和其他像布伦南一样的自由派法官。此外，还有那些只配给大人物拎包的年轻人。他们可能从贝兹伦的助手做到最高法院布伦南的助理，之后可能在国会办公楼找到工作。在那里他们会对爱德华·M.肯尼迪之类的自由派参议员说三道四。

伯格知道肯尼迪肯定会带领参议院司法委员会的反对派攻击他。作为一名共和党被提名人，在民主党占多数的参议院前，肯定会感受到很大压力。尼克松宣布对最高法院进行改革，这是对自由派的公开挑战。

伯格与委员会主席，密西西比州的参议员詹姆斯·O.伊斯特兰讨论批准程序。这个年老的保守派人士肯定是支持他的。伊斯特兰将自己的私人律师罗杰·罗伯推荐给伯格，让伯格请他在听证会上为其提供帮助。罗杰·罗伯早就是伯格的密友，伯格接受了这个建议。二人在水门大厦设立了一间办公室，在那里将相关记录和先前的观点进行汇总，尽力预想自由派会将什么问题抛向伯格。他们也从律师协会、法学院院长、有影响力的私人律师那里寻求支持。

某天，伯格来到最高法院，顺便拜访了布伦南，这个沃伦法院时期统一战线的缔造者。伯格知道布伦南凭借其敏锐的直觉和对政治谋略的热情，成了沃伦法院期间自由派团体中的核心战略家。当伯格顺着南边走廊进入布伦南的办公室时，他穿过了布伦南助理们所在的办公室。那里的墙上挂着一只可笑的尼克松的橡胶面具，是由反战人士和反对总统的人发起的反对总统就职的示威游行的纪念品。他认出布伦南的一位助理正是前些年贝兹伦的助理。助理计划在任期末去为肯尼迪的参议院司法委员会效力。

知道布伦南不在办公室，伯格转身离开。在门的内侧是一张黑人权力运动的海报，紧握的拳头高高举起。伯格明白了他需要与什么对抗。布伦南的法律助理与他价值观不同。从贝兹伦到布伦南到肯尼迪，他们属于不同的世界。

6 月 3 日，周二，提名两周之后，参议院司法委员会的听证会开始了。会议于上午 10 点 35 分开始举行，伯格已经准备好了。他身后的观众席坐着 6 位美国律协的前任会长，11 位联邦律协的前任会长和 12 位哥伦比亚地区律协的前任会长。所有人都准备支持对他的提名。

伊斯特兰和委员会其他成员问了伯格几个简单的问题。终于，弓着身子的伊斯特兰转向了那个人，伯格确信他会给自己制造点麻烦。

“肯尼迪参议员。”伊斯特兰嘟哝着。

“我没有问题，主席先生。”肯尼迪用他自信的波士顿口音回答道。

每个参议员轮流提问，没有一句批评的声音。成员们看上去在争先恐后地赞美伯格并攻击沃伦法院。听证会不到两个小时就结束了，伯格狂喜不已。委员会一致向参议院推荐他。6 天之后，参议院以 74 对 3 票的绝对多数通过了提名。从提名到确认的过程只用了短短 18 天。

一周之后，仅在他宣誓就任首席大法官一周之前，伯格在他上诉法院的办公室里获知了一些令他十分沮丧的消息。最高法院宣布，推翻他所在的上诉法院的判决，案件涉及一个高调的黑人国会议员亚当·克莱顿·鲍威尔［鲍威尔诉麦科马克案（Powell v. McCormack）］。投票结果是压倒多数的 7∶1，只有斯图尔特投了反对票。沃伦自己撰写了多数意见。媒体又可以大显身手了。

因鲍威尔曾嘲笑一起诽谤案的判决并据称滥用资金，众议院投票罢免了其职位。伯格支持众议院的意见，他的意见是三个各不相同的意见之一。鲍威尔上诉至最高法院，现在沃伦宣布，压倒多数的意见认为国会不应拿掉这位议员的职位。这一撤销判决是沃伦法院激进主义的典型例证，伯格却认为这是干预。那一年他的判决已经被推翻过两次，但是这是自他被提名以来的第一次。沃伦有办法避免对他的直接攻击，或许通过一份没署名的判决意见。但被最高法院推翻判决，将会变成过去式。他为此感到欣慰。再过一周，沃伦时代将终结。

伯格向自己发誓他会立马抓住权力的缰绳。大卫·贝兹伦将是他的榜样。六年以来他嫉妒地看着贝兹伦利用其首席法官的职位确立自己的理念。作为上诉法院的发言人，作为高级法官和首席行政官，贝兹伦能够指派额外的法律助理，控制办公空间、日常物资和配备，这些决定了工作环境令人愉悦还是让人厌烦。他对同事特别是新法官的影响力堪称传奇。他们全都轻易地为他的魅力所倾倒。对于伯格来说，这是一场已经结束的斗争，是过去的事了。

之后的那周，伯格离开他在上诉法院的办公室，前往宾斯法尼亚大街会见司法部副部长欧文·N.格里斯沃德，他负责在最高法院为涉及联邦政府的案件陈述意见。格里斯沃德持有由总统和司法部长签署的任命伯格的总统委任状。这份委任状将在就职仪式前被递交给最高法院。

格里斯沃德和伯格乘坐出租车来到最高法院，沃伦在他的办公室里接待了他。鲍威尔案让他耿耿于怀。“我不想判决支持鲍威尔。”沃伦告诉他。

格里斯沃德认为沃伦将会解释他对于推翻下一任首席大法官判决的难处和尴尬——也许道歉，当然，当他见到他们时他不得不说。但沃伦告诉他们他不喜欢，并对不得不判决支持他表示遗憾。鲍威尔是一个耻辱，沃伦说。但是作为一项法律问题，不能让国会以这种方式排除其成员。在罢免鲍威尔职务的同时，国会在行使一个绝对的、不受审查的权力，该权力可以决定谁能够胜任国会议员的职位。这与宪法背道而驰。“毫无疑问，”沃伦评论，“不可能作出其他判决。任何人都清楚这一点。”

我的天哪，格里斯沃德想，沃伦绝不能意识到伯格是他所推翻判决的下级法院法官。格里斯沃德知道沃伦没有亲自撰写判决，但是他果真与此无关吗？格里斯沃德小心翼翼地避免直视伯格。他应该面带微笑的，或许伯格不认为有一点好笑的地方。会面很快结束了，当他们走出来时，伯格温和地对沃伦的评价耸肩表示蔑视。“他确实不赞成我在亚当·克莱顿·鲍威尔案中所做的一切。”他告诉格里斯沃德。

伯格曾听说过沃伦委派他的助理帮他写判决意见。这只是他将会阻止的众多做法之一。在他看来，沃伦传奇是捏造的。他认为沃伦草率、有过强的政治动机、对结果比对法律推理更有兴趣。他是一个希望流芳百世的人，却没有知识分子的诚实。伯格曾轻蔑地对他的助理说过沃伦的自由主义。来得太晚了，他说。沃伦曾与加州共和党右翼分子结盟，恐怕也是一个维护州权利的斗士。作为州长，他坚决支持在二战期间收容美籍日裔人员。作为地方检察官，他曾授权在三海里的领海界限内搜查可疑的非法船只和人员。伯格告诉他的助手，沃伦是一个“当有回报时就是右翼分子，当时代潮流改变时他就会全身而退”的人。

6 月 23 日，伯格正式入职最高法院。总统、司法部长米歇尔、其他上级司法部门官员，包括联邦调查局局长 J. 埃德加·胡佛和法律执行机构的共和党成员参加了其就职仪式。

因为这是任期的最后一天，沃伦法院首先发布了他最后的三份判决。三份判决都是刑事判决，有效地推翻了三个保守的先例。它们恰恰是尼克松所反对的那类判决。

尼克松身着正式燕尾服，面无表情。当最后一份判决书被宣读时，沃伦发现了总统。尼克松站到讲台上。“只有一个考验比总统记者招待会更具有挑战性，那就是在最高法院出庭。”他回顾了沃伦的职业生涯并赞扬了这位首席大法官。但是他补充道：“首席大法官在最高法院创造纪录，其特点可以从多个方面描述。”

作为回应，沃伦给出了一段讲话——他在位期间的最后一段话——看上去直接针对尼克松。含蓄的亲切中透出一种刻薄。他的主题连贯。“我可以告诉你，你不能介入最高法院的事务，这是一个连续的主体……法院根据当今的问题使宪法永恒的原则得以发展。”这是沃伦以其自己的方式表明，理查德·尼克松也会成为过去。沃伦说，最高法院只为“公共利益”服务，只受宪法和作为独立个体的法官的“良心”引导。沃伦还说，他离开这个职位，满怀与其他大法官的深厚友谊，“尽管我们在如此多的问题上有过分歧”。

“所以我是愉快地离开的，总统先生，我希望我的继任者能在最高法院任职期间收获巨大的快乐和成功。”

1969 TERM

1969 年庭期

新官上任的首席

到了 7 月，首席大法官沃伦·伯格坐在他的新办公室里。还有三个月新庭期才开始，其他大法官都在家休息或正在度假，他打算巩固他的权力。首先，他要取得对法院办公大楼的控制权。7 月 19 日，伯格穿着衬衣，召集他的法官助理及最高法院的行政事务官员马歇尔，对大楼进行巡视。

巡视从他自己的小办公室开始。伯格评价说，这间办公室比他在上诉法院的那间还要小。更糟糕的是没有毗邻的办公室作为工作室。作为首席大法官，从礼节上讲他是总统和副总统之后位列第三位的美国政府官方代表。他将接见各国大使和显要人物。“我怎么招待国家首脑呢？”他问道，指向他狭小的办公场所。这样的地方不行。他的客人将会怎么想？

穿过秘书的外间办公室，巡视队伍进入了最高法院最隐蔽之处——九个法官开会投票裁判案件的会议室。沃伦在任期间，外人很少能看到会议室。任何人——包括法官助理、职员或者秘书——都不能在大法官开会时出席。大法官会议通常定在周五，主要是讨论案件和进行初次投票。

伯格审视着这个宽敞、橡木装饰的房间和华贵的地毯。12 英尺长的桌子覆盖着绿毛毡，矗立在房间的中央。桌子位于华丽的枝形吊灯的正下方，被九把漂亮的绿色皮制高背旋转椅环绕。每把椅子的椅背上都有一张铜制的使用者的名牌。首席大法官的座位在桌子的尽头，资深大法官在另一头。其他大法官在一侧坐三人，另一侧坐四人。首席大法官说，现在这个房间是接待宾客的绝好地点。他告诉大家在建筑师一开始的计划中，这间房是专门为首席大法官准备的。或许会议应当在一间更大、更正式的位于大楼另一侧的东区和西区会议室举行。“中立角落”可能更为合适，伯格说。之后这个房间可以变成首席大法官的接待室。他也可以将它作为私人餐厅。随后，伯格带领众人穿过走廊来到法庭。他们从长椅后面进入，正如法官们入庭听审口头辩论和宣判时一样。伯格走下去，来到巨大的长椅前的后排座。这个宽敞庄严的房间，有暗红色的窗帘，24 根教堂式的大理石柱高达 44 英尺，表面有雕刻花纹。

新的首席大法官迈上讲台，在那里，律师对九大法官阐述意见，此时却没有证人，也无须出示证据。

口头辩论是一种艺术，伯格评论道。他回想起十六年前自己在司法部的时候也站在同样的位置，为美国政府在当时最有名的案件之一的庭审中辩论。司法部副部长西蒙·索比罗夫拒绝办理涉及一位耶鲁大学医学教授约翰·彼得斯的案件。该教授因被发现有不忠行为而被解除了公共卫生署顾问的职务［彼得斯诉霍比案（Peters v. Hobby）］。其不忠行为的发现是基于匿名控告。索比罗夫本应辞职，伯格说，而不是拒绝办理他客户的案件，即使客户是政府机关。索比罗夫已经变成了自由主义和公民自由主义者的大英雄。但是伯格的司法部上司很欣赏他的忠诚。这可能就是他在三年之后被授予上诉法院法官职务的原因所在，伯格说。他没有提到他输掉了彼得斯案件。

沉思片刻，陷入追忆，这位首席大法官告诉他们起初他怎样获得司法部理赔处处长的职务。他在 1952 年共和党会议中担任斯坦森的事务总管时，曾在一场关键的委任斗争中帮助艾森豪威尔势力。

伯格指向九把高背黑皮法官椅。每位法官选择自己的位置，椅子的大小和风格各不相同，有些几乎比其他椅子高一英尺。道格拉斯的椅子用簇绒装饰，其他人的比较光滑。这看起来不太得体，有些杂乱无章，伯格说，以后，只有一种风格的椅子可以使用。

伯格仍站在讲台上，他的眼睛盯着法官席，想起了在彼得斯案中自己与雨果·布莱克法官的一次交流。他指向法官席中央，一个问题从那里抛出。他正在回答，而另一个问题又从法官席尽头抛出。所有的法官都坐成一条直线，椅子也是直的，他们相互间看不见也听不见。这种情形将被改变，他说。将法官席弯曲，那么每位法官能够看到他的同事。大房间里的音响效果比较差。这一点应该改进，他说，或许通过安装麦克风可以达到效果。助理们烦躁不安。最终他们中的一个提出，如果首席大法官在其他大法官缺席的情况下推进改造计划，其他大法官可能会不高兴。伯格没理他们。

他们走到一楼外走廊，那里正对着大法官们的办公室，也被称作内庭。当他们一路漫步，伯格指出了很多问题：有些地方需要重新粉刷；有些地方光线不足，他会找人来做照明研究；办公空间没有得到很好的利用，他会找人对整座大楼的空间利用进行正式研究；少量的植物会给空旷、阴暗的大厅带来生气；电话系统很古老了，操作者使用旧式插入式交换台；自助餐厅又旧又破；没有复印机，因此资历浅的法官只能拿到模糊的复印版本；没有电动打印机可以打印具有印刷质量的信件或备忘录；外部，景色暗淡无光，守卫没有白宫那样严格认真。

事实上，伯格总结道，最高法院大楼的精细做工、石柱、铜质大门、上等木材如同白宫一样庄严宏伟，但是没有保持好，需要进行从头到尾的重修。19 世纪的行政管理体系或许很有魅力，但是缺乏效率。巡视持续了两个小时。

当在上诉法院时，伯格非常享受和助理定期共进午餐。7 月 21 日，他带着他最高法院的助理乘坐豪华轿车前往他最爱的地点——国家律师俱乐部。那里安静的气氛让他放松，让他能够思索并筹划未来。整个下午他都在缅怀他和艾克、比尔·罗格斯和哈罗德·斯坦森的政治过往。他想念政治，他说。媒体对艾克不公平，声称他缺乏头脑。对斯坦森也是，只因为他的坚持和竞选总统的失败尝试，让他成为一个政治笑话。报纸操控新闻，迎合编辑的口味。以《华盛顿邮报》为例，过去的十年，编辑们一直坚持这样一个政策，即不对保守派和温和派的上诉法院法官进行报道。与此同时，报纸宣扬自由派法官的判决，尤其是贝兹伦。助理们表示怀疑。首席大法官坚持表示，一名最近从《华盛顿邮报》离职的记者向他保证情况就是这样。《纽约时报》和《华盛顿邮报》反尼克松、支持贝兹伦，因而也是反伯格的。两家报社都对其进行攻击。他们不甘心接受对他的任命，并将继续狙击他。《基督科学箴言报》被整顿成他内庭的专属报纸。

他的情绪放松下来，说自己对目前事情的安排进展很满意。他想将他的桌子和其他办公室家具搬到会议室并尽快安顿好。当其他法官回来时，他们会面对一个既成事实。伯格的助理很吃惊，他竟会不经征求其他人意见而做这样的变动。他看上去像是站到了一个不必要的对立面[①]。

伯格回到办公室，他发现另外一个机会，可以让他完成其前任没能完成的事情。沃伦和他的法院这些年和国会逐渐疏远，尤其是上了年纪的、掌权的保守派委员会主席们，他们不满意最高法院的判决并对沃伦的高傲感到愤恨。

伯格致电控制法院财务支出的众议院附属委员会主席、共和党议员约翰·罗尼。私下里，伯格说执拗、声音粗重沙哑的 65 岁的罗尼是“专横和报复心很重的”人。伯格决定取悦他。法院需要更多的法律助理。罗尼告诉伯格，沃伦曾要求增加九个助理，每个大法官一个。这太多了，罗尼说，三个还差不多。

三个是可以的，伯格说。

罗尼说他可以帮这个忙，看看众议院是否可以批准增加这三个助理。

伯格感谢罗尼为此所做的努力。

三天之后，7 月 14 日，众议院批准增加三个新助理，罗尼来到楼上夸赞新任首席大法官。罗尼告诉他的同事，我们有了大法官沃伦·伯格的帮助，国家会被治理得很好。

在法院，伯格告诉他的助理他成功了。对议员的游说和他的妥协得到了回报。

沃伦近来着力推动对联邦法官施加严格的职业道德规范约束。7 月 29

---

① 当伯格从其助理口中得知其他大法官反对他将会议室改造成他的待客办公室之后，他放弃了这一计划。他们认为这个房间是神圣隐秘的。但与此同时，伯格将一张古董办公桌搬进这个房间，并将其摆在与会议桌成 T 形的位置上。当他了解到其他人反对时，伯格作出了妥协。他将办公桌从 T 字形位置移开，但同时也将会议桌挪到房间的一侧，而将其办公桌放在另外一侧。布莱克回忆道，办公桌在“我们的房间”的存在，仍然让其他人感到不快。但没有人和伯格公开对抗。伯格的办公桌留下了。

日，伯格决定采取行动对此进行阻止。因福塔斯事件的影响，沃伦的努力最初取得了一些效果。但这是小题大做，伯格说道。伯格给下级法院法官拟写了一封措辞强硬的信。该法官是沃伦建立的制定法官职业道德规范的委员会的主席。伯格写道，职业道德规范只会给予细枝末节的问题过分的关注，它们只会为媒体将法官描述成骗子添砖加瓦。

报纸已经报道了伯格在过去三年里作为基金会受托人收受 6000 美元的细节。该基金会操控了明尼苏达州罗切斯特的梅奥诊所。伯格感觉到，道德问题已经被沃伦和媒体炒得过热。他决定给其降降温。

八月初，首席大法官的注意力转移到挑选最高法院新增的三位助理上。他们将要解决人员不足的问题。每年，来自数以千计请不起律师和付不起 100 美元受理费的人们的诉状流向最高法院。这些诉状可能会被摘抄在笔记本上或纸片上。它们有时难以辨认并常常难以理解。

这些诉状构成最高法院每年收到的大约 5000 份诉状的主体。他们被称为诉讼救助案件（in forma pauperis），或简称为“I.F.P.’ s”。每个案件最高法院只能拿到一份诉讼文书，而不像能交得起诉讼费用的案件那样拿到 40 份。大多数诉讼救助案件来自在押犯，他们声称其宪法权利受到侵犯。所有的法官都认为只有一小部分诉讼救助案件有理由，但是伯格认为所有此类案件都是浪费时间。在一份 1965 年的上诉法院判决中［威廉诉美利坚合众国（Williams v. U.S.）］，他谴责那些被判有罪但仍试图通过技术角度提出反对意见从而得以获释的人提出的所谓“迪士尼”论点。

首席大法官办公室负责处理诉讼救助案件。一般来说，此类案件的诉状不会自己递送到每位大法官手中。首席大法官的助理为每份诉状写下一页的摘要，并在其他大法官办公室传阅。如果处理诉状的法官助理认为案件是特别有理由的，完整的诉状会被传阅。准备摘要的工作是冗长乏味的，但是沃伦法院曾为几个案件举行过听证会。在伯格看来，这在某些情况下仅仅是沃伦自由派为服刑人员和罪犯发现新权利的工具。

当他重整首席大法官办公室时，伯格的首席法律助理审阅了一份长达 33 页的沃伦为其法律助理撰写的指南，其中包括一份如何准备诉讼救助案件摘要的指南。伯格的助理将指南编辑之后送到大法官那里请求批准。

直到阅读到该指南的第 17 页，伯格才发现问题。这部分是讲助理在准备诉讼救助案件摘要时的责任。指南写道，诉讼救助案件的摘要应当将每个申诉人想要表明的事实、争点和法律论据全部汇总并列举出来。

“你的第二项任务，”沃伦在指南中说道，“是展示申诉人基于案件事实作出的论断。那就是，因为诉讼救助案件的申诉人通常没有法律顾问。在某种意义上，你非常有必要成为他们的法律顾问。”

首席大法官召集他的首席助理。这是什么？伯格问询道。这是法院，而不是公设辩护律师的办公室。这可能是沃伦助理行事的方式，但他的助理不会这样做。伯格坚定地阐明。法院已经超负荷运行了，不需要再自找其他工作。如果一些可怜人遗漏了可能使其申诉被最高法院复审的事实，这是他的问题。在刑事案件中，这些人已经被认定有罪，他们想从技术角度和法律漏洞上找理由以逃避惩罚。伯格宣布，第二项任务可以忽略不计。只有申诉人确定的论点才体现在摘要中并传阅给其他大法官办公室。

伯格的助理相信，他已经有效地摧毁了最高法院作为这些人最后的救命稻草的作用。没有任何法律基础，大多数申诉人几乎没有机会获得法院的关注。但在伯格看来，诉讼救助案件仅是法律助理拥有过多权力和影响力的其中一个例证。

自从他到上诉法院任职时起，他就知道助理是怎样偶尔耍小聪明的。不能相信他们会作出正当的判决。法官助理工作机制也必须进行改革。伯格认为，内庭传统的秘密交流机制是一个谣言制造工厂，必须进行改革。为此，他修改了自己之前在上诉法院采用的一份保密纪要。这份保密纪要在 8 月 12 日发给他的资深助理，并且只发给了他的助理。

机密文件

法律助理备忘录——保密义务

……机密不仅限于保护最高法院内部最低限度和最明显方面的信息安全。对大法官办公室的内务进行保密，具有同等重要性，包括他所说的话、所思考的事、所会见的人和他对特定问题和案件的看法。

备忘录指出，在这一年里逐渐形成了“几乎可以与大律师事务所相媲美的共同的职场生活”。然而各个大法官办公室并非同一个律所的成员，而是恰好占用同一栋大楼的不同的法律办公室。

> ……一些助理有时倾向于在大法官找到解决问题的方案前，形成一个集体的“法律助理”判决以解决案件的实体问题。在这一方面，发生在法律助理餐厅的一次谈话具有特别重要的意义。法律助理通常将午餐时间视为相互交换意见和谈论大法官逸闻轶事的宝贵机会。一般而言，助理们会相互讨论法官们最私密的问题，因为他们知道他们所说的不会穿越餐厅的四面墙而在外传播。对于法律助理来说，这种对话是有教育意义并有趣的。但这样的谈话是否会在餐厅之外传播却是值得怀疑的。

伯格的一些助理认为备忘录到目前为止还是合乎情理的。备忘录还有以下内容：

> 任何可能将首席大法官置于不利处境的私密性质的事务不应被泄露给其他法律助理。
>
> 尽管大家公认餐厅内的谈话会被保密，但为防止将不利信息泄露给其他法官，首席大法官助理应当保持沉默。

首席大法官并不担心信息向外人泄露，而是担心他的助理向他的同事们泄露自己的隐私。

> 来自法官自己助理的信息既可能削弱其与同事的沟通效率，也会对其公众形象造成损害。这比其他来源的信息造成的危害更大，仅仅因为它更加可信。

为什么他会假定助理所说的话都是对其不利的？他的一位助理问道。

首席大法官“并不希望在他作出最后判断前，他对于案件的看法或者其助理对于某案件的看法被他办公室以外的人了解”。

所以伯格的助理只被允许相互讨论。他们意识到他们从事助理工作的大部分乐趣和意义都被剥夺了，直接进入到投票和立场的讨论之中。他们知道传统上，为了更好地服务于法官，助理可以公开自由地与同伴交流。不同意见判决应该对多数意见判决负责，反之亦然。调查结果可以颇具成效地被分享，语言建议可以相互交流。这些是其上司最终意见形成过程的一部分，并且可以对最终判决的形成起到促进作用。备忘录中的以下几句话将最后判决形成过程中的这部分内容取消了。

> 首席大法官的助理不能泄露他们个人正在考虑的意见……首席大法官制定了一条严格的规定，来自其他大法官办公室的建议，只有经过另一大法官先行考虑并同首席大法官直接正式沟通之后才能被采纳。

所以他们不可以和其他法官助理协商。任何事都不能告诉别人，也没有其他大法官办公室能先获得首席大法官初步决定的消息。他们将会在“金钟罩”里工作，远离其他意见和争辩。他们总结道，首席大法官对最高法院的理解是，这样的交流是堕落的，没有启发性。他们的不满与日俱增。这就犹如首席大法官已经预先包装好法律价值，并不希望正常的意见交换影响他和他的助理们的观点。对于伯格的助理来说，备忘录甚至反映了他对控制最高法院深深的不安全感，以及担心被助理操控的恐惧。

伯格有另外一个夏日计划。厄尔·沃伦曾经与这个国家的主要律师组织——美国律师协会不和，并疏远。1958 年，美国律师协会全体会员大会在伦敦召开。会议上某个委员会在做报告时，谴责沃伦法院安抚共产主义者并拿国家利益做交易。沃伦以从律协辞职的方式作出回应，成为全国少有的非律协成员的杰出律师之一。

伯格决心重新开启与该法律机构组织的沟通渠道，他参加了美国律协在达拉斯举办的夏季会员会议。参加这个活动可以对他有所裨益，他也可以给这次活动带来影响力。他同意做四个演说。他介绍自己是“沃伦·伯格”，在人群中环绕而行，伸出双手与大家握手。人们相互拥挤着向他靠拢。伯格，这个国家排名首位的大法官，像是正在进行竞选活动。他尽情享受着这个角色，拉着人听他讲话、热情地与人打招呼、缓和其作为“法与秩序”象征的法官形象。他私下里与米歇尔、美国律师协会主席一起用餐。他的演讲和私下谈话有意保持温和，赢得了人们的起身喝彩。这传达了一个信息：长久以来一直被认为是法律职业共同体独立构成部分，且观点通常针锋相对的律师、法官和法学教授之间，诞生了一种新的“伙伴”关系。首席大法官承诺，在“我有生之年”，都会参加美国律协的代表大会。

会议之后，伯格飞往洛杉矶，去参加尼克松总统为表彰第一位登上月球的宇航员而举行的晚宴。

废除种族隔离案

8 月 29 日，雨果·布莱克正在他那位于华盛顿近郊弗吉尼亚州亚历山德里亚市旧城中的标志性建筑的房子中休息。布莱克办公室刚刚收到一封申诉状，要求他进行干预，以防止在密西西比州 33 个校区推迟实施废除种族隔离的政策［亚历山大诉霍姆斯县教育委员会案（Alexander v. Holmes County Board of Education）］。他被要求独自出任第五巡回上诉法院的监督大法官。第五巡回上诉法院的管辖区域包括美国的南方腹地。在 11 个联邦上诉法院中，每位最高法院大法官都被分配负责一个或多个法院，以处理特殊和紧急的申诉案。

83 岁的布莱克是最高法院最年长的大法官和资深成员。在他家二楼的书房内，31 张大法官的年度照片环绕着书架上方的墙壁。布莱克身材萎缩并且有些轻微的驼背，但多年来其旺盛的生命力一直让人感到惊讶。直到上个月，他还坚持每天在自己的私人球场中打几场网球。但是现在他将在身体欠佳的情况下开始他的第 32 个庭期。他最近打网球时突发中风，但这件事没有公开。他已经迅速恢复了，但是疾病使他变得虚弱。他也时常健忘。

布莱克出生在亚拉巴马州的克莱县，他出生之时距离美国内战结束仅仅 21 年。布莱克不但热心支持废除学校种族隔离政策，甚至可以说是激进分子。在过去 15 年内第五巡回上诉法院为落实最高法院废除种族隔离政策所做出的努力，他都加以支持。但就在前一天，第五巡回上诉法院突然改变了风向。

初夏时分，上诉法院曾要求美国联邦卫生、教育和福利部递交在 33 个校区废除种族隔离的计划书，这样上诉法院就能在学年开始时下令执行相应措施。根据 1964 年《民权法案》的授权，卫生、教育和福利部负责制定计划书，并应按时上交。然而，在最后一刻，卫生、教育和福利部以及司法部都要求延期到 12 月 1 日，因为他们声称计划书准备得过于匆忙，因而会造成“混乱、迷惑和灾难性的教育制度的退步”。在联邦法院系统内，这是联邦政府第一次支持延迟执行废除种族隔离的政策。让布莱克震惊和沮丧的是，第五巡回法院尊重卫生、教育和福利部的技术专长，已经同意延期。更有甚者，实际执行废除种族隔离政策的确切日期也没有确定。布莱克将行政机构的动作视为尼克松对南方的报答。这是所谓的“南方战略”的一部分，它早先帮助尼克松赢得了总统选举。

尽管最高法院在 1954 年作出了具有历史意义的裁决［布朗诉教育委员会案Ⅰ（Brown v. Board of Education Ⅰ）］，宣布在学校中实行种族隔离是违宪的，但南方腹地的绝大多数学校仍在规避该政策。长达 15 年的艰苦斗争将联邦法院拖入了有关各种反种族隔离计划细节的论战当中。当争论持续进行时，学校仍然维持种族隔离政策。近年来，在交界南部诸州取得了一些进步，这主要是卫生、教育和福利部以及司法部着力推进的结果。过去十年来，最高法院作出了一系列判决，使得学校董事会用于对抗废除种族隔离的实际措施的迂回战术归于无效。

布莱克为尼克松政府在推行废除种族隔离政策问题上消极怠工而感到着急。尼克松在竞选中的声明，还有眨眼、点头和私下承诺，引发了又一轮的南部对抗情绪。现在南部有了拖延的另一个借口，同时出现了一个强大的同盟。只要政府和法院卷入有关执行计划的争论，诉讼就会被拖延。前进的步伐已经变得过于缓慢。

布莱克是一个忠诚的新政拥护者和南部民粹派，他热爱南方。1937年，罗斯福选他进入最高法院时，他是亚拉巴马州的资深参议员。青年时代的布莱克一度成为 3K 党的成员，但是在种族关系问题上他一直是进步人士。作为冉冉升起的政治家，他了解这种事情的微妙之处。他认为最高法院废除种族隔离的判决是其最重要的判决之一。看到南方人，无论白人还是黑人，因最高法院的裁决而忍受痛苦，他自己也感到很痛苦。许多南方白人认为他是背叛者，这同时也伤害了他。布莱克在某种程度上谴责自己。他对大法官菲利克斯·法兰克福特的要求让步了，同意将“最谨慎的速度”这个词放在最高法院 1955 年的判决之中（布朗诉教育委员会案 II），以此为学校系统废除种族隔离设定速度。这一措辞是律师的用语，也是严重的错误。它给了南方有力的武器。15 年来，律师抓住这个词不放，拒绝承认国家的法律。“我本不应该让菲利克斯将它用在判决中的。”布莱克常常这样对助理说。

这个词已经变成了拖延的借口，同时也将联邦法院法官推入困境。他们需要决定哪项计划能够见效，哪项计划不能；哪种安排速度足够快，哪种安排速度不够快。法官们成了学校系统的运作者，他们要决定学校位置和教职员的种族比例。而对于这类事项的处理，他们毫无经验。布莱克感到联邦法院承担这个角色是老旧的“法官暴政”。他对于法官行使如此大的裁量权而感到持续的恐惧，他见识过 20 世纪 30 年代早期法官们以此瓦解了新政，维护了企业权力。

布莱克总是建议其他大法官和自己的助理“专攻要害（go for the jugular）”。这个词用他那温柔的阿拉巴马口音念出来时会与“号手（bugler）”谐音。他的意思是，法律细节无法决定案件的输赢，法律也不会因其细节被决定。法官们可能会说是这样的，但这绝不是真正的原因所在。每个案件中总需要确定一个关键问题。这个问题也许很难找到，布莱克说，但是一旦找到就必须提出并解决。

在最近的案件中（亚历山大诉霍姆斯县教育委员会），布莱克很容易就可以遵循自己的建议。该案的焦点是，最高法院布朗案的判决没有被遵守，废除种族隔离的措施实施过于缓慢。因此问题在于，一向坚定的第五巡回上诉法院丧失了意志，如何才能让其恢复斗志，以及如何战胜至少仍在回避问题的行政机构。

五天之后的9月3日，布莱克收到来自司法部的一份备忘录。司法部副部长格里斯沃德正在催促布莱克批准密西西比州的延缓案。格里斯沃德承认，这次推迟实行废除种族隔离政策，将会导致其实施又被拖延一个学年。这是个悲剧，也是违约行为。但是他辩解道，这是不可避免的，因为需要改进学生分配，重新安排教学计划以及重组教职员工。

布莱克认为这个要求是荒谬可笑的。但是作为唯一的大法官，单枪匹马地执行该请求以推翻第五上诉巡回法院的判决，他感到需要谨慎行事。他想推翻这个延缓案，并将废除种族隔离的政策立即付诸实施。从技术上来讲，他拥有这样的权力并可以做任何他认为正确的事。但是法院整体可能不接受他的立场。如果大多数人反对，他们会毫无疑问地投票要求在常规庭期审理这个案件，并且将会推翻他。布莱克想避免激怒他的同事。作为负责巡回法院的大法官，当他的意见不能被大多数人接受时，道格拉斯有时单独行动。整个最高法院有时推翻道格拉斯的意见，但是其他法官仍然对他独揽大权而感到愤恨。

同时也有另一个需要考虑的因素，那就是新任首席大法官。伯格在民权问题上的记录看上去比较得体。这个夏天，新任首席大法官已经知道布莱克对许多事物的看法。布莱克发现他带有善意并且和自己趣味相投。但伯格仍然是尼克松的人。

最为重要的是，布莱克想避免在最高法院内部引发分裂。他决定不去推翻延缓案，但尽可能措辞强硬地陈述其观点，从而为最高法院指出解决问题的出路。他谨慎地遣词造句，在黄色笔记纸上慢慢用铅笔书写。一个助理协助他，但是布莱克的记忆力问题降低了效率。他需要频繁地被提醒上诉法院曾经说过的话。他的助理耐心地告诉他。布莱克就会写下他的某些想法，并会询问相同的问题。在某些问题上，他需要被提醒很多次。过程很缓慢，也很痛苦，充满挣扎。“在过去的多年里，”布莱克最后写道，“密西西比州已经实行所谓的公立学校的双轨制，一个白人学生系统和一个黑人学生系统。”

他的讥讽中流露出他的沮丧和急躁。布莱克重述废止种族歧视案件的历史，包括在 1955 年错误使用“最谨慎的速度”字眼的布朗案（布朗诉教育委员会案 II）。需要“最谨慎的速度”的时代已经过去了，他写道。他承认 1968 年最高法院最新的废除种族隔离政策的判决［格林诉新肯特郡郡立学校委员会案（Green v. County School Board of New Kent County）］可以被解读为，从双轨制向一元体系的转变允许经历一个“过渡时期”。判决也会被解释为，法院仅仅要求学校系统目前制定废止种族隔离的计划，而不是现在必须实施它。对于布莱克来说，那是一个错误的解读。拖延实施、延期和踌躇不前的过渡期已经结束了。但是，他写道：“我意识到，在某些方面，我的上述观点超越了迄今为止法院明确坚持的立场……尽管我认为整个最高法院非常有可能同意我的观点，但我不能确定他们将会这样做……”

9 月 5 日，布莱克发表了长达 5 页的判决意见要求维持上诉法院的延迟决定，并邀请国家有色人种促进会（N.A.A.C.P.）以及代表密西西比州黑人的法律辩护与教育基金会。“尽早将该问题向最高法院提交。”“这对我来说是可悲的。”

这项意见可能会迫使法院受理这个案件。自从 1954 年以后，最高法院在学校案件上意见统一，其废除种族隔离的强硬命令总是由全体成员共同参与。15 年来，大法官们认为，让南方知道所有法官都支持全面废除种族隔离政策至关重要。为了保持全体一致性，最高法院不能让第五上诉巡回法院的延迟案生效。布莱克的意见表明，其支持推翻上诉法院的判决。

法律辩护与教育基金会遵循布莱克的建议并递交了一份紧急申请，请求立即召开听证会。10 月 7 日，司法部正式敦促最高法院行使其自由裁量权，做出决定不听审此案，并辩称最好持观望态度，等 12 月 1 日计划提交之后，视密西西比学校情况再做决定。10 月 9 日的讨论会上，布莱克成功召集了对申请签发调卷令所需要的 4 票。[①] 大法官们同意将该案置

① 申诉调卷令（cert petition）是向法院递交的文件，论证大法官应当考虑案件的原因。在法院的内部规则下，四票支持——比多数票少一票——是受理案件的要求。（cert petition）一词在本书中既指复审请愿书，也指上诉案件中的管辖声明。

于等待审理案件之首，并在两周之内的 10 月 23 日听审言辞辩论。

媒体密切追踪这个案件。司法部官员认为最高法院若支持法律辩护与教育基金会的要求，立即废除种族隔离，将会难以执行。原因在于，司法部没有足够的律师，而且南方可能会反应强烈。总统在记者招待会上评论说，那些想“立即实现种族融合”的人与那些希望“永远实行种族隔离”的人一样，都是“极端分子”。身处一线的联邦下级法院法官们面前有数以百计的类似的学校案件等待判决，他拭目以待，看会有何种信号被释放。

10 月 23 日，周四早上，法庭里人满为患。言辞辩论安排了两个小时，是通常时间的两倍。法律辩护与教育基金会的首席律师杰克・格林伯格率先发言。他说，南方学校官员有很多拖延、违法的情况。他提醒法院其判决没有被执行。甚至在法院头一年做出裁决之后，南方密西西比州的联邦法院花了一年的时间去论证黑人是否天生劣于白人。格林伯格概括密西西比州的情况。有个相关案件，即反对密西西比州杰克逊学校董事会的诉讼仍然在第五上诉巡回法院处于悬而未决的状态。提出这个诉讼的梅格・埃文斯没能看到案件的结果，他在他的住宅附近被射杀。“这个案件最令人遗憾的是该州美国地区法院法官自由裁量权的行使。”格林伯格说。他们在拖延，拒绝向前推进，并且利用“最高法院和上诉法院判决中的含糊不清，不管是否是真的含糊不清”。

格林伯格正在为此案的每个细节努力争取。他希望最高法院拿掉南方用来拖延的经过检验最有效的工具。在下级法院争斗中，在所有的上诉途径都用尽前，校区通常仍会实行种族隔离。他提议举证责任转移，最高法院命令卫生教育福利部最初制定的计划应当被执行。废除种族隔离应当成为一种现状。反对者可以尽情争论、尽情提出他们的诉讼请求，但是在此过程中，学校的种族隔离应被取消。他有一个更深入的建议。仍持顽强抵制态度的地区法院应当退出此案，更高级别的上诉法院，第五巡回上诉法院，应当监督计划的实施。

格林伯格想要一个有力的、立即废止种族隔离的声明，那将会产生直接的标志性的影响。他不希望最高法院将注意力放到立即命令废止种族隔离政策的实际问题上。

布莱克法官的前任助理，私人律师路易斯·欧布多尔夫，在私人执业过程中为一个私人律师团辩论。这些律师的名字都像是法律机构里的大人物。律师团反对任何拖延废止种族隔离的行为，如果必要，他们将提供律师帮助在南方实施废除种族隔离的政策。

布莱克打断了欧布多尔夫的辩论，如同他向他的前任助理征求意见一样。“我们要做的事情是，宣布双轨制已经结束，废除种族隔离政策现在就生效……从现在就开始——你同意吗？”他轻声问道。

“我同意，法官。”欧布多尔夫回答，“但是不知道这个‘现在’的确切含义。”

“我的意思是当我们颁布一个法令，”布莱克说。他停顿一下，然后补充道，“如果我们这样做。”

旁听者哈哈大笑。布莱克没有隐藏他的立场。

米歇尔已经指派司法部民权司长杰里斯·莱昂纳德，负责代言这个政府案件。当莱昂纳德接二连三地被道格拉斯和布莱克的问题打断时，他还几乎没有汇报政府在南方废除种族隔离中取得的成功。莱昂纳德尽量不去理睬他们的问题，声明存在实际问题，情况非常复杂。

“什么这么复杂？”布莱克不耐烦地质疑道。

莱昂纳德撤回意见。“我请求最高法院不要急于求成——”

这激起了布莱克的怒火。“自从我们颁布命令，已经过去这么多年了。在这件事情上现在还有什么是急于求成的？”他不能再掩饰自己的蔑视了。

莱昂纳德继续陈述，但是他不断被打断。

伯格的低沉的男中音试着平息紧张气氛：“如果可以，我只问一个问题。如果没有上诉……你能向我们保证新计划将会在 12 月 1 日被提交吗？”

莱昂纳德对这个问题感到高兴。是的，他向首席大法官保证。如果最高法院不采取任何行动，新计划到那时会被提交。

伯格对这个回答很满意。现在已经是 10 月底了，不管最高法院是推翻还是维持下级法院的命令，计划将在五周内被上交。但是怀特和布莱克迫使莱昂纳德承认，即使新计划在那之前提出，最近的上诉法院判决也不能保证废止种族隔离政策将会在下个学年之前实施。莱昂纳德承认下一年此事或许不会有很大进展。

“计划太多而行动太少。”布莱克淡淡笑着说，观众们又一次爆发出大笑。

第二天，10 月 24 日，周五，大法官们开会讨论此案。按照传统，应当由首席大法官先发言，他概述了议题并简要表明他的意见。之后，会议按照法官资历深浅的顺序来发言，由布莱克先开始。理论上，投票会按相反的顺序进行，从最年轻的法官瑟古德·马歇尔开始。但是过了一段时间，正式投票被弃用，因为在阐述意见时，每位大法官都表明了其立场。如果他的立场坚定，他就相当于投了一票。

首席大法官坐在桌子尽头的椅子上，开始讨论密西西比州的案子，这是本庭期第一个要案。前一天座无虚席的法庭、媒体的高度关注、律师们的热情和来自同事们的显而易见的关心和激情，预示着这个案子将会成为一座里程碑，一个持久的指导性案例。这将成为自最初的布朗案后最重要的案件。沃伦法院已经通过长达 15 年的废除学校种族隔离案件建立起崇高的声望。现在，沃伦·伯格作为首席大法官，将会引导法院走向下一个里程碑。这将是对他领导力的检验。从他的所见所闻中，伯格意识到作为这类案件中不成文的规则，一致同意原则将会很难达成。他自己的立场不同于布莱克在 9 月 5 日给出的意见。伯格认为司法部并非毫无道理。实际存在的问题显而易见。美国联邦卫生教育福利部与上诉法院远比最高法院更清楚这些问题，计划切实可行极为重要。如果修改后的计划能在五周后的 12 月 1 日被提交，对废除学校种族隔离政策而言，并非是场巨大灾难。但是伯格反对为推迟而推迟，这很显然是密西西比地区法院所支持的。最高法院应该坚决反对任何拖延。其应当发布声明，不准再拖延，并要求上诉法院尽快行动起来，而不是无休止地辩论。也许大法官们能快速地发布一个简短的反拖延命令，之后给出意见详细阐明原因。

作为资深法官的布莱克，坐在桌子的另一端随后发言。他说，五周的时间不是问题所在，这是象征性的。最高法院任何同意推迟的意愿，不管多么微小，都将作为一个信号被捕捉到。手中有几百件类似积案的所有地区法院法官，全体南方政客和尼克松政府，都在等待最高法院释放哪怕一丝一毫的决心动摇的信号。即使是一瞬间的摇摆不定，也会成为一种背叛。布莱克猛烈攻击尼克松及其内阁。他们让南方怀有希望，可以进一步逃避政策的执行。最高法院必须解决这个问题并在尼克松掌控局面之前重申自己的承诺。在司法部和卫生教育福利部涉入对学校教育委员会的诉讼和制定计划之后，南方和南部交界诸州取得的进展是如此微小。法院不能允许他们现在退出战斗。

本案所需要的就是一个简短的命令，布莱克辩称，而不是判决。已经有过太多的书面文件。每次判决下达之后，一些律师发现了一个有歧义的地方，提起诉讼并争取到更多时间。让法院卷入其中，对细节和计划进行争论是一场灾难。而这正是主张延缓实施的反对者们所希望的。命令中一定不能提及计划或是时间安排。布莱克和其他所有人一样，希望达成一致，但是如果最高法院的命令提及计划这个字眼，他将会提出异议。不能有任何借口让学校地区和尼克松政府再次诡辩。

布莱克也同意法律辩护与教育基金会的看法，看上去每个人都在让这件事倒退，每个人似乎都认为现状就是种族隔离，并且需要开始不朽的奋斗来改变现状。但是法律就是现状。15 年前最高法院制定的法律提倡一元化的学校体制。命令应该明确反对“所有从容的速度”，并立即、马上、现在就要求废止种族歧视。没有更多的修辞。“如果任何人这样写，”布莱克总结道，“我就反对。”

突然一阵让人窒息的沉默。布莱克这个最高法院的“大佬”以及历史性人物所提出的反对意见，使此事看起来像法院在退让。这将会给南方“决不”派带来希望。几位大法官不合时宜地开口问布莱克，法院如何能现在就执行这一命令。布莱克拒绝讨论此事。“你做你想做的，我会继续前行。”他说。

下一个轮到道格拉斯发言。时光回到那年夏天，在华盛顿州喀斯喀特山举行的会议上，道格拉斯的出现让人印象深刻。他头发花白，前额鬈发蓬乱，身躯健壮足有六英尺高，穿着一身廉价的西装，白衬衫皱皱的，戴着一条涤纶领带，看上去并不自在。那张黝黑的、历经风霜的脸上，可以看出他在淡季周游世界各国的痕迹。他的 20 本书、数不清的文章和演讲，甚至他年轻时以笔名发表的有关西部牛仔的情节动人却毫无文学价值的小说中都折射出他个人主义的价值观。道格拉斯在逆境中成长起来，经历了贫困、小儿麻痹、露营意外等不幸。他人生中多数时间都在打破常规。他两次被考虑作为副总统候选人，曾一度被提名，但是他拒绝政客的人生。尽管如此，他公开支持国际主义观点，在此问题上从未犹豫，即使面对50年代狂热的反共产主义思潮。

道格拉斯轻柔的声音和他权威的语调不相称。他很少在会议上长篇大论。他多年前就知道试图说服他人是徒劳无功的，甚至更糟糕的是起反作用。他的同事知道他在大多数议题上的立场，他毫不畏惧地接受自由主义信条。他支持个人甚于政府，支持政府甚于大企业，支持环境甚于其他一切。但是道格拉斯仍然坚持在他的正式书面意见中列出他对案件每一部分的确切处理办法。如果他不能说服同事，他至少可以在最高法院之外传播他的主张。

道格拉斯希望最高法院在种族问题上采取更激进的行动。伴随着打字的节奏，他删掉有关一般立场的几句话，跳到下一个要点，停顿时踢一下桌子，不加过渡地跳到下一个要点，焦躁地拍打着他的耳朵，冷冷地盯着桌面，最终再次毫无征兆地用简明的总结串联他第一个和最后一个要点。

对于其他人来说，道格拉斯的立场是明确的。他支持布莱克。

约翰·哈伦安静地连续抽着香烟，一直细心地倾听着布莱克的长篇大论。他一只手搭在靠近横挂在他黑西装背心上的金表链处，表链是他祖父留给他的。身上穿着的还是那件从伦敦定做寄来的保守西装，这件西装自他 14 年前来到最高法院至今几乎每天都穿在身上。他身材瘦削，腰板直挺，威风凛凛。经过一场胃溃疡的手术，他的半个胃被切除，在他六英尺一的身躯上找不到多余的重量了。作为出身于富裕家庭的华尔街律师，又毕业于私立学校、普林斯顿和牛津，约翰·哈伦是典型的贵族，遇事沉着冷静彬彬有礼。

他的祖父约翰·马歇尔，被任命为美国第四任首席大法官，曾经担任过 34 年的大法官。他以“伟大的反对者”著称，是 19 世纪著名案件“布莱希诉弗格森案”中唯一持反对意见的大法官。该案准许在学校实行种族隔离政策，直到 1954 年布朗案将该案判决推翻。正像他的祖父一样，哈伦将法律几乎视为宗教的召唤。尽管在过去几年里他几近失明，也正是因为这一原因，哈伦是最高法院最勤奋的成员。他每分钟阅读 150 个字，弯曲着身体，眼睛几乎贴到纸上。但是他仍是最高法院最多产的写手。不管反对意见多么无关紧要、案件多么微不足道，出于知识分子的诚实正直，哈伦都迫使自己给出意见。这一规则的例外是：废除学校种族隔离案件。

哈伦曾经是沃伦法院里的“保守派良知”，一个经常提出反对意见的人。他提倡克制而不是激进主义。尽管他不同意布莱克的观点，但二人却有着兄弟般的情谊。哈伦觉得自己理解布莱克的想法，尤其是其因“最谨慎的速度”而感到的内疚和痛苦。但是他仍被布莱克的演讲激怒了，不是因为其对尼克松的攻击，而是因为一道命令无法决定一个要案。对最高法院来说，只说一句“现在就做”而没有给出任何原因是可笑的。地区法院和上诉法院需要指导，这就需要一份判决。

布莱克过于情绪化。哈伦认为，自从布莱克中风以来，他愈加难以捉摸、暴躁易怒和好斗。“很困难。”哈伦这么说道。布莱克想在一阵狂怒中判决此案。哈伦不会允许这样的事情发生。多年来，在废除种族隔离的细节问题上，法官内部的分歧日益严重恶化。他们将这些反对意见置于次要地位以使他们的统一战线得以维持。哈伦认为可能这一次他们的分歧将会呈现在公众视野中。在目前的情形下，最高法院一致意见的瓦解，可能会使最高法院和国家倒退几年甚至十年。但是布莱克已经下了战书：按照我的方式做，否则我会冒险一搏。布莱克正在试探此案的底线——全体一致通过。

哈伦说他同意强硬地拒绝推迟执行，但是应当通过判决的详尽论证。他会与法律辩护与教育基金会的想法保持一致——密西西比地区法院撤销此案，并确保不再对执行计划进行无休止的争论。但是他不同意任何立即废除种族隔离的观点。最高法院——沃伦法院——已经因为他那遥不可及的观点而饱受批评了。现在伯格法院需要考虑现实。立刻废止种族隔离是不可能的。

哈伦也坚决反对布莱克的观点，他认为“最谨慎的速度”并不是延迟执行的关键。采用其他措辞，或者根本不适用任何措辞，同样无助于事情的解决。不管法院过去 15 年说过什么，在南方废除种族隔离政策是个棘手的问题，注定要耗费很长时间。但是尼克松和他的内阁也是一个新现实。哈伦对尼克松的动机深有疑虑，支持怀疑尼克松的动机不纯。支持上诉法院将会释放错误信号，但伯格似乎想要这么做。不管最高法院说什么，都应推翻上诉法院的判决。哈伦想以强硬的姿态告诉尼克松和南方地区，法院不会让步。然后哈伦详述了自己的不同意见。他希望全体一致，但是如果布莱克另外出具意见，他也会单独出具自己的意见。

布伦南对会议中产生的分歧感到不安。他同意布莱克的很多看法，但是人总应该实际一些。他想保持中立，这是他多年来作为沃伦法院主要推动者所处的有利位置。虽然比其他同事身材矮小，但布伦南是最有活力的倡议者。他在会议上玩弄口舌，在大厅里穿梭来回，通过电话交流、沟通，和他的盟友们策划战略。他身材瘦削，头发花白。当他侧身而行，张开双臂拥抱他的同事时，他轻松的笑容和明亮的蓝眼睛给了他精灵般的面容。他的温暖让布伦南将寡言的哈伦称为“强尼”。以往，每周四都是布伦南坐在沃伦身旁，为周五会议的和谐气氛做准备。

“伙计们，全都处理好了。”布伦南在与沃伦开完会之后常常这样对助理说。有了福塔斯、马歇尔，通常还包括道格拉斯的投票，布伦南一般都能获得多数人支持。他在上一庭期中只提出过三次反对意见，在过去五年中只反对过 30 次。现在，伯格替代了沃伦，布莱克威胁要提出反对意见，形势暗淡。所以布伦南沉默不语。

波特·斯图尔特发言了，然后是拜伦·怀特。二人都对布莱克的威胁和他的专制主义立场感到沮丧。学年已经开始了，最高法院需要认识到这一点。他们都相信学校废除种族隔离的复杂过程一周之内难以完成。

斯图尔特在进入最高法院之前曾是一名上诉法院法官。他想帮助下级法院，而不是为难他们。布莱克的“现在”观念也许不错，但是审判庭需要知道该做些什么。如果法院说“现在”，上诉和地区法院法官将会问“那是什么意思”。更糟糕的是，斯图尔特担心如果给出一些抽象的决定，下级法院会对最高法院丧失信心。

会议中最后发言的是瑟古德·马歇尔，他在废除种族隔离问题上的立场非常明确。自从 1939 年建立直到 1961 年，即约翰·F.肯尼迪指派他担任第二巡回上诉法院的法官时，马歇尔曾经领导了法律辩护与教育基金会 22 年。马歇尔的曾祖父是奴隶，父亲在切萨皮克湾时髦的白人游艇俱乐部担任服务生。他在民权斗争中身先士卒，在住房、公共场所和学校反对种族隔离。他在最高法院为法律辩护与教育基金会辩论的 32 个案件中，打赢了 29 个。

1965 年，约翰逊总统任命马歇尔为检察总长。当马歇尔犹豫不决时，约翰逊最后说："我想要大家走下司法部大厅，望门内张望时，能看到一个黑人坐在那里。"两年后，约翰逊指派马歇尔到最高法院任职。马歇尔并不期待，也并不想要那个职位。他更想处理那些涉及积极妥协的公益案件。马歇尔的法学基础扎实；所以在会议上，他能够轻松地凭直觉找到符合常识的解决问题的方案。他很容易就能融入沃伦自由主义多数派。直言不讳地说，马歇尔将其工作视为投下自己的票，并敦促同事们做正确的事。在最高法院，他没有兴趣关注法律的细枝末节是否完美。他常常半开玩笑地对助理说："比尔（布伦南）怎么做，我就怎么做。"有时甚至在他的笔记中记上"跟着比尔做"。他信任布伦南对细小的技术性法律问题所做的处理。助理习惯称马歇尔为"布伦南－马歇尔大法官"。他常常在反垄断案件中追随怀特。但是在有关歧视的案件中，马歇尔不跟随任何人。

马歇尔是最初"布朗案"辩论的律师团队的带头人。他对于"最谨慎速度"一直感到不悦。当接近自己的观点时，他轻轻移动他庞大的六尺一、250 磅的身躯。他同意布莱克的看法，选择使用该措辞是不妥当的。但是本案最重要的要素，是全体一致同意废除种族隔离。不能存在法院退缩的暗示。他是一个实际的人。他说，如果有必要，他会支持推迟到 12 月 1 日再提交计划。

但是这不是主要问题。马歇尔考虑的是实际问题——将黑人小孩和白人小孩放在同一所学校里。关键在于确定一个实行计划的日期，但第五巡回法院并没有给出。没有施行日期，即使司法部同意，废止种族隔离的实行仍要等到下一个学年。学校当然可以做得更好，马歇尔说。他提议将实施计划的最后期限定在一月，下学期的开始。

当法官们表达观点时，伯格开始变得越发担心。在他任职的第一个星期，新任首席大法官就已经看到很多案件没办法在讨论会中解决。充满试探性的氛围，分歧很微妙。在一致意见形成之前，一些事常常需要被记录在纸面上。伯格知道媒体会将此案视为他领导力的试金石。迄今为止，没有哪个被争论过的意见成熟到可以被公布。事情已经失去控制了，伯格不想让这种状况加剧。

法官们确实存在一些共识。第一，最高法院本身一定不能表露出延迟执行计划的迹象。加快计划执行的命令需要尽快公布——或许在下周之前。第二，上诉法院应当维持其管辖权，并进而取得控制。联邦地区法院多年来一直延迟执行计划，不应涉入此案。甚至还存在多数意见，主张推翻上诉法院推迟提交计划的决定。所以问题已经得到解决。但是除此之外，有关最高法院应该如何行事，又应该如何表达其观点，则存在广泛的意见分歧。最高法院是否应当为上诉法院确定明确的最后期限？或者允许其灵活处理以解决问题？

按照惯例，如果首席大法官的意见与多数意见一致，他就可以撰写该判决。伯格说，他将推敲措辞，尽量在一道简短的命令中囊括所有法官的顾虑。如果他们都同意，一份完整的判决将会随后作出。

按照伯格分析讨论会的方式，达成一致的主要障碍是布莱克。道格拉斯追随他的领导。他们坚持最高法院应该马上下令废止种族隔离，而且不应作出任何判决。对此观点，布伦南和马歇尔都能够作出妥协。如果他们能不加入布莱克，布莱克几乎确定会放弃，尽管他在会议上那样说。伯格首先需要和与其观点最为接近的斯图尔特、怀特达成共识。根据他们作出的应该现实一些的评论，伯格感觉他可能与他们作出的任何决定取得一致。哈伦是下一张可用之票。他会想用强硬的口气，确立一个实行政策的最后期限。两者都可以。哈伦可以草拟一份文件，将布伦南和马歇尔拉到他们这一边。

会议之后，伯格会见了哈伦和斯图尔特，并请求他们的帮助。他们之前经历过这样的过程，试图在完全不同的主张中，找到共同之处。

布莱克想通过提出反对一致意见以破坏全体一致进行威胁，哈伦说他讨厌这样做。这无异于敲诈。他被布莱克不切实际的处理方法搞得很迷茫。最高法院不可能对此置之不理，直接废除种族隔离。他看出布莱克在玩弄他的老把戏，声称“这就是我的立场”，并称对其他人的意见漠不关心。伯格问哈伦，他能否草拟一份命令让法院发布。他想让哈伦的意见作为一个开始。

哈伦回到他的办公室继续工作。通常情况下，他会让助理先草拟一个初稿。这次他自己动手。他祖父的照片从桌子对面的墙上望着他。当哈伦用圆珠笔划过纸张时，他的脸几乎贴着纸。字迹难以辨认。

“命令和裁定的议案”，他在顶端写道。

“此处提出的是最重要的问题之一……鉴于这个问题的严肃性和遵循宪法的紧迫性，我们认为实施以下命令是适当的。”他停顿一下后又写道：“……本命令发布后，最高法院将作出判决。”

“上诉法院……被撤销。”他写道，声称上诉法院应该“立即”决定，卫生教育福利部门的计划是否是“充分合理的过渡方式”——这是写给他这种现实主义者的——“立即废除种族隔离。”最后一句话是写给布莱克的。

但是命令何时能执行？这个问题在会议中被出后被搁置。能否确立一个单独的最后期限，并不明确。某些学校系统可能有能力立刻实施并废除种族隔离政策。

“具有可能性的最早时间节点，”哈伦写道，接着又补充：“在任何情况下不迟于……”他空出了几个字。可能需要设定外部限制，或许是年中。但是就此并没达成一致。

这份两页长的命令立刻被传送到最高法院地下室的印刷室。即使是最试探性的草案通常也会被打印出来，并把副本分发给其他办公室。案件初期的打印稿不会被发布，只有最终版可以。

第二天早晨，10 月 25 日是个周六，大多数法官来到最高法院。布莱克却待在家里。

首席大法官把哈伦和怀特叫到他的办公室来审阅哈伦的草案。伯格和怀特也起草了可能发布的命令。尽管做了些许修正，哈伦的草案仍作为他们共识的基础。他决定先搁置施行日期，将它留给第五巡回法院决定，因为最高法院设定任何日期都会被视为退缩。伯格之后向其他法官送达了备忘录，告诉他们，哈伦和怀特以及他自己已经会面，而这就是他们的意见。

机密

讨论会备忘录

哈伦法官，怀特法官和我今天会面，并从三份粗略的、初步的可供选择的初稿中，拟定了所附命令，随后将以此为依据作出判决。

草案并不必须反映我们最终的观点，而是可行的解决问题的方案。

我们暂时地给出结论，避免设定一个“外部”日期。我并未被完全说服这样做，因为这有可能导致拖延策略。

（签名）W.E.B

当布伦南、马歇尔和道格拉斯重新审查这份命令议案时，他们一致认为不够强有力，必须加以修改才能让人满意，而且很确定布莱克是不会接受这道命令的。只要有一个施行日期可以保证在下个学期之前废止种族隔离，马歇尔就愿意妥协。但现在他认为布莱克也许是对的。他坚持的“现在”论可能不理性，但是这似乎是法院最好的姿态。最好能送达一个冲击波式的信息，发布一份不切实际但要求立即废除种族隔离的命令，将会使最高法院对此事的重视程度得到强调。马歇尔同时论述道，这样的命令当然意味着废除种族隔离将在下学期实行。

马歇尔也担心，到最后他不会支持布莱克提出不同意见这样的错误立场。他不希望最高法院的另一名成员宣称，在所有人中只有他在退缩。在法院发布决定之后的那天，新闻报道的风向很重要。马歇尔需要保护他自己的立场。他指导助理去开始着手撰写判决书。与此同时，他不想与其他人失去联系，所以他让他两个助理中的一个与哈伦的助理谈一谈，看看是否能达成妥协。

其间，布伦南决定他也要做些什么了。布莱克、道格拉斯、马歇尔和他不能让更加保守的四人组，即伯格、哈伦、斯图尔特和怀特，通过正在传阅的唯一一份草案来控制结果[①]。在与布莱克的电话交谈中，布伦南开始相信布莱克是固执的。如果全体自由派要成为一个团结的集体，就必须接受布莱克的大多数立场。布莱克的观点是吸引人的。最高法院必须强硬并引人注目，为了显得不会轻易屈服，或许要有点非理性。

在与道格拉斯和马歇尔讨论此事之后，布伦南着手起草一份命令。他写道："以最谨慎速度"作为标准实施废除种族隔离政策是"不被美国宪法允许的，联邦法院的义务是实现废除种族隔离……现在就实施"。卫生教育福利部门的计划会被采纳，如果计划的实施会立即废除种族隔离。废除种族隔离是现状。

为了加快行动，布伦南写道，上诉法院"目前被要求必须尽快先把其他所有事务暂停，全力以赴实行这个命令。"这样一个来自最高法院的要求是很罕见的。此事紧急性以及法院承诺的幅度让每个人都印象深刻。

1969 年 10 月 26 日，周日，布莱克在家中研究首席大法官的命令。他认为这很糟糕。他喜欢布伦南的议案，那反映了他两天前在会议上的自己的观点。或许其他人没有将他威胁出具反对判决的意见当真。布莱克决定，他最好兑现他的承诺，他开始动笔。从布朗案判决的历史开始，重新攻击"以最谨慎速度"这个词，布莱克在黄色拍纸本上潦草地写下歪歪扭扭的字迹："难以置信，1954 年最高法院在布朗案 II 中提及的允许稍作推迟要素，即 1954 年允许稍作推迟，恰好在 1969 年被这个案例用来证明推迟的正当性。"

为批评"过渡时期"这一在首席大法官命令中使用的措辞，他写道：

> 任何有关过渡时期命令的讨论，都必然意味着不需要全部、彻底、

① 因为替代福塔斯的人选没有通过参议院的确认，此时的最高法院仍由 8 名法官组成。

> 立即废除学校系统的双轨制。“尽可能早的时间”这一措辞令人不祥地回想起“只要情况允许尽可能地快”这个用在布朗案II中的字眼。
>
> 在讨论废除种族隔离的计划和承诺的过程中，时间已经溜走。但最高法院的命令看上去是在学校可以继续就计划进行更多讨论的前提下发布的。我再次重申，我们早已宣布，不能再继续拖延了。
>
> 我会敦促最高法院发布以下命令。

布莱克附上了布伦南命令的副本。

为防止有人误解其行为的含义，布莱克为会议起草了一份附带备忘录。他将备忘录送交最高法院并复印出来，每个法官一份。

> 首席大法官下令传阅的该案命令和判决的提案表明，最高法院的三位法官对其持肯定意见。
>
> 提案将有可能获得多数同意，这样法院可能在周一发布命令。如果情况是这样的，我不想推迟这一行动，但是我会以现在要发送的判决意见来表示反对。
>
> 虽然现在提出反对意见为时过早，但为了避免进一步的拖延，必须现在就进行该程序。
>
> 有关最高法院建议判决应在命令之后发出，我补充另外一个想法。我反对这样做。在这个问题上，书面的东西太多而行动太少。文件衍生出更多的文件和争议，所有这一切不可避免地会使行动延迟。最高法院和其他法院的责任很简单，它们不需要持续不断的诉讼和考虑，其责任就是立刻消除公立学校系统中的种族歧视。

当哈伦在周日下午晚些时候阅读布莱克的备忘录时，他非常沮丧。布莱克并非为了避免延迟而发布备忘录；他在简单地玩弄权术。显而易见，他们都想达成统一意见。布莱克告诉他们每个人，他们需要先过自己这一关来达到全体一致。

哈伦不曾在会后与布莱克讨论过此案，现在也不想和他讨论。布莱克开始动真格的了。讨论只会激化问题，唯一的希望是布伦南和马歇尔。尽管他们看上去已经加入布莱克那一边，或许他们可以被剥离。哈伦给布伦南打了电话。哈伦说，布莱克只是有些不理性，他们之间的分歧并不大。没有人，包括首席大法官在内，真想推迟废除种族隔离的政策。他们都一致认为需要加速进程；问题很简单，就是怎样变得更有效率。与首席大法官的提案相比，哈伦希望事情可以进展得更有力、更显著。伯格的备忘录说明了这份草案不是最终意见。

布伦南同意布莱克是不理性的。但是至关重要的，是保持全体意见一致，而且布莱克不是在虚张声势。他一定会提出反对意见，除非提出立即废止种族隔离的强硬命令。

现在哈伦预见到了冲突越发严重。从布伦南的声音中，他察觉到了一丝怀疑。那意味着布伦南和马歇尔坚定地站在布莱克和道格拉斯那一边。哈伦知道布伦南与布莱克的联系非常紧密，当然比布伦南与他的联系重要得多。在 20 世纪 60 年代，布伦南已经赢得了布莱克、道格拉斯和马歇尔的支持，但是获得哈伦支持的次数不多。布伦南认为哈伦是保守派，但是哈伦确定他自己与其他人一样，是废除种族隔离的坚定支持者。很显然，决定的作出必须基于对现实的了解，这对于公众接受最高法院意见至关重要。他把自己视为一个仲裁者，现在他决定为此角色做最后一搏。

首席大法官被布莱克的备忘录和他的威胁反对意见所警示。如果法院在学校案件上的一致意见被打破，尤其在他任期的初期，他会被立刻宣告为一名失败者。他和最高法院可能将永远无法恢复元气。媒体会不友善地将他与沃伦作比较，而沃伦 15 年来在这些案件上始终使法院保持团结。他们会说法院在伯格任期的第一个月就轰然倒塌。

从他在华盛顿的上诉法院工作时起，伯格知道传阅的提案草案会迫使其他大法官与撰稿者沟通并处理其草案。辩论将基于撰稿者的意见展开，虽然允许做出让步，但是保留了提案的主要目标。

伯格不喜欢布伦南的命令提案，这看上去不像对伯格自己最初提议的应答。分歧似乎无法调和。伯格知道哈伦、斯图尔特和怀特对布莱克的备忘录和他有意提出的反对意见很恼火。伯格目前不能针对命令采取什么行动，一些事需要其他人来解决。为了达成全体一致，他会做他们一致同意的任何事。伯格转回到他的草案意见，对最高法院的推理进行更详尽的解释。这可以成为统一意见的基础。“我会写一份所有人同意的判决意见，否则要很长时间才能取得案件的进展。”首席大法官告诉他的助理。这不是威胁。他只是决心施展他的领导力。

接下来的两天，周一周二，是一连串的文件。命令的草案和反对意见的草案满天飞。当法官们补充他们的想法时，字迹潦草的意见和修改的议案在办公室间传阅。主角是首席大法官、斯图尔特、哈伦、布伦南和马歇尔。布莱克和道格拉斯已经明确了他们的观点。怀特把大部分工作扔给了其他人。他主要关心的是达成一致意见。

八人组成的法院似乎陷入 4 比 4 的僵局。布莱克、道格拉斯、布伦南和马歇尔站在一边，同意立即废除种族隔离以及不需出具法院整体意见。另一阵营是伯格、哈伦、斯图尔特和怀特，试着找到方案表达最高法院的坚定立场，但不绝对，更实际，对行政部门的顾虑给予更多考虑。

伯格努力撰写草案意见，当初稿打印出来时，他只把它们交给与他一伙的哈伦、斯图尔特和怀特。

斯图尔特快速阅读了草案，这印证了他最糟糕的疑虑。伯格是尼克松内阁的一分子。草案读上去像政府新闻发布会的新闻稿。这是一份让人难以置信的文件，列举了行政部门涉及废除学校种族隔离问题的所有困难，赞美了卫生教育福利部门，并奉承行政部门在面对问题时所做的努力。草案的阐述也令人迷惑，杂乱无章，追溯了废除种族隔离案件的历史，提供所有支持推迟实施的论据，并像欧·亨利的短篇小说一样，结尾出人意料——不允许任何延迟。

斯图尔特知道，一旦判决意见公布，政府在推行废除种族隔离政策中遭遇的困难都会有效地成为法律，这是一个完全声名狼藉的努力。他告诉他的一个助理，这份判决意见过于抽象，并让他起草一份忠于案件事实的文件，避免使用危险的表述，观点介于首席大法官和布莱克之间。

与此同时，哈伦草草完成另一份命令草案——为将布伦南和马歇尔拉到自己阵营做最后的努力。他决定设定两个明确的截止日期。首先指令上诉法院在 11 月 10 日前制定明确的废止种族隔离执行计划，并发布命令，经其付诸实施。他会提供两周的时间来完善细节，实际的废除种族隔离措施需要在 12 月 31 日前实施。那天之后，学生会进入种族隔离业已废除的学校学习。他仍然把这个叫作临时救济。他很笃定，一旦废除种族隔离的措施启动，肯定会发生一些变化，以适应事情难以预料的发展。这样的安排将会给学校董事会更多时间来执行计划，但是明确地告诉了他们，不能等到来年再做。

哈伦在周二传阅他的第二份命令草案。斯图尔特的判决意见草案也已经完成。加上首席大法官的草案，目前持更加保守观点的团体需要审查三份文件。他们召开了核心会议。哈伦指明，他最近付出的努力没有效果，布伦南和马歇尔不支持他。但是更重要的，保守派成员在他们自己内部也开始无法形成统一意见了。就怀特而言，他不想在这个问题上花费更多的时间。他不喜欢将他的时间安排不成比例地分配给政治敏感性案件。最高法院每个庭期都有 100 多个案件要处理。怀特对底线比对任何中间步骤更感兴趣。一个接一个地，他们作出决定，也许他们应该放弃并加入布伦南。最高法院保持意见统一是更重要的事情，或许他们那周的行为也具有同等重要性，以此强调他们废除种族隔离的决心。这天的最后，四个人对措辞稍作修改之后，同意了布伦南的命令。之后不会再发布完整的意见书。文件以两页纸的法律意见书的形式被公布，意味着这是最高法院的意见但没有执笔人。虽然这是一份意见书，但它读上去像是命令。里面有简短的引言和五个编码的段落，用来指导第五巡回上诉法院。

布莱克已经赢得了主要的得分点。“以最谨慎的速度”被宣告终结，“不再被宪法所许可”。任何推迟都不会被允许。实际上，法院裁决说明了最后期限在十五年前就已经过了。最终的判决意见声明：“每一个校区的义务是立即终结双轨制，并从今天开始一直只实行单一系统。”第五巡回上诉法院被指示，发布命令并“立刻使其生效”。卫生教育福利部的计划只要有助于立即、彻底地废除种族隔离，就可以被采用。

斯图尔特认为该案件表明，新任首席大法官在处理危机事件时领导无能。最高法院之所以享有盛誉，是因为它能大胆地作出废除种族隔离的决定，但伯格对维护最高法院的声誉没有做出任何贡献。首席大法官的工作是协调整合。最高法院已经同意来一份两页纸的命令并迅速公布，但是法官们在法律依据或其背后的理由上没有形成一致意见。斯图尔特总结道，伯格不能带领最高法院达成真正统一的意见。

斯图尔特认为，若是厄尔·沃伦处理此事，他会向布莱克解释，没有人可以提出反对意见，就是这样，他们一起找出解决问题的办法。布莱克绝不会向沃伦耍这样的手腕。

哈伦没有对伯格进行评判。考虑到布莱克的固执，任何首席大法官在此情形下都会觉得棘手，哈伦想。但是他确实认为，这样的解决方法着实令人惋惜。尽管最高法院行动一致，但它传递给下级法院一个毫无意义、不切实际的抽象概念。当下级法院法官面对事实认定和利益权衡时，“立即、马上、现在”对他们会意味着什么？

伯格喜不自胜，这个决定得到了大家的一致同意。

第二天早上，10 月 29 日，周三，口头辩论的 6 天之后，决定公布。学校的双轨制终结，并且不能有任何推迟。事件的新进展说明，该决定对尼克松内阁来说是一个挫折。南卡罗莱纳州参议员斯特罗姆·瑟蒙德谴责这份决定，而对总统大加赞扬。“尼克松内阁在此案中与南方站在一起。”

亚拉巴马州前任州长乔治·华莱士宣称，伯格任期内的新的最高法院“不比沃伦法院好”；法官们是一群“开着豪华轿车的伪君子”。

伯格的一位助理祝贺他对抗了内阁，认为这个案件能向国家展现首席大法官不是尼克松的傀儡。伯格大为惊讶。“你认为人们真会以为我是尼克松的傀儡吗？”

在白宫，总统和他的幕僚对此很满意。尼克松已经整顿好他的内阁，支持合理的推迟。最高法院宣布不再推迟。选举因此要么成功要么失败。南方白人会被这个决定震怒，但这是最高法院的错，而不是他的。

几周后，尼克松的南方策略遭遇另一个挫败。总统已提名南卡罗莱纳州的保守派人士，第四巡回上诉法院的首席法官克莱门特·F.海恩斯沃恩来替补福塔斯在最高法院的位置。但是自由派开始反击，他们那时已经从福塔斯丑闻引发的震惊中复原了。

劳工团体与民权团体反对这项任命，尖锐地谴责海恩斯沃恩的判决是一贯反工会并且反对废除学校的种族隔离。当发现海恩斯沃恩参与审理的一起案件间接牵涉到他持有股份的一家公司时，自由派获得了温和的共和党人的支持。根据专家证人的证言，这不是主要的利益冲突。但是，与针对海恩斯沃恩纯粹的政治上的反对意见叠加，反对其当选的票数就足够多了。11 月 21 日，参议院以 55 : 45 的投票拒绝了对海恩斯沃恩的提名。

伯格一直期待着保守派投票的到来，那能够帮助他扭转最高法院的方向。他责备白宫违反程序进行提名。伯格对其助理说，海恩斯沃恩是华盛顿“丛林”政治的牺牲品。伯格说，他自己知道如何在丛林中运作，倒霉的海恩斯沃恩却不谙此道。他在参议院司法委员会的听证会上没有表现好。同样的听证会却使得伯格顺利获得提名，入主最高法院。

即使布伦南对海恩斯沃恩支持他的很多观点不抱希望，他仍认为海恩斯沃恩是一个可以接受的候选人。提名宣布之后，布伦南已经给海恩斯沃恩送去了一封祝贺信。布莱克也觉得参议院反对海恩斯沃恩是一个严重错误。他对朋友说，他认为海恩斯沃恩是一个“正人君子”，能够成为一个好法官。他很喜欢他。那一晚，提名被否决，布莱克邀请海恩斯沃恩到他在丽街的家中吃饭。

对于最高法院来说，提名被否决意味第九位大法官将继续缺席好几个月。大量申请最高法院重审的申诉书悬而未决。最高法院受案之前需要获得四票，几十个案件因只获得三张投票而被搁置。它们被放入了“等待海恩斯沃恩”的档案里，等待是否可以得到他投出的那一票。现在档案被重命名为“等待某法官”。申诉书的数量与日俱增。

印第安人遗嘱案

哈伦期待伯格的到来，他来之后的首次周五会议似乎更加开放。每个人的发言都更加自由，也更加令人信服。争论不再让人感觉只是一种假象，在沃伦时期有时会有这种感觉。沃伦－布伦南的会前战略会议已经成为过去式，两位大法官一度在这样的会前会议上协调双方立场。

哈伦认为，如果伯格和新来的大法官能够独立且保持理性，一旦福塔斯的位置被填补，新的多数意见有可能就会出现。哈伦鄙视拉帮结伙，推崇法官之间独立的理性对话。但在伯格任期的第一个月，这位新首席大法官让哈伦不再这样想了。哈伦向助理透露，为了达成一定的结论，伯格似乎喜欢围着议题打转。在哈伦看来，他没有对法律推理给予必需的关注。在裁决案件时，他不愿意就逻辑和宪法基础进行解释，对他所反对的每个论点，他也不想作出回应。

哈伦认为，最高法院不应该触及并决定那些在案件中并未明确呈现的问题。但与此同时，最高法院要处理已经出现的问题。当面对众多有制定法依据的案件中的任何一件时，最高法院不能推卸其责任，它要对特定法律进行解释，或确立国会通过法律时的立法意图。在这样的一个案件中（都阿尼帕诉西克尔）（Tooahnippah v. Hickel），案件的争论焦点在于内政部是否有权宣布一份美国印第安人的遗嘱无效。该遗嘱将其个人财产留给他的侄女，而并没有给他的私生女留下任何财产。7 比 1 的投票结果推翻了内政部的决定，只有布莱克一人投了反对票。伯格指派自己写一份多数意见。这个案子只是个“小东西（peewee）”——哈伦用以称呼诉至最高法院的次要案件的术语，但他反对内政部专制的家长式统治。

当首席大法官的第一份草案如期而至，哈伦发现伯格局限在联邦法院是否对内政部不批准印第安人遗嘱的命令享有审查的管辖权或权力问题上。首席大法官对内政部部长是否恰当行使其职权的问题没有进行裁决。相反，案件被发回上诉法院重新裁决。哈伦感到很沮丧，伯格竟然会在不触及任何基本问题的情况下处理案件。这个案件可能只是个“小东西”，但是每个案件都值得付出时间、精力以及对其进行解释以使争论焦点清晰。

哈伦向其他法官写了一份备忘录，建议最高法院应处理真正的问题并提供指导。作为回应，首席大法官撰写了第二份草案。在第二份草案中，他单独增加了最后一段，说明内政部的决定是“专断任性的”，应被推翻。

对哈伦来说，这不是一个充分的解释。首席大法官既没有审查可适用的法律和立法历史，也没有审查内政部先前的行政决定。在哈伦看来，伯格作出了正确的结论，但是他并没有对其裁决进行解释。首席大法官驳回了内政部的一个特定的决定，但是对内政部部长是否有权撤销遗嘱没有明确作出回答。

经过认真审查，哈伦向其他法官传阅了一份意见书，解释了内政部长如何超越了其权限。因为他同意首席大法官的结论，他加入了伯格的意见书，但是增加了他的“协同意见”评价，与伯格的裁决意见同时公布。

首席大法官不喜欢协同意见。他认为协同意见常常吹毛求疵，对法律只做稍许增加，并且有时会割裂多数意见。通常没有必要由每位法官出具独立的意见书，阐述其严谨的推理。伯格觉得，他们启迪下级法院时也让他们感到迷惑。此外，协同意见弱化了主要意见，甚至在某些情况下是对多数意见撰写人的侮辱。

伯格决定在此案中多多借鉴哈伦的协同意见书，希望哈伦看到其推理被采纳，就不会将其意见书公布出来。但哈伦仍然不满意，伯格的下一份草案好多了，但对于哈伦来说还不够好。伯格已经触及案件的症结，但是通过一种平庸的方式，即简单地解释了哈伦的意见书中的语句。他没有使用哈伦援引最高法院先前判决中的句子，也没有借鉴哈伦对立法历史的回顾及先前的行政实践，而这对于明确国会的立法意图是至关重要的。

哈伦认为首席大法官的新草案是一件半成品。为什么不采用意见中的法律核心，或请求逐字逐句引用呢？但他遇到了一个困境。如果他不撤回其协同意见，就有可能冒犯首席大法官，前面伯格已经尽力在配合他。哈伦从不希望无谓地冒犯什么人。他再三考虑。最终，像通常一样，就独立的协同意见或者反对意见而言，每位大法官都会公开自己的任何想法。尽管首席大法官的最新草案和他的协同意见非常接近，哈伦对他的助理说：“我们将会发表这份意见。”他指示下属稍稍删减他的意见，打印出来并在决定公布时发布。哈伦决定坚持其一丝不苟的标准。

埃文斯诉阿比尼案

对伯格而言，没有比他头几次在法院大理石走廊上与马歇尔相遇更吓人的经历了。

“你为何发抖啊，首席大法官宝贝？”马歇尔会这样唱出来。伯格迷惑不解，含混地和他打招呼。没过多久，伯格意识到，马歇尔为自己能使他不舒服而感到高兴。马歇尔对许多人做过类似的事。他最喜欢的事就是捉弄那些误闯入法官专用电梯的不速之客。这些人发现一个黑人独自站在那里，会说“请上一楼”。“哦哦”，马歇尔会作出回应。他假装操作着自动电梯，在他们离开时按住电梯门。马歇尔通常重述这个故事，尤其提及这些观光客的迷惑，以及看到他离开之后又意识到他身份时的不解。

但是伯格真的很喜欢马歇尔。毕竟伯格曾在圣保罗市担任过双种族委员会的领导，并在 30 年前试图解决黑人社区的警察问题——很久以前这是个普遍的问题。在种族问题上，他将自己视为温和的自由主义者，一个林肯派共和党人。正是因为这样的价值观，他在 11 月中旬的会议上的投票使他感到困扰。

埃文斯诉阿比尼案（Evans v. Abney）涉及一个位于佐治亚州梅肯市实行种族隔离的面积一百英亩的公园。这片土地在 1911 年由一位佐治亚种族隔离主义者遗赠给这座城市。遗赠者规定，这是个仅供白人享用的公园。半个世纪以来，公园一直实行种族隔离政策。直到 1966 年庭期，最高法院裁决公园必须取消隔离。此人的继承人随后起诉收回土地，声称遗嘱的目的被侵犯了。佐治亚州法院支持了他的观点。

略带疑虑，伯格在案件讨论会中加入了 5∶2 的多数，维持佐治亚州法院的判决。布伦南和道格拉斯反对；马歇尔因为三年前担任司法部副部长时参与过此案，所以没有投票。

布伦南苦心研究他的反对意见，辩称关闭公共公园是佐治亚州及其法院的歧视性行为。这违反了宪法第 14 修正案的平等保护原则。

撰写多数意见的布莱克同样强势。佐治亚州法院的判决不是种族歧视。他声称，关闭公园同时针对黑人与白人。这是基于州法院对其涉及遗嘱的种族中立主义法律的解释而作出的种族中立行为。他辩称，对遗嘱作出决定一直是各州的问题。如果法院进行干涉，它将开拓出一片联邦控制的新区域。这是一个各州的问题，这也是个人按照自己的意愿处理财产权利的问题。布莱克对这个问题感受强烈。他希望他过世时销毁在最高法院文件，他不愿意他的愿望受到干扰。

伯格认可联邦法院不应该将第 14 修正案的保护条款扩张适用于传统上属于各州控制的区域。但是他想避免让他领导的最高法院支持种族隔离主义者。像他惯常所为，伯格向哈伦请求帮助。哈伦是联邦主义的专家，通晓权力在州和联邦政府之间如何分配。哈伦欣赏伯格的意图，但他说他不能从宪法中找到任何一部分内容，能阻止佐治亚法院命令将土地返还给继承人。联邦法院无权在任何案件中做出这样的命令。就字面意义而言，布莱克是正确的；这不是一个歧视性行为。

伯格建议，他们或许可以找到一个比第 14 修正案更受限制的依据，并简单地声称佐治亚州的判决是“错误的”，原因在于佐治亚法院错误适用了佐治亚州法律。他们本应该裁决，捐赠者的本意是要遗赠一座公园。虽然他希望该公园实行种族隔离，但其主要考虑的是那里有一座公园。这样，根据佐治亚州的法律，佐治亚州法院应该将遗嘱解释为让公园成为“公共的”，因而是“种族融合的”。

哈伦礼貌地询问，他的决定是建立在什么基础上？伯格想要引用宪法的哪一部分来证明裁决的正当性？

伯格说他更想避免明确任何根据。

哈伦提醒首席大法官，联邦法院，即使是联邦最高法院，也不能在没有提供宪法依据的情况下，简单地告诉一个州如何解释其法律，不论是基于平等保护还是其他的理由。

“我们是最高法院，我们能做我们想做的。”伯格回应。

哈伦再次试图指出，首席大法官的建议使最高法院的权力得以戏剧性地扩张，干涉了各州事务。最高法院当然可以对国会通过的联邦法律作出一个法定解释。但是，就哈伦所知，最高法院永远不能通过声明判决错误来纠正州法院的决定，除非该决定与联邦法律或者宪法冲突。

一定可以通过某种方式作出严密的裁决，伯格说。

不，哈伦回应道，他找不到任何方法。

伯格离开了，仍然断言最高法院可以有更大的权力范围，去做自己想做的事情。

哈伦走进其法律助理办公室描述会议内容。哈伦从来没有带有私人感情地去批判过任何人，但是他现在看起来有点困惑和惊恐。伯格在哥伦比亚特区巡回法院已经工作了 13 年。巡回法庭几乎不受州法律的影响，因为特区隶属联邦，由国会通过当地法律。所以这也许是一个无心之过。他的新同事还有很多东西需要学习，哈伦表示。他曾经希望伯格能成为一个技巧更为娴熟的法律人。如果一个不能理解对一个大三学生而言都很熟悉的法律概念，他如何能做法官？当重复伯格关于联邦法院拥有至高无上的管辖权的言论，即最高法院能做任何自己想做的事时，哈伦带着一丝微笑。首席大法官所持的很多观点，都是哈伦坚信的司法限制。

而伯格自己，也在思考哈伦和布莱克的告诫。他仍然不喜欢听那些；认为佐治亚法院的判决是错误的。但是他放弃了。他给布莱克写了一个备忘录，同时将副本交给案件讨论会。

“亲爱的雨果，这是一个困难的案件，其结论我并不期盼。但是这是一个由州解决的问题（不像联邦机构和最高法院，州并不是绝对正确的）。鉴于这是一个州的问题，我加入你的意见。”

雨果·布莱克在他生命的大部分时光中都跑在时代前面。在没有取得高中文凭和大学文凭的情况下，他从亚拉巴马州立大学法学院毕业。他维持着一个严格的阅读名著计划表以弥补其缺乏正规教育的不足。布莱克在 1926 年当选参议院议员，成为一个强有力的罗斯福同盟。作为在参议院听证室一个多姿多彩爱出风头的人，布莱克不遗余力地支持罗斯福。在罗斯福于 1937 年任命其进入最高法院时，他是一个充满争议的、强势的政治家。在最高法院任职的 30 年中，布莱克见证了他早期的不同意见成为多数意见。布莱克为沃伦法院时期很多里程碑式的判决提供了理论基础。一些观察者甚至辩称，“沃伦法院”改称为“布莱克法院”会更合适。

受到一种狂热的、宗教信仰般的说服其同事接受自己观点的需要驱使，布莱克在工作中充满热忱。但是在最高法院工作 30 年后，他感觉再也不能走在时代前沿了。他被全国范围内发生的扰乱法庭事件的报告所困扰。司法机构——联邦、州，甚至诸如其曾任职的亚拉巴马州地方治安法庭之类的法院——是美国自由的真正担保者。布莱克是司法独立和司法权威的强烈捍卫者。然而反战分子和黑人激进分子已经将法庭变成了马戏团。在 1969 年的“芝加哥八君子”审判中，朱利叶斯·霍夫曼法官受到曾在 1968 年民主党全国大会中主办反战抗议的被告的言语威胁和身体威胁。他曾经命令一个被告，黑豹党的领袖鲍比·西鲁，在庭审中戴上脚镣并堵住嘴。在纽约，另一个法官曾经在对 13 个黑豹党人进行审前听审时，多次遭到威胁。他一度被迫推迟听审，直到被告遵守法庭秩序。

在庭期中间，布莱克着力推动案件讨论会议批准听审伊利诺伊州诉艾伦案（Illinois v. Allen）。该案涉及对法官控制不遵守规则的被告的行为进行宪法限制的问题。在艾伦案中，法官曾将被告从法庭中驱逐出去。这个案件发生在 13 年前，没有任何所谓的政治审判的丑闻。但是它为最高法院提供了一个机会，使审理案件的法官明了他们应如何在不侵犯被告权利的情况下处理违反法庭秩序的行为。布莱克认为，如果最高法院在解决这一问题前等待政治案件的到来，因类似越南战争和警察渗透黑人团队等问题的卷入，原来的议题就会混淆不清。艾伦案提供了一个机会，最高法院可以作出强有力的声明，而不需考虑细枝末节问题。

在口头辩论和案件讨论会之后，最高法院着手发布一份清单，列明宪法许可法官采取的维持庭审秩序的措施。只有道格拉斯对此持保留意见。首席法官指派布莱克撰写代表 7 位法官的多数意见。

布莱克期待这个机会。第六修正案保证被告人有“与对其不利的证人对质”的权利。但是，布莱克写道，法庭不能“被欺压、被侮辱、被羞辱，庭审的有序进行不能被阻挠和阻碍”。将法院称为“自由的守护神”和“正义的城堡”，布莱克说有三件事应该在不违宪的前提下被落实：强制约束违反秩序的被告人，禁止其发言；对藐视法庭的人进行传讯；驱逐出法庭直至其承诺规范行为。

哈伦，一个在任何地方都恪守礼仪的人，是如此渴望将布莱克的观点公之于众，以至于写了一份备忘录，抱怨道格拉斯花费太长时间来撰写其个人不同意见。

道格拉斯并未打算拖延。他为自己是最高法院速度最快的写手而自豪。他经常在接受指派后的一天内完成意见书的撰写任务。他的个人意见常在多数意见完成数周前甚至是数月前，就准备妥当。他的助理通常称之为“飞行特约稿”，因为它们是在周五会议后，道格拉斯乘飞机赶赴演讲的途中写就的。有时他把手写的草稿寄回最高法院，以便能打印出来供其返回之时进行修改。其他大法官普遍都认可道格拉斯的才华和惊人的效率。怀特称他为“论文工厂”。道格拉斯是如此多产以至于当前任大法官查尔斯·E.惠特克又一次不能草拟多数意见时，道格拉斯写完其不同意见后，又为惠特克撰写了多数意见。

但是其他人也开始好奇，道格拉斯的意见书是否会成为其紧凑的步调和好奇心的牺牲品。那些意见书经常像杂乱无章的社会学论文，而非法律文书。道格拉斯宣称“我的判决意见中没有错误”，他拒绝让助手对其进行修改。

但是在艾伦案中，道格拉斯心存忧虑，多数法官的意愿是发布范围宽泛的政策性文件。显而易见，这份文件的指向超越了正在审理的案件本身。哈伦做事速度比他慢得多，哈伦也抱怨他的拖延尤其令人难堪。哈伦经常花费数月撰写判决意见，因为他喜欢针对每个案件写一篇《哈佛法律评论》。这使得他的裁决意见的风格、语调和结论都处于中间地带。“有一件事情你应该要知道，”道格拉斯告诉他唯一的助手，“我不像哈伦一样写法律评论文章。”

不愿意为了兄弟情义而牺牲自己的坦诚，道格拉斯用一份坚定的备忘录给予了回击，声明当他认为一切妥当时他会完成自己的意见书，而不会提前完成。他对哈伦的抗议大加讥讽，指出在审理一件有关歧视问题的案件时［阿迪克斯诉 S. H. 克雷斯公司案（Adicks v. S. H. Kress Co.）］，哈伦花费数月撰写意见书。

之后不久，道格拉斯将其反对意见送出传阅，以表达其对最高法院做法的愤怒。在引发诸多争议的政治审判中，最高法院事实上同意法官运用大量严酷的手段去控制被告。

在口头辩论的 5 个星期后，最高法院公布了判决。就类似常规案件的处理速度而言，该案几乎破了纪录。全国范围内，下级法院的法官们可以相信，最高法院支持他们为了维护法庭秩序而付出的努力。

伯格的分案控制权

那是一个星期五，傍晚时分，伯格已经筋疲力尽了。一整天折磨人的会议刚刚结束。不像他的同事，首席大法官现在不能立即回家。他必须确认会议上安排的大法官每周处理的大约一百份申诉案已经送到最高法院的行政人事部门。伯格讨厌这些杂务。这是适合助理或者秘书做的工作，而不是首席大法官的工作。全身心地参与辩论、引导讨论，同时精确追踪大法官的投票和立场是非常困难的。因为除了大法官不允许任何人留在会议室，所以他只能自己做这些事情。

每周五会议后，伯格都会招来一个法律助理、一个秘书和最高法院的书记官。他们坐在会议室他仪式感极强的办公桌前，将结果审查一遍。在该庭期早些时候，曾有三次，受理案件进行全部复审的命令已经公布，但却发生错误。事实上，这些申诉案已被拒绝，所以必须公开撤回命令。新闻界已经注意到了这个错误。首席大法官的秘书和职员曾试图通过准备精心制作的简报来帮忙，这样首席法官只要在空白处标注核对符号就可以了。但是看上去这并不能解决问题，他仍然在犯错。

“任何傻子都能学会。”首席大法官的秘书曾经在私底下评论。

最高法院的书记官也不能理解。即便是以众所周知不擅长做记录的前首席大法官沃伦，也学会了如何追踪记录会议进程。伯格办公室的工作人员在他们不确定时，会给布伦南的秘书打电话。通过查阅布伦南一丝不苟的记录，总能使问题得到解决。

在将投票结果交给书记官之后，伯格走进他的办公室，去完成另外一项他乐于完成的任务。这个首席大法官将一大张朴实无华的厚厚的纸平铺在他面前的桌子上。在纸张的顶部列着大法官的名字。纸张的左下方列着本庭期目前已经审理过的案件名称。这张纸是伯格管理最高法院的强有力的工具。这呈现出每个大法官的工作量。按照传统，案件讨论会上多数派中的资深大法官会挑选撰写多数意见的大法官人选。因为首席大法官被认为比其他所有法官级别更高，在首席大法官也持多数意见时，将由其指派撰写人。伯格在他首个任期内十分谨慎，以确保多数情况下他赞同多数意见，即使他不得不调整自己的观点。他认为，站在少数人的立场上将很难行使其在最高法院的领导权。

既然由首席大法官分派多数案件，他就有责任在分派多数意见的执笔人时尽可能平均。包括几个无须署名的合议庭一致裁判的案件，仅有约120件案件需要撰写完整意见。选择执笔人的权力，比如选择哈伦或者斯图尔特而不是布伦南或者马歇尔，就是决定意见书大致方向的权力。通常来讲，论证理由和判决结果同样重要。地方法院会在他们做判决时参考这些意见作为指导。伯格推断，通过分派案件，像之前的沃伦一样，他就能控制最高法院乃至影响整个联邦司法系统。这个过程要历经数年，需经由每次所取得的一小步累积达成目标。而在他控制之下的每一次案件分配都是十分重要的一小步。

伯格精心安排，确保重要的刑法案件、种族歧视和言论自由案件都远离了被他称为意识形态层面“敌人”的道格拉斯、布伦南和马歇尔。如果必要，首席大法官会改变自己的投票来保住分配案件的权力，以防止他们撰写具有独创性的判决，进而扩张最高法院的权力或者扩大沃伦法院自由派判决的适用范围。取而代之的，他会指派他们执笔一些无伤大雅的案件，使他们的意见不会产生太大的影响力。

在那些能够和他分享观点的人中，首席大法官最早发现能和他共处的是拜伦·怀特。怀特的外形同样让人印象深刻。身高6.2英尺，体重190磅，身材匀称，他看起来仍然像是那个赢得过1938年全国橄榄球联赛年度最佳新人的健壮的科罗拉多大学全美橄榄球队队员。怀特获得了罗德奖学金且进入了耶鲁法学院，在这里他放弃了《法律评论》的工作，成了他那个时代收入最高的职业橄榄球选手。斯图尔特是怀特在法学院的同学，经常看见怀特带着金属边框眼镜坐在图书馆里，结果“离心机怀特”赢得比赛的报道就出现在第二天的报纸上。对斯图尔特和他的同学来说，怀特既是克拉克·肯特（超人的名字）又是超人。

怀特在最高法院为首席大法官弗雷德·文森当过一年的助理，并且和新任众议员约翰·肯尼迪重叙友谊。他和肯尼迪相识于英国，后来二战中又在南太平洋重逢。1960 年总统大选期间，怀特组织运营了一个全国性的“全民为肯尼迪”委员会。为此，他终结了在丹佛长达 15 年的律师工作。作为回报，他担任了司法部副部长，是罗伯特·肯尼迪任职期间司法部的第二号人物。一年后，肯尼迪总统任命怀特进入最高法院，称怀特“在他尝试的每件事情里都很卓越”。

怀特是一个咄咄逼人的大法官，总是无情地逼迫其助理阐明他们自己的论点，同时也阐明他自己的论点。其工作状态从不放松，一直处在竞争中。怀特喜欢让他的助理比赛，看谁最先完成判决意见的初稿。或者打断他们，在最高法院四楼的体育馆里打一场篮球赛。他的助理将该球馆戏称为“这个国家的最高的法院”。

怀特的立场清晰而激烈。在其同事们看来，他的立场似乎直接来自他在司法部的实务工作经历。他在民权案件的执行和刑事审判方面均十分强硬。正是这最后一道强硬的防线让伯格感到欣慰。媒体反复指出，怀特是自由派中令人失望的一位。一本正经，有时很严厉，但是在法律事务方面自信能干。怀特只有 52 岁，有可能在未来对最高法院产生很大影响。即便他们在对刑事案件的处理发生分歧时，伯格仍然能够相信，怀特执笔的判决意见会与他的意见适当地接近。伯格在怀特的名字下画了一个钩，指派他撰写一份刑事案件判决意见。

为伯格工作的法律助理很疑惑。在那个案件中，伯格属于少数意见之一。助理提醒他，这样的话，不应由他来分派案件。

伯格检查了他的投票册。不，他不属于少数意见，他回答道。

“但在参加讨论会之前，你说你不会那样投票。”助理说。

“我从未那样说过。”伯格干脆地说。

继续另一个刑事案件，首席大法官委派自己来写判决意见。有了他的一票，全体达成一致，他希望尽量让这些一致通过的案件由自己来执笔判决意见。这会显示出他在领导着最高法院，每个人都同意他的观点，没有人反对或批判他的工作。

抱歉，大法官先生，助理再一次打断他。他怎么会支持推翻判决的多数意见呢？这次，助理很确定。首席大法官在会后曾向他的助理简要指示过，并说他支持维持判决。

“这是暂时性投票。”伯格坚定地回答。

在周五会议之前周四的第二次会议上，伯格和他的首席助理再次审查了将被讨论的案件。伯格说他会投票推翻一份下级法院的判决。

伯格离开后，这个助理找到伯格的另一个助理，并向他解释刚刚他们“老板”说他会如何行事。“如果他回来并拒绝那样做，”助理说，“我希望你知道他说过他要那样做。如果他否认，我希望你告诉我，我没有失忆。”但伯格坚持了他最初的立场。

有一次，最高法院的书记官走近首席大法官的助理们。“我一星期以来一直打算问你点事情。”他说：“我常常发现我的回忆与大法官的不同。你也这样吗？”伯格的助理说他常遇到这种问题，并回想起有关讨论会投票和记录的一些故事。

不，最高法院书记官说，他知道这些事。但他在讨论大法官习惯于回忆并将他自己置于事件核心——说话时的核心，做事时的核心，决定所有已经说过、做过的事情以及已由他人决定过的事情。

怀特之后，首席大法官觉得自己在意识形态上与哈伦最合拍，其次是斯图尔特，有时还包括布莱克。在担任多年自由派领袖之后，布莱克近些年变得愈加保守。首席大法官觉得布莱克生动地证明了某些事件会将人们带向右派政治。自由主义是一个试验，基本上失败了。现在，自由派高层之一正在恢复常识。

大法官认为，刑事案件将成为最高法院的主要战场。总统早已讲明此事，媒体也在强调。在法律与秩序的基点上，尼克松当选。国家已经借此表明了立场。在当时激烈的竞选演说中，尼克松表述要协助“和平力量”——警察和检察官——反对持续升高的犯罪率。他对“娇惯”罪犯的“温柔”法官，曾提出特别批评。

伯格的分析更加复杂。他认为沃伦法院对刑事司法系统的变革很多都迟迟未实现，例如保护犯罪嫌疑人免受刑讯逼供、向被告人提供法律咨询等。伯格任上诉法院法官时兼任主席的美国律师协会委员会走得更远，该委员会建议向经济困难的被告人提供律师。这远远超越了沃伦法院的判决。但伯格认为，改革的路径并非必须通过最高法院的裁决。从一开始他就认为，如果他要有影响力并作出持久贡献，他就要通过行政上的改变来推动刑事司法体系的改革。针对被告人的审判程序必须加速。州法官和首席大法官所服务和控制的委员会，需要被重新调整以支持改革。

伯格之后会为巨量的行政管理任务付出他的声望、时间和精力。那意味着做演讲、参加会议和让国会了解其观点。从一开始，他就意识到最高法院体系不会立即改变，甚至当尼克松指定另一名保守派成员来填补福塔斯的位置时也是如此。现在，伯格将实施一次行动，这对于确保法院不再制定涵盖一切的新规则来妨碍法律的实施是必不可少的。他认为，游说相较于撰写判决意见能帮助其更好实现目标。

现在伯格法院受理的一些案件是在沃伦法院终结之时提出来的。少数几个被挑选出，来完善和扩展沃伦法院的判决。其中一个案件，即毕文斯诉六个不知名的联邦调查人员案（Bivens v. Six Unknown Named Agents），尤其使伯格感觉困扰。毕文斯声称他有权起诉并从联邦调查人员那里获得赔偿金。他们在没有搜查令的情况下非法侵入他的住宅。因为他们坚持自己的行为是官方的，联邦调查人员通常免于这样的诉讼。

伯格不希望最高法院为了所谓的滥用执法权而启动完全补偿。他很担心，因为有五票同意审理案件，比最低要求的四票多一票。因为下级法院坚持原告没有起诉的权利，似乎投出这五票统一调卷的法官希望推翻下级法院的判决。伯格觉得这将是一场灾难。他并不坚决反对允许这类诉讼，但最高法院应从整体上看待如何处理警方非法调查的问题。最高法院应受理各种范围的案件，或许可以允许损害赔偿诉讼，但同时应取消沃伦法院时期对于警察权力的某些限制。五票中的两票来自哈伦和斯图尔特。伯格决定私下请求他们保留选票。

伯格来到隔壁的斯图尔特办公室。他解释说，在对联邦调查员提起的民事损害赔偿诉讼中他有一个请求。确立此种权利的判决从最差来讲是司法能动主义，并会增加法院积案；更糟糕的是，这会被看作对警察的侮辱，对于这些打击犯罪的警察来说是更严酷的司法枷锁。

斯图尔特对这个案件没有太多热情，他想与新任首席大法官友好相处。经受了厄尔·沃伦法院十年来的折磨，斯图尔特倾向于附和。显然，伯格很在意。他来寻求个人支持，所以斯图尔特答应了。他会暂时保留自己的选票。

只剩下哈伦了。伯格提前打了电话，看哈伦是否有时间来商量要事。哈伦说："没有问题。"

哈伦的办公室位于北边走廊的三分之一处，灯火通明。因为他糟糕的视力，房间安装了特殊的高强度照明灯。

伯格坐下并概括说出了他的请求。

哈伦说他一开始没这么想，但现在他认为最高法院应该审理这个案件。没有被指控犯罪的无辜民众应当可以起诉侵犯他们权利的联邦调查员。

伯格说，还有一个更加私人的原因让他相信最高法院不应审理此案。大多数法官明显支持哈伦的观点。但是在他担任首席大法官的第一年里，伯格说，大家若认为最高法院作出的判决是想要束缚警察手脚，会很糟糕。媒体对判决的大肆宣扬会让首席大法官和尼克松内阁感到尴尬。

哈伦不相信伯格会公然提出这样一个政治性论点。哈伦自己觉得法官应该完全脱离政治。他从不在总统选举中投票。最高法院是独立的，远离政治的角逐。内阁、媒体、个人的尴尬，无论是真实的还是臆断的，都不应该对最高法院和审议意见产生影响。然而，哈伦不希望给首席大法官上课，因此这些话都没有说出口。意识到伯格明显把他看作盟友和朋友，哈伦只告诉伯格他不认为会保留自己的那一票。

伯格进一步施加压力。

哈伦觉得很难拒绝首席大法官。他提出了妥协方案。他会保留同意调卷的投票，并且他们会将此案延期。他会投票赞成下一庭期的审理。

伯格向其表达了谢意。这个解决方案可行。

哈伦觉得很烦乱但仍控制住了自己的情绪，他向一个助理描述了伯格的到访。他说，有理由不审理此案。他确定自己不是一个司法能动主义者。但担心媒体会如何报道此案，或者因内阁而担心。令人难以置信，哈伦说道，怀疑地摇了摇头。

助理看到哈伦心烦意乱。他极力劝说哈伦不要按伯格的想法来做。但哈伦已经承诺同意下个庭期审理该案。他不能拒绝首席大法官的个人请求。

科尔曼诉亚拉巴马州

首席大法官常常发现他的那些关心先例判决的保守派同事，像自由派一样给他带来很多麻烦。在处理一起复杂的刑事案件［科尔曼诉亚拉巴马州（Coleman v. Alabama）］的过程中，案件讨论会以 7∶1 的投票结果决定，例行的庭前预审程序中，由地方法官裁定是否有足够证据起诉以进入审判程序时，被指控犯罪的人无权聘请律师。哈伦是唯一一个持不同意见的法官。他认为预审是追诉程序的一部分。即使他不认同这一点，但先前判例的逻辑决定了，被指控之人有权聘请律师。

看到布伦南拒绝赋予被告聘请律师的权利并维持定罪判决，伯格很高兴，指定他来撰写此案判决意见。布伦南较为快速地传阅了他的多数意见。大家对该意见并不太接受。布莱克声明他已经重新考虑过，决定加入反对派哈伦一方。布伦南很失望，他的多数意见草案很显然触发了布莱克的转变。

伯格向布莱克送了一份备忘录来委婉地责备他，这位自诩为宪法狭义解释派的人，总是说他的司法观点逐字逐句来源于宪法，而不是其他任何地方。他随身携带着一本政府办公印刷版的宪法袖珍本。“亲爱的雨果，”

首席大法官在备忘录中说，“请告诉我哪些条款和修正案涉及此案。”

布莱克第二天回复道：“亲爱的首席大法官，第六修正案。”他继续引用修正案的内容：

> “在一切刑事诉讼中，被告人享有权利……有获得律师帮助进行辩护的权利。”
>
> 虽然第六修正案没有详细说明何时……预审（preliminary trial）中，各州为惩罚某人进行准备，认为预审不是诉讼的重要一环的观点是对事实的无视。
>
> 宪法中哪里有任何地方说，虽然某人在起诉阶段享有此项权利，但是他不能在首次需要律师帮助时主张该权利。

布莱克的投票坚决支持哈伦。

这使得最终投票结果是 6：2，首席大法官仍然处于优势一方。

接下来，哈伦传阅了自己的反对意见。尽管他反对沃伦法院扩大被告人权利的多数判决，而且仍觉得他们是错误的，但目前他对多数意见进行了谴责，因为其表现出明显的忽视近期判决蕴含的内在逻辑的意向。在1966 年里程碑式的米兰达案判决中［米兰达诉亚利桑那州（Miranda v. Arizona）］，哈伦、斯图尔特和怀特都持反对意见，法院判决被逮捕的个人有获得律师帮助的权利。律师未在场情况下，一个人无论说什么，都不能在审判中被采纳或用来作为对其不利的证据，除非他放弃自己的权利。

哈伦提醒他们，上一个庭期就存在反对三人组，最高法院认为即使犯罪嫌疑人在家中被讯问，上述规则同样适用。哈伦问道，最高法院现在怎么能说潜在的被告人在警察局或在自己家中享有获得律师帮助的权利，但在他初次进入法庭时却不享有呢？

布伦南很担心。虽然他仍保留选票，对于保守派哈伦所做的自由主义争辩他也感到不悦。并且，布伦南能看到这个立场的逻辑性。选票似乎早晚会从他身边溜走。道格拉斯和马歇尔并不坚定，他自己也正在重新考虑。如果其他人在这部分内容上改变立场，哈伦将最后撰写完整的判决意见。

布伦南不想失去对他已经拟好的判决意见其他部分的控制权。

在近期的案件［州际商业委员会诉黑球运输服务公司（Interstate Commerce Comission v. Black Ball Freight Service）］中，当布伦南被指派撰写意见书时，他已经获得了多数人的支持。但接着输给了持不同观点的道格拉斯。布伦南不习惯他原先掌握的多数人意见被“偷走”。“我不会再失去另一个案件。”他告诉助理，然后严肃指示他修正一部分判决意见，这样就会使结果正好相反。道格拉斯、马歇尔和怀特很快加入了布伦南的新意见。

然而，伯格没有改变他投票的意图。在预审时赋予被告获取律师帮助的权利是应该由立法规定的，而非最高法院。他猛然抛出一份言辞激烈的反对意见来抨击多数意见。最高法院花费“近两个世纪”去发现一个有关预审中获取律师帮助的宪法授权。这是件“奇怪的事”。

道格拉斯阅读了伯格的意见书，并决定用一份独立的意见来回应。他不知道伯格是否会撤销他的反对意见，或松口并以协同意见的形式来公布。该庭期内，这两种方式他都采用过多次。“我加上一个词，以说明我为什么认为狭义的宪法解释会达到这样的结论。”道格拉斯用教训的语气写道：“不用犹豫近 200 年以对此作出决定，在此案之前，这个问题从未谈及。根据宪法第三条的个案管辖或争议管辖，我们在最高法院适用的个案处理方式是我们唯一可以采用的方式。”他在提醒首席大法官，法院不能延伸处理不存在实际争议的问题。

伯格没有撤回他的反对意见，道格拉斯继续公开进行谴责。

作为多数意见的执笔人，布伦南很高兴最后有六票支持其判决意见修改后的部分。布莱克、马歇尔、道格拉斯、怀特和布伦南自己已经转而支持哈伦的观点。

阿什诉斯文松案——禁止双重危险原则

波特·斯图尔特最初对于新政权的乐观看法已经消失了。他的一个助理，一个坚定的自由主义者，曾在前一年哥伦比亚上诉法院注意到伯格的行为。他早就反复提醒斯图尔特，伯格是一个小气、让人讨厌、不诚实的人。

斯图尔特不想直接给出结论。在助理向他讲述有关伯格过去和现在的轶事时，他只是紧张地笑着。这些轶事总是从最糟糕的角度描述伯格。但庭期进行中，当斯图尔特与其他大法官，尤其是他的朋友哈伦交换意见时，他对伯格所持的保留态度变成了极度的苦恼。

斯图尔特突然想到，伯格太像厄尔·沃伦了，行事鲁莽，或者纯粹从政治性的角度来看待案件。在某些方面，伯格有过之而无不及。有时，首席大法官在一个案件中三四次改变他的立场。法律辩论无法对其产生影响。伯格所关心的似乎常常是支持刑事定罪。他有自己的行事方式——曲解法律、忽略法院的先前判例——以达成多数意见将某人关进牢里。但是，如果首席大法官不能让至少一名法官支持他的强硬派观点，他总是会移向中心，加入最为保守的意见。斯图尔特的助理，还有其他大法官的助理，整理出一套伯格法学理论。首席大法官绝不会单独提出反对意见。“总是向着正确的方向但是绝不独行”，这句口号传播开来。

首席大法官对一系列提交到最高法院的常规申诉的回复尤其让斯图尔特感到灰心丧气。刑事被告向联邦地区法院申明他们的权利在各州进行的刑事诉讼程序中被侵犯，地区法院有时错误地拒绝听审。中级上诉法院几乎总是会命令地区法院举行听审；然后州会直接向最高法院请求审查上诉法院的命令。最高法院通常拒绝这样的申诉，因为其先例判决要求地区法院来听审。但伯格想无视最高法院给刑事被告上诉权的先例，甚至想在不举行口头辩论的情况下推翻中级上诉法院的判决。

斯图尔特认为伯格的立场很奇怪。在不了解最高法院受理案件事实的情况下，推翻上诉法院的判决是很荒谬的。虽然首席大法官在本庭期内对该案进行大肆游说，但并没有哪一个大法官支持他。

该庭期早些时候审理的另一刑事案件，涉及密苏里州鲍勃·弗莱德·阿什“禁止双重危险原则（double jeopardy）”的诉求。他被指控在一场私人扑克牌聚会上抢劫了六名玩家［阿什诉斯文松案（Ashe v.

Swenson)]。阿什因抢劫六名玩家中的一个被移送审判，但被判无罪。检察官对案件进行补充侦查，重点放在有助于起诉的目击证人身上，同时忽略了那些对起诉不利的证词。一些目击证人的记忆力变好了。之后，州法院因阿什抢劫了另一名玩家对其进行审判。这次他被判有罪。为澄清早些年的一个判决［本顿诉马里兰州（Benton v. Maryland)]，最高法院曾在一年前颁布过调卷令。该判决认为，各州应该遵守宪法第五修正案的规定，保护被告不受双重危险，即一个人不可以因同一犯罪而被审理两次的原则。

案件讨论会上，5∶3 的暂时性投票结果同意释放阿什，虽然多数意见并不能在判决所依据的理论上达成一致的共识。首席大法官持反对意见。布莱克作为多数意见中的资深法官，指派斯图尔特撰写判决意见。渐渐地，除了伯格以外的所有大法官都同意加入斯图尔特。阿什会被无罪释放。布莱克、哈伦和布伦南会发布独立的协同意见。斯图尔特的判决意见在很多情况下禁止复审。布伦南同意斯图尔特的意见，但是进而希望对单一犯罪事件中所犯的每一项罪都禁止再审，就像扑克牌游戏案一样。道格拉斯和马歇尔之后加入了该意见。

伯格极度愤怒。首先，他认为，考虑到阿什案的两次庭审记录，最高法院将会向各州强加释放罪犯的规则。在伯格看来，最高法院不应该制定更多规则，以限制检察官将罪犯带上法庭的机会。抢劫每个扑克牌玩家的行为是独立成立的犯罪；阿什应该对每一个行为负责。第五修正案表明，双重危险原则适用于“同一犯罪”。现在有六个犯罪事实。伯格解释，多数意见将引诱罪犯实施多重犯罪，因为他将不会对首次犯罪行为之后的行为承担责任。

伯格决定，这次即使只有他一人，他也会反对。他将撰写一份意见书，用最引人注目的语言讲清楚多数意见的性质和意义。1966 年理查德·斯佩克在芝加哥残杀八名护士的案件是十年来最恶劣的案件之一，提供了一个相当有趣的对照。以此案为例，也许其他大法官和公众就会理解提供给罪犯这样一个逃脱法律制裁的漏洞意味着什么。首席大法官写道，如果将扑克牌抢劫案设想成类似于一个人闯入一个女子宿舍的案件，正如斯佩克所做的那样，强奸并杀害了八名护士，在实施第一个罪行之后，罪犯的其他行为都可以被判无罪。事实上，最高法院就是在鼓励大规模凶杀案的发生。

读了首席大法官的草案之后，负责本案的法律助理认为，将抢劫案和斯佩克谋杀案相提并论是在煽风点火。草案将对首席大法官和最高法院带来不好的影响，他删除了这种比较。当伯格收到这份修改稿时，他严肃地训斥了他的助理，并重新引用了斯佩克案。助理再次尝试，但再次失败。反对意见之后便开始被传阅。

怀特被首席大法官的比喻逗笑了。如果法院其他成员想变得粗俗不堪，怀特会非常乐意成全他们。他只关心案件对判例的影响以及他自己的意见。在伯格草案文本的空白处，紧挨着引用某人奸杀八名妇女案的那部分内容，怀特写道："某个男人！"

反对意见让斯图尔特得出结论：首席大法官是右派的道格拉斯。为了获得媒体的关注，他能荒谬地传播这种野蛮意见。斯图尔特担心，如果首席大法官公布反对意见，媒体会注意到其想法，即新任首席大法官指责最高法院鼓励大宗凶杀案的发生。斯图尔特觉得让新闻记者解释最高法院并没有这样做很难，寻找轰动头条的编辑会删除复杂的解释。首席大法官会显得很愚蠢。最高法院似乎彻底分裂了。

更进一步说，首席大法官应该会知道，斯图尔特的多数意见只是削减了检察官提起再审的机会，并非全部禁止。甚至布伦南的一次审判理论也允许针对多重罪行提起多重控诉，只不过要求他们在一次审判中提出。多重犯罪几乎不会被"无罪释放"，只会使被告人遭受更严酷的牢狱之苦。检察官通常以多重罪名起诉，每一个罪行都有一个罪名。这具有震慑作用。首席大法官大错特错了。

首席大法官最终放弃直接引用斯佩克案并修改了那部分反对意见，取而代之地引用了四名男子闯入大学寝室对六个女孩施暴的案例。他辩称，"人类人格和个性的尊严"要求对每起犯罪进行惩罚。他补充道："没有任何一个大力提升被告人个人权利和人格尊严的法院，正如我们应该做的，应该视被害人如草芥。"他坚持认为，附随的罪行实际上逃脱了惩罚。

判决在 1970 年 4 月 6 日被宣告。这是第一次，伯格独自持反对意见。

道格拉斯弹劾案

两天以后，斯图尔特下午一点之后吃完午饭很快返回。包括瑟古德·马歇尔和伯格的一个秘书在内的大约十个人都围在其秘书办公室的一台小黑白手提电视旁。他们在观看参议院对尼克松为填补福塔斯职位再次提名的人选而进行投票的报道。被提名者是 G.哈罗德·卡斯韦尔，目前是第五上诉巡回法院的法官。

斯图尔特没有意识到，在被提名为首席大法官之前，伯格曾向米歇尔建议将卡斯韦尔从地区法院提拔到上诉法院。卡斯韦尔的提名案，和海恩斯沃恩的一样，遭遇了困难。卡斯韦尔在 1948 年所做的演说被曝光，他说："种族隔离是合适的，而且是我们各州唯一实用的和正确的生活方式，我对此深信不疑，我也会照此行事。"他否认做过这个演讲，但是这引发了对他的历史调查。调查显示，卡斯韦尔曾与一个将佛罗里达州联邦出资所建的高尔夫球场作为私人种族隔离俱乐部的计划有牵连。

他的司法和民权记录也遭受了抨击。一些法律学者也声明他不适合在最高法院任职。耶鲁法学院院长说卡斯韦尔"是本世纪最不具备资格而被推举到最高法院的人"。参议员罗曼·卢思卡。一位来自内布拉斯加州的保守共和党人，曾不经意地做出最具破坏力的批评。"有许多平庸的法官、人民和律师，"他说，"他们也有权利作为小小的代表，不是吗？"

斯图尔特办公室的这群人收看一位记者重复转述自参议院内部的信息，那里不允许摄像。显而易见，投票结果相当接近。斯皮罗·阿格纽随时待命；作为副总统和参议院副主席，他会投票来打破僵局。

当投票开始时，这群人兴奋地议论着。距离福塔斯辞职已有一年的时间了。最高法院一直在等待它的下一个成员，迫不及待地见证尼克松和参议院最终会将谁送给他们。

一位重要的共和党人投票反对批准提名。在斯图尔特办公室观看报道的一些人欢呼起来。斯图尔特说他不想听见任何大喊大叫。

投票继续。另一位重要的共和党也投票反对批准提名。结果出来了。最终是 51：45。人们或如释重负，或是咒骂、鼓掌。

斯图尔特因愤怒涨红了脸，大声喊着让他们安静下来。但他因为这个投票结果而高兴地走进他的办公室。卡斯韦尔将不会是最高法院法官的恰当人选。尽管如此，喧闹让斯图尔特感到生气。如果让伯格或媒体听到斯图尔特办公室里的欢呼，就不好了。

第二天，尼克松生气地称："我将不再提名南方人，去让他像海恩斯沃恩和卡斯韦尔法官一样遭受这种恶意的人身诽谤。"大法官及其助理转而推测尼克松现在将会做些什么。谁会成为他的非南方人选呢？

卡斯韦尔失败五天后，共和党的众议院少数党领导人杰拉德·福特在记者会上说，他会力促弹劾道格拉斯。两天之后，他在众议院发表了一段对道格拉斯的冗长而严厉的攻击。他指责道格拉斯与常规的政治思维和行为脱节，并声称道格拉斯在其新近出版的《叛乱观点》一书中，为反对体制的暴乱和革命背书。福特浏览了《常青评论》的最新一期，这是一本融合社论、诗歌、小说和美术的杂志。道格拉斯同意从他的书中摘录一段话，放在杂志中的图片旁边。"或许这比巴黎或巴拿马城小巷里贩卖的明信片更让人震惊。"福特义愤填膺地说。

福特进而更严厉地指控道格拉斯使用了来自美国联邦调查局和中情局档案中未经证实的资料。这些材料经司法部长米歇尔批准，秘密提供给他。福特提及另一名腐败大法官福塔斯挥之不去的负面影响。因为道格拉斯供职于帕文基金会，福特指控他是一个待遇优渥的兼职人士，该组织与一个国际赌博联谊会之间的联系尚未被充分调查。福特将阿伯特·帕文和他的基金会与"著名的赌徒和黑手党"联系起来，并暗示道格拉斯也是如此。他也控告道格拉斯向该基金会提供法律建议。在任职联邦法院期间执业，也是一个可能遭到弹劾的理由。

来自两党超过一百多名保守派国会议员发起提议，成立一个两党特别委员会，对道格拉斯进行调查。众议院司法委员会被指派调查指控。

国会处于民主党控制之下，道格拉斯相对安全，但他认为这次攻击是要试图削弱他在最高法院的影响力。道格拉斯政治性颇强。他原本在耶鲁法学院任教，1936 年来到华盛顿，加入了新成立的证券交易委员会，后来成为该委员会主席。道格拉斯坚定不移地打击掠夺性的工业垄断，后来成为罗斯福新政积极推动者中的核心成员。1939 年，40 岁的他被任命接替路易斯·布兰代斯任职最高法院。

无畏出错，道格拉斯热衷于政治争议，将“另一边”——大企业、环境污染者、监察人员和任何特权阶级——痛斥为有权但狡诈冷酷之徒。反过来，他也预期到政治反击。1953 年，在道格拉斯决定投票维持对伊索和朱丽叶斯·罗森博格的死刑之后（尽管之前秘密投票中，他拒绝对其举行听证），国会对他启动了一次弹劾程序。但他幸免于难。1965 年，因其第四段婚姻，这次是与一位 23 岁女子的结合，道格拉斯差点再次遭到弹劾。福塔斯的血迹未干，对这次弹劾要认真对待了。

道格拉斯需要帮助，但不习惯求助。他通常与人保持距离，即使是他最亲近的同事。他只费心取悦他熟识的人中最随意的那些。他对朋友通常冷淡、不耐烦和粗暴。他是独行者，不想对同事进行游说或施加影响。但是他需要帮助，他和布莱克的关系已经逐渐冷淡，就如同他和几位前妻的关系一样。所以他转而寻求最好的法律辩护来对抗弹劾并为反驳弹劾整理资料。道格拉斯给他的密友，约翰逊总统任期内的前任国防部长克拉克·克利福德打电话。“尼克松已经唆使他手下的打手向我攻击了。”他告诉他。这是尼克松和米歇尔的事，福特只是替他们出面。道格拉斯知道内阁想向法院玩弄权术并通过“友好的说服”让福塔斯下台。他让克利福德负责辩护。克利福德拒绝了。他解释自己与民主党关系太紧密；整件事看上去太像政治冲突。道格拉斯最终任用了西蒙·里夫金德，他从前在哥伦比亚法学院的同学。里夫金德也是民主党人士，但是已经担任联邦法院法官好多年了。

对其进行的攻击和调查使得道格拉斯忧心忡忡。他决心要让自己的任期长过尼克松的总统任期。但是因为作为最高法院大法官没有一个公开讨论的空间可以让他为自己辩护，他拒绝公共评论。他转向内心沉思，在深夜给朋友打电话。如果他们成功弹劾并判他有罪，他一生为之奋斗的价值和自由，可以留下什么呢？最高法院如何保持独立？因沃伦和福塔斯的离开，他这“一边”已被破坏，并且无可挽回地被削弱了。自由派遭遇了困难。布莱克年老又行动迟缓，身体情况不稳定。他的记忆力问题不知何时就会突然出现。更糟糕的是，随着布莱克日渐衰老，他变得更加保守。他不总是坚定地投票支持自由派了。

马歇尔很虚弱——他是正确的一票，一个追随者，但不是领袖，不是战斗者。他不是善于表达或有说服力的人。只剩布伦南了。“比尔不是一个麻烦制造者。”道格拉斯告诉助理。布伦南是一个真正的朋友，另一张正确的投票，但确实是核心人物，是温和自由派的组织者。布伦南太想妥协了。道格拉斯觉得，当事情变得棘手，布伦南没有捍卫自己的原则。1966 年，布伦南聘用了一名从加州大学伯克利分校毕业的法学学生迈克尔·泰格，作为自己的助理。泰格曾是激进主义分子的领袖人物。当保守派专栏作家攻击布伦南时，这变成了一个政治问题。当布伦南开始工作后，他解雇了泰格。在道格拉斯看来，布伦南牺牲了助理以保护他的个人职位及其与温和保守派大法官的关系。道格拉斯把这种做法称为“可耻的”，“可怕的堕落”。

在进行弹劾调查期间，从前的朋友和顾问会来和道格拉斯吃午饭，帮他出谋划策。道格拉斯常常怒极而泣。他觉得力不从心，总是疑神疑鬼。他很确定，调查者会诉诸任何策略，不管有多么低劣甚至违法。他从未如此确信自己的电话被窃听了，他的办公室甚至会议室也被安装了窃听器。（甚至在尼克松就任前，他就说服厄尔·沃伦检查会议室是否有监听器。但是没有任何发现。）

“我们去走廊走一走吧。”道格拉斯对一位与他讨论策略的朋友说。在那一年中，道格拉斯好多次去布伦南办公室，邀请他在走廊上散步私下讨论事情。“我得去走廊见比尔了。”布伦南会这样对助理说，眨着眼睛。道格拉斯认为，其他大法官看上去并没有把调查看得太严重。每个人看上去都漠不关心。

尼克松不确定弹劾道格拉斯是否是一个好主意。证据太少，而且伯格示意他，这种攻击对最高法院不利。并且，总统更关心国外事务，尤其在东南亚的扩军事宜。

之后，当尼克松给米歇尔打电话说，应该告诉福特“适可而止”。米歇尔表明这很困难，因为他自己已经提供给福特一些帮助了[①]。但是他将为哥伦比亚特区律协做演讲，演讲中他可以一定程度上撇清内阁与弹劾行动之间的关系。

米歇尔的草案送达给尼克松，尼克松又转交给伯格。他在草案中谴责对法院“不负责任和恶意的”批评。伯格发现草案非常合适。伯格打算给总统打电话，但未能接通。总统刚在国家电视台发表讲话，宣布美国军方将进驻柬埔寨。伯格决定把这份草案和评论留在白宫。被告知首席大法官在大门外，尼克松请他进来。

“我不想打扰你，总统先生，”伯格说，“但我想让你知道我认为你今晚的演讲很有历史感和使命感。”

尼克松抱怨自己已经被评论家公开抨击了。

伯格让尼克松安心。他告诉尼克松，他确定其演讲和进驻柬埔寨都会被人们支持。“我认为真正倾听你演讲的人都会欣赏决策者的勇气。”他说。任何人仔细考虑后就会认识到，像尼克松那样精明的政治家，不会做任何有可能损害共和党在即将来临的 11 月国会大选机会的事，除非这件事对国家安全事关重大。

“推心置腹地讲，首席大法官先生，”尼克松回应道，“我很现实，我知道如果行动不能取得成功——或者发生了任何使我的民众支持率降低一个百分点的事情，我认为那样的话我将不能连任——我希望你做好准备，参加 1972 年的竞选提名。”[②]

为回应媒体质询，白宫在第二天发表声明，首席大法官伯格已对总统的柬埔寨行动表示祝贺。伯格让最高法院新闻发言人发表声明，他拜访白宫是基于“司法事务”。

---

① 参见威廉·萨菲尔《坍塌之前：水门事件前的白宫内幕》。

② 参见 RN《理查德·尼克松回忆录》，第 452 页。

厄尔·巴索案——科科伦的游说

晚秋的一天，当一个老朋友经过他的门前时，布莱克正扎在他那堆法律书籍里。“汤米。”布莱克喊道，向托马斯·G.科科伦打招呼。托马斯·G.科科伦绰号“软木塞汤米”，是罗斯福执政时期政府智囊团之一，现在是华盛顿的一名私人执业律师。科科伦和布莱克自 20 世纪 30 年代起就是朋友，两人都是新政的热情拥护者。布莱克在参议院时曾对科科伦的许多反托拉斯立法提出议案，并引导其通过。

布莱克认为，现年 69 岁的科科伦已经走向另一边阵营。当科科伦为特殊群体利益而战时，他就展现了迷人的爱尔兰式游说术。其律师业务以具有影响力的工作、游说和秘密交易而著称。

科科伦坐在布莱克的办公室里。布莱克不知道他为什么在这里。但他们有个共同的家庭利益，那就是科科伦 28 岁的女儿玛格丽特·科科伦。玛格丽特三年前从拉德克利夫学院和哈佛法学院毕业后，成为布莱克的助理，也是布莱克前任法律助理“家族”中的一员。最近她正为一系列个人问题所困扰，布莱克推测这是科科伦此行的目的。

科科伦告诉布莱克，最高法院做了一件极其不公平的事。其前一庭期中在以全球最大的天然气管道公司厄尔·巴索天然气公司被告的反托拉斯案中作出的裁决危及公司的存亡。[犹他州公共服务委员会诉厄尔巴索天然气有限公司（Utah Public Service Commission v. El Paso Natural Gas Co.）]。

布莱克深感震惊。没人来最高法院游说，甚至是为申诉人说一句好话。仅仅在鸡尾酒会上提及未决案件也是被禁止的。在法院之外和大法官讨论案件不符合职业道德。目前，最高法院收到一份申诉书，要求再审厄尔·巴索案。科科伦此行是为该公司游说。布莱克快速打断他的朋友。不，他发出嘘声，将科科伦赶出办公室。

厄尔·巴索案已经在联邦法院待了 12 年。这是一起十年来最著名以及争议最大的反托拉斯案。该案曾被三次诉至最高法院，直到上个庭期，该公司最终被命令放弃自己在西部的垄断性股份。

被送至最高法院的再审申请通常是败诉方坚持不懈却劳而无功的尝试，请求最高法院重新考虑其刚刚作出的决定。布莱克认为厄尔·巴索不太可能获得再审机会。最高法院在上个庭期刚刚作出判决，除非情况出现戏剧性变化，法院不会自己推翻自己的判决。就布莱克所知，从没有出现过这样的情况。

前一个庭期的判决意见结果是 4∶2，三名法官没有参加投票。怀特和马歇尔被排除在外，因为他们曾在司法部接触过此案；福塔斯在判决前已辞职。布莱克、道格拉斯、布伦南和沃伦已经形成了多数意见。哈伦和斯图尔特反对[①]。

最高法院的规则为再审申请规定了严格的指导规范。第 58 条规定，除非申请被前审中持多数意见的法官提出，案件讨论会不得对其进行考虑。持反对意见的法官不能提出再审建议。这样的规则是符合逻辑的，因为通常来说，除非原审中多数意见一方有人改变了主意，或者发现再审事由，没有理由重新审理案件。否则，诉讼将永远无法终结。

自从沃伦离开，多数意见方的老四人组中仅剩的成员是布伦南、布莱克和道格拉斯。除非他们中的一个采取主动，在案件讨论会上提出申请，否则再审绝无可能。

按照最高法院长久以来的惯例，新任法官——在此案中的首席大法官和最终接替福塔斯的法官——甚至不能对再审申请进行投票。这意味着先前的判决不会被改变，即使明显有多数人持反对意见而且新法官们认为这是错误的。最高法院是否将会随着成员的变更而保持公信力是一个关键的问题。法院必须被视为一个持续性的主体，其判决意见不能仅仅因为新法官的加入而改变。

布莱克几乎能原谅科科伦的粗心大意。科科伦一生都是一个律师；他

---

① “那些共和党人会把我们都毁了，”布莱克曾对他的一个助理说，“约翰·哈伦是所有人中最聪明、最好的人之一，我爱他。但是，你知道，他是共和党人。你知道，那也是波特的问题。”

不能停止为了他委托人的利益而努力。但其在最高法院任职的 32 年里，从未有律师为了与最高法院争议案件有牵涉的私人当事人的利益，如此明目张胆地到他的办公室干涉他。

然而，科科伦不会放弃。他的游说努力之前在华盛顿也被无视。他习惯于接受打击。他约见了布伦南。

布伦南不知道为何科科伦，这个几乎他一无所知之人要求与其会面。他向科科伦热情地打招呼。两个爱尔兰人坐下来开了会儿玩笑。科科伦很快直奔主题。为什么法院决定毁灭厄尔·巴索?

布伦南很吃惊。

科科伦说，本案中天然气公司的一名律师，约翰·索尼特临终前的一番话促使他拜访最高法院。索尼特说，最高法院针对厄尔·巴索的那份以偏概全、专制独裁的强制出售股份的命令，是极大的不正义。

布伦南站起来。他说他当然不能，也不会讨论一个悬而未决的案件，然后示意科科伦出去。他立刻去告诉助理。糟糕的事情发生了，他说。当他讲述科科伦的来访时，他面部表情证明了他的震惊。布伦南说他事先绝不知道科科伦的意图。科科伦的名字没有出现在再审申请书上或其他案件摘要或文件中。一个律师来游说法官，是很离谱的。问题在于现在该怎么办，他可能会自行回避，不再参与该案再审申请的审理。回避是自愿行为，当其中立性被质疑时，每位大法官都需要自行对此做出决定。即使科科伦已经失败，没能对他产生影响，布伦南仍建议这种情况的出现会使他的公正遭受质疑。

但布伦南觉得最高法院对厄尔·巴索案作出的判决可能存在错误。毕竟，西部各州支持厄尔·巴索，因为他们认为天然气短缺所带来的困扰要比垄断多得多。也许积极取消垄断在这里不可行。

首席大法官相信，上一庭期，沃伦法院通过 4 比 2 的投票结果对厄尔·巴索案作出的判决是典型的权力滥用。他想批准再审并推翻原判。即使根据惯例他不应参与此案，即使第 58 条规定甚至禁止案件讨论会考虑此案，伯格仍然在寻找绕过障碍的方式。他认为，厄尔·巴索判决涉及程序扭曲问题，这使沃伦法院曲解规则以达到目的的意愿变得更加明显。

首席大法官认为，所有与争议有关的主体——厄尔·巴索公司、各州、执行反垄断法的司法部门——最终达成妥协是不可思议且史无前例的，这与最高法院之前作出的强制出售股份命令有一定差距。前一庭期所有相关当事人都要求撤销案件。最高法院规则第 60 条规定，由所有当事人共同提出的撤销案件申请应当被自动批准。

首席大法官认为，这个案子应该了结了。这很简单。当没有争辩、没有控诉、没有争论的时候，法院怎样能作出裁决？但是沃伦法院拒绝让当事人撤回案件。

最高法院曾允许前任加州公共事业官员作为“消费者发言人”来出庭辩论，这似乎是不可思议的事。传统上，个人没有合法立场来干预政府的反托拉斯诉讼。通过法律，司法部门有执行反托拉斯法令的职能，并且它决定让持续了 12 年的争议就此终结。最高法院本就应该如此处理此事。但是最高法院却将自己定位为再审委员会，声称现在存在争议，不管怎样法院都想解决它。这不仅是司法能动，而且是司法干预主义——当没人请求时，法院滥用自己的权力来判决。

首席大法官认为沃伦在此案中扭曲了规则。如果再审请求被批准，前一庭期的判决被最终推翻，这对沃伦法院的司法能动主义是一记重击。它意味着伯格法院将按照规则行事。推翻判决不仅仅是用一案否决另一案（平均每一庭期都会发生一次）；而且以此案为例，说明之前最高法院是错误的。

首席大法官认为规则第 58 条导致的障碍可以被清除。目前法院成员中的多数意见应该占优势，任何大法官都应能够提出再审请求。禁止新法官投票的传统意义不大。伯格计划打破传统投出一票。他认为投票会以 4 比 3 取胜。哈伦和斯图尔特，这两个在前一庭期判决中强有力的反对者，毫无疑问会加入首席大法官。再加上福塔斯的接替者，有了这四票就能打败布伦南、布莱克和道格拉斯。

但道格拉斯很期待看到再审不被批准。对他来说，这个问题也很简单，但同时也具有根本性的重要意义。最高法院很难让下级法院、司法部门和诸如厄尔·巴索那样的商业大亨遵从其裁判。就像南方种族隔离者实际上通过欺骗和拖延无视法院对学校案作出的裁判一样，现在大公司和公用事业机构也用高薪聘请的乡村俱乐部律师和采取拖延策略，来躲避对其不利的裁判。

道格拉斯认为，法院需要展现其判决必须得到遵守的意愿，强制厄尔·巴索公司出售股份正意味着这一点。企业利益正在阻挠法院；大法官们不能让步。在此案中，能源、环境和消费者利益形成了一个联盟。根据一家媒体的报道，厄尔公司通过保持垄断而能够做到日进百万。另一家报道，厄尔公司花费数百万美元来游说国会，想要保住自己的股份。

法院在前一庭期的判决是必要的。道格拉斯对司法部撤回案件的做法感到怀疑。尼克松和米歇尔曾是纽约律所的合作伙伴，该律所曾为厄尔·巴索公司提供过法务服务。20 世纪 60 年代，公司曾付给马奇、罗斯、格斯里和亚历山大事务所 771000 美元的法务费。

科科伦到访之后不久，案件讨论会开始处理厄尔·巴索案。布伦南向会议重述了科科伦到访的细节、他的请求，以及他所陈述的律师临终前的遗言。试图进行游说是不合适的，布伦南说。尽管如此，他认为厄尔·巴索公司或许确实有理由，再审请求应当被批准。

道格拉斯尖锐地打断。那不是什么临终坦白，只不过是律师对他案子败诉的悲痛。布伦南怎么会考虑该案呢？首先，布伦南暗示厄尔的要求合法是一个错误的举动。但是现在更重要的问题是科科伦的游说，道格拉斯说。如果最高法院批准再审，汤米·科科伦会回去吹嘘自己怎样来到布伦南办公室，并说服他的——然后反过来，比尔·布伦南成功迷惑最高法院其他人。他们希望自己的走廊里遍布权力贩子吗？

“如果你是这样看待这件事的，我将退出。”布伦南回应道。

这事被暂时搁置，直到下一次会议，但是布伦南很关心此事。在福塔斯和海恩斯沃恩之后，法院无法再承受另一个丑闻。

布伦南来看望哈伦，一个严肃得体的男人。哈伦既感到被科科伦冒犯，又感到很有趣。他观察到，这位律师游说人，分不清他通常游说的国会和最高法院之间的区别。因为最高法院大楼地理上位于“国会山”地区，科科伦或许在试图诱惑某些参议员之后，恰好发现了第一大道。重要的是科科伦没能阐述其论点并被赶了出来。如果科科伦来找他，哈伦会申请回避——取消自己的资格。但是每位大法官必须自己决定。私下里，哈伦认为布伦南甚至不应该表述出自己试图进行再审的意愿。

布伦南仍然关心此案，他去找布莱克。

布莱克没有在案件讨论会上说科科伦也曾找过自己。他不想伤害他在新政时期的老朋友。但他悄悄告诉每一位法官这个小插曲。现在他告诉了布伦南。

这会让事情变得更糟糕，布伦南想。

他们同意采取一系列行动。只有布伦南，科科伦的到访让他很心烦，但他也试图想要帮助厄尔·巴索公司。他将正式退出此案。布伦南退出后，原来的多数派只剩下布莱克和道格拉斯，他们两人中谁都不想让这个案子重新处理。这样，原来的多数派中没有一个人会提出讨论，再审的请求因而会被否决。布伦南很快正式告知讨论会，他不再参与。他认为这件事就此得到解决。

然而，伯格不开心。科科伦的到访是愚蠢的，但是微不足道。这不应该干扰最高法院。显而易见，投票结果应该通过再审，原判因此可能会被推翻。布伦南的退出扭转了局面，形成了有利于伯格的 3 比 2 的格局，伯格、哈伦和斯图尔特对抗布莱克和道格拉斯。现在，首席大法官需要福塔斯接替者的一票来获胜。因为没有那一票，他就缺乏法定人数。因为最高法院要做出任何决定，都必须有至少六名成员参与。

但其他人坚持其应遵守规则第 58 条的技术性要求，即只有原判决中持多数意见的成员提出动议，才允许对再审申请予以考虑。只剩下道格拉斯和布莱克符合资格。因为他们反对再审，案件甚至不能够被讨论。少数意见会想方设法战胜多数意见。就像首席大法官喜欢说的一句话：这根本没道理。如果它没道理，那它怎么可能成为良法呢?

前一年，厄尔·沃伦曾全力以赴实现他的目标。道格拉斯尽最大努力来推动强制出售股份的命令。现在布伦南退出，从而阻止了最高法院重新处理这个问题。

首席大法官开始致力于修改法院规则。他认定，第 58 条有关再审的规则太过严格，他作出修改。不是要求原判中持多数意见的大法官才能提议对判决进行复审，首席大法官希望规则改为每一名大法官都能这样做。

伯格的修改规则建议被送到各个办公室。如果修改被接受，厄尔·巴索案再审申请会被考虑。他很自信能够赢得投票。

读了首席大法官的修改建议，道格拉斯立即注意到伯格有关第 58 条规则的提议。道格拉斯已经观察新任首席大法官数月了。他的焦虑增加了。现在他抓了伯格的现行，看见他试图改变规则来适应个案。这是不正当的。道格拉斯认为，伯格缺少智慧还可以原谅，但这件事决不可原谅。

道格拉斯决心早点下手。他坐在桌子旁起草一份准备发表的反对意见。从意见的行文看，再审案已经投票通过，有关规则第 58 条的修改也已经被批准。他展开叙述这个案子的来龙去脉——最高法院努力执行判决、再审申请的提出、科科伦荒谬的游说、首席大法官修改规则的建议以及对新法官不能对再审请求进行投票这一传统禁忌的违背。道格拉斯努力以尼克松-伯格关于司法谦抑以及宪法严格解释主义的言论来驳斥伯格。他控告说最高法院及其规则正在被操控以推翻一年前的先例。他将新任首席大法官描述成激进的干涉主义者——一位直接挑战遵循先例原则的法官。

如果案件讨论会同意修改规则并批准再审，道格拉斯会公布他 10 页纸的备忘录作为对法院再审官方决定的反对书。道格拉斯将备忘录送到印刷工那里，并在法院中传阅。这如同一个炸弹引爆了其他大法官办公室。

对于那些还不知道首席大法官的修改建议的助理来说，这份文件让他们开眼了。很明显，法院中两位最顽固的法官，首席大法官和道格拉斯，要硬碰硬了。

斯图尔特和布莱克很担心。最高法院通常不会公开其内部争论，就此事而言，也不会公开其成员的不正当行为，就如同说客科科伦事件一样。

斯图尔特找到道格拉斯，道格拉斯向他确认，他会坚决地公开他的反对意见。道格拉斯很肯定，这是在揭发不正当行为。

斯图尔特和布莱克同首席大法官商量。他们警告他，道格拉斯将先开始行动。伯格不得不撤回他修改规则第 58 条的建议案。别无选择。首席大法官同意了。

1970 年 6 月 29 日，法院宣布拒绝对厄尔·巴索案进行再审。

道格拉斯很高兴。这一事件表明，伯格会努力争取胜利，但当他身陷不利时，他会退缩。

布莱克门的提名

卡斯韦尔在参议院提名失败后的第二天早上，哈里·A.布莱克门，一位在第八上诉巡回法院工作 11 年的资深法官，正在他位于明尼苏达州罗切斯特郡的办公室里工作。上午 11：05，电话响起，是司法部长约翰·米歇尔打来的。“你明天上午九点能来华盛顿特区见我一面吗？”米歇尔问道。

“你知道华盛顿离这儿有多远吗？”布莱克门恭敬地回答。罗切斯特是个偏远的地区，而且那里没有直达的航班。“你心里在想什么？”布莱克门问。

实际上，布莱克门有强烈的预感，尼克松内阁最终找到自己作为填补福塔斯空缺的非南方人人选。61 岁的布莱克门知道他曾在之前的名单上，美国联邦调查局已经按例对他进行了背景调查。

米歇尔闪烁其词。

“我需要准备什么东西带去吗？”

“不用，过来就可以。”

第二天上午 11：15，布莱克门来到米歇尔位于司法部的办公室。盘问开始了。米歇尔决定了解有关他最新提名人选的每一件事。不能再有意外了。他想知道是否有人所不知的丑闻，他询问布莱克门的财务状况、社会活动、写过的文章和他在上诉法院的判决。

司法部长助理伦奎斯特，米歇尔在司法部的私人法律事务负责人——法律顾问办公室主任——加入了他们的谈话。两个小时后，司法部税务局局长约翰尼·M.沃尔特斯加入了他们。这一次不会有任何差错了。任何可能存在问题的地方都必须核实。

还有一些次要问题，布莱克门在两个公司分别持有 2500 美元和 1350 美元的股票，并且他还曾间接地对与此有关的案件进行裁决。布莱克门虽然不是实质性持股，但海恩斯沃恩曾因类似的所谓利益冲突被披露而遭到重创。他们决定，沃尔特斯会陪布莱克门回明尼苏达收集记录。必须在公布提名前后公开所有的事。

那天下午，米歇尔和布莱克门去白宫拜访了总统。尼克松在提名之前不曾与海恩斯沃恩、卡斯韦尔会面，但他想见布莱克门。尼克松认为布莱克门的温和保守主义非常好。布莱克门是一个矮小、谦逊、说话温和的人，他曾是哈佛大学优等生荣誉学会的一员，进而就读哈佛法学院，后来又成为第八巡回法院的书记员，有十六年的私人执业律师经历，还在著名的梅奥诊所做了十年的法律总顾问。之后，他被艾森豪威尔任命为第八巡回法院的法官。他拥有学术文凭、在中西部的法律实务经历以及展现其冷静的宪法严格解释主义哲学观的可预测的稳定的观念体系。而且伯格高度认可布莱克门。布莱克门是一个正人君子，始终如一，坚持遵守惯例，不喜欢太大的冒险。

尼克松和米歇尔都就其司法哲学问题向他提问。这位法官有三个 20 多岁的女儿。尼克松问她们中有没有"嬉皮士"。布莱克门保证没有。

他把其与伯格间深厚的友谊视为自己最大的潜在问题。他们一起上过小学，布莱克门是伯格 1933 年婚礼上的伴郎。1953 年，在伯格来到华盛顿之后，他们相互通信，当伯格来明尼苏达看望家人时他们会见面。

尼克松说："看，你们俩一起长大。当进入不同高中以后，你们的成长道路开始不同。但是你们仍然是好朋友。我看不出来有什么不对。"他想要继续推进。内阁已经准备发动进攻。有关布莱克门的一份详细财务报告被送到参议院司法委员会。

妮娜·托特伯格为周刊《国家观察家》报道最高法院事务，她是华盛顿最具攻击性的记者，不愿满足于那些平淡的最高法院常规报道。作为一个发掘幕后细节的专家，托特伯格飞到明尼阿波利斯市采访了布莱克门 85 岁的母亲。布莱克门夫人告诉托特伯格，首席大法官和她的儿子几乎每周都通一次电话。他们讨论很多话题，法律的、政治的。

在一篇文章中，托特伯格写道，布莱克门夫人重述了去年大法官怎样公开邀请他儿子：“告诉他，任何时候，只要他需要整理最高法院的近期判决，首席大法官都很乐意提供帮助。”但是布莱克门法官很快拒绝了这个邀请，布莱克门夫人说，布莱克门清楚地告诉首席大法官他认为接受这样的帮助是不合适的。

布莱克门对托特伯格感到相当愤怒。他与伯格的关系是他最敏感的事情。他一度想要退出提名。但当他在 4 月 29 日面对伊斯特兰的参议院委员会时，布莱克门已经准备好了。他很紧张，但决定坦白。他知道关键在于表现得不骄傲自大、谦逊。这对他来说是很自然而然的。

一些海恩斯沃恩的反对者对他们目前支持布莱克门而感到苦恼。回顾往事，海恩斯沃恩被指控的利益冲突，并不比布莱克门牵涉的轻微的技术上的利益冲突多。南方参议员不会不提出这一点。

在最终投票的那天，布莱克门正在明尼苏达。当从华盛顿寄来的两大帆布包申诉书送达时，他正努力完成自己在上诉法院的工作。伯格很快打来电话。“你收到邮件了吗？”他问道。

“是的，”布莱克门愉快地回答，“有什么想法吗？”

“你得开始工作了。”

“我这里已经有很多工作了，”布莱克门开玩笑说，“你现在还不是我的上司。”

伯格希望他在下个月，这个庭期结束前来华盛顿就任。在一整年只有八名大法官之后，几乎有 200 封申诉书被搁置，等待“X 大法官”审阅。其中许多案件有三票同意审理，而布莱克门能提供第四票。在质疑死刑是否合宪的案件中，最高法院在确保有 9 位大法官审查案件之前，不应该同意审理。

布莱克门被寄予厚望，需要做出许多重要的决定。他感到很有压力。当他在上诉法院工作时，有另一个审查机构——最高法院，来纠正他所犯的错误。现在，这两百件案件都单独由他决定。布莱克门非常谨慎地处理着没有解决的申诉书。伯格不想受理太多案件。布莱克门最终投票批准审理三四个案件。布伦南很失望并得出结论——伯格已经找到了另外一票。

首席大法官心情很好。他的第一个庭期快要结束了，没有重大错误。对他而言，再也挑选不到一个比布莱克门更适合的填补福塔斯位置的人了。

伯格关注他的行政管理和内务管理。只要可能，他努力给这栋大楼以及他与其他大法官的关系带来生气。他从家里带来天竺葵种在庭院中。他将银制的高脚杯当作个人礼物送给他的法官同事们，让他们在法官席上使用，取代了普通的玻璃杯。午饭时间从原来的 30 分钟延长到了一小时，这样法官们能有更多的时间在他们的私人餐厅交谈。（道格拉斯常常独自在办公室里吃饭，并认为延长午饭时间是荒唐可笑的。布莱克认为额外的半小时是浪费时间；他告诉伯格他们都会饮食过量。）

首席大法官努力要记住每位法官的生日或入职纪念日。5 月 19 日，他发出一份备忘录。

亲爱的兄弟们：

明天，周三，是约翰·哈伦的生日。如果午餐时人足够多，我们将会打开一瓶冰镇德国葡萄汁来庆祝。如果能来参加，请事先告知。12：30 大家方便吗？

布伦南非常积极，他最初就对首席大法官采取了比道格拉斯更温和的态度。多年来，在他们通常的午饭时间，贝兹伦会告诉布伦南关于伯格脾气暴躁的趣闻轶事，但布伦南更愿意接受任何对大法官行为所做的貌似合理的解释。在实质性问题上，布伦南将伯格形容为“思想上反动但并不邪恶”。但他对大法官运作案件讨论会的方式日益感到失望。布伦南曾在沃伦法院感受到的如同进攻组织者一般的趣味和魅力已经消失。他开始怀疑大法官以及他自己在最高法院将来的角色。在庭期的最后，他已公开讨论辞职问题。

为布莱克门 6 月 9 日的宣誓就职仪式进行准备的过程中，首席大法官发布了一条备忘录声明，布莱克门将“轻装上阵”，只穿一套深色的西装。

伯格说他自己会“穿得正式一些但不会是燕尾服”。成员们则自由穿着，当然，可以完全按照他们的意愿来。

布莱克门对于让某人来提醒他可以随意穿着而感到不悦。伯格太注重外表了。他潦草地写了一份笔记：“我会照常穿着前往最高法院。”

在就职宣誓仪式上，布莱克门坐在法官席的最左侧新任法官的专门位置。这个座位过去曾被奥利弗·文德尔·霍姆斯、本杰明·N.卡多佐、菲利克斯·弗兰克福尔特坐过。布莱克门拉开他座位旁的抽屉并开始检查里面的内容。他发现一份宪法的文本，上面贴着“霍姆斯”，并且显然有弗兰克福尔特的签名。突然怀特的大声耳语从他右边传来：“哈里！哈里，你的痰盂在哪里？”布莱克门四下张望，怀特用手指着坐在大法官席后面的两名供法官们差遣的青年侍者中的一个。“把这位法官的痰盂拿来。”他命令道。用作废纸篓的传统痰盂被拿过来。布莱克门向法官席瞥了一眼。道格拉斯的眼睛没有离开他查阅的文件，快速将一个空的喉糖盒弹到自己后面。盒子差点掉到地上，一个侍者将它捡起来。片刻后，侍者递给道格拉斯一个新的盒子。[①]

布莱克门入职时正是一年中最忙的时候，即“关键的六月”。几十个未决案件会在此时最终投票决定并宣布结果。这些案件常常是最重要的，也是最难解决的。该庭期很多时候法官们都在就这些案件进行争论。通过传统和非正式的协议，最高法院在庭期结束之前争取对每个有争议的案件作出最终的决定。判决会被公布。因考虑不周受理的案件会被驳回，这意味着多数意见决定不再受理该案件。这样的决定有时甚至在口头辩论之后才作出，并通常是因为技术性原因。或者案件会被推迟到下个庭期进行再次辩论。这一年有 16 个案件被推迟重新辩论，这么高的数量是很不常见的。

在最后一次案件讨论会中，布莱克门安静地坐着。他没有参加这次庭审，所以他不能投票。没有人直接向他讲述任何与此有关的事，但他很快意识到大多数案件被延期，是因为投票僵持在 4∶4。他的投票对其中多数

---

① 参见国家地理学会《法律下的平等保护：美国生活中的最高法院》，修订版，第 127 页。

案件将起决定作用。

在 6 月 25 日周四的一场特别会议中，布莱克门看着布莱克和哈伦为了两个案子而相互争吵。这两个案子［桑克斯诉佐治亚州案以及博迪诉康涅狄格州案（Sanks v. Georgia and Boddie v. Connecticut）］，涉及州立法的合宪性。州法要求任何人，包括穷人在内，在提起迁出住房通知或离婚诉讼时都要支付少量诉讼费用。哈伦认为，虽然费用不高，但有违正当程序保护。这种保护相当于获得公正听审的权利。收取费用使得穷人事实上不可能在法院获得正义。这两个案件被分配给哈伦，他拥有支持其判决意见的正式投票。他希望案件星期一能定下来。

布莱克说他需要更多的时间。那天早上他只发布了自己的反对意见草案。这两个案件是一种暴行，他表示。最高法院没有资格如此广泛地适用正当程序保护。宪法没有规定民事案件如离婚案或驱逐案中当事人有平等接近法院的权利。宪法仅在刑事案件中作此授权。法院宣布判决的意图会使"实体正当程序"这一概念复兴，即大法官们所定义的普遍意义上的公平概念。令布莱克沮丧的是，该原则曾被运用来保护公司免受政府管制。"最高法院不欣赏通过摇摆不定的审判权来做好事。"布莱克常常这样对助理说。这不是法律是否公平的问题，只要它平等适用就好。只要法律仍然有效，立法部门就应负责，而非最高法院。

哈伦非常固执。他会通过修改两个脚注来回应布莱克。他不会全部重新写，也不会同意推迟案件。最高法院已经推迟了大量案件，没有理由再加上这个。他希望自己的判决意见被宣布。

布莱克使出他的杀手锏。按惯例，单独一个法官，甚至是一个反对者，可以坚持不宣判，直到他完成自己的判决意见。这是讨论会中的"参议员礼遇"。布莱克说他需要更多时间来完成驱逐案的反对意见。他确实想要更多时间来游说其他的大法官。

哈伦知道布莱克想要做什么。他曾经多次见识过这种事了。

布莱克门毫无经验地坐在那里看二人来回交锋。哈伦看上去非常苦恼。哈伦指出，如果驱逐案被推迟，离婚案判决也会推迟，因为后者很大程度上建立在驱逐案的推理上。

多数意见同样希望宣告判决。他们催促哈伦是否能在第二天特别会议上做出修改。哈伦勉强同意了。尽管有时争论激烈，当哈伦和布莱克顺着走廊走向办公室时，他们还是很亲密的，温和地交谈着。

哈伦召集他的助理们并告诉他们需要做什么：他们要提炼出驱逐案中运用的法律推理，并将其运用到离婚案中。他们彻夜工作，删减、增补。在第二天的会议上，哈伦提出了自己的修改案。

布莱克对哈伦昨夜的巨大努力并不满意。“我不希望这些东西被公布。”布莱克说。这样一份重要判决会影响很多其他的案件。

伯格介入进来。他也不介意花多点时间来审查两个案子。

就这么定了。

哈伦非常愤怒；布莱克又赢了。散会之后，当他准备去布莱克家吃晚饭时，他仍然不高兴。但到了晚上，哈伦气消了。

布莱克门有些慌乱。全国范围内，有人因为无力支付诉讼费用而不能向法院提出民事诉讼。最高法院多数意见已经解决了这个问题。但一个大法官却有权迫使大家等待。现在他成为那个拥有同样权力的大法官。

1970 TERM

1970 年庭期

校车接送学童案

随着第二庭期的临近，伯格越发担心他在最高法院的任期如何能与厄尔·沃伦相提并论。在沃伦的第一个庭期里，最高法院已经通过“布朗案”判决，废除了学校里的种族歧视政策。在接下来的 16 年中，沃伦的非凡领导能力和正直声望在很大程度上都是奠定在随之而来的一连串废除学校种族隔离的案件基础上。

伯格在第一庭期中却没有遇到这样的机会，但是他现在预见到，来自下级法院的一大波案件都可能成为里程碑式的判决。上一庭期中，最高法院在密西西比州废除种族隔离案（“亚历山大诉霍姆斯郡案”〔Alexander v. Holmes County〕）中的共同决议已经明确表明，废除种族隔离政策马上就付诸实践。新的案子则提出了如何实现这一目标的问题。

整个夏天，最高法院都因校车接送学生的议题而饱受抨击，而这似乎急速成为整个国家最负争议的内政议题。1970 年的春天，联邦地区法院法官詹姆斯·麦克米伦（James B.McMillan）裁定北卡罗来纳州的夏洛特（Charlotte）和梅克伦堡郡（Mecklenberg County）周边地区的每一个公立学校都必须马上全面废除种族隔离政策，而不是渐进进行。从那时起，众怒汹涌，一发不可收拾。跟很多联邦法官一样，麦克米伦认为，废除种族隔离政策不是仅仅将像詹姆斯·梅雷迪斯（James Meredith）这样的黑人学生送入像密西西比大学这样的白人学校了。

麦克米伦认为，既然夏洛特地区的学校里约 71% 的学生是白人而 29% 是黑人，那么每一个学校都应当达到白人黑人学生 71 : 29 这样的比例目标。虽然麦克米伦也承认每个学校“不可避免地与这个定额有差距”，但仍激进地变更学区，并且命令校车接送额外的 13000 名学生，来让每个学校都达到所谓的“种族平衡”。

伯格认为，麦克米伦的命令，是要强力推进种族融合，来试图弥补住宅区种族隔离的现状。而这远远超越了“布朗案”结束白人黑人分别就学的状况以废除种族隔离的意图。伯格认为这才是最高法院的任务，并且他持支持态度。但这却是一个“促进种族融合”的命令。

伯格告诉他的助理们，“废除种族隔离”和“促进种族融合”是两个不相同却经常交互使用的词汇。“促进种族融合”意味着更多的种族混合，是一种严格的种族平衡。虽然这或许会是个完美社会里的事情，但要成为最高法院的合理判决却缺乏法律基础。

在麦克米伦作出那道命令的五个星期之后，伯格对另一个废除种族隔离的案子［诺斯克罗斯诉曼菲斯教育委员会（Northcross v. Memphis Board of Education）］公布了协同判决意见。尽管他没有提及麦克米伦的夏洛特判例，伯格暗示这是一个很好的时机，让最高法院规定下级法院法官们对一般性废除种族隔离案件和特定的校车接送学童案件的权限。他提出了几个关键问题。①

两个星期后，总统针对废除种族隔离作出了一个长达 8000 字的特别政策说明。尽管总统没有特别提及夏洛特案件的情形，但他却表达了他个人会怎么回答伯格的问题。尽管尼克松总统曾经支持过沃伦法院对“布朗案”的判决，但他认为现在的情形已经很不一样了。他说，之所以一些黑人孩子仍然就读全部是黑人的学校，那是因为他们就住在全是黑人的社区里。尼克松认为，孩子们应该就近入学。这些下级法院的判决，命令校车接送孩子，以便让每个学校的种族比例都一样，这已经超过了“布朗案”的判决要求。尼克松声明：“除非有最高法院的确认，否则我不会认可它们作为判决先例来指引别的行政政策。”他正将引起公愤的责任从他的政府引向联邦法院系统。这一挑战已经发起。

尼克松发表讲话后不久，第四巡回上诉法院就大幅修改了麦克米伦的

---

① 首席法官表示，一旦法院的法官们满额，他就会马上解决这些问题。而那时，福塔斯还没有被任命，马歇尔还在住院。

命令，驳回了麦克米伦关于大规模接送学童的命令。命令应具备“合理性”，却没有定义何为“合理性”。他们认为，如果大型的黑人社区仍然有“棘手的残留的种族隔离状况”，那么就不必完全消除全黑人学校。麦克米伦关于大规模接送学童的命令，已经给社区带来了太大的负担。上诉法院暗示，麦克米伦在每个学校达到近乎完美种族平衡上太过用力，以至于完不成这一目标。案子被发回重审，要求他作进一步的听审。

在麦克米伦有机会举行新的听审之前，一些黑人家长已经将案件上诉至最高法院 [斯旺诉夏洛特 – 梅克伦堡教育委员会（Swann v. Charlotte-Mecklenburg Board of Education）]。他们希望最高法院作出一个快速判决，大概内容是让所有学校都必须废除种族隔离政策。只有布莱克、道格拉斯和马歇尔做好了延缓结束前一个庭期的准备来听审此案。其他的法官则希望在 1970 年的 10 月进行听审。最高法院于是宣布恢复麦克米伦关于校车接送学童的命令，直到最高法院有机会来判决。这样一来，麦克米伦关于校车大规模接送学童的命令就会在学校 9 月开学时生效。

同时，麦克米伦既得到了第四巡回上诉法院对他某些基本方法的认可，又受到了最高法院希望听审此案的鼓励，便开始进行进一步的案件审理。而且，他再次命令校车大规模接送小学生。

南方的政治家们在南方到处宣讲，谴责最高法院花费了一整个夏天也没有在 9 月学校开学前决定这个重要的案子。他们中的一些政治家甚至提议，这些大法官不配每年 6 万美元的薪水。

8 月 31 日，星期一，伯格采取了非常之举，召集了美联社（AP）和美国合众国际社（UPI）负责采访最高法院的记者来到他的办公室。在做了一个 45 分钟的背景说明后，他告诉他们最高法院已经决定不在暑假开庭，因为最高法院希望能对几个校车接送学童案进行听审，并能全方位地考虑这一问题。但是，伯格说，他已经将夏洛特案和另外两个未判决的上诉案件 [戴维诉莫比尔郡学校董事会（David v. Board of School Commissioners of Mobile County）以及麦克丹尼尔诉佐治亚州克拉克郡的巴瑞斯（McDaniel v. Barresi，Clark County，Geogia）] 放在了下一庭期的待判决案件名单的首位。伯格同时也向记者们表明，正在被审查的案子可能会产生里程碑式的判决。目前看来，这些案件会成为自“布朗案”判决以来最具深远意义的案件。伯格说，虽然这些案子涉及的都是南方的学区，但最高法院的判决将影响到全国各主要学区，不管是北方的还是南方的。

首席大法官知道，他在这个敏感的校车接送学童案上维系最高法院团结的能力，将会是对他领导能力的重要考验。对废除学校种族隔离这种关键案子上保持全体一致，是一个传统。但是伯格觉得现在很难实现这个全体一致的目标。然而在这个庭期开始的时候，伯格发现了一位意外的盟友——雨果·布莱克，一个在前一庭期积极提议“即刻”废除种族隔离政策的斗士。布莱克赞成在乡村地区校车接送学童，因为这些孩子一辈子都是坐校车去学校的。但是，尽管布莱克憎恨种族隔离政策，他仍认为城市就近入学是社区生活的基础。他反对为实现种族平衡而大规模用校车接送孩子上学，并且希望对联邦法院作此命令的权力进行限制。

“在联邦宪法里哪有写着校车接送学童啊？”布莱克问他的助手。他的态度让他们觉得这就是一贯的务实的作风的延续。

布莱克辩称，废除种族隔离政策意味着孩子们可以就近入学。不能为了达到某种准确的种族平衡就让学童们坐校车到社区外面的学校上学。他认为，大规模的社区校车接送学童，是尝试“将整个国家重新规划”。他也很确定，黑人家长和白人家长一样，都不希望孩子们在校车上浪费时间。他问他的信使斯宾塞·坎贝尔（Spencer Campbell），一个已经为他工作了 30 多年的黑人，对校车接送学童的看法——

斯宾塞说他同意大法官的看法。

布莱克跟他的助理讲述了他自己做民意调查的结果，说：“斯宾塞不喜欢校车接送学童。”结束了讨论。

布莱克的助理们认为他们的老板太不切实际了。他们辩称，最高法院不可能在不实行校车大规模接送学童的情况下就命令废除校园的种族隔离政策。但是就在他们认为自己取得一些进展时，布莱克又提出了另一个针锋相对的论点。国会保有课税的权力。因此，最高法院不能要求各学区购买额外的校车。

他的助理们辩称，最高法院的很多判决，包括布莱克自己写的好几个判决，都要求过地方政府开销。

布莱克直接反驳。他赞成以有限的校车接送学童，来使得大部分地区的学校废除种族隔离政策，但是他觉得，为了种族平衡而让校车大规模接送学童是不必要的。

伯格会顺便到布莱克的办公室拜访他，想在校车接送学童案上游说布莱克。但是，尽管布莱克以“自由主义”见解著称，伯格发现布莱克有着根深蒂固的保守本能。每一次，最后都是布莱克在游说伯格。

显而易见，伯格可以指望布莱克投他的赞成票。伯格对于他的最新的盟友布莱克门的立场也是很有信心。但最高法院里的其他人，就是另一回事儿了。道格拉斯站在对立面。

对于道格拉斯来说，“布朗案”的实质并不是他们终结了种族隔离。他将沃伦法院的“布朗案”判决看作是一个对“劣等民族印记”这一耻辱的攻击。这种耻辱的烙印是那些实行种族隔离的学校带给少数群体的。在道格拉斯看来，“种族融合”是消除这种耻辱烙印的唯一方法。但是，仅仅通过就近入学可能无法实现这个目标。全部是黑人的社区，将会有全是黑人学生的学校。道格拉斯认为，全黑人的社区不是随机的、自然发展的结果。大多数的种族隔离状况的背后都有某种歧视性的行政行为，包括社区规划。道格拉斯喜欢麦克米伦在“夏洛特案”判决中采取的横扫一切的方式，这直接指向了问题的核心。

麦克米伦说过，地方政府或者州政府在土地契约或是活动上的种族限制很大程度上促成了居住区种族隔离状况的形成，比如分区委员会、都市建设机构、公租房管理机关和学校委员会等。他写道：“有太多的国家行为隐藏在这里面，并且影响这些事情的发展，这才最后造成了种族隔离的结果，这不是单纯的现象。”

道格拉斯同意麦克米伦的基本前提是，每一个可以被定为“黑人”或是“白人”为主的学校，都应该实行种族融合。更重要的是，道格拉斯想要为麦克米伦的做法背书。这是一个合理的纠正明显违宪行为的做法[①]。

其他法官的立场介于布莱克和道格拉斯之间。马歇尔觉得，如果能够赢得多数或许就会站在道格拉斯一边。而布伦南则少一些攻击性，认为他们不可能达到道格拉斯所希望的那样。

怀特、斯图尔特和哈伦会怎么做？这是一个问题。

10月12、13日，在针对夏洛特案进行的言辞辩论中，副总检察长格里斯沃德支持达到最低程度的校车接送，学校不实行固定的名额比例，尽量就近入学并保留一些单一种族的学校。他强烈反对严格的种族平衡，反对联邦法院改变住宅区种族隔离现象的任何举措。格里斯沃德说，麦克米伦法官已经严重越界了。宪法并没有要求采取涉及范围如此之大的举措。学校的种族隔离要终结，但是学生们应该被允许就近入学，不管那些学校是黑人学校、白人学校还是有着完美种族融合的学校。

代表黑人家长和学生的法律辩护及教育基金会的律师詹姆斯·M.纳布里特三世（James M. Nabrit III）明白，他必须要使最高法院相信，通过校车接送学童实现完全种族隔离的彻底废除是可行的，这并不是疯狂激进的想法。校车接送已经是大多数学校系统的一部分，包括夏洛特地区学校在内。新的校车接送措施只有不超过50%的增幅，这既不昂贵也不是破坏性的。

纳布里特辩称，第二个“布朗案”的判决授权下级法院设计适当的废除种族隔离的救济措施以适应不同的情况。纳布里特说，应该肯定麦克米伦的判决，“因为下令执行一个可以弥补他所发现错误的计划，并非滥用其自由裁量权”。

在星期五的案件讨论会上，伯格预期大法官之间会有很多的分歧，所以就建议先拟定某些初步的基本规则。为了鼓励大法官们就这个敏感议题直言不讳，伯格提议大法官们都接受一个特别保密措施，不向他们的助理

① 道格拉斯明白，麦克米伦的判决将带给学校董事会一个几乎不可能承受的负担。他们将不得不证明他们对现存的种族隔离政策无责。除非学校董事会能够证明此点，不然联邦法官将拥有不受限制的自由，是可以采取广泛的救济措施的。

们介绍会议内容。首席大法官说，他们只会传阅一份打印草案，而不是像平常一样给每位大法官都提供一份复印件。这样效率更高也更加安全。伯格接着提议大法官们都遵守沃伦法院“布朗案”确立的先例，暂时推迟进行初步投票。首席大法官迫切想要保持每位大法官立场的灵活性，避免道格拉斯和布莱克的观点固化。不论最高法院最后对这些案件如何判决，居于首位的，伯格希望能够达成全体一致的意见。

在给予每一位大法官分析案件的机会后，伯格很快取得了主动权。他说，很明显，任何一种方案都不能形成五票的多数。因此，伯格将起草协调不同意见的判决意见。

首席大法官的这个举动让道格拉斯大感不安。他已经根据每位大法官的评论，在自己的投票本上做了标记。看上去麦克米伦的命令可以获得 5 : 4 多数的支持。甚至有 7 : 2 的明显多数支持赋予联邦法官广泛的救济权。有五张立场坚定的投票，分别是道格拉斯、布伦南、米歇尔、哈伦以及怀特。

在道格拉斯看来，只有伯格和布莱克这两人持少数意见。作为一个真正持多数意见的资深大法官，道格拉斯认为他应该有权力指派起草判决意见的人选。但是，因为会上讨论非常混乱，道格拉斯只好等着首席大法官写出什么。

当伯格回到办公室的时候，他很清楚自己需要什么。需要判决意见一致通过，最重要的是他的措辞。这必须是一份合理的判决，要顾及每一方关心的问题——学校董事会、尼克松政府、法律辩护和教育基金会、第四巡回上诉法院，甚至还有麦克米伦法官。

伯格很快向他的首席助理简要介绍了情况，并让他着手起草草案。首席大法官并没有足够的时间来亲自撰写这份判决意见，但是他会比平常更密切地关注这个案件。

与此同时，斯图尔特再一次阅读了麦克米伦撰写的系列判决意见。他开始被这个下级法院法官深深地吸引了。麦克米伦的最后一份意见是在 8 月完成的，就是在案件被发回重审要求其进行新的听审之后。这份判决意见令斯图尔特印象深刻，他认为这是他所阅读过的最勇敢也是最杰出的下级法院判决意见之一。

整个夏天，麦克米伦用了 8 天时间进行事实调查。即使面临来自第四巡回上诉法院的批评，他依然大胆地恢复了他最初的裁判命令，并论证其合理性：

- 夏洛特地区有三分之一的学童已经乘坐校车到公立学校上学。
- 只需要采购很少的新校车。
- 校车的平均路线会缩短。
- 是在学校董事会三次拒绝提交废除种族隔离计划后，他才发布的这一命令。
- 学校董事会过度夸大了实施这项计划所需的校车数量和花费。如同麦克米伦所说，这是一种“近乎幻想”的夸张。［他在注释中引用了刘易斯·卡罗尔（Lewis Carroll）《爱丽丝漫游仙境》（Alice in Wonderland）］
- 在每一所学校都达到种族平衡并非其严格要求做到的，那只是一个用来衡量废除种族隔离措施是否成功的模型。

在恢复其最初命令的同时，麦克米伦批评了第四巡回上诉法院对其发出的模糊不清的指令，即要求其具有“合理性”。之所以恢复最初的命令，是因为该命令“完整、周全”。斯图尔特欣赏麦克米伦的坦诚以及他将命令和事实联系起来的高明方法。除非事实认定明显错误，上诉法院通常只是就法律问题而非事实问题进行裁决。所以，麦克米伦的判决意见很难被推翻。

斯图尔特在《名人录》（Who's Who）中查找麦克米伦，发现他自己和麦克米伦几乎同龄。麦克米伦曾经就读哈佛大学法学院，与此同时斯图尔特进入耶鲁大学。而且两个人在二战期间都在海军服役。麦克米伦是一个世界联邦主义者（United World Federalist）的成员，那是一个努力建立世界政府的理想主义者组成的团体。在斯图尔特看来，麦克米伦是勇敢的南方自由主义者的代表。据传，麦克米伦曾因为其作出的判决而受到死亡恐吓，并因此受到警察保护。但是看起来，他愿意让十字架在其门前草坪上被焚烧。

“这是一个宪法问题，不是政治问题。”麦克米伦曾经说，“法官们一般都希望作出让周围的人满意的判决……但是，若向公众抗议妥协，那就是滥用司法程序。”

“我很欣赏他的勇气。”斯图尔特对他的助理说，“一些人确实制造了很多麻烦，要是这些没发生的话就好了。”

斯图尔特认为，麦克米伦将最高法院推向了公众焦点。在 20 年前，支持麦克米伦对最高法院来说将是一件更加容易的事。那时，北方的民主党和共和党对最高法院废除种族隔离政策的命令都会跨越党派立场来支持。虽然艾森豪威尔总统从来不曾满怀热诚地推动这些命令，但他至少没有像尼克松总统那样开展反对这些命令的活动。

对斯图尔特来说，两党一致支持的烟消云散意味着需要比平时更加克制和谨慎。最重要的是，最高法院在这类案件的处理上意见一致的传统必须要保持。这显然不是一件易事。麦克米伦的勇敢使最高法院处于难以化解的僵局中。这场讨论会议只是又一次确认了两个极端对立立场间的巨大分歧。首席大法官看上去与布莱克反对校车接送的观点结成了同盟。斯图尔特认为伯格撰写的判决意见将不可能整合每个人的观点以形成统一意见。

斯图尔特认为自己处于事件的核心。这个核心就是必须避免最高法院意见一致传统的崩溃。“我不知道首席大法官将会如何处理该案，”斯图尔特对他的一位助理说，“或许我们应该做好准备。”斯图尔特让他的助理就这个主题展开研究，并且抽取整合相关观点，草拟出一份备忘录作为判决意见。他还发出另外一些指令：麦克米伦有关种族平衡的观点理由是正确的；种族平衡可以作为一个目标，以此衡量废除种族隔离政策的进展；校车接送学童和重新规划入学地区联邦法院有权下令采取的救济措施；尽管不应美化救济措施，但它们应当被分类核准。

但是，麦克米伦在一件事情上做得过火了。斯图尔特可以支持校车接送初中生或者是高中生，但是在涉及小学生时，斯图尔特觉得麦克米伦做得过分了。“他们是在接送幼儿上下学，真的是幼儿，只有 4 岁。”斯图尔特说，“我可不想让我 4 岁的孩子坐 45 分钟的校车上下学。”

斯图尔特认为在这一点上第四巡回法院是正确的。该法院同意麦克米伦的观点，可以用校车接送年龄大一些的学童，而不是年幼的学童。助理会起草这样一份备忘录草案，即在这一问题上推翻麦克米伦的观点而支持第四巡回法院。

这份草案还有其他需要小心处理的地方。斯图尔特认为判决意见应当措辞强硬，欢迎采用积极新颖的方法应对学校种族隔离问题。语气应该是积极的，鼓励那些积极主动的下级法院法官。

但是，斯图尔特提醒说，案件讨论会的论调很明确，不是要像麦克米伦判决中暗示的那样，必须要求取消所有单一种族的学校。在一些情况下，单一种族的学校有必要存在。

总体来讲，这份备忘录草案应该既可以作为法律文件，也可以作为政治文件。媒体将会在很浅显的层面来加以解读。谁赢谁输？最高法院是否重申其废除种族隔离政策的承诺？尼克松政府是否逼迫最高法院退步？措辞必须谨慎。但是，该备忘录草案必须体现出支持麦克米伦的创新做法的语气。联邦地区法院和上诉法院的法官们是真正的读者。

斯图尔特的助手开始着手调查研究。

1970 年 12 月 8 日，伯格那份隔行打印出来的草案被亲手逐一送到每个大法官办公室。斯图尔特仔细阅读，发现这实在是令人震惊的草案，充斥着对麦克米伦的负面评价和批评，甚至也不认可其命令中有关初中生和高中生的部分。

在详细描述“布朗案”判决，并指出在南方学校施行废除种族隔离政策的困难之后，首席大法官在其草案第三部分写道：“……我们现在面临的一些问题（或许），源于将‘布朗案 I’视为提出了实现种族平衡，即促进种族融合的要求，而不是禁止种族隔离。”

斯图尔特认为这是潜在的灾难，一定会招致道格拉斯、布伦南和马歇尔的愤怒。

草案继续写道："1955 年到 1969 年废除种族隔离的案件所要求的终极救济措施，就是终止学校的双轨制。"首席大法官表明，联邦法官们所能做的，只能是将现状恢复至如下假设状态，即假设没有隔离白人和黑人，让其分别入学时的状态。斯图尔特明白，这至少会激怒一半的法官，他们希望这个判决能够一并解决居住区的种族隔离问题。

斯图尔特深受困扰。传统上，法院有权纠正侵犯宪法权利的行为。这些侵犯行为一经证实，法官就能够采取任何必要措施进行纠正。伯格希望将法官纠正侵犯宪法权利行为的权限限定在必要的最低限度。但是在案件讨论会上，大家的一致意见却是让法官拥有采取任何可以有效纠正侵权行为措施的权利。斯图尔特认为，有效性可以作为衡量救济措施的标准。除非下级法院法官明显滥用自由裁量权，否则不得对其进行事后责难。

伯格的草案转而论述了该案提出的四个主要议题：种族平衡、取消单一种族学校、改变学区和校车接送学童。斯图尔特认定，这些内容都围绕着一个目的而写。伯格想要表明，联邦法院废除种族隔离的救济措施不会考虑居住区的种族隔离问题。伯格写道，这个目标"不会也不能包含"居住区的种族隔离。对伯格来讲，其他部分都服务于这一观点。所以，没有必要在每一个学校都达到"种族平衡"，因为种族不平衡经常源自居住区种族隔离，最高法院无权对此进行纠正。尽管斯图尔特认为这份草案言过其实且言辞严厉，但他仍同意首席大法官的看法。斯图尔特倾向于暂时避开这个议题。

转到伯格草案中有关法院是否能够重新规划学区的部分，斯图尔特发现了其中一个不可思议的用语，即"缺乏双轨制的历史"。首席大法官说，法院对此无能为力。在双轨制学校普遍存在的南方地区，这句话不会产生什么影响。但在北方，它却严重限制了废除种族隔离的命令。

对斯图尔特而言，这份草案的其他部分看上去更具合理性。草案中写道，在某些情况下，校车接送以及改变学区当然是合理的，但应该考虑孩子的年龄。第四巡回上诉法院因麦克米伦没有考虑孩子年龄而对其兴师问罪是恰当的。自由派人士可能不喜欢这一表述，但斯图尔特将会支持。

伯格的草案既未推翻也未确认麦克米伦的命令，而是简单地将案件退回，要求他根据判决意见“重新考虑”。让斯图尔特感觉困扰的是草案的论调，即便是有关支持麦克米伦的部分。伯格说麦克米伦的技巧“并非不可接受的工具”。这种双重否定是毫无必要的攻击。首席大法官也对学校董事会“勇敢的作为”大加褒扬，这似乎在支持他们阻挠废除种族隔离的行动。

斯图尔特得出结论，伯格勉强同意了很小范围内的校车接送措施，却削弱了麦克米伦命令的冲击力。如果被公布，这份判决意见毫无疑问会鼓励种族隔离主义者利用联邦法院来削弱已经在南方施行的废除种族隔离政策的命令。它也会妨碍利用联邦法院在北方学校废除种族隔离的努力。“它将意味着完全的倒退。”他告诉他的助理，“这既混乱又愚蠢。”

斯图尔特要求他的助理尽快完成那份研究备忘录。他说：“我希望要着力强调审判法院的救济权力。”

在一个星期内，斯图尔特对其助理的备忘录进行了编辑，并就一部分内容重新调整了其结构。他把这份备忘录送去印刷，只是加上了简单的标题“斯图尔特大法官先生”。他希望这份备忘录就只是一份备忘录而已。有关这份备忘录是一份独立的判决意见、替代草案或者不同意见的任何暗示，都将是对首席大法官的威胁。当这份备忘录草案被从印刷处发回后，斯图尔特对助理说：“我不知道是否应该此时将其传阅。”可就在几天后，斯图尔特让助理将这份备忘录的复印件送去给其他五位大法官——道格拉斯、布伦南、怀特、哈伦和马歇尔。他希望他们会和他有同感。

布伦南不喜欢伯格的草案。布伦南觉得首席大法官侮辱了与会者的才智。首席大法官试图抵制多数意见法官的意志。布伦南对斯图尔特的备忘录也并不完全满意，但是他更愿意将其作为讨论的基础。他鼓励斯图尔特将这份备忘录在整个最高法院内传阅。这样的话，首席大法官至少会在阅后了解其内容。

但是，斯图尔特不情愿以明显会被看作替代草案的备忘录与伯格对峙。斯图尔特宣称：“10 年来，厄尔·沃伦一直指派我撰写那些不重要案件的判决意见，在以后的 15 年里，如果沃伦·伯格也指派我同样的任务就太糟糕了。”

布伦南再次催促斯图尔特将其努力的成果在最高法院内传阅。私下里，他认为斯图尔特太胆小，近乎怯懦，因为他不愿意勇敢面对首席大法官。

道格拉斯、马歇尔和怀特也催促斯图尔特传阅其备忘录。每个人都有反对意见，但又都觉得斯图尔特的备忘录确实比伯格的草案更适合作为协商的基础。

斯图尔特意识到，加上催促他传阅备忘录的四位大法官的投票，他能够形成多数意见。他决定将备忘录发送给其他人，并且还准备了一份仔细斟酌过措辞的附信，指明传阅的只是一份研究备忘录，只不过是其法律助理搜集的一些想法和背景资料。

“他们认为你的草案不错，”斯图尔特告诉他的助理说，“但也别抱太大希望。”

伯格对斯图尔特的备忘录以及附信的反映看起来是积极的。首席大法官告诉斯图尔特，他会将这份备忘录作为另一版草案的基础，并且他马上派他那深受信任的资深助理着手工作。

首席大法官终于传阅了他的第二版草案。整体上看，这一版草案让斯图尔特大失所望。尽管伯格保证在前，但他只是整合了斯图尔特备忘录中很少一部分内容。草案依然充斥着压倒一切的负面语气。“我们可能不得不反对了，”斯图尔特告诉他的助理，“你的东西可能得发表了。”

哈伦冷眼旁观案件的动向。他已经指派助理准备一份详细的相关法律的研究备忘录。他认为，案件的焦点已经演变为联邦法官是否对违宪行为享有足够广泛的权力，以至于有权发布命令，采取像校车接送之类的救济措施。他的研究表明，他们有权采取他们认为必要的任何补救措施。

哈伦将其助理准备的那份厚厚的研究备忘录打印出来，作为对伯格判决意见草案的一系列修改建议呈交。他的封面备忘录语气克制，说明如果伯格稍作修改，其草案是可以被接受的。但是这些修改相当于全部删除首席大法官草案内容，而以篇幅更长的哈伦的备忘录取而代之。

布莱克门也刻意保持低调。这是他就职最高法院后遇到的第一批负有争议的案件。布莱克门深为其在种族问题上的进步观点自豪。毕竟，他曾为第八巡回上诉法院审理的小石城废除种族隔离案撰写过判决意见。但是，他担心麦克米伦的命令会破坏社区学校在社区价值观形成中的作用。

布莱克门仍然认为基本问题在于联邦下级法院法官在处理这些情况时的权限。就布莱克门而言，哈伦的研究已解决了该问题。布莱克门更喜欢斯图尔特的草案，但他不愿意公开反对首席大法官。只要伯格愿意修改他自己的草案，删除关于联邦下级法院作出校车接送命令权力方面含糊不清的内容。

可是，伯格不为所动。伯格坚持认为，布莱克不愿意改变其反对校车接送学童的意见。为了达成共识，其他人不得不妥协。

在这一点上，道格拉斯、布伦南、马歇尔和怀特进行了评估。他们不能接受首席大法官的草案。他们不同程度上愿意选择不同的解决方案。斯图尔特的备忘录也不合乎他们的心意，却为他们提供了对抗伯格的手段。

道格拉斯、布伦南和马歇尔前往斯图尔特的办公室。斯图尔特对此感到相当焦虑，就像过去沃伦法院常举行的核心小组会议一样，五个大法官聚在一起会面就是一个潜在的多数，所以怀特并没受到邀请。斯图尔特强调，他不想持与首席大法官不同的意见。他说其目标就是想让案件讨论会形成一致意见而不是分崩离析。他不希望成为领袖，哪怕是一派的成员。

其他三位大法官试图使斯图尔特放心。只有他可以将他们的投票与怀特、哈伦以及布莱克门的票集结在一起。如果他不想将其草案作为对立意见，至少应担负起与首席大法官协商的责任。

斯图尔特感到压力巨大。但同时他也进行了理性的思考，他正在将自由派拉向一个更加温和的位置，一个更有可能导致真正一致的位置。斯图尔特的助理们看得很清楚，他喜欢作为主要的协商者与首席大法官沟通。

回到办公室里，道格拉斯很忧虑。在这个国家，废除种族隔离的情绪已经到达了顶点。这一次，存在真实发生强烈抵制的威胁。弥漫在伯格草案中的反对校车接送的情绪，不仅会吸引南方的种族隔离主义者，也会吸引相当数量的北方城市的蓝领选民。如果伯格的判决意见以目前的形式呈现出来，就会使尼克松反对校车接送、反对废除种族隔离的政策合法化。

最高法院看上去就像是服务于尼克松意志的工具。

对道格拉斯而言，最高法院的信用、声誉和独立性危在旦夕。一般来讲，他更倾向于公开发布其独立判决意见以阐明其观点，而不是对他的同事作出让步。但这也同样重要。布莱克的背弃以及对伯格付出全部努力显而易见的支持，让道格拉斯不敢确定伯格草案的终稿会是什么样子。任何有意义的替代方案的关键显然是斯图尔特。对道格拉斯而言，斯图尔特的备忘录没有那么糟糕。他处理问题的方式和语气在正确的方向上。但仍然存在一个主要问题。

道格拉斯做了一个决定。他走向斯图尔特的办公室，敲响了那扇由大厅直接通到斯图尔特办公室的门。斯图尔特见到他很惊讶。“我喜欢你的备忘录，”道格拉斯说，“除了一件事，结论。”

在道格拉斯看来，夏洛特地区的小学生是否应当由校车接送的重要性，远不如最高法院如何对待麦克米伦法官所具有的象征意义。支持麦克米伦的逻辑是非常重要的。如果肯定它，每个地区法院的法官都不得不以其判决作为指导，而不仅仅是阅读最高法院的判决意见。这才是道格拉斯想要的。

道格拉斯问斯图尔特，因为麦克米伦命令校车接送小学就推翻其判决，这是绝对必要的吗？道格拉斯提出了替代方案。假设最高院的命令肯定麦克米伦的做法，从而支持以种族平衡作为标准来设计废除种族隔离的方案，但是在判决文本中指出用校车接送年幼学童的困难和顾虑，可行吗？

可以，斯图尔特说。

道格拉斯离开了，斯图尔特命令他的助理变更他的草案，从推翻判决变更为认可。

看到斯图尔特愿意认可麦克米伦的做法，马歇尔很高兴。这至关重要。但是总体来说，马歇尔对斯图尔特的版本仍持强烈的保留意见。首先，该版本几乎和首席大法官的版本一样保守。更糟糕的是，他的草案太明确，律师风格过于明显并且写得过于完美。马歇尔担心，斯图尔特的草案会将最高法院不完全支持麦克米伦的程度表现得过于明确。马歇尔认为，如果最高法院维持麦克米伦的判决，并且在命令之外再附带上伯格准备的那套乱七八糟的东西，就有助于实现已经在南方推行的大规模废除种族隔离的目标。下级法院的法官可能理解不了这份模糊不清的判决意见。他们将不得不阅读麦克米伦的判决意见以寻求指导，以便于了解最高法院认可的判决内容。

当伯格的资深助理在二楼办公室努力工作时，马歇尔的一个助理会经常过来拜访他。马歇尔对伯格的第一个版本草案有很多疑问。

马歇尔本希望该案可以最大程度地废除种族隔离，这是理想化的情况。但他足够现实，认识到不可能通过该案实现全面的改变。所以，他把精力集中在几个有限的目标上。

伯格的草案中存在的一个问题，是法官在设计废除校园种族隔离政策时不应该试图纠正居住区种族隔离的模式。马歇尔认为，如果要对大城市，尤其是北方的学校体制采取具有实质意义的废除种族隔离措施，那才是法官需要权衡的问题。

因此，马歇尔的助理开始对伯格的助理进行游说，想让他把一个隐藏在第二条脚注中的有关居住区种族隔离的讨论移至下一版草案的正文部分。尽管伯格拒绝了马歇尔的其他大部分要求，在这一点上他最后还是让步了。

斯图尔特继续和首席大法官协商。他现在知道他的那份替代草案可能获得至少五位大法官的支持，加上哈伦，那就是有六个支持票。但是争取使伯格转变观点的进展却异常缓慢。斯图尔特终于发现，首席大法官主要关心的是他的文字。他不太在乎在文中哪个位置出现，只要他的语句出现在判决意见中即可。

所以，斯图尔特开始将草案中首席大法官最具破坏性的语句分散开，以便从整体上减弱草案的负面色彩。在伯格原来的草案中间，有一连串句子，表现出对延缓废除种族隔离的支持。为了缓和语气，其中的一句话被删减，增添了斯图尔特草案中的一些语句，同时对伯格草案中的其他内容进行了重新安排。几乎每一个段落都需要长时间的协商。因为斯图尔特想尽可能多地加入其草案中的内容，以冲淡伯格的语言风格，这份判决意见的篇幅几乎扩充到原来的两倍。

布莱克仍然是一个主要的障碍。他蔑视协商，坚持不加入任何提及或者同意通过校车接送实现种族平衡的意见。伯格利用布莱克的不妥协作为其与斯图尔特协商的筹码。伯格解释说，要诱使布莱克加入进来很难。雨果已经作出了很大妥协，其他大法官们也应该相应让步。

在与首席大法官面对面会谈时，斯图尔特几乎无法掩饰他的沮丧。私下里，他知道首席大法官描述的 8∶1 的分裂意见，实际上是 7∶2。作为持少数意见的两名大法官中的一位，首席大法官正在尽其最大努力主导这份判决意见。一名助理抱怨："假设没有布莱克这个人，伯格也会创造一个出来。"

斯图尔特沮丧到了极点。他仍然希望最高法院能够意见一致。如果布莱克坚持自己的意见，那 8∶1 也很接近这个目标了。一旦其他 8 位大法官都同意，那么布莱克的事情可以稍后解决。现在是时候来和伯格摊牌了。他要让首席大法官知道，他希望他改变自己的意见。

布伦南也感到很沮丧。不是他亲自撰写，而是由中立的斯图尔特为自由派交涉，将很难获得一份可以接受的判决意见。斯图尔特的最终草案，即便是修改过，都不足够充分。现在，斯图尔特正在与伯格达成妥协，这让布伦南愈加不满。

显而易见，为了适应多数意见，首席大法官已经偏离了他的真实立场。他想成为执笔人。起初反对校车接送的判决意见，正逐渐演变成至少温和地支持校车接送以及麦克米伦的判决意见。原来的消极强调至少变得中立了，如果还不能说是积极的话。但是貌似首席大法官做得还不够，他现在开始发力了。是时候采取行动了。

布伦南指令他全部的三名法律助理，着手起草一份详尽的备忘录，列出他针对伯格最终草案的反对意见。"这是我的机会，"布伦南告诉他的助理们，"底线要由我来决定。"因为首席大法官想要全体一致，所以布伦南觉得有理由威胁伯格，要像布莱克一样坚持不改变立场。

布伦南的备忘录表明了四个基本观点：

1. 应该明确认可种族平衡是一种可以接受的指导方针，可以据其衡量种族隔离的程度和废除种族隔离方案的有效性。

2. 必须向下级法院明确强调校车接送学童的可接受性和正当性。

3. 必须采取更强硬的立场废除单一种族学校。

4. 为了避免再形成全是白人或全是黑人的学校，每年都要对学校的种族构成进行调整。

布伦南将这份备忘录发给首席大法官和其他大法官。尽管要面对来自各方的强烈反对，首席大法官仍然传阅了另一份草案。草案的论调和大部分内容都与其四个月前的第一版截然不同。

在伯格的最初草案中，他宣布南方地区学校董事会过去在处理废除种族隔离问题上的延误，“现在已不具有相关性”。新草案则声称“地方政府不履行宪法义务的行为”加剧了废除种族隔离问题的严重程度。

首席大法官也在最初版本的草案中宣称，相对于其他类型的侵犯宪法权利的案件，法官在废除学校种族隔离案件中拥有更少的权力。现在，斯图尔特赢得了胜利，新版草案宣布，法官在审理侵犯宪法权利案件中的拥有相同的权力。伯格禁止联邦法官考虑居住区种族隔离问题的那部分内容也被删除了。但是道格拉斯要求法官考虑该问题的建议也没有被采纳。马歇尔的措辞被采纳了，即如果居住区的种族隔离至少在某种程度上是由学校董事会的决定造成的，比如在某些社区关闭或者开设学校，法院在制定废除种族隔离命令时应该“重点考虑”居住区的种族隔离问题。

种族平衡的问题似乎被一分为二了，但基本维持了麦克米伦的意见。这份草案仍然声称宪法并不要求种族平衡。但是，另一方面，草案说明“有限运用数学比例……属于地区法院的自由裁量权”。为防止该信息被误读，草案终稿赞扬了麦克米伦的“忍耐”。

但是，自由派并没有赢得所有的战役。草案中说“少量的单一种族学校”并不一定是非法种族隔离制度的标志。但是存在反对他们的“假设”，而且目标应当是消除这样的学校。

伯格和斯图尔特在另外两个给自由派带来困扰的部分则达成了共识。

根据草案，作出校车接送命令应当考虑学生的年龄。附加在草案最后的一部分内容也明确提出，不需要每年都调整学校的种族比例。这意味着布伦南的建议没有被采纳。

但是就底线问题而言，即废除种族隔离应当达到何种程度，显然是最高法院中的自由派赢了。新草案写道："地区法院法官或者学校当局应当尽其所能，以实现最大程度上的种族隔离的真正废除。"

首席大法官抛弃了之前有关"限制"校车接送学童的字眼。新版草案肯定了麦克米伦的方案，认为方案是"合理、可能并切实可行的"。为了避免惹恼麦克米伦和以汉斯伍兹为首的第四巡回上诉法院，伯格也做出了一个狡猾的妥协。草案中写道，凡是第四巡回上诉法院认可麦克米伦观点的部分，最高法院也都认可。并且，麦克米伦命令中的其他部分，也都得到了认可。所以，尽管没有明确说，第四巡回上诉法院没有支持麦克米伦的部分实际上已经被最高法院推翻。

该命令混合了各方的妥协，新版草案只追求一个目标：它得到了 8 位大法官的支持。

布莱克依然不高兴。是时候了，他决定要坚定地表明其立场。他听取了所有助理的观点，如果不采纳校车接送方案，他前年就要求的"当即"废除种族隔离不可能实现。他不愿接受这样的逻辑。这完全是两回事。

布莱克相信，大规模强制性的校车接送措施将会在南方地区引发一波激烈反抗甚至是暴力抵抗。在过去的 20 年里，他一直都认为白人家长是不会放弃公立学校的。可现在他却认为他们会让孩子上私立学校甚至是教区内的学校。

布莱克给他的同事们发送了一份备忘录。他不赞成任何对强制性校车接送方案持肯定态度的意见。除非其他人默许，同意撤销麦克米伦的校车接送命令，布莱克将提出反对意见。

哈伦怒了。此前的一年情况就已经糟糕透了。在密西西比州废除种族隔离案件中，布莱克就威胁如果不按照他的方式来，那就发表不同判决意见。现在又是故伎重演。这种连续的敲诈企图太可恶了。负隅顽抗的学校董事会会抓住最高法院的任何分歧，面对他们，在学校案件上保持意见统一的传统很重要。哈伦觉得，以此案件作要挟，会贬损布莱克和最高法院的尊严。

布伦南认为，布莱克已经与现实脱节。布莱克希望废除种族隔离，但是作为最高法院里唯一一个南方人，他很难面对不可避免的随之而来的不适和混乱。其他人决定，唯一的行动方向就是接受布莱克可能提出的不同判决意见。8∶1 的判决结果可能也不是那么糟糕。

面对这次失败，布莱克开始重新考虑其立场。他担心发表独立的不同意见对那些残存的种族隔离主义者而言，会成为一个鼓励的信号。毕竟他和首席大法官已经成功避免了完全同意严格的种族平衡政策、取消所有的单一种族学校以及毫无限制的取消接送。实事求是地说，最后的草案会让下级法院法官在针对小学生作出大规模强制性的校车接送命令时再三考虑。

几天后，布莱克给首席大法官发送了一份备忘录。他说："也许现在加入比较安全。"

如此看来，全体意见一致的传统被保住了。但在最后一刻，一个阻碍差点就瓦解了数月的妥协。道格拉斯在另一起校车接送案件［基斯诉科罗拉多州丹佛第一学区（Keyes v. School District No.1，Denver，Colorado）］中传阅了一份不同意见草案。该草案远远超越了措辞谨慎的夏洛特案。其他大法官很快就赶在这份草案引发布莱克或伯格的回应前，说服道格拉斯撤回了草案。

1971 年 4 月 20 日，首席大法官在法官席上宣布了夏洛特案以及附随案件的全体一致的判决。从西海岸到东海岸的各大报纸都以通栏大字标题宣告，最高法院支持校车接送学童。《纽约时报》发表了特别文章，在"新闻人物"栏报道了麦克米伦法官。伯格不能理解，他对朋友说，他以为其判决意见是反对校车接送学童的。

没有过太长时间，最高法院观察家也发现了这份判决意见的内在冲突。受理过很多废除种族隔离案件的第五巡回上诉法院的一位法官对《新闻周刊》说："这里面有很多相互冲突的表述，那就好比两套观点并行其中。"

斯图尔特可以理解那名法官的观点，但是他觉得该判决的冲击力同样不容忽视。最高法院很少会表扬下级法院的法官，并在没有表明其行为是宪法所要求的前提下，特别对其进行肯定。

另外一篇报刊文章引用了内线消息，说该判决意见是由其他大法官的意见拼凑而成的。这让伯格勃然大怒。

布莱克把首席大法官拉到一边，劝他别理这些报道。

后来，伯格与来自各个大法官办公室的助理喝下午茶，其中一个向他询问夏洛特案判决意见自伯格最初的草案到最后的演变过程。"没有多大差别，"伯格回答，"没怎么改。"

哈里斯诉纽约州——对米兰达规则的挑战

随着布莱克门加入最高法院，伯格希望能够在 1970 年庭期期间整理沃伦法院作出的一些刑事判决。在雷尔夫德诉司令官（Relford v. Commandant）一案中，最高法院被要求将 1969 年沃伦法院的判决［奥卡拉汉诉帕克（O'Callahan v. Parker）］赋予溯及力。该裁判要求，当服役人员被指控犯有与服役无关的罪行时，应进行民事审判而不是军事审判。

在圣诞节前那个周五的案件讨论会上，伯格与布莱克门加入了该案原由哈伦、斯图尔特和怀特组成的不同意见阵营，形成了一个新的多数派。新的多数意见既反对判决效力溯及既往，又倾向限制这个判决先例。

哈伦建议，应该更进一步，完全推翻 1969 年的判决。多数阵营中的其他大法官也都有此意。当大法官继续处理其他案件时，哈伦又有了一个想法，他说："推翻判决先例是危险的。"哈伦提出了一个温和的替代方案，区分这两个案件以使前一个案件不受影响。其他持多数意见的法官都表示同意。

另一个在 11 月审理的案件［哈里斯诉纽约州（Harris v. New York）］，对沃伦法院作出的著名的"米兰达案"（Miranda）裁决的适用范围提出了挑战。根据“米兰达案”，警察必须告知被逮捕的人有沉默权和聘请律师的权利。如果警察没有进行警告，那么任何嫌疑犯的陈述都不能当作呈堂证供。

在该未判决案件中，某下级法院在被告庭审中提供的证词与其先前向警察的陈述相矛盾的情况下，对米兰达案的严格命令规定了适用的例外。检察官声称，为挑战被告人的新证词，其先前的陈述在庭审中应当被采纳。

在案件讨论会上，布莱克、道格拉斯、布伦南与马歇尔希望能坚守“米兰达案”判决。基于任何理由允许在法庭上使用这份证词，都会削弱“米兰达案”判决的作用。又一次，伯格与布莱克门加入了对“米兰达案”持不同意见的三位法官，允许在审判中使用这份证词。在伯格看来，新的多数意见希望更进一步否定“米兰达案”的主要内容。

但哈伦再一次重申了他的顾虑，认为他们的步子走得太快了。他希望推翻“米兰达案和其他一些沃伦法院的判决”。但如果因为最高法院成员的变化就废除多年来的判例，那就会成为一个严重的错误。14 年来，哈伦一直通过对沃伦法院判决提出不同意见，来极力倡导遵循先例。他不会放弃这一原则。哈伦投出了第五张票，建议坚持狭义适用“米兰达案”的例外，即仅在该案情况下不适用“米兰达”规则。其他大法官附和。

一天，在口头辩论过程中，哈伦的朋友布莱克靠向他，轻声耳语了一些好消息。哈伦很高兴。布莱克说，他正重新考虑在最具争议的刑法领域，即所谓的“证据排除规则”（exclusionary rule）问题方面的立场。根据该原则，最高法院不止一次判定通过“不合理搜查”获取的证据，不能用作对被搜查人的定罪证据，即便最后的结果是明显有罪的罪犯逍遥法外。始于 1914 年“威克斯诉美国”案（Weeks v. U. S）的这些判决，逐渐确立了所谓的“证据排除规则”。之所以被称为排除规则，是因为通过非法搜查获取的证据，不论是一件武器、一份文件或被偷的财产，都必须排除在刑事审判之外。

这项规则来源于两个理论：第一，唯一能够阻止警察违反宪法第四修正案侵犯公民免受“不合理搜查”保护权利的方法，就是无论他们通过非法渠道获取了何种证据，在审判中都禁止使用；第二，非法获取的证据会污染审判，并且让法院成为警察违法行为的同伙。

听到布莱克正在重新考虑，哈伦觉得很高兴。因为哈伦、怀特、伯格以及布莱克门 4 个人出于不同的考虑，在不同程度上都希望修改“证据排除规则”，布莱克被希望是第五票。哈伦还认为，布莱克是原持多数意见法官中的一员，推翻先例不会有太大问题。

最高法院还受理了一些涉及该规则不同方面问题的案件，可以让布莱克有很多机会修正他的想法。

那些想要修正规则的大法官认为，该规则已经发展成为一系列复杂又令人困惑的要求，与其说是限制警察，不如说是让他们感到困惑。第四修正案禁止“不合理”搜查，但何谓不合理，从来没有被完整定义。这是一个连布莱克都很难按照字面意义解释的词，其含义必须赖以每一位大法官的主观判断。

第四修正案也要求警察必须取得搜查令，并且搜查令只有在存在“正当理由”（probable cause）的情况下才会被颁发，即该搜查将会发现特定物品。可是多年来，最高法院有关必须取得搜查令的要求，批准了很多例外。这些例外允许警察在合法的逮捕行动中，进行没有令状的搜查；在“目之所及”的范围内扣押某些证物。如果被搜查人同意，也可以搜查其身体。因为在警察取得搜查令之前，汽车可能会被开走，所以没有搜查令也能搜索汽车。

自伯格任职上诉法院起，他就一直旗帜鲜明地倡导改变“证据排除规则”。他争论道，无论法庭内外，社会已经为该规则付出了昂贵的代价。因为关键证据在审判时不被采纳，罪犯得以逍遥法外。警察通常都是善意的，只不过在取得搜查令或证实存在“正当理由”方面，犯了技术上的错误。

伯格同意，如果警察确实采取了不当行为，比如非法闯入、进入或刑讯逼供取得证据，就应严格禁止使用该证据。但是，当正在巡逻的警察真诚地相信有人为了实施盗窃行为而勘查某家商店时，伯格赞同警察的行为。那是例行检查，是以预防犯罪为目的的正当执法行为。可是，因为缺乏“正当理由”，在这些情况下因为阻拦或是搜查获取的证据经常被排除。

1964 年，在美国大学发表的一次演讲中，伯格提出了他的观点：“我们好好想一下，如果任何群体为了寻找真相，除了禁止使用反映客观事实的证据别无他法，那这个群体还能被称为一个‘有组织的社区’吗？”这个论证非常符合常理，具有强烈的号召力。为什么以确定事实为目的而设计的审判程序，却要排除最能证明事实真相的证据？

伯格认为应该采取补救措施，比如对那些侵犯宪法权利的警察进行纪律惩戒。但是他也相信，“证据排除法则”对于将来可能发生的警察不当行为基本不具有阻吓作用。涉及第四修正案问题的案件在最终判决前往往要历经数年上诉，而警察通常不能一直追踪跟自己有关的这些案子。如果有罪判决是基于警察的错误行为而被撤销，警察可能根本无法知道原因。

引用前大法官本杰明·N.卡多佐的话，伯格宣称，因为警察犯错误而使罪犯逍遥法外是不合理的。例如，因为警察在申请搜查令时所犯微小错误，就让一名谋杀犯获得自由，这是荒谬的。

虽然布伦南是“证据排除规则”最强列的支持者之一，但对该规则在制止警察滥用职权方面的作用，也逐渐产生了严重的质疑。但是他也想不出有实用性的替代方案。当哈伦告诉布伦南，布莱克正在重新思考自己的立场时，布伦南开始担心。

布莱克一直不是该规则强有力的支持者，但他是最关键的第五票。没有这张票，现在就有机会推翻 1941 年最早要求联邦法院排除非法证据的维克斯案。同样引发强烈反应的，还有一个可能推翻 l961 年的“马普案”[“马普诉俄亥俄州”(Mapp v. Ohio)]的判决。在该案中，沃伦法院判决适用于联邦法院的证据排除规则，必须一并适用于州法院和联邦法院。

布伦南指示其助理，除非存在公然的警察违法行为，不要建议他在涉及第四修正案的案件中投票赞成复审令。因为五票的多数意见，可以驳回任何一个他们想要驳回的案子，投赞成票的风险太高了。存在事实错误的案子可能会将布莱克推向另一阵营，从而消除历经数年才得以形成的多数意见的保护。布伦南告诉他的助理，他们无法承受同意受理仅有“一点点错误”的案件。在清楚布莱克的动向之前，最好小心行事。

马歇尔向其助理传达了同样的信息：有关宪法第四修正案的案件，不要随便同意复审。即使是马歇尔相信警察确实违反美国宪法第四条修正案的案件，他也不会冒这个险同意发出复审令。

即使是对案件结果并不确定的哈伦，也不同意发出调卷令。

布莱克要再重新评估案件的说法很快便在助理间传播开来。伯格过去的言论对助理们的餐厅谣言起到了火上浇油的作用。“马普案没希望了。”一位助理难过地得出这一结论。问题似乎只是基本的联邦规则，即“维克斯案”，能否经受住布莱克的再一次检验。

伯格私下里对布莱克进行游说，鼓励他投下第五票以驳回案件。但是，虽然布莱克不喜欢马普案，他仍不想驳回这个案件。在 1961 年的判决中，他不情愿地加入进去，投下了关键的第五票。因为他深信适用于联邦法院的宪法权利对州法院具有同等的约束力：不管对联邦政府适用何种“证据排除规则”，对州政府同样适用。可问题在于，布莱克从来不确定何种证据排除规则应当适用于联邦政府。

布莱克之所以要再三考虑，一定程度上源于其曾身为检察官以及参议院改革运动调查员的经历。多年来，警察已经成为弱势一方，被指控者的权利已被过度扩张。最高法院必须要考虑日益加剧的犯罪问题，再次评估社会安全需求和被告权利之间的平衡。

布莱克不是反对修改法律。沃伦领导下的最高法院步子迈得太快了。随着犯罪急剧上升，最高法院将整个国家的愤怒都招致自己身上。有关恶性犯罪和暴力犯罪的新闻报道让布莱克震惊。全国对犯罪的恐惧使尼克松当选总统，他利用了这种恐惧。最高法院必须刹车。

与其推翻“马普案”判决，布莱克更愿意列出一张明确的清单，列明何谓合理搜查，何谓不合理搜查，以及证据在什么情况下可以被排除，什么情况下不应被排除。有一件复杂的谋杀案，即“柯立芝诉新罕布什尔州”案（Collidge v. New Hampshire）提供了这样的机会，该案提出了几个与第四修正案有关的主要问题。

1964 年，爱德华·柯立芝（Edward Collidge）因谋杀一名 14 岁少女而被判有罪。他在暴风雪中诱骗少女离家出走，说要给她提供一份看小孩的工作。案件事实让人毛骨悚然。女孩的尸体在 8 天之后大雪融化之际，于高速公路旁被发现。她的喉咙被砍断，头部被枪击中。

警察在没有搜查令的情况下，前往柯立芝家。在他家里，他的妻子交给警察一把手枪，后来被证实就是谋杀时使用的手枪。她还交给警察一些谋杀案发生那天晚上柯立芝穿的衣服。柯立芝被捕后不久，警方再次在没有有效搜查令的情况下，搜查了柯立芝的汽车并清空了车上所有东西。警察发现了与被害女孩尸体相符的尘土以及其他细微颗粒。柯立芝的律师辩称，所有这些证据都应被排除于审判之外。

案件讨论会上，布莱克指出，没有任何证据应该被排除在审判之外。经柯立芝妻子同意发现的证据属正当取得。他还认为搜查汽车也是正当的。

哈伦个人倾向于同意布莱克的意见，但“马普案”束缚了他们。因为“柯立芝案”是州法院审理的案件，所以他宣布除非伯格、布莱克、怀特与布莱克门推翻马普案，使得排除规则不再适用于各州，否则他不会加入他们的意见。这是唯一符合逻辑的做法。

布莱克拒绝了。他仅仅是不想推翻马普案判决。

哈伦于是试探性地暂时将票投给道格拉斯、布伦南、斯图尔特和马歇尔，主张排除这些证据。这样一来，尽管有五位大法官认为对其不利的证据应该被采用，柯立芝仍将会接受一次新的审判，并有可能被无罪开释。

哈伦反对在不推翻马普案判决的前提下简单篡改歪曲排除规则，这让布莱克很恼怒。他指责哈伦允许最高法院放纵职业罪犯危害社会，却免受惩罚。[①]

布莱克的激烈态度伤害了哈伦的感情。哈伦考虑在判决意见中表达他的这种失望，但还是决定不这样做。哈伦说在他看到判决意见草案前，其投票仍将是暂时性的。

其他大法官看得很清楚，一旦布莱克与哈伦找到共同点，不论是简单地推翻马普案判决，或是彻底修改排除规则，他们将与伯格、怀特、布莱克门形成新的多数意见。为了避免这种状况发生，多数派中的资深大法官

① 布莱克后来在惠特利诉沃登案（Whitely v. Warden）中公开发表了这些观点。哈伦草拟了反驳意见，但并未公开发表，因为他不想公开攻击布莱克。

道格拉斯指派斯图尔特撰写判决意见。他的观点与哈伦最为接近。

但斯图尔特自己对搜查汽车的问题的立场尚不明确。他让他的助理就这一问题进行研究，这位助理有关汽车搜查形成了一套理论。在警察无意中发现汽车或执行现场逮捕的情况下，搜查令不是必需的。但是当他们执行逮捕时预期会发现该车时，他们应该花时间取得有效的搜查令。

怀特认为该理论很荒唐，他撰写了一份冗长的不同意见。他质疑道，为什么仅仅因为警察预期到会发现该证据就应将其排除。此外，该案中并未显示出警察会预期到在那里发现这辆汽车。更令怀特烦恼的是，斯图尔特显然很愿意破坏怀特曾在上一庭期为其撰写判决意见的一个案件［钱伯斯诉马罗尼案（Chambers v. Maroney）］，虽然他没有明确这样说。该案认为，警察在执行逮捕时，应当被允许扣押他们目之所及发现的任何东西。而汽车当然是在目之所及范围内。

哈伦发给斯图尔特一份备忘录。他认为怀特的不同意见很有说服力。他觉得他不能同意斯图尔特意见的那部分内容。紧接着，他打电话给斯图尔特。也许最高法院是时候对整个排除规则以及第四修正案所有衍生问题重新思考了。也许，在处理这个案件时就可以做这件事。

斯图尔特能够意识到支持他的多数派成员在流失。斯图尔特鼓励助理针对怀特的观点撰写了一份措辞强烈的批评意见。这引发了两个大法官办公室为赢得哈伦的选票展开了一场脚注大战。在斯图尔特的草案中，脚注的数量成倍增加，达到了 40 个。

斯图尔特的助理也特别增加设置了一部分内容以赢回哈伦。他将论述建立在哈伦所关注的问题上，即最高法院必须要持谨慎态度，不能对第四修正案的令状要求规定太多例外。如果像怀特建议的那样，善良动机和正当理由是进行有效搜索的唯一标准，那搜查令状就没有必要申请了。宪法第四修正案有关特定令状的要求将会无效。

当斯图尔特的新草案到达哈伦办公室的时候，他把它带回家阅读。第二条早晨，哈伦像往常一样穿过他助理的办公室走进他自己的办公室。“早安，小伙子们，”他轻快地说，“我昨晚读了斯图尔特的草案，那份判决意见还不错。”事情就是这样。哈伦希望加入那份意见的关键部分。

然后，突然之间，自由派那边又给斯图尔特制造麻烦了。布伦南针对斯图尔特意见中支持在妻子同意前提下可以搜查住房的部分，撰写了一份不同意见。有关犯罪嫌疑人之外的其他人能否同意警察进行搜查的问题，最高法院一直没有完全解决。斯图尔特希望允许柯立芝妻子提供的证据可以在任何新审判中被使用。因为这份证据中包括凶器，对柯立芝进行的新审判的结果仍可能是有罪判决。

通过对记录进行研究，哈伦的助理发现，有迹象表明警察曾经威胁和强迫柯立芝的妻子与警察合作。因此，警察、检察官以及法官很可能从这份判决意见中得出结论，为了取得他们对搜查的同意，恐吓非犯罪嫌疑人是可以被接受的。

助理决定，解决问题的方法是扭曲草案中的事实。他撰写的草案声明："就（警官）而言，没有做出最微小的暗示，表明他们试图强迫或控制她，或是曾经运用在这种情况下警察可以运用的更微妙的技巧提出建议，以指挥她的行为。"

斯图尔特借用了这个方法。通过这种方式，警察与检察官就会知道，只有在自愿配合的前提下，他们才能够进行搜查。

但是，布伦南的一位助理也注意到了对柯立芝妻子所进行的恐吓与强迫。他准备了一份不同意见，指出了斯图尔特草案对事实的严重歪曲。当斯图尔特的助理了解到此事后，他认识到如果布伦南的不同意见被传阅，可能会获得道格拉斯与马歇尔的投票，并使斯图尔特有关该部分意见的观点不再是多数意见。斯图尔特的助理恳求布伦南的助理，劝布伦南对这个问题不要声张。

布伦南同意了，毕竟用一份尖锐的相互指责的不同意见挑起事端，可能会导致更糟的解决方案。

怀特以一份备忘录对案件讨论会进行了回应。他对于柯立芝案以及另一个有关排除规则案件的结果感到不满。斯图尔特的意见并没有解决任何问题。他希望该问题被推迟到明年，在其他案件中进行讨论。

伯格在同一天回复了怀特的备忘录。他同意怀特的许多观点，并希望这些案子被重新讨论。“然而，我有以下的建议：为了要协调各种不同意见，我们按照以下思路提出需要重新讨论的问题：（1）马普诉俄亥俄州案是否应该被推翻？（2）如果不推翻马普诉俄亥俄州案判决，是否应缩小排除规则的适用范围，以便将该规则的适用与违宪行为的本质联系起来。我在任何情况下都不固执于问题的定义。”

在下一次案件讨论会上，拥有关键一票的哈伦说，柯立芝案并不是修改排除法则的合适案件。该案事实无可救药得复杂。他们应该摆脱柯立芝案，寻找一个更好的案件进行检验。在该案中他将继续支持斯图尔特。斯图尔特的多数判决在 6 月 21 日被宣布。

庭期结束时，排除规则和美国宪法第四修正案在很大程度上仍与庭期开始时一样，毫无进展。

怀曼诉詹姆斯案

布莱克门在调整自己适应最高法院的要求的问题上并不轻松。在第八巡回上诉法院任职时，他只让他的助理作一些日常的研究工作。在最高法院，一开始他也用相同的方式使用助理，但是很快就稍微扩大了助理的任务。有一次，他要求一个助理研究管辖权问题，并且像以往的惯例一样，以布莱克门的名义传阅。这份备忘录刚刚离开布莱克门手中，他就收到来自道格拉斯的态度强烈的回应。道格拉斯对这份法律研究进行了严厉批评，因为几个要点问题被明显忽略了。道格拉斯的备忘录，简直就是对布莱克门的羞辱。

布莱克门感到屈辱，他认识到道格拉斯是正确的。他发誓再也不会让其助理做这样的事，以至于让他在同事面前蒙羞。他的助理又只能做些常规性工作了，并且布莱克门会仔细检查他们的工作。

最初几个星期的言辞辩论过去后，伯格发给雨果·布莱克一份便笺，说他曾经听说，依照传统，新任职的大法官可以挑选他初次撰写的多数判决意见。布莱克解释道，这是对新任大法官的优待，以使他避开有争议的判决，确保在完成第一次工作时，撰写一份简单的、全体一致的判决意见。

首席大法官说，他推迟完成这项任务，直到他与布莱克门谈话之后。

全体一致是标准，伯格与布莱克门没有很大的选择范围。最初几个星期辩论的多数案件，大家争执激烈。所以布莱克门最终决定选择怀曼诉詹姆斯（Wyman v. James）案。该案提出了这样一个问题，即社会福利官员在检查接受福利救济者的家时，是否需要搜查令状。他自己亲自进行研究，仔细检查了审判记录。他的结论是，对拒绝接受福利官员入户检查的人，福利官员有权减少其福利。布莱克门将福利救济金比作私人慈善捐款，他写道，公众“完全可以期待”得到保证，他们的投资以恰当的方式被花掉。布莱克门在记录中发现一些证据，表明一位受领救济金的母亲虐待她两岁大的孩子。他在脚注中写道：“有迹象说明，幼儿莫里斯的各种状况都不好（头盖骨骨折，手上有一个小凹痕，一个有可能被老鼠咬过的伤痕）。照片里的孩子伤心并且不快乐。”当然，搜查是有正当理由的。

布莱克门得出结论，如果已经发出社会工作者将要访问的适当通知，就不需要申请搜查令。如果接受福利救济者不同意进行搜查，他们应放弃福利利益。社会工作者不是警方，他们进入受访者家中是为了给予帮助，而非进行调查。

道格拉斯首先提出尖锐的不同意见，接着是布伦南会同马歇尔又加入进来。道格拉斯认为布莱克门的判决意见很让人惊讶。马歇尔指出，最高法院的先前判决主张，防火检查员和住屋调查者在没有搜查令的情况下，不能要求搜查企业的权利。他指责道，多数意见为中上阶层设置了一个反对搜查的保护标准，而对于“地位低下的穷人”设置了另外一个保护不到位的标准。

但是，持不同意见者没能从布莱克门那里撬来足够的选票，因而无法改变布莱克门的多数地位。斯图尔特不满意，但这是布莱克门第一次主笔判决意见，他希望加入。布莱克不能理解这份判决意见，但是他也选择勉强同意。他告诉助理们，布莱克门“将来回明白的”。

传统上，在庭期进行期间，超过 24 位的最高法院法律助理会与每一位大法官集体共进一次午餐。当布莱克门的助理收到邀请时，他们感到惴惴不安。因福利案的判决意见，布莱克门的每个助理都受到了指责，而且他们知道其他助理同事会在午餐上向他们的老板询问这个问题。

布伦南的一个助理首当其冲，他提及，某法学院教授打算在一门名为“是否最高法院已脱离现实”的课程上，采用布莱克门的判决意见。这名助理问布莱克门，如何能够证明其判决意见的正当性?

布莱克门解释道，无论如何，该名妇女不具备领取社会救济金的资格。他引用了其判决意见中的一个脚注。在脚注中，他这样写道：该案件相关记录显示，此妇女不符合领取社会救济金的资格要求，并且对社会工作者态度恶劣，不愿意合作，逃避甚至是好斗的。

整个房间瞬间爆发。许多助理都不敢相信，布莱克门似乎当自己仍身处下级法院，在对一个单一案件做出判决。难道他没有认识到他正在制定这个国家的法律，在创制先例吗？布莱克门的助理们感到很尴尬。显而易见，如果这名受领者不具备领取救济金的资格，当初就没有必要撰写这份创制先例的判决了。这是基本常识。

但更重要的是，布莱克门似乎经常会因陷入犹豫不决而不做任何决定。在有些案件中，当其投票摇摆不定时，问题最为严重。

该庭期早些时候，一天，当哈伦离开法官座椅时，他无意中听见布伦南正与布莱克门讨论一件重要案件［“扬格诉哈里斯等”（Younger v. Harris et.al）］。这件案子已连续推迟三年，因为对联邦法院是否拥有介入州法院诉讼程序权力的问题，案件讨论会一直僵持不下。哈伦对私下游说感到不安，他开玩笑似的向布伦南建议：“我们为什么不让哈里自己考虑这些事情，我们回去做自己的工作。”

布莱克也对布莱克门感到担心。他对助理说：“如果他不学会做决定，那么总有一天他会自寻死路。”布莱克想要帮助他，他偶尔会沿着大厅闲逛，走到布莱克门的办公室鼓励他。有一次，布莱克说：“现在，哈里，你不能只是挣扎烦恼，你必须要投出一票。”

但是布莱克门依然沉重地缓慢前行，夜以继日地工作，想掌握每件案子的记录，并且阅读每个特定领域的所有的最高法院先前判决。布莱克觉得，布莱克门是一叶障目，不见森林。在某个案件中，布莱克投票加入了布莱克门的反对意见。他走过去，想看看布莱克门在做什么。他发现他的同事像往常一样在工作，成堆的法律书籍铺得到处都是。布莱克查看了他的工作。“是应该这样做，哈里，”布莱克说，“直接击中要害，直接击中要害。”

对布莱克门而言，长期的拖延会使其处于战略性的不利处境。当他努力要整理出他的观点时，其他大法官已经提出他们的观点，并且继续处理新的案子了。他的影响微乎其微。当他刚来时，布莱克门警告伯格，其他人会将他们两人的家乡圣保罗市（St. Paul）与明尼阿波利斯（Minneapolis）双子城棒球队的标签贴在他们身上，称他俩“明尼苏达双胞胎”。他们半年中一直都投相同的票。半年后，布莱克门的预言成真。他只是很惊讶，这竟然花了这么长的时间。

但这仍然惹恼了他，因为显而易见，首席大法官是双胞胎中起支配作用的那个。其中隐含的意思是，布莱克门并没有自己的审判能力。但是，这一事实依然得以维持。他和伯格两人在最高法院判决的前 50 件案子里，只有两次处于对立的立场。在紧要关头，他似乎从来不曾反对过首席大法官。在助理之间，布莱克门有另一个名字——“裤子后袋里的哈里”。他们觉得，伯格不仅能控制自己的投票，也能控制布莱克门的那张票。

伯格的形象

伯格对自己“保守派”的公众形象感到郁闷。媒体总喜欢为大法官们贴上保守派、自由派或温和派的标签。伯格认为这是可以理解的。多数人都需要简称，因为他们不阅读判决意见，也不研究最高法院。但这一标签具有误导性，这有失公允。他认为自己不是保守分子。但是，媒体赋予了他这样的角色，将他与他们的英雄——厄尔·沃伦作对照，这对伯格非常不利。伯格认为自己是温和派。沃伦曾经是个“激进分子”。伯格决心要纠正他的形象，要与自由派投相同的票，撰写一些“自由主义”的判决意见。伯格向助理透露，这会让媒体上那些贬低自由派的人感到困惑。

在格里格斯诉杜克电力公司（Griggs v. Duke Power Co.）案中，杜克电力公司中一群来自北卡罗来纳州的劳工对公司提出抗议，因为公司要求，为了从劳工晋升为收入较高的煤矿工人的职位，他们应具有高中文凭并且要通过智力测验。工人们指控，这种测验就是一种对黑人的歧视。他们在下级法院输了官司，请求最高法院进行复审。伯格已经将他们的调卷令申请列入了“死亡名单”，他认为该名单上的申诉案甚至不用提交案件讨论会考虑。任何一位大法官都可以从死亡名单上移除一个案件，提交案件讨论会讨论。但是经过案件讨论仍保留在死亡名单上的案件，会被自动驳回。

尽管布伦南应该退出该案，因为他曾经代表这个公司，但是他请斯图尔特从死亡名单上移除了这起案件。布伦南希望会对其先前客户不利。经过讨论，该案调卷令被批准，也经过了言辞辩论的审理。黑人劳工们最后赢了。

首席大法官指派自己撰写判决意见。他的一位助理实际上承担了所有的法律研究和起草工作。伯格的草案让斯图尔特大吃一惊。这份草案写得相当好，推理一流。但是，判决意见笼统的语言还是让他感到震惊。伯格写道：“如果雇用过程中排除黑人，并且没有证据表明这与其工作表现相关，就应当被禁止。”

下级法院已经发现，该公司进行测试并非有意歧视黑人。但伯格说，主观意图不具有相关性——善意抑或欠缺歧视的故意，并不能弥补雇用程序或是测试机制运作过程中对少数群体“内在的不利”。全国有色人种促进会（N.A.A.C.P）的律师以及自由派媒体都赞赏这个全体一致的判决，伯格为此感到骄傲。

该庭期晚些时候，在一起性别歧视案件中［飞利浦诉马林·玛丽塔（Phillips V. Marin Marietta）］，伯格希望能够做出对拒绝雇用有学龄前子女妇女的公司有利的判决。他强烈支持该公司的政策。他告诉助理：“我永远不会雇用一个女助理。”一个女人必须要在晚上 6 点钟离开办公室回家为她的丈夫做饭。他告诉他们，1956 年他任职上诉法院时的第一个助理是女性。结果一点儿也不美妙。就他而言，雇主可以以任何理由解雇他们想要解雇的任何人。这是老板的特权。

当有人提出，其立场无异于宣称部分民权法案是违宪时，伯格愤怒地结束了这个讨论。他不想就法律细节进行辩论。他的经验告诉他，有年幼孩子的女性和男性承担同样的工作，无法像男性一样出色。雇主没有越权。

但是，在案件讨论会上，多数人投了相反的票。伯格回到办公室，宣布他想起草一份不署名的法院共同判决（per curiam）意见，判决除非这家公司能够表明，相对于男性而言，家庭责任和工作表现之间的冲突对女性的影响比男性更为突出，否则这家公司将会输掉这个官司。“我最大程度只能做到这样。”伯格告诉他那些惊讶不已的助理们。该判决成为伯格法院另一个自由主义判决。

一个月后，伯格告诉他的助理，他打算投票支持州法院的一个判决。该判决命令某社区团体停止在一位房地产中介商的房子附近聚集抗议［奥斯汀改善组织诉基夫（Organization for a better Austin v. Keefe）］。该组织曾经在这位中介商家附近散发传单，指控他在他们数英里之外的住家附近“制造抛售风潮”。伯格告诉助理：“一个人的家就是他的城堡。”不应该在房产中介商家附近聚集抗议。但在讨论会之后，他又告诉他的助理，他将会写一份判决意见，驳回州法院的命令，并且允许这个团体继续抗议。他现在说，禁止聚集抗议的命令侵犯了该团体根据美国宪法第一修正案享有的言论自由以及和平集会的权利。

伯格经常针对下周计划出台的判决意见，写下简短的不同意见或协同意见。这些简短的判决意见是他的本能反应，通常带有愤怒的色彩。它们表达了他的是非观和有关常识的看法，这才是他真正的政治哲学。他将其称之为“小鲷鱼”。

伯格的助理经常要求编辑这些意见，政治和道德主张会被用法律语言改写，或者被装进“司法谦抑”“严格解释主义”“州权利”等术语中。

几天以后，等情绪平复了，伯格经常会重新思考这些意见。“我对此不是认真的，”他会轻快地说，“你们还没把那意见付印，对吧？”

马萨诸塞州诉莱尔德案——反对越战

1971 年 2 月，在他 85 岁生日前两天的新闻发布会上，雨果·布莱克告诉记者："是否要退休，我还没做打算。"这种问题越来越频繁地被问到。这是布莱克在最高法院任职的第 33 年。只有四位大法官的任期比他长。

私下里，布莱克对退休和死亡的问题给予了充分的考虑。上一庭期，当他聘用新助理的时候，他对其中的一名申请者说："你必须意识到，我可能会死去，也可能会退休。如果你冒着这些风险仍然希望得到这一职位，这份工作就是你的了。"

当庭期进入春天后，布莱克的健康状况恶化了。令人痛苦不堪的头痛经常折磨他。他不得不经常服用阿司匹林和止痛药，但药物令他嗜睡，他更加频繁地打瞌睡。要和他讨论事情已经变得相当困难。他会揪住过去的事件不放，并且开始回忆。他的助理们时常无法将对话引向当前的话题。布莱克开始在案件讨论会上犯错。他会变得疲惫不堪、头脑不清、记不起现在正在讨论哪个案件。为了适应他，伯格会建议讨论会提早结束。但是，布莱克会坚决拒绝。

布莱克偶尔会持尖锐的反对意见。在审理从上一庭期延迟下来的一起康涅狄格州离婚案件［博迪诉康涅狄格州（Boddie v. Connecticut）］时，哈伦执笔的多数意见出台后，布莱克发现他是唯一的反对者。当尼克松的严格解释主义者伯格与布莱克门冷冷地看向前方时，布莱克在法官席上问："这是严格的宪法解释吗？""如果在最高法院的历史上，曾经对宪法有过较宽松的解释，那我也想不起那是什么了。"

有一次，布莱克在法官席上读到一份有关搜查令案件的不同的判决意见［怀特利诉沃登（Whitely v. Warden）］。判决意见中，哈伦写道，搜查令必须基于正当理由签发，而不是仅依据警长曾经对另一个人说了什么。布莱克持续抱怨了好几分钟，谴责哈伦和多数派，说他们撰写的判决"是要让许多好人相信，最高法院扭曲正义并从中获得享受，毫无必要地让职业罪犯逍遥法外去危害社会。"

后来，哈伦难过地告诉他的助理，他希望"布莱克从来没做过这些"。

但是，尽管布莱克身体有恙，他依然有精力让最高法院按照他的方式运转。在一起案件中［联合运输工会诉密歇根州律师协会（United Transportation Union v. State Bar of Michigan）］，哈伦传阅了一份明显是多数意见的判决意见，支持限制工会对其成员提供法律服务。布莱克撰写了一份尖锐的不同意见，争论说任何对工会的限制都违反美国宪法第一修正案。

将这份不同意见交给印刷处之后，布莱克离开与他的一位助理共进午餐。当他们走下大厅时，他们与哈伦擦身而过。“约翰，”他说，“今天下午，我有一张可爱的充满爱意的便条送给你。”最后，布莱克以其观点赢得了多数。

自 1966 年起，道格拉斯一直督促最高法院关注越战案件［米歇尔诉美国政府（Mitchell v.U.S.）］。道格拉斯强烈地意识到，越战与其他美国战争不同，它是一场侵略战争。但最高法院对这个话题不感兴趣。

1967 年，道格拉斯获得第二张支持票，就是斯图尔特的票。他也同意受理有关 1964 年的东京湾决议是否可以等同于国会授权发动战争的一起案件［摩拉诉麦克纳马拉案（Mora v. McNamara）］。但是，还不够足以批准调卷令并把越战相关案件带进最高法院的 4 票。

现在，1970 年，道格拉斯发现一个新的机会［马萨诸塞州诉莱尔德（Massachusetts v. Laird）］。公开的反战温床马萨诸塞州联邦已经通过一项法律，表明不得要求公民在海外的战争服役，除非这战争是合宪法的，即由总统授权或由国会明确宣战。因为该州已经利用该案反对美国政府，所以最高法院可以直接受理该案。应该由最高法院决定是否允许该州提该诉讼。

道格拉斯撰写了一份备忘录，承认最高法院不能也不应该对国家是否应该“在中南半岛发动一场战争”的问题发表意见，但是最高法院应该要对“行政部门能否在没有国会授权的情况下宣战”的问题发表意见。斯图尔特很快表明，他愿意投票受理该案。他们需要另外两张票。

表面上，雨果 · 布莱克看上去喜欢一个自然的结盟。布莱克本质上是和平主义者，在珍珠港事件爆发前他一直反对二战；在整个朝鲜战争期间他也均持反对态度；从一开始，他就反对越战。他认为最高法院并没有很好地处理战争问题。二战期间，有 8 位具有德国血统的美国居民被发现企图进行破坏活动，大法官伪称他们不受任何宪法保障。其中 6 人最后被判死刑。在战争相关事务上，最高法院放弃了权力，让总统与军方自治。布莱克曾说：“在最高法院掌控的情况下，根本无法发动战争。”他仍然为他自己 1944 年撰写的判决意见辩护，该意见支持强行重新安置在美国西岸的日裔美国人。但是几年之后，他在为自己辩护时明显少了许多热情。

每天晚上，当他在电视里观看越战新闻时，这些毫无理性的屠杀让他更加痛苦。“浪费，一场错误，”布莱克痛心疾首，“我们将为此付出高昂代价。现在看上去是英雄事迹，等到死亡名单出来时再看吧。”

但布莱克并不希望参与马萨诸塞州的案子。是否应相信国会意图授权发动越战，或者总统是否行使个人职权发动战争，在布莱克看来，任何一种情况下，该决定都是“政治性决定”，应该由另一个具有同等权力的政府部门决定。传统上，最高法院不干预对外政策、战争权力和国家安全事务。宪法赋予国会宣布战争的权力，赋予总统发动战争的权力。在这一领域，最高法院不承担任何角色。

布莱克说，如果应当抨击这场战争，应该是由国会来抨击，而非最高法院。而且，如果他还在参议院，他就会带头提出指责。但他知道，即使最高法院想着手处理该问题，最多也就是道格拉斯、布伦南、他自己，可能还有斯图尔特会投反对票。可以肯定，伯格、哈伦和布莱克门会支持尼克松政府。在布莱克看来，怀特这位经肯尼迪提拔的大法官以及马歇尔这位经约翰逊提拔的大法官，都与其他的鹰派人士一样，支持他们先前老板各自的战争政策。

虽然道格拉斯不同意布莱克拒绝受理马州案子的逻辑，但他可以理解。然而，对于布伦南的立场，道格拉斯更感到愤愤不平。布伦南认为，只有在国会明确反对战争但总统坚持要发动战争的情况下，最高法院才能够着手处理类似战争这样的“政治问题”。布伦南说，只要国会不采取行动，最高法院就什么也不能做。否则，最高法院最后是在处理道德问题而非法律问题，最高法院会丧失其公信力。这激怒了道格拉斯。

道格拉斯回忆起，7 年前，当厄尔·沃伦在身边可以给予布伦南指导与信心时，布伦南曾经愿意在政治问题上改变其原则。在最高法院解决该由谁选出国会议员以及州立法机构成员问题时——这在以前被认为是“政治性”问题，布伦南曾经执笔了第一起关于“一人一票”立法权再分配的案件［贝克诉卡尔（Baker v. Carr）］，布伦南曾站在多数一边，那时最高法院提出的问题，这在以前被认为是很“政治性”的议题。现在，布伦南却不愿意在战争问题上投下他的良心票。这让道格拉斯很生气。

尽管道格拉斯对布伦南的立场感到愤懑，他仍然很坚定，最高法院应该受理马萨诸塞州的案件。令他惊奇的是，他从约翰·哈伦那里获得了支持该案的第三张票。

哈伦自然不是一位和平主义者。二战时，他曾指挥第八陆军战略性轰炸集团。在此期间，他与战友建立起了同志之情。对此，他拥有一段美好的回忆。但他认为，这场战争有所不同。有些地方出现了严重错误，而且错误出现在高层。“我们需要的是来自白宫的道德领袖，”他说，“现在这样的道德领袖还没有出现。”①

但除此之外，哈伦认为最高法院至少应该举行辩论，明确其是否可以对马萨诸塞州案提出的那类问题做出决定。道格拉斯的论点是，最高院不对战争的合宪性做出裁决，实际上是在认可一套新的宪法模式：只要国会提供资金，总统就可以发动未经宣布的战争。哈伦不确定他将如何针对终极问题投票。但是至少目前最高法院采取的立场是，个人纳税人、被征召入伍的人和军人并无资格涉及战争问题在诉讼中挑战政府。哈伦沉思，如果连州都没有资格，那么谁会有呢？他投票受理这件案子。

道格拉斯力争使最高法院受理战争相关的案件的努力依然没有进展。一个月来，他在一个又一个的案件讨论会上说明这一问题。最后，承认不会有第四张支持票后，道格拉斯放弃了。11月，他交印了一份备忘录，

① 哈伦担心，与行政机构的联系以及向其作出的最细微的手势都会被认为是认可的表示，所以他拒绝在总统大选（或其他任何选举）中投票，也从不在总统的国情咨文演讲中鼓掌。最高院有个传统，每年新庭期开始之际，大法官们会头戴高帽，身着燕尾服到白宫拜访总统以示尊敬。1967年，哈伦拒绝遵循这一传统。约翰逊一直将那时的福塔斯大法官作为主要的咨询顾问，经常在其办公室通过红色的“热线”给福塔斯打电话，有关战争问题寻求其帮助。为了参加白宫会议，福塔斯甚至缺席案件讨论会。哈伦劝说其他大法官取消拜访总统的惯例，以免约翰逊也利用他们使其战争合法化。

不同意拒绝签发调卷令。

科恩诉加利福尼亚州案——反对征兵

哈伦投票支持审理马萨诸塞州案，但并非支持审理战争合宪性问题。他倾向于将这一疑问交由他认为掌管国家安全设施的人决定。经过筛选到达最高法院的许多反战抗议案件都涉及非暴力反抗。像布莱克一样，哈伦不同情这些破坏性策略活动。

但有一起案件确实让哈伦感到困扰 [拉第许诉纽约州（Radish v. New York）]。一位曼哈顿中心区画廊的经营者，因为以“淫荡、粗俗、不敬的方式”挂美国国旗而被判有罪。这些国旗其实是 13 座印象派雕塑，每一件雕塑都将美国国旗描述为男人的阳具。对哈伦而言，这些雕塑明显应受宪法第一修正案言论自由权利的保障。他推测这是反战的表示。哈伦建议应受理该案并推翻有罪判决。但出乎他意料，其他大法官对受理该案都不感兴趣。道格拉斯申请回避，因为在弹劾案中为他辩护的律所是这家画廊经理的代理人。

哈伦要求推迟一个星期做出判决，以便他能够传阅备忘录。他不太习惯针对拒绝签发调卷令而撰写不同意见判决。将最高法院的分歧公之于众并不是他的风格。但这起案件是个例外。他让一个助理准备一份措辞强硬的备忘录，指出该案“明显”存在实体问题。这一策略奏效了。布伦南、斯图尔特和马歇尔加入了他，同意发出调卷令。

但哈伦知道，这种情况下仍然会输。还少第五张票。言辞辩论后，投票结果是 4∶4。根据传统，投票相当情况下，有罪判决会被维持，无须出具判决意见。

哈伦对宪法第一修正案的理解，并非总是如此扩张性的。一位年轻的反战抗议者保罗 · 科恩（Paul Cohen），曾经因为穿着一件背后写有“去他妈的征兵！”的夹克扰乱治安，被判决入狱 30 天。哈伦说这起案件 [科恩诉加利福尼亚州（Cohen v. California）]“微不足道”。

当他们第一次同意对该案发布调卷令时，布莱克强烈反对哈伦。他对宪法第一修正案的理解是狭义的文本解释：“国会不得制定法律……限制言论自由。”

在 1959 年的一份判决意见中［史密斯诉加州（Smith v. California）]，他强调说：“‘不得制定法律……限制’，我的理解是，不得制定限制（某种权利）的法律。”

布莱克觉得对科恩的判决实在让人难以接受，因此他坚持最高法院甚至无须进行言辞辩论，就应立即撤销有罪判决。哈伦的强烈反对阻止了判决未经言辞辩论即被撤销，他不情愿地同意对该案进行言辞辩论。

而许多助理认识到该案具有象征意义的重要性。反对越战的情绪达到顶峰。许多助理反对这场战争，并且，对他们与像最高法院这样的机构签约一年，他们感到内疚。大多数人同意科恩夹克上流露出来的情绪，并且利用这样或那样的方式使自己免于服兵役。在投票选举一场午餐问答的邀请对象时，得票最高的人选之一，就是那位直言不讳的积极反战分子，女演员简·芳达（Jane Fonda）。

反战运动成了助理文化的一部分，而反战标语成为他们政治主张的一部分。用来谴责越南战争和征兵的猥亵言语是重要的政治表述。显而易见，如果宪法第一修正案保护任何形式的言论，它也应保护政治言论。有时候也需要粗俗、令人不能接受的表述。“去他妈的征兵！”也不算是最极端的例子。一些助理相信，对科恩不利的判决，实质上就是禁止在反战运动的夹克或海报上使用“去他妈的征兵！”这句话。该判决可能会有更深远的后果。全国各地的警察正在寻找理由，以打击因战争引发的激进主义。

在斯图尔特的办公室里，助理们觉得最高法院似乎是说粗俗的反战抗议并不受言论自由的保障。国旗雕塑和夹克上的口号都应该被禁止。最高法院太脱离现实了，并且，可能也远离了宪法。其中一个助理做了一片反应上述主题的布块，贴在他西服外套的背部。上面写着“去他妈的国旗”。他在办公室里持续几个小时都穿着这件外套，而后决定不继续在最高法院自己的大楼里测试其对政治言论的容忍度。

在 2 月 22 日举行的言辞辩论中，首席大法官试图暗示科恩的律师，不要在法庭里使用那个粗鄙的口号。“……如果准备好了，你可以开始。”伯格说，“……最高法院完全熟悉该案的事实背景，你不必再详述案件事实了。”

可是，科恩的律师，代表美国公民自由联盟（A. C. L. U）出庭的梅尔维尔·尼姆尔（Melville B. Nimmer）认为，如果他连一次也没有提到那个词，就会输掉官司。不念出那个词语就等于承认这个词语是或者应该是不能说出口的。

“在首席大法官先生的建议下，”律师回应道，“我当然让事实陈述非常简短……这位年轻人所做的，是穿过法院的走廊时……穿着一件上面写有‘去他妈的征兵！’字眼的夹克。”

在接下来的言辞辩论中，首席大法官的恼怒非常明显地表现在他的语气里。大法官们在质问律师时，避免使用“去他妈的”这个词，而是用“那个词”取而代之。

哈伦最享受的惯例，就是周四下午与他的助理们坐在一起，回顾那一周辩论过的案件，以为周五的案件讨论会作准备。2月25日的那个下午，被他指派负责“去他的征兵！”案的助理详细评析了案件的细节。他指出，根据哈伦先前的意见，这句口号明显应受第一修正案的保护。科恩被判有罪是因为他夹克上信息的内容，是因为他反对这场战争，而不是因为某些破坏性行为。

对哈伦，以及除了道格拉斯、布莱克之外所有的哈伦的同事而言，受到第一修正案保护的言论自由存在很多例外。助理从上到下审视了这份清单，向哈伦保证，该案不涉及任何一种例外情形。

这句话在倡导暴乱行为，即推翻政府或是阻挠征兵吗？不是，它只是传达了科恩对战争和征兵的观点。

这句话会马上让旁观者陷入危险吗？比如在拥挤的剧院里高喊：“失火了！”不，当然不是。

这句话是在煽动破坏行为吗？没有。法院里唯一一个明显被这句话困扰的人是负责逮捕的警员。

这句话是所谓的“容易挑起争端的话”，即会激起旁观者激烈的暴力反应吗？不是，同样只有负责逮捕的警察看上去在意这句话。他曾试图让法官判科恩藐视法庭，但没成功。

这句话“冒犯”了持不同观点的旁观者吗？这对哈伦而言是最难解决的问题。某些路过走廊的人可能已经被冒犯了，但是他们可以走开，减少他们被冒犯的程度，助理争辩道。唯一受制无法离开的观众，可能是那位科恩出庭时法庭上的旁听者。但在那儿，科恩已经把夹克折起来挂在手臂上，因此这位旁听者并没有目睹。此外，这位助理争论说，在公共场合，“冒犯”应该要达到一定程度才行。

这句话本身是“猥亵”语言吗？科恩使用“去他妈的”（fuck）这个字眼，显然并非意指色情，或要进行“挑逗”。它并没有描述详细的性交行为。可以肯定的是，加州政府不可能在公开讲话中清除这个词。

哈伦依然不确定第二天他要如何投票，但他承认，现在他会从不同的角度看待该案。这场战争一直是抗议活动的主题，这些抗议是在行使言论自由的权利。而不同层级的政府——联邦、州以及地方政府——正竭尽所能来限制这些抗议活动。为什么一件夹克应区别于一座国旗雕塑？或许他是前后矛盾的。

第二天下午的案件讨论会上，首席大法官将这一案件称为“扭曲征兵”案。他投票维持有罪判决。出乎每个人的意料，布莱克的立场发生了彻底的转变。他并没有提出其绝对主义者的观点，反而认同首席大法官的看法：这不是一个有关政治言论的问题，而是有害地运用一个粗鄙的词语。他说，科恩夹克上的标语并不属于受保护的“言论”，而是不受保护的“行为”。应该可以对科恩提起控诉。

布莱克慢吞吞地高声宣布，他并没有脱离他绝对主义者的立场。行为与言论应有所区分。他最喜欢举的例子是在法院周围聚众抗议。这是种无法被接受的行为，而非言论。例如，人民不可以“数以千计地在街上来回漫步来威胁他人”。

道格拉斯与其他持自由解释第一修正案观点的大法官，包括布伦南、斯图尔特以及马歇尔，都等着要推翻这一有罪判决。马歇尔喃喃地说，这并不是一个值得争得“头破血流”的案件。怀特与布莱克门则站在首席大法官和布莱克一边。

哈伦让大家在这一天又一次大吃一惊。经过深思熟虑，他现在倾向于推翻有罪判决。但是他尚未确定。他希望能够将案件推迟一周。他需要更多的时间来考虑。

其他大法官同意了。

道格拉斯的助理开玩笑说，这个“神奇的词语”怎么能让“坏 B 们”（Bad B’s）产生如此强烈的反应呢，他指的就是布莱克、伯格和布莱克门。布莱克抛弃了他长期以来坚守的美国宪法第一修正案的立场，这让道格拉斯感到失望。或许布莱克只是年龄太大，不再具有理解这一问题的能力，也无法进行得出前后一致结论所必要的推理。但哈伦的犹豫多少令人鼓舞。很可能他会在最后投票时支持有罪判决。他也与这个国家的现实脱节了。道格拉斯思忖道，布莱克是关键人物。

布莱克的助理们对布莱克持续施压，想让他改变立场。但是“去他妈的”这个词冒犯了布莱克的道德感。虽然布莱克支持自由，但他是个一本正经的人，尤其是对粗鄙的语言。他的儿子从来没有听见他说过一个脏字。“坏蛋”（crook）是他说过的最严厉的骂人的话了。“如果伊丽莎白（他的妻子）那时也在走廊上会怎样？”他问道，“为什么她应该看见那个词？”穿着那件夹克是冒犯性的行为，而非演说。他的助理们没法说动他。

下一次案件讨论会的前一天，哈伦的助理提起科恩案。“我们不需要在那上面花太多时间，”哈伦说，“我已经决定了。”他现在很坚定，要推翻对科恩有罪判决。他决心要前后一致，那句口号和国旗雕塑一样，都是言论表达。他不能理解布莱克对于那个词的敏感，他对助理说：“我不介意告诉我妻子，或你妻子，或任何人的妻子这句口号。”

星期五的案件讨论会上，投票进行得很快，因为每个人都有一星期的时间考虑。哈伦表示，他已经改变了立场，将投票推翻判决。道格拉斯，这位 5∶4 的多数派中的资深成员，意识到哈伦的这张票是最摇摆不定的。在最高法院超过 32 年任期中，他已经学到了，抓住一张摇摆不定的票的最好方式，就是指派这位大法官撰写判决意见。道格拉斯说：“约翰，我现在指派你撰写判决意见。”

然后，哈伦说，他倾向一份狭义解释判决，不是泛泛地宣称这个词受言论自由的保护。

斯图尔特说：“对我来说，这还不够。”和道格拉斯一样，他希望宣布这个口号是受宪法第一修正案保护的言论。

哈伦很快同意了。如果他在狭义的基础上撰写判决，斯图尔特与道格拉斯会分别作出协同意见，而布伦南与马歇尔很可能会加入其中之一。哈伦的多数意见很快会成为一份其他多数意见的协同意见。

能够撰写判决意见，哈伦和他的助理很高兴。他们立刻开始起草。传统上，最高法院认为诸如“去他妈的”这样的脏话不具有任何社会价值。突然之间作出改变，说这个词具有价值，必然超越了哈伦和其他成员先前表述过的观点。但是，如果这句口号本身是受保护的，就必须存在单独保护这个词的基础。表述其政治观点的人，应该能够从他自己的词典中作出选择。这个助理写道：“对某人而言粗鄙不堪的语言，对另一个人可能是首抒情诗。”

当助理完成草案后，他读给哈伦听，他们逐字逐句地讨论每个章节。整体上，哈伦很满意，虽然并不热衷于对那个词本身提供言论自由的保护。他并不想在这样一个微妙的领域鲁莽行事。他说他要将草案带回家，在他的书房里重新阅读一遍。第二天早晨，哈伦宣布，草案这样很好了。他正在迈出重要一步，但是他衷心支持这份草案。

之后，草案很快被传阅。当首席大法官在5月下旬读到这份草案时，他不甚满意。他从来未曾预期到哈伦会赞美这种脏话。科恩应该被惩罚，但哈伦却在祝贺他。

哈伦的草案这样开头：“乍一看这起案件，它是如此无足轻重以至于不应该编入我们的典籍。但它提出的问题却具有重要的宪法意义。”

更糟糕的是，哈伦在引用下级法院判决时，详细重述了案件事实，包括冒犯性的语言。将那样一个词上升到言论保护的层次是首席大法官所不能忍受的。他坐下来，开始潦草地撰写一份简短的不同意见。这样有助于宣泄怒气，也可以让他的同事了解他的强烈感受。5月25日，他将不同判决意见送交案件讨论会。首席大法官的备忘录一开始就写道："我很可能会增加以下部分，这是我所能够做到最克制的说话方式。"他的反对意见被打印在纸张的下半部分："我也要表示抗议，最高法院有限的时间资源，竟然浪费在这样一个案件上。这能够衡量出来，没有轻重之分。我虔诚地认为，哈伦大法官的'乍一看'的反应是正确的。青少年罪犯及其不稳定的情绪爆发竟然吸引最高法院的关注，这简直是可笑而荒谬的。"

科恩也深深地冒犯了布莱克门，布莱克门写道："科恩荒谬与不成熟的可笑行为，在我看来，主要是行为而非言论。"

察觉到他的反应过于夸张，布莱克决定不撰写任何判决意见。伯格放弃了他自己的意见，加入了布莱克门；怀特认为，即便是布莱克门的意见都过于严苛，所以决定只加入其中一部分。

案件定于6月7日宣布，这时候伯格仍然很生气。在那间浅色橡木嵌板装饰的法官更衣室里，一位因为比所有大法官个头都高而被挑选承担这项工作的工作人员，正在帮哈伦穿上法官袍。

"约翰，发表判决意见时，你不会用'那个词'吧？"伯格问。

伯格如此担心此事让哈伦觉得很有趣。他无意要在公开的法庭大声念出那个词，但是他回避了这个问题。"愚弄"首席大法官让他觉得很享受。

"一旦你说出了这个词，最高法院就完了，约翰。"首席大法官坚持说。

哈伦轻声地笑了。开庭时间到了，他们跟随首席大法官，按照资历深浅——布莱克、道格拉斯、哈伦，沿着铺设在更衣室与法庭之间走廊上的红地毯鱼贯而出。宣布案件时，哈伦弯着身子审视他的笔记，当他的眼睛费力地阅读时，前额几乎贴到法官席上。他挺直身体，大部分靠记忆重复陈述。他偶尔不被察觉地瞥向首席大法官，看他是否依然全神贯注地在听。首席大法官坐在那里，身体僵硬，陷忍克己，等待那个冒犯字眼的出现。哈伦停顿一会儿，又瞥了一眼首席大法官，然后继续。他依然没有说出那个词。最后，他全程没有使用那个词，宣读完毕。

退伍军人抗议案

4 月 20 日，星期二，对首席大法官来说这是漫长的一天。下午 6 点，首席大法官才抽出时间来审理一个来自司法部的紧急申诉案。申诉案请求恢复下级法院的命令，驱逐正在华盛顿广场露营的一千多名反对越战的越战退伍军人。

司法部副部长格里斯沃德争辩道，退伍军人们对安全构成真正的危险，因为反战分子已经公开了封锁城市的计划。前司法部长拉姆齐·克拉克（Ramsey Clark），是已经退休的最高法院大法官汤姆·克拉克（Tom Clark）的儿子，代表退伍军人出庭。他辩称，政府并不应该事先判定一定会有违法行为。

伯格恢复了驱逐退伍军人的命令，但考虑到天色已晚，他说命令要到第二天才生效。司法部的律师们不愿意驱逐这些退伍军人，他们到目前为止一直很平静。他们相信，伯格的命令会在第二天诉诸最高法院全体法官。

第二天快到中午的时候，12 位退伍军人将一封信送到伯格的办公室，谴责他的决定。在最高法院进行抗议是前所未有的现象，但是首席大法官对在最高法院入口大厅转来转去以等待结果的代表团的回应既迅速又切中要害。法警给示威者一分钟的时间，要么离开法院大楼，要么被捕。

此时，最高法院里正在对当天正常排期的最后一个案件的言辞辩论进行听审。之后，他们要审理对前一天首席大法官决定的上诉。突然，一名穿制服的退伍军人安静地站起来，右拳在空中举着。执法官急忙沿着通道跑过去，指示他坐下。这名退伍军人拒绝了他，一阵扭打随即发生。

为该案辩论的律师尽其所能想要吸引这 9 位大法官的注意。他们正睁大眼睛，目光越过律师的肩膀，看着执法官强硬地将那名退伍军人从观众中逐出。在出去的路上，那人高喊："记住这群退伍军人。"

当轮到这个退伍军人禁令案时，道格拉斯起身离开法庭。他得自行回避。拉姆齐·克拉克的律师事务所曾经在他弹劾案审理期间为其代理。

言辞辩论后的案件讨论会上，斯图尔特和马歇尔清楚地表明，他们很愤怒。既然禁制令要晚一些才生效，首席大法官就没有理由在前一天独自行动。完全可以将最高法院全体成员召集起来。现在，如果多数人不同意，他们将不得不否决首席大法官的决定。但这样一来，首席大法官和最高法院都会难堪。在过去 20 年中，推翻首席大法官决定的情形在最高法院只发生过一次。

斯图尔特和马歇尔担心，大法官们在被要求替行政部门做这种没人愿意干的活儿。最高法院可能会成为尼克松政府镇压反战的工具。该案恰恰是斯图尔特担心的那类案件。通常来说，大法官们有充足的时间。他们眼看着案件在送交他们的过程中，问题逐渐成熟。当收到案件时，律师们已经对问题进行了筛选。这一次，最高法院的行动将会是一出仍在上演的大戏的一幕。

马歇尔敦促他们驳回司法部的请求，因为该请求建立在退伍军人们将会实施违法行为的假设上。尼克松政府想要借助最高法院的禁令来实施统治。

其他的大法官，即布莱克、哈伦、布伦南、怀特和布莱克门，也很不高兴。如果政府是正确的，那么反战抗议者将要封锁华盛顿。如果政府是错的，那么大法官们将要驱逐一群和平人士的抗议。但是否决首席大法官的决定将会是对他个人的冒犯。这样一来，他们愿意和首席大法官站在同一立场上。斯图尔特和马歇尔决定不交付他们的不同意见。确认伯格最初命令的全体一致的命令被签署，并且在下午 5 点时发布出去。

480 : 400 的投票结果，让退伍军人决定继续留在广场。他们不愿意被赶走。尽管手中握有费尽全力获得的最高法院命令，尼克松政府仍决定不驱逐他们。哈伦很震惊，因为尼克松愿意强迫提出一个问题，然后，在勉强获得同意后，又让步了。尼克松政府在最后让步了。哈伦说，这是搬起石头砸自己的脚。

第二天早晨快 9 点的时候，几百名退伍军人出现在最高法院，要求最高法院对这场战争的合宪性进行裁决。其中约 150 人站在最高法院的台阶上，在中间留出一条 15 英尺的通道，通向那两扇巨大的青铜滑动门。他们互相手挽着手，肩并着肩，左右摇摆地唱着《上帝保佑美国》，并且背诵效忠誓言。“我们要求的就是现在对这场战争进行裁决！”他们反复唱诵，挥舞着 M16 步枪和美国国旗。

在最高法院里，有人告诉了伯格正在进行的示威活动。伯格命令最高法院执行官佩里·利皮亚特（Perry Lippett）赶走台阶上的示威者。有史以来第一次，最高法院刚开门的时候，利皮亚特就下令关闭那巨大的青铜大门。大门每扇都有四块雕塑嵌板，雕塑追溯了自古希腊和古罗马以来直到美国近代法律的演变。当 13 吨重的青铜大门滑动着关上时，发出了巨大的声响。

利皮亚特将首席大法官的指示传达给最高法院的法警和哥伦比亚特区的警察。当华盛顿的防暴警察开始行动，准备逮捕抗议者时，退伍军人们转过身去，向前任首席大法官厄尔·沃伦挥手示意。他正从其办公室窗户那儿幽灵一般地向下俯瞰着大门台阶。

马歇尔已经充分见识了伯格的偏执造成的影响。伯格显然听到了最高法院法警的骇人描述，抗议者对最高法院的安全构成了真正的威胁。

伯格已经有一位佩枪的私人司机。不管去哪儿，都有几个保镖跟着他，即便是在最高法院的大楼里。但他在乔治城（Georgetown）的古董店闲逛时，总是在公开场合戴着墨镜和帽子以免被人认出。旅行时，他有时会用假名。他也引进了机场使用的那种金属探测器，对进入法庭的旁听人员进行安检。但是这一次，他做得过分了。

马歇尔在案件讨论会上口述了一份不空行打印一页半长的备忘录。备忘录语气并非斗志高昂，但就其针对对象而言明白无误。马歇尔说，当政府诉诸最高法院宣称退伍军人们对华盛顿安全构成威胁时，最高法院反应过度了。由于政府声称，为了保护国会、白宫甚至是最高法院，必须采取先发制人的行动。首席大法官，然后是整个最高法院，均同意禁止退伍军人露宿广场。现在，最高法院的执行官已经反应过度了。他说，逮捕台阶上的退伍军人是不必要的。最高法院并不能够预测访客或者示威者“可能”做什么。

马歇尔说，最高法院的任何成员自然都不会原谅这种明显违宪的警察策略。同样地，逮捕示威者会损害整个机构的公信力。其他情况下的类似逮捕行动毫无疑问会引发诉讼。马歇尔质疑，如果最高法院本身同意这么明显违宪的逮捕行动，那么谁将对这类案件作出最后裁决？

马歇尔不确定首席大法官是否能够理解。但是，美国地区法院已经让这一问题非常清楚，因为在发现没有任何证据证明示威会涉及暴力后，地区法院驳回了所有的控诉。一位下级法院法官说："仅仅造成了不便并不能成为刑事起诉的正当理由。"①

拳王阿里拒服兵役案

布伦南是唯一一个希望受理卡西乌斯·克莱案［克莱诉美国政府（Clay v. U.S）］的大法官。

克莱曾于 1964 年将名字改为穆罕默德·阿里（Mahammad Ali）。1966 年，他因拒绝依照传统步骤应召入伍而被判决入狱 5 年。这位前世界重量级拳击冠军以宗教理由拒绝从军。他声称，作为一名黑人伊斯兰教徒，他是一个基于宗教原因拒服兵役者（a conscientious objector），因而有权免于服役。

除了复杂的战争和征兵问题，该案还牵涉种族因素。阿里是美国最知名也是最受欢迎的黑人运动员之一。他已花费 6 年进行上诉，并被世界拳击联盟剥夺了冠军头衔。这个拳击手已被禁赛 4 年，因此损失了上百万美元。大众对阿里的同情与日俱增，但与此同时，黑人伊斯兰教的信仰却被描绘成分离主义、反白人、奇异的。

该案两个庭期之前便到了最高法院，案件讨论会已投票决定不予受理，阿里的有罪判决因而成立。政府在最后一刻披露，阿里曾遭国家安全部门窃听。这阻止了判决被宣布。这一技术问题使得最高法院能够将案件发回下级法院进行进一步审理。

---

① 第二个星期，根据时任司法部长助理的威廉·H. 伦奎斯特（William H Rehnquist）所称的"有保留的"戒严令，超过 1 万名反战示威者被立即逮捕。联邦官员在最高法院作为先例引用这次逮捕行动。后来，这次逮捕行动被联邦法院宣布违法。

大法官们希望这件案子不要再次被逐级诉至最高法院，但当这种情况确实出现时，布伦南终于说服其他人批准调卷令。

鉴于阿里的知名度，大法官们允许让他的案子由这个国家最高级别的法院进行复审，只有少数几个被告能获得这样的满足。没有一个大法官相信阿里有赢的机会。

言辞辩论中，副检察总长格里斯沃德指出，阿里并不怀疑“如果越共正在攻击他的人民，那么伊斯兰教徒们将会参战”。此外，媒体曾引用阿里的话：“我是伊斯兰教徒，除非真主安拉亲自宣战，否则我们是不会参军的。我个人有理由抱怨越共。”格里斯沃德说：“因为阿里有可能参加‘圣战’，所以他不是一个真正的基于宗教原因拒服兵役者（a conscientious objector）。”

4月23日，星期五，案件讨论会以5∶3的投票结果决定，同意格里斯沃德的意见：阿里不是一个真正的基于宗教原因拒服兵役者，他应该服刑。马歇尔自行回避，因为他曾在该案开始时担任过副检察总长。

首席大法官马上指派哈伦撰写多数观点。但是，当哈伦的助理开始准备判决意见草稿时，一位曾经阅读过亚历克斯·哈利（Alex Harley）的《马克姆自传》（Autobiography of Malcolm X）的助理劝他重新考虑阿里反对战争的问题。这位助理阅读了《给黑人的话》（Message to the Black Man），这是黑人伊斯兰教最信奉的文本之一。阅读中，他开始相信阿里愿意为“圣战”而战与该案不具有相关性。为了所有实际的目的，阿里反对所有的战争。

哈伦并不倾向于接受这种说法，但是他同意将助理准备的背景资料带回家，在他乔治城家中装置有特别照明设备的书房里研究它们。第二天早晨，他带给他的助理们一个惊喜，他阅读了所有的材料，并且全心全意地赞同，希望将这些观点整合进他的草案中。哈伦被说服了，尽管司法部的政府特派调查员发现阿里真心反对所有的战争，但政府仍错误地将阿里描述为种族主义者，并且错误地诠释了黑人伊斯兰教的教义。

哈伦想要正面抨击司法部的歪曲理解，并且明确表明，他们一直以来说阿里不是真正反对所有真枪实弹的战争是没有任何“事实基础”的。因为没有任何关于哈伦已改变观点的消息从他办公室传出，所以当哈伦建议推翻阿里有罪判决的备忘录在法院传阅时，最高法院被引爆了。伯格发狂了。哈伦怎么可以不通知他就转变立场呢？而判决意见中整合进黑人伊斯兰教教义更加惹恼了他。草案中说，黑人伊斯兰教义教导“伊斯兰教是个和平的宗教……而制造战争是魔鬼种族（白人）的习惯……（而伊斯兰）禁止其成员携带任何一种武器或兵器”。伯格告诉一个助理：“哈伦成了黑人伊斯兰教徒的辩护者。”此外，他的转变使得投票陷入 4 : 4 的僵局。然而，那意味着阿里仍然必须服刑。

首席大法官并不打算改变其投票。最初多数派中的其他成员，布莱克、怀特和布莱克门也是如此。哈伦想要强调政府歪曲事实，这让他们尤其担心。哈伦的观点可能意味着所有黑人伊斯兰教徒都符合因宗教信仰原因拒服兵役者的地位。

最高法院的庭期将要结束了。如果最高法院仍打不开僵局，阿里将会因为逃避服役被送进监狱。因为在大法官们投票结果平均分配的情况下的判决不会附随判决意见，阿里永远不会知道他为什么输了这场官司。这看上去好像最高法院从来没有受理过这起案件。

斯图尔特对这一前景感到特别沮丧。他提出一个替代方案：最高法院可以引用司法部所犯的技术性错误，直接释放阿里。这项提议有许多好处。其中之一就是该案裁决不会成为先例，也不会导致声称自己是因宗教信仰原因有权拒服兵役的人员范围扩大。

除了首席大法官，其他人都逐渐接受了斯图尔特的计划，这让阿里得到 7 张票[①]。这给伯格带来了问题。如果他持不同意见，就可能会被理解为是一张为种族主义者的投票。他决定加入其他人。8 : 0 的判决对黑人而言将是个鼓舞，他作出了结论。

斯图尔特起草最终的、全体一致的法庭共同判决。6 月 28 日，最高法院宣布阿里胜诉。他在芝加哥听到这个消息后。“感谢安拉，也感谢最

---

① 道格拉斯协同意见中保留性的语言明显表现出，最初他持反对意见。道格拉斯坚持要保留有关黑人穆斯林圣战立场的错误言论后，他的助理拒绝进一步完善，以往他通常会继续改正判决意见。

高法院认可我所皈依宗教教义的真诚。”他说。他并不知道，就差那么一点儿他就进监狱了。

五角大楼文件案

庭期即将结束，布莱克的健康状况持续恶化。5 月最后一个星期的一天，案件讨论会结束后返回其办公室的路上，布莱克的膝盖扭伤了。当他的助理走到他身边并将其抬回办公室时，他因高烧而浑身发抖。当助理给他裹上毯子的时候，他含混不清地说：“他们毕竟是我从前的多数派。”

布莱克从高烧中康复了，但是他的力气却受到严重损耗。头疼折磨着他，使他的精力丧失殆尽。当他在大理石大厅踱步时那欢快的口哨声突然间消失了。

布莱克倡导，积极思考是治愈任何一种疾病的良药。对他而言，不再能够全盘掌握自己的命运是种折磨。多年来，他一直谈论着霍姆斯、布兰迪斯以及卡多佐是如何在最高法院徘徊不去，却无法胜任他们的工作。但是布莱克决定要留下来。沃伦和道格拉斯先后暗示他应辞职，但都被他拒绝了。他也尽可能忽略哈伦的评论——或许他们两个人都逗留太久了。现在，在他第 34 年的任期里，他一直在桌上放着一张小卡片，上面写着约翰·马歇尔和史蒂芬·J.菲尔德任职的确切时间。他们两人都曾任职 34 年，再过几个月，他就超过他们了。但是最后，他不能确定是否能够坚持下去。

6 月 13 日，带着非同寻常的兴致，布莱克阅读了周日《纽约时报》上的一篇长文。那是有关美国介入越战最高机密的政府历史的连载文章的第一篇。《纽约时报》引用了许多文件，表明政府官员在过去 30 年中有关这场战争向美国人民撒了谎。这篇文章建立在大规模调查的基础之上，调查经前任国防部长罗伯特·麦克纳马拉（Robert S. McNamara）委托，涵盖了1945年到1967年的期间。全部47卷的资料被称为《五角大楼文件》（The Pentagon Papers），内容极度敏感。看到媒体将这个又长又龌龊的故事曝光，布莱克很高兴。

第二天，系列报道继续刊出。但是在 6 月 15 日星期二，司法部长约翰·米歇尔辩称，这些文章威胁到国家安全。他从纽约联邦地区法院获得命令，禁止文章进一步刊载。

布莱克很震惊，他对助理们说："他们真的禁止刊登了。"在他看来，这显然违反了第一修正案。媒体是自由的，不应该禁止媒体刊登政府认为是危害国家安全的资料。这是事前限制，这是荒谬的想法。

6 月 18 日星期五，《华盛顿邮报》开始刊载《五角大楼文件》。该邮报也获得了该秘密战争研究的部分内容。在取得对《华盛顿邮报》的临时禁令之前，政府曾在联邦法院两次败诉。下一周的周四，6 月 24 日，两个案件到了最高法院[《纽约时报》诉美国政府（New York Times v. U.S）以及美国政府诉《华盛顿邮报》（U.S v. The Washington Post）]。对布莱克而言，事件的发展就像是给他注射了一剂肾上腺素。

两份报纸都曾在长达一个星期的时间里被禁止刊载战争系列文章。在布莱克看来，每一天的拖延都是媒体的失败，也是宪法第一修正案的失败。第一修正案的制定者已经预见，媒体对政府的持续批评将会带来巨大的风险。

布莱克准备好要经受这次显然具有历史意义的考验。这个案件会很棘手。布莱克认为，布伦南、马歇尔和道格拉斯可能会加入他，共同支持报社享有出版的权利。首席大法官、哈伦和布莱克门则很可能会站在另一边，留下斯图尔特或怀特成为布莱克需要的第五票。怀特从来不是一个第一修正案所保障的言论自由权的积极支持者。他可能在这件案子中同情司法部，或者可能会害怕报纸将如何谈论约翰·肯尼迪在这场战争中的角色。没有人真正了解《纽约时报》和《华盛顿邮报》的底牌。

斯图尔特是关键。作为一名体制内的共和党员，斯图尔特可能会支持政府的立场。但是，涉及宪法第一修正案，他值得信任。有时候，布莱克认为他有足够票可以获胜；另一些时候，他不能如此确定。但有一件事是确定的，他的头痛缓解了。

"五角大楼文件案"就这么毫无征兆地来到最高法院，哈伦对此极其沮丧。该案上诉后不到 24 小时，大法官们就在考虑如何处理这个案件。

更糟糕的是，他们既要马上决定是否批准调卷令，又要马上决定是否要继续维持禁令。这起案件如此迅速地摆在他们面前，以至于他们无法预计作出错误判决会导致何种后果。

1931年，在“尼尔诉明尼苏达州案”（Near v. Minnesota），最高法院曾经建议，政府可以阻止刊登“运输工具的启航日期，或军队的数量以及驻地”。哈伦理解这意味着当国家安全面临危险时，必须作出调整以达到国家安全和第一修正案所保障的言论自由之间的平衡。哈伦希望将五角大楼文件案发回下级法院。他希望能有一个更坚实的基础以作出判决。为什么要求最高法院应该对一个如此重要的问题立即做出判决呢？禁令应当维持，直到最高法院能够作出负责任的决定。哈伦决定不能被强迫做出仓促决定。

斯图尔特最不希望看到的就是拖延。临时禁令已经生效太久了。报纸正在被禁止出版，他不能接受拖延判决。这其实不是表面上看起来的一场第一修正案和国家安全之间的战争。这是一个基本的、事实性的问题。文件中有没有一旦发表就会真正威胁国家安全的内容？

斯图尔特不会接受政府声称的表面上的国家安全这一理由。政府已经在战争问题上说过太多谎话。同时，斯图尔特希望确定，文件中没有过于敏感的内容，以至于一旦被披露就会导致人员死亡。这很困难。很多东西要依靠最高法院的判决，而他很可能是摇摆不定的。与其平日做法相反，他基本没有寻求助理的意见。“你们只是助理，”他轻轻地说，“而我必须自己做决定。”

庭期实际上已经快结束了，斯图尔特知道，如果大法官们决定受理该案，就必须加速正常的程序。他们那个星期可能需要专门开庭，来听审言辞辩论。然后，他们几乎必须马上做出判决。预先限制的问题实际上需要他们立即行动。延迟将意味着做出对政府有利的判决。

6月25日，星期五，8位大法官聚在一起，召开本庭期最后一场例行案件讨论会。道格拉斯已经在华盛顿的古斯普雷里了，在那儿他有一间小木屋。大法官们很快开始讨论是否应同意对《纽约时报》案发出调卷令。

布莱克完全站在第一修正案的立场上。《纽约时报》和《华盛顿邮报》

应该可以自由出版它们想出版的内容。最高法院甚至不应该受理该案，禁令应当立即被解除。

道格拉斯打电话告知了他的立场。他同意布莱克的观点。布伦南和马歇尔基于不同原因，也采取了这一立场。受理该案并按照正常程序推进将会确立一个先例，即在法院尝试确定文章可能导致损失大小的过程中，媒体禁止刊登文章。这四位大法官已经准备立即批准调卷令并马上重新开始刊载文章。一般来说，只有获得四张支持票才能批准调卷令。但是，这两个案件作为紧急上诉被提交。这样，根据最高法院的内部规则，必须要有五张票。

伯格、哈伦、怀特和布莱克门都希望等到 10 月进行听审辩论，并且将禁令维持到那个时候。因此，斯图尔特手中握有重要的一票。他不希望一直到秋天都阻止报纸刊登文章。现在，他准备好要投票批准调卷令了。

哈伦感到很生气，这些案件竟如此仓促地被下级法院推过来。最高法院过去发生的最可耻、最歪曲事实的事件，都是因为行事过于仓促。他倾向将《纽约时报》案发回联邦下级法院进一步进行审理。然后，如果该案依然被上诉，可以将其与《华盛顿邮报》案一起稍后考虑，可以是明年秋天。他希望，禁止刊登文章的临时禁令可以持续几个星期或几个月。但是，斯图尔特说，如果是这样，他将会立即加入支持作出对报社有利的即时判决的四票，取消对报社的禁令。若禁令被取消，对该案进行裁判就没有必要，案件成为纯粹的学术问题，而文章也将继续被刊载。哈伦很不情愿地加入其他人，批准了调卷令。言辞辩论马上被紧急安排在第二天。

格里斯沃德知道，他要马上做些事情。他计算了一下，要读完全部 47 卷的历史材料需要 10 周时间。这显然是不切实际的。所以，他召来三名国家安全高层官员帮助他筛选出最重要的“最机密”文件。他们建议列出 41 项材料，有的是整卷的材料。

格里斯沃德非常吃惊。排除如此多的资料将对案情不利。他早已警告过司法部长米歇尔不应该启动此案，政府不会胜诉的。格里斯沃德告诉过他，文件中的任何“污点”“全部指向约翰逊，而不是你”。米歇尔回答说，如果格里斯沃德不积极向前推进，政府就找别人来为该案辩论。

下午 5 点前，格里斯沃德向最高法院提交了一份很长的清单。但他明白，要想让国家安全的诉求更加可信，他必须提交一份说服力更强的简短清单。到第二天早上，他已经把与国家安全指控相关的材料数量缩减到了 11 项，尽管其中的一项包含了 4 卷资料，详细记载了为结束战争以及保证美国战俘返还而进行的外交努力。

到星期六早上中段时间，一长队人聚集在最高法院外。很多人已经等了几个小时，只希望旁听这场言辞辩论。

那天早晨，格里斯沃德提交了一份较短的清单，作为机密准备书状的部分内容。同时，他要求言辞辩论秘密进行，不让媒体或公众在场。之前在下级法院，至少部分言辞辩论遵循这样的程序。这样，他就可以讨论“最高机密”甚至保密级别更高的一些材料的内容。

这份被密封的报告放在会议室，安全警卫在门口站岗看守。那儿还贴着一份有伯格签名的备忘录，上面写着“闲人免进。该会议室内存放供大法官查阅的资料”。

首席大法官从表面判断，该案涉及国家安全。他表达了他的担心，某些具有反战思想的助理会接触到这些文件并泄露其内容。

布莱克和助理们开玩笑，他说不管怎样他都不会阅读这份密封的报告。这样做与他对第一修正案所持观点矛盾。毕竟，他通常连送到最高法院的色情电影都拒绝观看。个人的判断是不必要的。每一本书、每一篇报刊文章、每一部电影都应该受到保护。但是他知道助理们担心，他可能像曾经看待科恩“去他的征兵！”案一样，也将该案视为言论自由之外的问题，投下错误的一票。布莱克开玩笑说：“我总会找到一个方法将其视为行为而不是言论。”

大法官们都来了，他们简短地讨论了格里斯沃德提出的秘密审理的要求。这要求本身就是个秘密，并未告知为两个报社辩论的律师。布莱克、道格拉斯、布伦南和马歇尔希望公开进行辩论。伯格、哈伦和布莱克门则希望秘密进行。斯图尔特和怀特希望更清楚地表明，是何种特殊情况证明需要程序秘密进行。下级法院的记录显示，讨论过的事项中没有什么事足够敏感以至于可以充分正当地排除公开辩论。斯图尔特说，程序秘密进行会损害最高法院的声誉。

此外，格里斯沃德在两个月之前就预言，如果允许退伍军人在广场露营，将会导致大规模的暴动。有鉴于此，大法官们不太相信他的话了。他让最高法院卷入了不必要的冲突。斯图尔特和怀特不会再次被骗。他们和其他四人一起，投票拒绝其动议。

上午 11 点，法庭人满为患，首席大法官宣布开庭。道格拉斯已经从古斯普雷里搭机赶了回来。

格里斯沃德坐在政府律师的桌子前，正在两家报社聘请律师的对面。桌子下面放着三个箱子，箱子里装着 47 卷五角大楼文件。“我们案件的核心是，”格里斯沃德说，“公开刊登我在机密准备书状里所列举的资料……将极大地影响美国的安全……影响战争结束的进程……（以及）战俘获释。”

格里斯沃德推测他没有希望可以赢得布莱克、道格拉斯、布伦南和马歇尔的票，因而专注于争取其他五位大法官的支持。格里斯沃德辩称，相较于禁止发表“启航日期”和“军队所驻地”的 1931 年的判决，需要确定一个更具一般性、限制更少的国家安全的概念。

斯图尔特和怀特追问格里斯沃德，潜在的伤害必须“迫在眉睫”才能使得事前限制正当化吗？

“不”，格里斯沃德辩称，“当战争正在进行时”，要求公开发表这些文章“会导致第二天早上爆发战争”，这样的标准未免太过于狭隘。例如，国家安全应当包含和平提议、为释放战俘进行的持续协商、甚至是远程谈判，比如限制战略武器谈判或者中东和平计划等。这属于进程，属于事件链，会因其中特定细节公开受到无法挽回的损害。这必然会以某种方式损害“国家安全”，这种情况下事前限制具有正当性。

著名的宪法学者，耶鲁大学法学教授亚历山大·比克（Alexander Bickel）接下来为《纽约时报》辩论。他谨慎指出，《纽约时报》的立场不是绝对的。他说，或许有些情况下，对国家安全的考虑能够使事前限制获得正当性，但是该案不属于这种情况。

从最初发表那些文章以来已经过了 11 天，并没有发生任何大灾难。政府所担心的潜在国家安全危机只是猜想或猜测。比克辩称，公开发表与结果之间的关联必须是“直接、立即和可见的”。

“让我们假设，”斯图尔特说，“当最高法院大法官回头打开那份密封的记录时，发现了一些东西。它们确实让我们相信，披露其内容将导致100名年轻人被判死刑。他们唯一的错误就是他们已满19岁，而征兵名额不足。我们该怎么办？”

比克向他保证，不会发生这样的事。他说：“就像我面对任何的事情时那样，我绝对相信。当阁下回到办公室时，您不会发现这样的资料。”

如果这样的证据确实出现了，斯图尔特紧接着说：“你会说宪法会要求必须公开其内容，这些人必须死了，是这样吗？”

“不，”比克回答，“如果是这样，我想我的人道主义倾向会战胜多少有些抽象的对美国宪法第一修正案的忠诚。”

道格拉斯无法再压抑自己，他突然打断了比克：“根据你的理解，（第一修正案）是不是说国会可以制定某些法律限制媒体的自由？”

“没有，大法官，”比克回答，“只有在我已经承认的部分，出于辩论的目的，才可能限制或损害禁止的绝对性。”

“以此论点为《纽约时报》辩论有点奇怪。”道格拉斯突然说道。

辩论在中午结束。当大法官们回到更衣室时，斯图尔特坚持他们每个人都应该马上阅读这份记录而不是去吃午饭。他们应该抓紧时间投票。事先限制问题需要立即判决。

哈伦不同意。首先，该案已经在很短的时间里从下级法院送来，并没有充分的时间做出经过深思熟虑的判决。而现在斯图尔特却建议他们更快地向前推进。但其他大法官同意斯图尔特的做法。他们将阅读这份记录，并在当天下午再度聚集。

当大法官们回到办公室时，布莱克和道格拉斯对比克的立场都感到意外。布莱克说：“太糟糕了，《纽约时报》竟然无法找到一位坚信第一修正案的人！”

但实际上，布莱克非常担心。在他看来，只有布伦南与道格拉斯和他保持一致，认为阻挠报社刊发文章是被第一修正案所禁止的。马歇尔和怀特不认为媒体有发表文章的绝对权利。他们认为政府在事后应当对报社提起公诉，而不是在事实面前禁止公开发表。斯图尔特希望找到对该案做出判决的事实基础。如果密封记录显示出与国家安全危险之间清晰、直接的因果关系，就会失去他那一票。伯格、哈伦和布莱克门看上去已经决定要将该案发回下级法院进一步审理。不管是哪一方，只要争取到还在犹豫的斯图尔特、怀特和马歇尔三人中的两人，就可以拥有决定权。

布莱克特别担心斯图尔特，他说："我不了解波特，我也不知道他会如何决定。"

从一开始就很明显，当斯图尔特与怀特投票批准调卷令时，两个人都不是第一修正案的绝对拥趸。他们两人认为，问题归根结底要看那份密封的记录。政府已经证明资料内容确实具有危险性吗？布莱克告诉助理："我们都陷入了真正的困境。"

格里斯沃德提交给最高法院提出的文件仍在会议室中，处于严格看守下。

道格拉斯并不像布莱克那样不愿意阅读这份密封记录。道格拉斯不愿意遵守首席大法官的禁令，即所有材料必须在会议室保存并由五角大楼的警卫在外面站岗保护。道格拉斯将这些材料带回其办公室，并且当他的助理阅读这些证据时，他并未提出反对意见。

道格拉斯并没有在他读的东西中发现什么特别之处。他多次去越南旅行，也曾在这一领域撰写过文章［《马来亚的北方》(North from Malaya)］，他还与越南领导人建立了亲密的友谊（包括拜访多次的已故的吴庭艳）。这一切都让他对东南亚既熟悉又亲切。带着他特有的自负，他告诉同事们这些材料中的内容没有他不知道或想象不出来的。

哈伦视力不好，无法阅读这些文件。他也拿起会议室中一沓文件，塞入一个马尼拉纸质的信封中，然后走向其办公室。哈伦像往常一样进入其助理的办公室，把材料递给一个助理并告诉他几分钟后到他的办公室里把材料大声读给他听。

哈伦刚离开房间，布莱克门就冲进门来。布莱克门深深地道歉。他告诉助理，他本想追上哈伦。带着明显的尴尬神色，布莱克门解释说首席大法官要他来收回哈伦手上的记录。任何人不能从会议室中将这些文件拿走，他解释道。布莱克门从这位助理手中拿过证据，然后离开了。

哈伦听到这事，感到有些心烦意乱。但是因为不愿意在助理面前批评同事，他回到会议室。在那儿，布莱克门将文件读给他听。

带着孩子似的好奇心，斯图尔特翻阅着会议室中密封的证据，他想知道这些文件中隐藏着什么秘密。极高的曝光率和复杂的法律问题使得该案成为这些年以来的最佳案例。斯图尔特认为，这才是对最高法院至关重要的问题。对其作出判决具有相当难度。稍后，斯图尔特告诉助理："我看到了让我震撼的内容。"他在办公室激动地来回踱步。它不是"琐碎无聊的"。"毫无疑问，其中有某些东西可能使人们被杀，我希望这些东西不被公开。"但他仍然不确定公开这些材料是否会立即严重地影响国家安全。

当天下午稍晚时候，这九位大法官在会议室聚集时，空气中弥漫着不确定的气氛。

首席大法官决定将案件发回，进行进一步审理。政府应该有另外的机会证明国家安全处于危险中。布莱克和道格拉斯说，应当允许报社立即发表文章。哈伦再次辩称，最高法院行事过于鲁莽。但如果要求他现在就基于案件事实作出决定，他会投票支持政府。布伦南对战争和政府的厌恶达到了顶点，他投票支持报社。只有一种情况下应当禁止刊发这些文章，那就是国家已经处于战争中。

在斯图尔特看来，问题的关键在于案件事实。报社的代理律师已经承认，他们不是在所有情况下都反对事前限制。问题是，该案中政府现在是否能够证明其观点。如果报纸继续刊发文章，国家就会遭受严重的、无可挽回的损害吗？他同意发表文章可能对国家利益不利，但他并不确定这样做是否会造成立即的、无可挽回的损害。政府显然要承担证明责任。斯图尔特的结论是，案件已经结束，政府却没有尽到证明责任。他将投票支持报纸继续刊登文章。这给了布莱克第五张票。

怀特和马歇尔观点几近相同。政府走错了方向，不应该申请事前禁令禁止报纸刊登文章。在文章刊发后，如果能够证明报社违反法律泄露国家机密，政府可以对报社提出控诉。两位大法官都投票支持解除禁令。尽管他们能够想象在何种情况下允许进行事前限制，但这种情况下不需要。

布莱克门加入了首席大法官和哈伦，导致了6∶3的结果。

现在需要做的是尽快宣布裁决。没有人被指派撰写多数意见。大法官将会发布一份简短的表明结果的法庭共同判决（per curiam），每个大法官撰写自己的独立意见。也确实没有时间做其他事情了。

和往常一样，道格拉斯是第一个完成任务的。到周六结束时，他已经完成草案。周日，他又将草案润色。周一，他回到了古斯普雷里。

布伦南也迫切地想要离开。前往他每年夏天度假之地——马萨诸塞州海岸外的南开特岛——渡轮船票几个星期前就提前买好了。他计划周一出发。

对布莱克来说，这个判决代表了他职业生涯中关于第一修正案最重要的意见。经过他的努力，第一修正案的价值终于得到承认。他表明，新闻自由首屈一指的任务就是揭露政府的秘密，特别是那些旨在愚弄人民送他们的儿子到异国海岸上被“谋杀”的秘密。甚至在布莱克撰写判决意见时，他也意识到政府是多么严重而深刻地误导了人民对这场战争的看法。他对他的一名助理说：“他们一直在欺骗我们。”他个人觉得遭受了背叛。他已经知道这场战争是多么愚蠢，但是现在他后悔最高法院没有早一点表明立场，以保护公众免受欺骗。他决定在其判决意见中加入对战争本身的一段更强烈的谴责。他想方设法寻找他所需要的更精确的语言，却很难找到。

一夜的深思熟虑后，布莱克来到办公室并将助理召来。他在一首古老的南方酒歌《我是个善良年老的反叛者》（I'm a Good old Rebel）中找到了他需要的用词。他热情地把这首歌曲唱给助理们：

> 我是个善良年老的反叛者，
> 我现在就是这个样子，
> 为了这片“美丽的自由之地”，
> 我什么也不在乎；
> 我憎恨这个北方佬的国度，
> 以及他们做的每一件事，
> 我也憎恨《独立宣言》。
>
> 30 万北方佬，

埋葬在南方的土地中，
在他们占领我们之前，
我们也有 30 万之众；
他们死于南方的热病，
还有南方的武器与子弹，
我希望埋葬在我们土地中
是 300 万而不是 30 万。

他重新撰写了他的草案：

……新闻自由至高无上的责任，是阻止任何一个政府部门欺骗人民，并将他们送往遥远的异乡，让他们死于异乡的热病和枪弹。我认为，《纽约时报》《华盛顿邮报》和其他报纸不应因他们的勇敢报道而被判罪，而应努力实现我们开国元勋早已明确的目标而受到称赞。报社揭露了政府将国家引向越战的所作所为，正是光荣地践行这个国家的奠基人希望和相信他们应该做的事。

布莱克几乎把每一分钟都花在润色美国宪法第一修正案的历史与意义上面。布莱克不在意其他大法官办公室怎样做，他希望自己的判决意见完美无缺。

哈伦除了概括其有关最高法院的行动为何是“几近不负责任的狂热”的推理以外，也没有其他好做的了。斯图尔特催促他们做出判决，哈伦对此仍感到不满。虽然他投票支持政府，但是在将来案件中，他会要求每一个有关国家安全的诉求，都必须由内阁秘书长个人提出。

当大法官们撰写判决意见时，哈伦惊讶得知，首席大法官接到一个来自《纽约时报》副社长和资深专栏作家詹姆斯·斯科蒂·雷斯顿的电话。伯格告诉哈伦，雷斯顿要求见个面。

伯格问他：“为什么见面？”

雷斯顿告诉他：“五角大楼文件案。”

伯格对雷斯顿这一不当提议感到震惊，他结束了这段对话。

哈伦不确定首席大法官是否正确理解了雷斯顿打电话的用意。首席大法官提到这件事时，好像在说雷斯顿显然想要影响案件的处理结果。鉴于首席大法官反应过度，哈伦觉得雷斯顿相当幸运，没有判藐视法庭罪。但他对这一明显的傲慢表现也并不感到惊讶。

哈伦回忆起他在康涅狄格州一个鸡尾酒会上第一次被引荐给雷斯顿时的情形。当他得知为避免在最高法院审理案件时带有党派利益，哈伦从未在选举中投过票时，他看上去明显很震惊。“他不投票吗？”雷斯顿问哈伦的太太，“那真是奇怪，我们所有《纽约时报》的人都投票。”[①]

对这个男人的自大，哈伦仍旧感到不可思议。他竟然能混淆报社和最高法院的角色。

首席大法官同意哈伦的观点，处理该案的速度太快了。这对道格拉斯和布莱克来说不算什么。他们不需要准备书状或言辞辩论，他们也不在意那份密封文件中到底有些什么。但对他而言，这可不是一件简单的事情。他在不同意见中写道：“我们不了解事实……”“没有地区法院法官了解所有事实，没有上诉法院法官了解所有事实，最高法院中也没有人了解所有事实。”

伯格对报社愿意接受偷来的东西也感到困扰。

难以置信，一直被视为美国人生活中伟大机构的报社，涉及发现或占有被盗财产或秘密政府文件时，未能履行每个公民基本的、简单的责任之一。这项责任就是向负责的公职人员报告。出租车司机、大法官和《纽约时报》都负有这样的责任。

政府对最高法院提出的保护国家秘密的诉求与最高法院自身的保密需要之间的相似性让伯格深有感触，他在最后加上了一条注释：

可以用最高法院做一个类比。没有一部制定法赋予最高法院这样

---

① 雷斯顿在一次采访中说，他既记不得曾给伯格打过电话，也记不起与哈伦太太的谈话。

明确的权力，即为了保护审议和笔录秘密，有权确立和执行最高程度的安全措施。但最高法院为保护其内部运作过程的秘密性，可以采用所需要的任何司法手段。我对最高法院拥有这项固有的权力没有任何疑问。

6月30日星期三下午2点30分，言辞辩论和案件讨论会结束后的第四天，伯格宣布了有利于报社的6票对3票的判决结果。他选择由自己亲自宣读这份简短的法庭共同判决。尽管事实上他是三个持不同意见的法官之一。

首席大法官篡夺了多数派发表自己判决意见的权利，其他大法官办公室都很不高兴。应该由布莱克而不是伯格来宣布判决。但判决意见的语气给人一种最高法院意见一致的印象，尽管实际上是分裂。并且，它表达了一种强烈地反对事前限制的推定，政府应当承担证明事前限制具有正当性的证明责任。该案中，地区法院已经说过，美国政府没能履行证明责任。伯格的结论是："我们同意。"

后来，在与记者的谈话中，以及一周后在对美国律师协会的演讲中，首席大法官把五角大楼文件称为"事实上达成了一致意见"。

五角大楼文件案判决宣布不久，格里斯沃德要求与首席大法官见面。格里斯沃德告诉伯格，他有非常可靠的信息来源，了解了最高法院内部的投票模式，包括阿里案出现的投票僵局。并且，他能定期了解到每周一会有什么案件送到最高法院去处理。格里斯沃德说，他精确地知道五角大楼文件案的判决会在何时宣布。他曾经想早点儿告诉首席大法官，但还是决定等到本庭期的工作告一段落的时候再说。格里斯沃德对案件讨论会的秘密性表示了担忧。他没有详尽说明，但简单提及他的某些雇员认识最高法院的一些助理。首席大法官向他表示感谢。

当伯格将这个问题在案件讨论会上提出讨论时，他很明显是生气了。伯格说，美国联邦调查局应该与每一位助理面谈，并进行测谎仪检测。他说，他自己不可能泄露消息，因为他没有告诉他的助理有关投票以及讨论会的情况。

布伦南后来评论道："看得出来，他并没有借着阅读他的判决意见与他的助理谈论相关情况。"

其他大法官反对测谎，首席大法官作出了让步。他成立了一个安全委员会，任命斯图尔特担任主席，进一步处理这一问题。

首席大法官也采取了另一个步骤。以后，将不再安排法律助理与副总检察长办公室的球队进行篮球比赛。

道格拉斯对五角大楼文件案的结果尤其高兴。他现在很自信，如果遇上合适的案件，他能够争取到批准对有关战争合宪性问题发布调卷令的足够票数。布伦南和布莱克现在已经准备好考虑这类案件了。再加上斯图尔特和哈伦，他有充足的空间至少获得5张投票来批准调卷令。

1971 TERM

1971 年庭期

布莱克与哈伦的离去

1971 年 8 月下旬的一天，首席大法官邀请其新助理共进午餐。这是一个临时的邀请。一些助理用托盘端着他们的自助午餐到达了一层的女士餐厅。由于这个夏天助理们在不同的时间来到法院，他们和其老板只有过短暂的接触。

埃尔文·赖特，首席大法官的信使和贴身男仆，穿着一件白色的服务员穿的外套站在门口。看到熟悉的信使打扮得像个服务员让人很惊奇，但是突然间赖特又转过身来，大喊一声："美利坚合众国首席大法官。"他的喊声吸引了众人的注意。

助理们条件反射般地站起身。

"你一定是在耍我。"面对伯格资深助理的敌意眼神，一名助理含混地说。

伯格迈步进入房间，和蔼地和每一位助理打了招呼，然后坐到了桌首自己的位置上。古董桌上铺着一块亚麻布，放置着最高法院历史学会的瓷器和银器。在这间餐厅里，浅黄色的墙壁上挂着前任大法官妻子的肖像。伯格感到很自在，他对重新装饰这间房子抱有极大的兴趣。新得的古董——由知名华盛顿人士和律师协会会员捐赠，并通过学会予以资金支持——都是由首席大法官精心挑选的。房间本身就带着时间的印记，那时最高法院的言辞辩论曾是华盛顿最重大的社交活动，大法官们的妻子和他们的宾客都会来旁听。

伯格喜欢待在这些优雅讲究的旧物中。他邀请来此就餐的客人就像房间的装饰一样精挑细选，大多来自他社交生活中所遇到的自己的崇拜者。但是仅有外人的尊敬还不够。伯格真诚地希望获得每年新近担任助理的那些年轻人的理解和尊重。他怀念那些在上诉法院的放松的日子，那时他常常带着他的助理们前往他在阿林顿的房子，为他们做上一顿精致的菜肴。现在，因为最高法院的工作压力以及行政责任，他能和助理们安排一月一次的共进午餐，已属幸运。

伯格对即将到来的庭期进行了介绍，由此开始了这次聚会。近期约翰·哈伦和雨果·布莱克都住进了医院，他对此表示遗憾之外，讲述了关于在这些意识形态对立者之间存在的一些温暖的趣事。他强调了他对两位法学巨匠的尊重和赞赏。

首席大法官还表达了对马歇尔最近接受急性阑尾炎手术的关心。马歇尔并没有让媒体知道，他的胃溃疡引起了一些并发症。此外，尽管道格拉斯身体很健康，他也曾于三个月前更换了心脏起搏器的电池。

首席大法官要传达的信息很明确。不如人愿地但又是不可避免地，首席大法官必须承担起额外的领导责任。在即将来临的庭期，最具紧迫性的问题之一，是解决夏洛特废除种族隔离案和校车接送案判决给联邦下级法院带来的明显的混乱。许多地区法院的法官下令大规模地实行校车接送学生，激起了许多的公开抗议，这些判决显然是为了在各所学校都达到种族平衡，首席大法官解释道。他认为这些都是没有必要的，夏洛特案的判决并没有要求种族平衡。他告诉助理们，他是如何努力说服了坚决反对校车接送的布莱克。正是由于他个人的努力，法院才能最终达成一致判决。

其中一名助理，因为曾在第四巡回上诉法院工作过一年对这个案子很熟悉，礼貌地提出了不同意见。在夏洛特案中，最高法院确认了法官的命令，麦克米伦正是运用了种族平衡的方法设计出了校车接送学童制的救济方案。

不对。首席大法官耐心地解释道，作为判决意见的撰写者，他知道法院想要得到什么样的效果。1954 至 1955 年间最初废除种族隔离的判决作出后，下级法院对于最高法院是旨在废除种族隔离还是为了最终促进种族融合方面感到困惑。显而易见，法院仅仅是要求废除种族隔离。对于强制的种族混合，以达到种族平衡或者完全的种族融合，最高法院并没有做出要求。

伯格告诉他们，在南方都市地区，在 20 个左右废除种族隔离的判决中，联邦地区法院法官误读了夏洛特案的判决意见，结果是大规模地下令实行校车接送学生。事情发生后，他收到了一份来自北卡罗来纳温斯顿 - 塞勒姆学区的紧急申请，申请暂停地区法院法官下发一项的校车接送命令。那位法官错误地下令实行校车接送计划以达到种族平衡。伯格说他将会在下发命令的同时撰写一份单独的法官意见，停止这些关于校车接送计划不必要的困惑。伯格说，这并不是对“因果关系”的修正，仅仅是为了澄清。

助理们听到过一些传言，对夏洛克案最高法院曾经有过激烈而不愉快的辩论。事情的变化使得斯图尔特、布伦南、哈伦、道格拉斯，甚至马歇尔都处于一个关键的位置，他们必须解决布莱克和同样固执的首席大法官之间的激烈冲突。现在，他们困惑地发现，伯格希望他们相信他是最终意见的唯一撰写人。有些助理怀疑，首席大法官究竟是否明白自己在夏洛特一案意见中“写”了些什么。他正在支持一个他在上一庭期中所被迫屈服的立场。

伯格转而谈论起其他事情，在他把话题转向其他方向之前，他总是先不时停顿一下。一些助理看向自己的手表，他们有数以百计的调卷令申请和大量的备忘录要处理。首席大法官的主任助理注意到有一位助理看起来已经睡着了，点头的动作也越来越明显。桌子周边的人挨个用肘部推了下旁边的人。

当伯格起身回办公室继续处理温斯顿 - 塞勒姆案时，已经是将近三点了。他给其他几位大法官打了电话，有几位还没有返回华盛顿。

布伦南坚决反对暂缓执行该计划，他声称下级法院的处理并无不当。其他一些大法官同样表示反对。此外，在上个星期，布莱克在一个类似的校车接送案件中，发布了暂缓实施的命令 [科珀斯克里斯蒂市（Corpus Christi）]，认为情况太过混乱，不宜于仓促决定。伯格并不希望以自己的名义准予暂缓执行；他的意图很可能会被误解。但是，他确实希望能表明自己的观点，种族融合和严格的种族平衡并非必然要求。最终，他想出了同时达成这两个目标的方法。他写道，记录的不充分，加上学校还有一周就要开学这一情况，使得最高法院不可能在“温斯顿—塞勒姆案”中下令暂缓执行校车接送计划。但是如果将夏洛特案的判决意见解释为要求达到种族平衡，是令人不安的，并且可能是对判决意见的“误读”。他认为，温斯顿—塞勒姆的地区法院和上诉法院法官，把夏洛特案的意见误解为要求达到种族平衡。首席大法官希望能向这些法官和所有下级法院的法官表明，这一观点是错误的。

在“夏洛特案”的判决意见中，其他大法官坚持认为，种族平衡不只是一种衡量是否违法的方法，还是一个有益的起点，有利于形成一种救济方案，纠正过去的违宪情况。伯格总结道，有些取舍是必需的。

他写道，种族平衡“显然是一个必要的起点，以判断是否存在违法情形”，他停在这里，没有提到它作为形成救济方案的作用。接着他谨慎地从“夏洛特案”的判决意见中选取了他认为重要的表述。“考虑到宪法规定的权利，如果我们认为地区法院的判决，要求某一程度的种族平衡或者混合，这种要求不会得到确认，并且我们将有义务撤销该判决。宪法要求废除学校中的种族隔离，但并不意味着要求每个社区中的每所学校都要符合学区整体的种族构成。”为了确保没有人忽视这一点，首席大法官着重进行了强调。在 8 月 31 日，温斯顿 - 勒姆学区开学后的第一天，他发布了长达十页的判决意见。

布伦南对判决意见的语气感到尤为不快，看上去它像是一定会被作为最高法院的多数判决意见，而首席大法官则好像就代表了最高法院。布伦南告诉他的助理，伯格对该案的定性有误，最高法院在去年就已经解决了这些问题。

布伦南很清楚，在“夏洛特案”的判决意见中有许多模糊，甚至矛盾的观点。为了一致通过，这种情况是不可避免的。但是，下级法院的法官对判决意见的理解，正如布伦南所希望的那样，是正确的。现在，为了限制下级法院，伯格让情况又重新变得混乱起来。布伦南感到被冒犯，首席大法官在其判决意见中过于强调个人意见，甚至主张平均每天三个小时的校车接送时间过长。事实上，布伦南同意这个观点，但是首席大法官提供其个人的判断标准是不恰当的。

伯格还建议，如果校车接送距离过长，学生可以转学到离家更近的学校。布伦南认为，这会诱使学区破坏废除种族隔离的命令。布伦南的一名助理开玩笑说，尼克松——在一个月前向卫生部、教育部和福利部下发命令，按照“法律最低要求”执行校车接送计划——给伯格下了开拔令。

不是，布伦南回应道，沃伦·伯格在这件案子上并不需要尼克松的命令。

伯格单方对“夏洛特案”重新解释带来的紧张气氛，因为布莱克和哈伦急速恶化的身体状况而偃旗息鼓。

“五角大楼文件案”成为布莱克唯一可以暂时缓解压力的案子。他的头痛症复发，较之前更加频繁和剧烈。道格拉斯建议布莱克辞职，但是布莱克没有接受这个建议。

7 月中旬，他住进贝赛斯达海军医学中心（Bethesda Naval Medical Center），接受了四天的检查，在当月稍晚，又入院两天。布莱克确信自己得了癌症，尽管医生并不这么认为。他已经没有胃口进食，到 8 月中旬医生要求他的家人送他回医院治疗时，他的体重只有 115 磅。在他住院前两天，他请求一个前任助理，现华盛顿一位颇有名望的律师卢·奥伯道夫，为他草拟了一份辞职信。第二天晚上，奥伯道夫把它带给了布莱克。布莱克签了字，但是没有填写日期，他说：“这样，可以保护最高法院。”

第二天早晨，8 月 27 日，布莱克住进了医院。哈伦就住在隔壁间，正在接受背部疼痛治疗的检查。

与布莱克不同，哈伦在病床上还在继续处理着事务。他已经近乎失明，甚至看不到自己手中香烟燃落的烟灰，但他仍固执地为接下来的庭期做着准备。一天，一个助理带来了一份紧急申诉。哈伦躺在病床上，与助理讨论这个案子。他们都认为应该驳回这份申请。哈伦弯下身，眼睛几乎碰到了纸，签下了自己的名字，然后递给了助理。助理没看到有任何签名，故而仔细地看着哈伦。

“哈伦大法官，你刚刚驳回了你的床单。”助理温和地说道，然后指着亚麻床单上歪歪扭扭的字迹。哈伦笑了，又签了一次，这次签在了申请书上。

布莱克并不希望有任何访客。他深信自己即将死去。尼克松寄来了一封信，说到希望能来探望他，布莱克拒绝了。伯格前来与他聊天，但是布莱克也没有回应。哈伦不停地鼓励着布莱克，但是也失败了。

“我看不见，”布莱克跟他的一个儿子说道，“我已经放弃了……你知道吗，约翰·哈伦也什么都看不到了，他也应该从最高法院退休了。”①

从住院的那一刻起，布莱克最大的顾虑是确保他最私人的那些文件、备忘录和会议记录已经被烧掉。这些东西的出版，会妨碍人们自由地交换意见。在已故大法官哈罗德·伯顿的日记里，布莱克感到自己受到了不公平的对待，因为日记里写到他最开始是反对废除种族隔离的。因阿尔普斯·托马斯·梅森所著的前任大法官哈伦·菲斯克·斯通的传记，布莱克同样深受打击。布莱克告诉伯格，当他读到斯通的传记时，他才发现原来斯通对他无法忍受。

布莱克不希望他的私人文件被用作类似用途。他命令他的儿子小雨果烧了那些文件。他的儿子没有立刻去办，而是希望父亲的情况能有所好转。但是布莱克的身体状况持续恶化。他的文件最终还是被取回烧毁。9 月 17 日，布莱克的侍者把他的辞职信送给了尼克松。他时年 85 岁，已经在最高法院服务了 34 个庭期。

几乎同时，哈伦收到了令他害怕的消息，检查结果显示他得了癌症。哈伦决定辞职，但是暂时不对外宣布，他不想受到布莱克那样的关注和奉承。9 月 23 日，哈伦提交了辞职信。他当时 72 岁，已经服务了 16 个庭期。

两天以后，布莱克去世了。②

鲍威尔和伦奎斯特的继任

最高法院的大法官减少至 7 位，案件讨论会因而被迅速召集修改工作

---

① 参见小雨果·布莱克《我的父亲：回忆录》，第 249 页。

② 被挑选致悼词的牧师去了布莱克的藏书室，找到了各类书籍，布莱克在书中标注了很多下划线。这其中包括其前助理之一查尔斯·莱西写的《绿化美国》。牧师选出其中几处被标注了下划线的部分在葬礼上朗读。在宣读悼词期间，布伦南轻轻地推了一下斯图尔特，说道：“雨果如果听到这些，得从墓穴中翻身起来。”只有布莱克的密友知道，布莱克认为莱西的书荒谬可笑，他将书中他不喜欢的部分加了下划线。

安排。大法官们认识到，在未来一段时间，如果涉及确认事项长时间争论不休，法院可能会人手不足。

原本应该在新庭期的第一天（就在两个星期以后）进行辩论的一些死刑案件，是最早被延期的。这些案件需要九人同时开庭。无论哪种案件，伯格都希望尽量暂缓开庭。随着哈伦和布莱克的离去，道格拉斯预料到在战争案中得到多数投票已经不可能了。伯格确信尼克松新任命的人选自然会是自己的同盟。

但是当政府开始采取行动时，伯格感觉到尼克松并没有从海恩斯沃恩和卡斯韦尔的灾难性事件中吸取任何教训。第一个被提交到美国律师协会审查委员会的人是理查德·波夫，弗吉尼亚州保守的共和党议员。法律界对此人当选的反应相当冷淡。审查委员会看起来不可能给予波夫任何支持。波夫很快被排除在名单之外。

其他人选的消息也相继透露出来。其中有一人引起了媒体和法律界的激烈反应，他是西弗吉尼亚州民主党参议员罗伯特·伯德。尽管伯德作为法学院毕业生，没有取得律师执照，并且没有执业过，尼克松仍然希望将其提名至审查委员会。

哈伦在医院里向斯图尔特表达了他对可能的继任者的担心。尼克松再次提名平庸，甚至明显不可能被接受的候选人，似乎是希望贬低最高法院，对此他们都感到困惑。最高法院的其他人也都和哈伦有同样的担忧。

尼克松有两个标准。他仍在寻找一个南方人士，并且希望任期内成就另一个“第一次”。他希望任命最高法院的第一位女性大法官。

米歇尔很快想到了一位来自阿肯色州的男性候选人，赫谢尔·弗莱迪，当地的一位证券律师。10 月 7 日，周四下午，米歇尔和伦奎斯特与他进行了会谈。第二天的早晨，他们又会见了最有希望的女性候选人，米尔德利德·利利，一位加利福尼亚州上诉法院的法官。

白宫顾问约翰·迪恩被指派与候选人会谈。在提名海恩斯沃恩和卡斯韦尔失败后，米歇尔失去了总统的一些信任。迪恩在报告中说，弗莱迪是一位好律师，但是他能让卡斯韦尔看起来像一位出色的参议院证人（Senate witness）。他对宪法知之甚少，很难被批准。迪恩说，利利有类似的问题，律师协会的审查委员会可能不会批准她，因为她缺少足够的审判经验[①]。

这些候选人并没有给伦奎斯特留下深刻的印象。“我们应该能找到更好的人选。”他告诉克兰丁思特。他更看好纽约州上诉法院的法官查尔斯·布莱特尔，一位杰出的保守派法学家。

但米歇尔对人选感到满意。10 月 12 日，星期二，他把弗莱迪和利利两人的名字提交给了美国律师协会审查委员会。

伯格越来越感到担忧。尼克松又一次试图任命不符合任职资格的人，这将引发与参议院的持久抗争，从而严重损害最高法院的声望。因为白宫没做好工作，可能导致最高法院在整个庭期只能依靠七名大法官勉强维持，这是不能忍受的。自从布莱克和哈伦辞职后，首席大法官多次与米歇尔探讨过迅速且谨慎地挑选候选人的必要性，但是米歇尔似乎没有领悟到他的意图。

10 月 13 日，伯格通过一封“私人且机密的”信件，又一次试着向米歇尔表达自己的想法。伯格要求米歇尔和他的客户（“尼克松”）能谨记最高法院的需要。“毋庸置疑，我认为最高法院作为一个公共机构，在过去十年受到了严重地损害”。

他提醒道，林登·贝恩斯·约翰逊（L.B.J.）曾试图用福塔斯取代首席大法官沃伦，而接下来发生的福塔斯财务丑闻，使约翰逊陷入窘境。伯格说：“对法官海恩斯沃恩完全无根据的拒绝，紧接着又拒绝了法官卡斯韦尔，都是让人痛心的事情。”

“九月份最高法院失去了两位强大、有能力的法官——其中一位实际上已经成为一个传奇，这是一种不同的打击，但是对这个公共机构而言却又是一个新的伤害。”伯格说道。首席大法官又提到他理解尼克松希望能任命一位女性大法官，但是反对“仅仅因为她是位女性而任命”。

伯格同时表达了他对尼克松希望任命一位南方人的理解。“正如我数周前和最近都曾向您提到过的那样，我承认总统先生不能忽略地理因素。”

---

① 参见约翰·迪恩《盲目的野心》，第 50 页。

首席大法官建议总统，在赫谢尔・弗莱迪之外，考虑两位来自南方的候选人，按他的描述，是“拥有十分出色的专业素质”的律师。一位是路易斯・鲍威尔，64 岁，是在里士满执业的一位私人律师，曾经担任过律师协会的会长。另外一位是亚拉巴马州的联邦地区法院法官弗兰克・约翰逊，自由派人士，有强大的民权运动背景。伯格还提供了另外七位来自东北地区的法官作为备选。

当天下午，米歇尔和伯格在司法部长办公室会面。两个小时之后，米歇尔告诉记者政府在赫谢尔和利利之外，还有九位候选人在考虑之列。

10 月 18 日，星期一，审查委员会主席向记者表示，两位主要候选人赫谢尔和利利，将会很难得到律师协会的批准。正式的投票将在星期三举行。尼克松和米歇尔并没有坐等结果。在星期二的早晨 8：20，米歇尔给住在纽约华道夫 - 阿斯多里亚酒店的鲍威尔打了电话。“我得到总统的授权，提名你为最高法院大法官的候选人。”米歇尔说。

鲍威尔拒绝了，他提醒米歇尔他曾经在卡斯韦尔失败后不久写了一封信。那时他听说自己在考虑之列，然后给米歇尔写信说明自己并不想接受这个职位，他已经 62 岁，年龄太大难以再开启新的事业。现在，鲍威尔提醒米歇尔，他又老了两岁。

米歇尔也注意到了年龄问题。当两年前鲍威尔的名字出现在名单上的时候，总统也曾认为他年龄太大了，没有足够时间在最高法院形成影响力。但是现在情况紧急，鲍威尔能够取得认可。

米歇尔询问鲍威尔能否等在电话旁边，他承诺会在 10：30 再致电。鲍威尔等着，直到将近 11：15，米歇尔的电话才打过来，请他再考虑考虑。鲍威尔再次拒绝了。

司法部副部长格里斯沃德向米歇尔建议，如果总统直接邀请，鲍威尔可能会有不同决定。鲍威尔刚回到位于里士满的家中，电话就响了，是从白宫打来的。尼克松总统极力劝说鲍威尔，他有“责任”接受这个职位，这是对南方诸州的责任，对法律、对最高法院、对总统，乃至对国家的责任。

鲍威尔告诉总统他会考虑的，但是即使这么说，他很清楚自己无法拒绝总统。

鲍威尔将接替的是布莱克的位置，还需要一位候选人接任哈伦。克兰丁思特准备好和米歇尔一起审查可能的提名人。参加过之前大多数会谈的伦奎斯特同样已经做好了准备，但是克兰丁思特告诉他，忘记会谈这回事吧。“我们将会讨论到你。”克兰丁思特说。

尼克松对于提名伦奎斯特有一定的顾虑，因为看起来会像是在任命“自己人”，而且伦奎斯特在法律界尚无名声。伦奎斯特曾在 1952 年担任过大法官罗伯特・杰克逊的助理，还曾在凤凰城执业过 16 年。在凤凰城，他是共和党金水派（Goldwater wing）的一员。在 1969 年，他加入到司法部，作为司法部长助理领导法律顾问办公室。他事实上也曾经是司法部长米歇尔的律师。

尼克松总是记不住伦奎斯特的名字，他曾经把他叫成“兰奇伯格”。他曾经因为伦奎斯特随性的打扮感到吃惊，还有一次提到他时称他为“那个小丑”，因为看到他留着长长的连鬓胡，穿着粉红色的衬衫。但是伦奎斯特十分聪明，并且极端保守。现在仅 47 岁，还可以期待他任职多年。

10 月 21 日，星期四的晚上，在一次电视演讲中，尼克松宣布提名鲍威尔和伦奎斯特。

尼克松认为鲍威尔会很容易通过批准。他是弗吉尼亚州本地人，履历令人印象深刻：1929 年，在华盛顿与李学院（Washington and Lee College）获得美国大学优等生奖章（Phi Beta Kappa）；在两年内完成了三年的学习任务，并且成绩在法学院居班级第一；在哈佛法学院做了一年的研究工作；在一家卓有声望的律师事务所执业；担任过 11 家大型公司的董事；在 1964—1965 年间担任美国律师协会的会长；1968—1970 年间，担任美国出庭律师协会的会长（American College of Trial Lawyers）；还是林顿・约翰逊全国犯罪委员会的成员。

鲍威尔属于政治温和派。作为全国法律援助及辩护人协会的副会长，在确保为贫困者提供有组织的法律援助服务方面，发挥着重要的作用。1952 至 1961 年间，作为里士满教育委员会的主席，即使布朗案判决后，面对种族隔离主义者要求关闭学校的压力，他仍保持着里士满学校的正常运作。

伦奎斯特也有着出色的简历：取得了斯坦福大学的学士和硕士学位；哈佛大学的历史学硕士学位；同时是斯坦福大学法学院《法律评论》的编辑。

但是和鲍威尔相比，伦奎斯特在获得参议院的批准方面可能会多些麻烦。司法部副部长理查德·克兰丁思特把他带到华盛顿担任司法部长助理一职，为司法部提供法律策略方面的建议。伦奎斯特表现十分出色——有关司法部的反犯罪措施、对国内激进分子的电话监听，以及去年春季发生的对示威者的大规模逮捕，他都能提出正当化建议。伦奎斯特把工作做得太好了，可能会招致国会自由派的攻击。布莱克似乎肯定会反对他的提名。就在不久前的 1964 年，伦奎斯特曾出庭作证，反对凤凰城的一项民权法案，在 1967 年又对有限制地废除学校种族隔离表示了支持。

但是尼克松有个计划，将两位被提名人打包一同提交到参议院。鲍威尔的支持者将会努力解决这个困境，甚至努力不让鲍威尔和伦奎斯特在访问国会山时被拍到合照。在提名后不久，鲍威尔就和一群支持者拜访了参议院司法委员会主席，保守派詹姆斯·伊斯特兰。

伊斯特兰坐在桌后，静静地抽着烟。他告诉鲍威尔："你会被批准的。"

鲍威尔表示感谢。

"你知道为什么你会被批准吗？"伊斯特兰问道。

不知道，他回答。

"因为，"伊斯特兰慢慢地说，"他们认为你活不了多久了。"

鲍威尔的朋友试图将他和伦奎斯特划清界限，这让伊斯特兰感到很不悦。伦奎斯特在国会山的几次露面，已经赢得了伊斯特兰的好感。参议员已经听够了鲍威尔的支持者对伦奎斯特的评论，认为他学识浅薄，达不到最高法院的标准。对伊斯特兰来说，这正意味着伦奎斯特代表的是美国中部的普通市民。他声称，两人将会"都被批准或者都被否决"。

伊斯特兰收到消息，美国律师协会审查委员会将不会支持推荐伦奎斯特。委员会只有建议的权力，但是一张不利的投票将使伦奎斯特显得资格不符，因而会破坏其获得批准的机会。这种可能让伊斯特兰觉得难以置信。

伦奎斯特并不是个笨蛋，在斯坦福法学院就读时，他是班上的第一名。这背后必然有不为人知的卑劣的政治动机，伊斯特兰决定揭露它。主席传话给审查委员会的十二名委员，如果伦奎斯特没有得到批准，他将传讯所有人，在宣誓后说明反对的原因。传讯单已经打印好，行程也已经计划好了。工作人员已经做好前往全国各地的准备。

律师协会审查小组在 11 月 2 日进行了投票。鲍威尔获得全票支持，全体一致通过。明显受制于伊斯特兰的威胁，委员会对伦奎斯特的投票结果为 9∶3 的高支持率，即使是少数派也表明并不是“反对”他的提名。

参议院委员会 11 月初对鲍威尔的质询也是走过场。鲍威尔写的一篇文章引发了一个小争议。这篇文章四个月前发表于里士满当地的一份报纸，文章攻击了“激进左派”，并且把它和“国外的共产主义敌人”联系起来。文中写道，无须获得令状即对国内激进分子进行监听是合理并且必要的；对国家安全的“外部和内部威胁”之间并没有明显的界限。但是文章引起的争议不大。12 月 6 日，参议院以 89∶1 的投票结果批准了对鲍威尔的任命。

伦奎斯特受到了更严格的质询。最大的问题是他 19 年前担任杰克逊大法官助理期间就布朗案所写的一份备忘录。备忘录中建议最高法院不要下令废除学校的种族隔离，建设“隔离但平等”的设施已经完全符合宪法的要求。

伦奎斯特证实，备忘录是出自他手，但否认这代表他自己的观点。他只是总结了杰克逊在会议中的观点。

伦奎斯特的说明受到了曾和他一起在最高法院做助理的一位律师的反驳，杰克逊的秘书也提出了质疑。媒体着重对陈述的矛盾之处进行了报道。① 但是，委员会没有理会此事。经过整整两天的听证，自由派只能确定在为政府的政策进行辩护时，伦奎斯特就像他看上去那样保守。12 月 10 日，参议院以 68∶26 的投票结果批准了对伦奎斯特的任命。

① 道格拉斯，最高法院目前唯一一位曾经对布朗案进行判决的大法官，审阅了伦奎斯特的一份证词。伦奎斯特是对的，他对助理说。这实际上是杰克逊的观点。同时参见理查德·克卢格《简单的正义》，第 605–610 页。

新任大法官将在假期过后宣誓就职。

山岭俱乐部诉莫顿案——布莱克门与道格拉斯的惺惺相惜

尽管信奉不同的人生哲学，布莱克门很欣赏道格拉斯判决意见中呈现的热情。11 月讨论的一个环境案件［山岭俱乐部诉莫顿（Sierra Club v. Morton）］中，道格拉斯撰写的反对意见中所展现的诗意和力量，让他尤为感动。

由于山岭俱乐部不能证明某个特定会员个人将会受到影响，对该环保团体请求阻止将 800 英亩的荒地建成迪士尼游乐场和滑雪场的诉讼，最高法院没有予以支持。①

> 这些人在这里徒步、钓鱼、打猎、野营、聚会，或者只是为了坐着享受孤独和奇妙的感受，他们都是这块土地合法的发言人，无论他们人数是多是少。
>
> 来自无生命物体的声音不应该被压抑……这些无价的点点滴滴在美利坚永远消失，或者变为城市环境的碎石徽砾之前，那些现存的受惠于自然奇迹的人的声音，应当被听到。

布莱克门不认为他会加入道格拉斯过于重视个人感受的反对意见。但是他会和道格拉斯站在同一立场投票，并为其形象化描述提供数学上相应的统计分析。他进行了一些计算。预计每天会有 14000 位游客涌入，他们需要经由一条新的穿过红杉国家公园的 29.2 英里长的两车道高速公路到达。假设他们尽可能少地使用车辆，即每车乘坐四人，这样每天也会有 3500 辆汽车经过。每辆汽车一个来回的行程意味着每个方向每小时会经

---

① 为了获得起诉资格，任何欲提起诉讼之人必须已受到引发争议行为的直接影响。怀特在加入四人组的多数意见之前评论道："为什么山岭俱乐部会没有一个该死的成员走过公园呢？俱乐部应该有起诉资格。"

过 300 辆车，每 6 秒就会有 1 辆车经过。“难道这就是我们保护荒原以及长久维持其美丽、孤独和宁静的方式吗？”布莱克门问道。

他建议山岭俱乐部以会员个人作为当事人重新提起诉讼，以解决最高法院认为俱乐部作为整体不适格的问题。另一方面，他建议最高法院可以扩大对当事人资格的传统解释，以解决类似案件的可诉性。

对布莱克门的支持及其有点激进的扩大当事人资格的处理方法，道格拉斯感到很高兴。他把布莱克门约出来。“你喜欢户外活动吧，哈里？”道格拉斯拍着布莱克门的背说。他无须再多说些什么。

经过数月的挣扎，即使知道道格拉斯有些看不起他的专业素质，布莱克门觉得两人突然间有了紧密的联系，他们是两个身处自然掠夺者之中的自然主义者。他感到和道格拉斯关系更亲近了。

4 月 19 日一大早，布莱克门派了一位助理到道格拉斯的办公室，并带去了一份备忘录——“……布莱克门大法官希望在法官席上口头表达自己的不同意见，当然前提是你同样这么做，因此他要求你今天也能口头表达自己的反对意见。”

道格拉斯大声念出了自己的反对意见。

堕胎自由案

道格拉斯一直希望最高法院能正视堕胎的问题。大多数州的现行法律，禁止或者严格限制自由堕胎，构成了对女性个人自由的侵犯。他认为，广义的宪法上的“自由”，包括女性对自己的身体的控制权。

但是道格拉斯认识到，在这个争议日益激烈的问题上，他的大部分同事不太可能对宪法进行如此广泛的解读。他也知道最高法院现在需要处理的两个案件，即挑战得克萨斯州和佐治亚州严格限制堕胎的法律的多伊诉博尔顿案（Doe v. Bolton）和多伊诉韦德案（Doe v. Wade），并不意味着最高法院突然愿意借机处理广泛的堕胎问题了。最高法院接受这些案件，仅仅是为了决定是否扩张适用最近作出的限制联邦法院介入州法院诉讼的一系列判决。如果女性和医生觉得州针对堕胎提起的诉讼侵犯了他们的宪法权利，他们是否可以诉至联邦法院以阻止州的行为？他们能否直接向联邦法院提起诉讼，而不需经过州法院体系下的所有可能的上诉程序？道格拉斯知道首席大法官对这些管辖问题持否定态度。首席大法官是希望借由这两个案件减少由激进派律师提起的诉至联邦法院的案件数量。因此，这两个案件主要不是考虑堕胎权的问题，而是对管辖权的讨论。道格拉斯倍感沮丧，他知道他的阵营在管辖权问题上也会输。

鉴于鲍威尔和伦奎斯特还没有宣誓就职，这两个案件将由七位大法官投票决定。首席大法官、斯图尔特、怀特和布莱克门坚决反对扩大联邦法院对有关民事权利案件的管辖范围。因此，无论是管辖问题还是堕胎问题，看起来至少会是 4 比 3 的失败结果。

在其中一个案件中，萨拉·韦丁顿，一位镇定但并无多少在最高法院出庭经验的律师，站在女性的立场进行了辩论。她希望能推翻得克萨斯州 1856 年出台的限制堕胎的法律。她并不知道最高法院的关注焦点在管辖问题上，因而即刻开始讨论女性所享有的堕胎的宪法权利。

斯图尔特指出，需要先行解决几个基本问题，包括管辖事项。

斯图尔特的问题引起了道格拉斯的注意。在口头辩论中，如往常一样，他总要忙许多事情。他总是一只耳朵听着，做会儿记录，听一会，从图书馆要本书，再接着听，临时起意问个问题，为当天的信件签字，然后继续听，向左手边的首席大法官或者右手边的斯图尔特发表一些讽刺性的评论。这一次，他变了。

道格拉斯突然停住了。他迅速地写了张字条递给了助理，写着："我需要关于管辖问题的详细研究，你们有谁可以负责这份工作吗？"

韦丁顿回答斯图尔特说，她并没有看到有任何管辖问题。根据最高法院先前的判例，如果出现宪法问题，联邦法院可以介入州辖案件。最高法院有诸多依据可以废止得克萨斯州的堕胎方面的法律。"我们提起这个诉讼，是基于宪法的正当程序条款、平等保护条款、第九修正案，以及其他诸多依据，"韦丁顿开始说，"因为……"

"还有其他可以适用的条款吗？"怀特讥讽地出言打断了她。

“嗯，是的。”韦丁顿答道，暂时用微笑化解一下尴尬。

但是怀特在他希望的地方阻止了韦丁顿。她提起了一个过于宽泛的宪法诉讼，对此最高法院的大多数法官通常会持反对意见。

“那么，你是不是想说你所主张的宪法权利，直到出生那一刻才享有，如果不是，那么你想表达什么？”怀特问。

“……宪法，在我看来，保护的是出生之后的人。”她回答。

道格拉斯接着询问大法官们认为应当讨论的话题，联邦法院的管辖问题，韦丁顿的辩论时间很快就过去了。

当得克萨斯州检察长助理杰伊·弗洛伊德开始陈述得克萨斯州案时，马歇尔把话题又转回了堕胎问题。他问道，未出生的胎儿何时开始享有完整的宪法权利？

“任何时候，大法官，我们对此并不做区分……”弗洛伊德回答。“生命从受孕那一刻开始。”

“你们是否有科学数据支持该论点？”马歇尔接着问。

“大法官，我们在案情摘要中一开始就提到人类胚胎的形成过程，从胚胎到形成胎儿，大约是怀孕后七到九天的时间。”弗洛伊德回答道。

“那么，六天呢？”马歇尔问，引起了听众席上的一阵轻笑。

“我们不知道。”弗洛伊德承认。

“但是这个州法覆盖到了受孕后的第一个小时。”马歇尔说着，显然非常愉快。

“我不——大法官，这——这个领域有些无法回答的问题，我——”弗洛伊德有些慌乱，被周围的笑声打断了发言。

“我能理解，我能理解。”马歇尔重复了几次，向后靠去，弗洛伊德的混乱显然让他感到十分满意。

“这是我们的一个初步陈述。”弗洛伊德回答。

“我收回这个问题。”马歇尔说道，声音减弱了。

弗洛伊德接下来的发言几乎被周围的笑声给淹没了。

最高法院开始讨论佐治亚州的案件。玛吉·皮兹·黑姆斯为其客户反对佐治亚州某法律的一起案件简要陈词，该法律规定堕胎需要两名医生和一家医院委员会的同意方可进行。她坚称，该案和得克萨斯州的案件有所不同。这起案件并不涉及管辖问题，她争论道。

一上午的时间里，布莱克门首次来了精神。他问道，为什么提起诉讼的该女性没有同时起诉医院和佐治亚州。实践中广泛的普遍做法是，进行某些堕胎手术需要一个医疗组同意，而非仅仅一名医生，因此导致这些手术很难获得批准。针对这一问题他仔细询问了黑姆斯。

从头到尾，布莱克门的语气都充满了敌意。大体上，他发现这些案件的口头辩论水平低下。堕胎问题应该得到更好的陈述。

最高法院的惯常经验是，少有通过口头辩论而胜诉的案件，但偶尔会发生因此而败诉的现象。如果不是因为案件关注的是管辖问题，得克萨斯州总检察长的发言显然会给该案造成不利影响。

布莱克门有三个坦率的女儿和一位同样坦率的妻子，因此对堕胎问题很敏感。此外，他曾经担任过梅奥诊所的顾问，很同情医生的正常医疗行为被州政府干涉，还被指示应该或者不应该以某种方式对待病人。但另一方面，布莱克门大体上又认为各州有权力实现自己的立法目的。

斯图尔特认为堕胎事关情感，是最高法院很难妥当处理的。但是这个问题越发重要，不容忽视。堕胎是一个政治问题。正如斯图尔特从她女儿哈里特——一位坚强、独立的女性——身上学到的，女性的自主权利意识正在觉醒。

如斯图尔特所看到的那样，堕胎已经成为控制人口的一项合理途径。特别是对穷人而言，他们常常是过时的、人为复杂化的法律的受害者。公众已经做好准备迎接堕胎方面的变革。

但是，这正是让斯图尔特感到不舒服的那类问题。恰恰因为本质上这是个政治问题，最高法院应该不予回应。但是州立法总是如此滞后，很少有哪个州打算修改其有关堕胎问题的法律。尽管斯图尔特非常不愿意最高法院介入到此类争议中，但可能，这种情况下，最高法院不得不介入。

不过，斯图尔特并没有打算成为最高法院中的积极支持者。自由堕胎的支持者认为，最高法院应当扩大适用它于 1965 年在康涅狄格州生育控制案［格里斯沃德诉康涅狄格州（Griswold v. Connecticut）］中做出的判决。在该案中，多数大法官主张，尽管隐私权并未在宪法中明确规定，但隐含在诸多宪法修正案中。根据裁决，康涅狄格州无权禁止已婚夫妇采取避孕工具。自由堕胎的支持者希望能将宪法上的隐私权扩大至堕胎。

斯图尔特认为这些支持者的观点太过激烈。针对 1965 年的判决他曾持反对意见，后来才极不情愿地放弃原有立场。对最高法院来说，创设另外一个新的宪法权利是完全没有必要的。

去年的一起案件 [美国诉沃驰（U.S. v. Vuitch）] 中，当最高法院支持哥伦比亚地区限制堕胎的判决时，道格拉斯持反对意见。他的理由是，医生关于堕胎的判断是专业意见，不应事后再次被判断。这也许是问题的解决方法。

斯图尔特认为可以扩张适用道格拉斯的观点，说明一些反对堕胎的州法限制了医生做出最好判断的能力。既然取得了州执业许可的医生是专业人士，法律不应该干涉医生为病人做出的判断。根据该理论，斯图尔特可以投票反对佐治亚州法律，该部法律要求经两名医生和一家医院委员会同意后方可实施堕胎。这样就没有必要创设一项明确的宪法权利即堕胎权。但是他不希望成为讨论会上第一个提起这个话题的人。

道格拉斯曾在一年前提出过该论证方法。由于他最有可能指出斯图尔特的立场与过去冲突，斯图尔特的一名助理去到道格拉斯的办公室。他告诉道格拉斯的一名助理，斯图尔特在考虑投票反对佐治亚州的堕胎法律。如果道格拉斯能够再次提出该论证，或许会有所帮助。

助理们比对了记录。布莱克门似乎也曾要求他的助理对该问题进行研究。布莱克门十分尊重医生，因此很可能会接受这个观点。来自斯图尔特助理们的讯息传到了道格拉斯耳中。

道格拉斯并没有什么反应。斯图尔特是一个贵族，一位洛克菲勒共和党人。他的支持者不是穷人或者女性。他"高处云端"，因美国上层社会的贵族准则而受限制。斯图尔特更关心法学的表象，而非本质。道格拉斯深信斯图尔特和四分之三的美国社会没有过接触。他常常调笑斯图尔特的高贵的耶鲁背景。不，道格拉斯决定，他不会为斯图尔特提供特别的帮助。如往常一样，道格拉斯提出自己的想法，让其他人自己管自己的事。

星期四,七位大法官听到铃声后前往参加案件讨论会。因为道格拉斯的出行计划，讨论会提前了一天。

在讨论堕胎案件之前，会议先解决了米切姆诉福斯特案（Mitchum v. Foster）。该案中，佛罗里达的一家“成人”书店，因出售猥亵物品，被州法院的法官判决关闭。米切姆提出了和堕胎案件类似的管辖问题。在州法院审判结束之前，书店主人可否诉至联邦法院?

斯图尔特主张，尽管最高法院先前对联邦法院的介入进行了限制，适用不干预原则也有其界限。当存在明显的违宪情形时，联邦法院必须有权介入。与道格拉斯的预期相反，斯图尔特支持道格拉斯的意见，加上布伦南和马歇尔，投票结果为 4∶3，主张联邦法院有管辖权。

由于该案和堕胎案的管辖问题相同，最高法院也有效地解决了堕胎案中的管辖问题。最高法院确实享有管辖权。出乎意料，最高法院忽然间发现自己面临着堕胎案中潜在的宪法问题。女性是否有权堕胎?

首席大法官在总结案件时遇到了些许困难。根据佐治亚州的法律，堕胎要求两名医生和一家医院委员会的同意，这给欲实施堕胎手术的医生施加了不寻常的限制。

斯图尔特所希望的是，讨论应集中在欲实施堕胎手术医生的专业判断权利，而不是女性是否有堕胎权。对解除医生限制的观点，斯图尔特和布莱克门都表示赞同。每位大法官的关注点都不相同。随着讨论的进行，他们的立场逐渐鲜明。

首席大法官坚定地支持两州的堕胎法律，但没有明确投票；

怀特同样表示支持；

道格拉斯、布伦南和马歇尔基于女性享有的广泛的宪法权利，坚决支持废止堕胎法律；

如果仅是在狭义的医生的专业裁量权的基础上，斯图尔特和布莱克门支持至少要废止堕胎法律中的部分内容。

首席大法官说，这是些棘手的案子。在最终的判决意见草案出台之前，没有人能准确说清结果会是怎样。在两位新科大法官上任后，可能会重新就这些案件进行辩论。

布伦南和马歇尔推测投票结果可能是 5∶2——道格拉斯、布伦南、马歇尔、斯图尔特和布莱克门支持废止法律，首席大法官和怀特持不同意见。

但是道格拉斯认为只会有四票支持废除堕胎法律。布莱克门如何投票还远不能确定，不能期望他会在如此重要的问题上与首席大法官产生分歧。

就布莱克门而言，他支持某种有限度的裁决，废除这些法律的部分内容，但是他还没有决定怎么做。

怀特认为会有三票支持废除堕胎法律——道格拉斯、布伦南和马歇尔；三票支持维持堕胎法律——怀特、斯图尔特和布莱克门；首席大法官暂未表态，但显然也是支持维持这些法律。

斯图尔特告诉助理们，“我们会正视堕胎问题”，并且在他看来多数人会支持废除法律。布莱克门态度不明。

下午，首席大法官传阅了分案表。表的左侧按口头辩论的顺序列着所有案件，右侧对应列着负责撰写案件判决的大法官的名字。

道格拉斯花了一会儿工夫才理解了案件的分配模式，这让他感到大为吃惊。首席大法官分配了四个案件。道格拉斯很确定，就这四个案件而言，首席大法官都不会是多数派中的一员。这其中包括了分配给布莱克门的两件堕胎案。当他逐项浏览这张分配表时，他几乎无法控制自己的愤怒。是出了什么差错吗？他让一位助理去检查下会议记录。道格拉斯随身带着一本摘要，里面有做成表格的投票记录。结果正如他所怀疑的那样。

佛罗里达书店案提出了与堕胎案类似的管辖问题，在该案中首席大法官是少数派的一员。伯格不仅分派了此案，而且把案件分配给了另外一位少数派大法官。道格拉斯疑虑更重，因为该案为两件堕胎案的管辖问题提供了基础。

首席大法官分派了另外一起案件［古丁诉威尔逊（Gooding v. Wilson）］，该案中他和布莱克门是仅有的两名投了反对票的少数派。而道格拉斯作为多数派中的资深法官，在讨论会上已经把该案分派给了布伦南。

第五个案件［亚历山大诉路易斯安那州（Alexander v. Louisana）］中，首席大法官属于多数派，但是把该案分派给了少数派的斯图尔特主笔。斯图尔特以这个理由向首席大法官递交了一份备忘录，婉拒了这个案件。

在道格拉斯 33 年的法官生涯中，从未有过任何首席大法官，身为少数派的一员，试图以这种方式分配案件。两个庭期以来，首席大法官曾声称自己不知情，还曾主张自己尚未投票，也曾改变自己的投票。迄今为止，这些都是孤立的个案。

在本庭期的第一次讨论会上，针对一件监狱案［杨格诉吉尔摩（Younger v. Gilmore）］，首席大法官持与其他六位大法官不同的立场。而让道格拉斯吃惊的是，他试图把该案分派给自己。

道格拉斯对首席大法官一向很恭敬。尽管有些看不上伯格，但他知道首席大法官的声望决定着最高法院的声望：某种程度上，最高法院的声誉不可能高过首席大法官。道格拉斯和其他首席大法官或许会有意见上的冲突，但他向来十分尊重其职位。偶尔地，像沃伦那样的首席大法官会展示出出色的领导能力。道格拉斯并不会阻碍首席大法官行使职权，通常只是专注于自己的工作。

但是，伯格对监狱案的处理太过分了。道格拉斯径自将案件分派给了马歇尔，由他执笔不署名的法庭共同判决意见。然后他将此事告知伯格，并说明原因在于首席大法官并不是该案多数派的一员。这件事伤害了伯格的感情。他在一份备忘录中解释道，他并没有在讨论会上投票，仅仅是给出了初步意见。截至案件分派之时，他的意见已经转向了多数派。他将会起草一份妥当的多数派意见。但是当时，首席大法官做出了退让。

此事之后，道格拉斯对其他不恰当的案件分派就睁一只眼闭一只眼了。“上帝啊，我怀念雨果。”每当伯格操纵案件分派时，道格拉斯就会向朋友哀叹：“如果雨果还在，伯格绝不敢如此行事。”作为资深大法官，布莱克曾经帮助约束首席大法官。让道格拉斯沮丧的是，这个任务几乎已经落到了他一个人肩上。

但是，同时出现四起案件的分派错误，让人实在难以置之不理。道格拉斯相信，作为多数派中的资深大法官，这四起案件全部应当由他来分派。让道格拉斯尤其烦恼的是，首席大法官把堕胎案分派给了他的私人同盟布莱克门。前一庭期中几乎所有案件的投票，布莱克门都和首席大法官保持一致。首席大法官也有可能把堕胎案分派给自己。

12 月 18 日，星期六，道格拉斯起草了一份语气严厉的备忘录，然后交给了伯格，并向其他大法官发送了复印本。他表示，应当由他本人，而不是首席大法官，负责分派这四起案件的多数派意见执笔人。此外，道格拉斯补充道，他也将会把案件分派给合适的人选。

首席大法官在当天作出了回应。他承认有两个案件的分派有误，但是坚称堕胎案的投票情况过于复杂。伯格写道："实际上，没有足够的空间以记录准确的投票结果。因此我并没有记录投票，并说该案需要搁置，或在判决意见完成后才能决定案件的最终结果。"

"我至今仍坚持对这两起敏感案件的处理方法，此外，我认为它们很有可能会被提起重新辩论。"

道格拉斯将此事归咎于伯格毫不掩饰的政治动机。尼克松支持限制堕胎的法律，而最高法院有可能在总统大选之年废除禁止或限制堕胎的法律。道格拉斯推断，面对这一局面，首席大法官希望能暂缓宣布最高法院的意见。

布莱克门是最高法院目前为止撰写判决意见最慢的大法官。时年已过近半，由他负责的一起简单商事案件［波特兰港诉美国（Port of Portland v. U.S.）］的第一稿判决意见草案尚未交付传阅，而最高法院在本庭期的第一周就已经讨论了该案。这种案件，道格拉斯通常在讨论会结束后的一周内就完成判决意见草案。但是对堕胎案，道格拉斯还有更深层次的忧虑。首席大法官试图操纵案件结果。

布莱克门可能会传阅一份判决意见草案，支持部分地废除限制堕胎的法律。但是作为一名法律匠人，他的判决意见写得很粗糙。一份水平低下的草案可能会让立场本就不坚定的斯图尔特心生退意，这样一来只剩下四票支持废除限制堕胎的法律。或者如果布莱克门放弃自己的立场——这种可能性很大——又会浪费宝贵的时间。无论发生哪种偏差，都会形成一个四人的多数派。就这样一个重大的案件的判决而言，4∶3 的投票结果是难以让人信服的。此外，在尼克松新任命的两位大法官上任后，推迟该案重新进行审理的压力会越来越大。毫无疑问，尼克松在选择鲍威尔和伦奎斯特时，已经将此类案件纳入考虑范围。

案件的分配结果让布莱克门既高兴又担忧。这是一个无法获胜的议题。无论他怎么写，意见都会充满争议。堕胎是一件关涉情感的案件，社会分歧太大。无论哪种结果，他都会受到仇恨与诋毁。

但是在布莱克门看来，首席大法官除了他以外别无选择。伯格自己不能负责争议如此之大的案件，尤其他还是少数派的一员。道格拉斯是最让人无奈的自由派、叛逆者，不可能由他来主笔。道格拉斯所撰写的任何意见都将在最高法院外引起广泛的质疑，他的极端观点有可能让多数派内部的意见分裂，而不是更凝聚。最后，布莱克门注意到道格拉斯所撰写的判决意见质量日趋下降，变得越来越肤浅。

布伦南自始至终都坚定地支持废除州堕胎法。但是布伦南是最高法院唯一的天主教徒。这样的话，布莱克门认为，不能期待布伦南愿意为此承受来自天主教反堕胎群体的抗议。基于类似的原因，马歇尔也不可能成为意见的撰写人：由最高法院唯一的黑人大法官主笔的判决意见，会被不公正地误解为该意见是专门针对黑人的。这样就只剩下斯图尔特了。布莱克门相信斯图尔特必然乐于接受这项工作，但是显然他的工作将不会十分顺利。

布莱克门相信，只有自己具有医学背景，又有足够的耐心筛选大量的记录，为判决提供科学数据的支撑。道格拉斯猜想首席大法官对堕胎案的分配是出于敌意，这让布莱克门感到很困扰。他和伯格不是“明尼苏达双胞胎”。

诚然，布莱克门从孩童时期就与首席大法官相识，常一起上主日学校（Sunday School）。两人都住在圣保罗市（St. Paul）的蓝领阶层居住区代顿－布拉夫（Daytons Bluff），仅隔四五个街区。在经济危机时期，两个家庭都不富裕。两个男孩一直都有联系，直到布莱克门进入一所技校就读。

但是，布莱克门在哈佛大学的七年让两人的生活从此截然不同。当布莱克门回去在上诉法院担任法官助理时，伯格已经在州立大学和夜间法学院完成了六年的学业，并且已经开始执业。布莱克门是伯格的婚礼伴郎，但是由于从事不同的法律行业，两人关系渐远。

布莱克门一有机会就会说起这段往事。他把手不自然地放在兜里，硬币发出叮叮当当的声音，然后向别人解释他在明尼阿波利斯市的工作内容，在那里大型律所主要服务于一些重要的美国公司。伯格则是在河对岸的圣保罗工作，供职于充斥着权势与算计的州首府。

“明尼阿波利斯市的律所，”布莱克门会说，“永远不会到圣保罗执业，反之亦然。”没有挑明说的是明尼阿波利斯的法律圈对圣保罗律师的蔑视。

但是，布莱克门讲故事总是欲说还休、有所保留，他从不确定听众是否理解到他想传达的讯息。不管怎样，道格拉斯应该已经认识到布莱克门并不是伯格的影子。

布莱克门一直认为伯格是一个容易失控、脾气暴躁和大言不惭的人。现在，通过又一次的近距离接触，不由得更加感到气馁和可笑，因为首席大法官的过度自我膨胀、他对同事的冷漠和不尊重，以及他自夸自大的行事风格。布莱克门曾经对斯图尔特说过：“他从四岁起就是那副德行。”

布莱克门像道格拉斯一样感觉到，首席大法官试图利用自己的地位操纵最高法院。道格拉斯对这类事情的鄙视，无可厚非。但是布莱克门觉得，这一次道格拉斯想错了。最初刚到最高法院时，布莱克门以为首席大法官的角色是讨论会的公证人。最终，伯格不再试着记录所有的投票和立场，而是要求布莱克门做记录并且为法院书记官做简报。即使这样，首席大法官有时还是会说错投票结果。当首席大法官犹豫、踟蹰时，布莱克门会及时地进行补充，掩饰首席大法官的迟疑。当他向法院书记官提供了错误信息时，布莱克门会咳嗽提示他。

“你还记得当时的情况吗，哈里？”接着首席大法官会说，“我的记录有些零散。”

只要伯格提出这个要求，布莱克门就会补充上正确的信息。

此外，问题还在于首席大法官的精力过于分散了。他参加了太多的社会活动、演讲和仪式邀请，而对最高法院工作中修道式的学术性的一面并无太大热情。结果就是，伯格经常对口头辩论或者讨论会毫无准备。经常性的情况是，他必须倾听和等候，才能弄清楚哪些是会影响最终结果的关键问题。他对案件的掌握来自助理们备忘录中的案情总结，通常是一页纸或更少。首席大法官很少在口头辩论之前阅读案件的有关简报或者其他记录。

因此，伯格在讨论会上时常想要改变立场，或者在弄清多数派观点之前不愿表明立场。然后，他会加入到多数派意见中，这样就可以控制案件的分配。这让问题更加复杂化了。如此一来，伯格和其他大法官的关系已经紧张到一触即发的边缘。布莱克门和其他人一样感到不满。但是必须有人能理解首席大法官。尽管时常犯错，他仍然是一位靠自己的努力一步一步向上爬的人。布莱克门并不嫉妒他的领导地位。

堕胎案的分配确实不含其他目的，只不过希望布莱克门能够率先整理好各项议题。讨论会上一片混乱，诉状文书和口头辩论欠充分，而案件中起决定作用的管辖问题不复存在，这样的情况并不鲜见。最高法院已经进退两难。

布莱克门也没有天真地以为首席大法官把案件分配给他，是希望他能找到支撑堕胎的宪法权利。但是，道格拉斯的暗示——他不适合处理这个案件，而且案件分配背后有不可告人的交易——让布莱克门感到难过。

布莱克门也知道，毕竟他对这个问题有独特的看法，此外还有医学的专业支撑。在梅奥，他见证了爱德华·肯德尔医生和菲利普·亨奇先生因对关节炎的研究而获得诺贝尔奖。当医生们成功完成第一场心血管绕道手术时，他像这些医生们一样感到喜悦。紧接着当他们失去了四名病人，他又像这些医生们一样感到痛苦。在每两周一次的例会上，他都和外科医生们一起熬夜，检查死亡记录，并进行详细的讨论。他越来越尊重敬业的医生们可能完成的使命。这些都是让布莱克门激动难忘的岁月，被他称为“生命中最美好的十年”。

如果一州向医生颁布了执照，那么就赋予了医生做出医疗决定的权利。州法限制堕胎，影响了这些医疗判断的做出。医生总是或多或少地无法判断自己的医疗判断是否存在法律上的风险。完全地限制类似堕胎的、通常风险较小的手术，或者仅在医院委员会和医生的同意下方能进行类似的手术，是一种对医生专业处置权的不必要的侵犯。

除不会拒绝此案的指派之外，布莱克门愿意采取尽可能的努力来减轻其他大法官的焦虑。本案严格来说并不完全是法律问题，并不是最高法院确认医疗专业判断的好机会。他将从堕胎案开始处理这些问题。他至少可以通过一份备忘录来阐明这些问题。

如往常一样，道格拉斯在讨论会后五天就匆匆完成了判决意见初稿。他决定暂不提交传阅，而是静候布莱克门的版本。他仍然对伯格感到厌恶，称其为“这任首席大法官”，而把“首席大法官”这一尊称留给已经退休的厄尔·沃伦大法官。但是，道格拉斯打破自己反对游说的原则，拜访了布莱克门。尽管他更希望由布伦南执笔判决意见草案，他告诉布莱克门：“无论怎样，我都会把本案分配给你。”

疑虑消除后，布莱克门返回了他的经常隐身之所，位于二层的大法官图书馆。他曾经整个冬天和春天都在那里工作，最初甚至没有一位助理协助他的研究。

布伦南除了等待布莱克门的草案之外，亦是别无选择。但是其间，他注意到一起案件，可能对布莱克门创设堕胎权的宪法基础有所帮助。布伦南正在撰写艾森斯塔特诉贝尔德（Eisenstadt v. Baird）一案的多数判决意见，要求推翻对积极支持生育控制的比尔·贝尔德的指控，他因未经许可分发节育器械而被定罪。他希望利用该案把扩大解释个人的隐私权，在此前 1965 年康乃迪克州避孕案中已确认已婚夫妇享有的隐私权。

布伦南注意到这样的扩张解释不可能获得其他大法官的同意。在提交传阅的草案最后，他措辞严谨地写下了一段话：“如果隐私权适用于一切事物，那么意味着对个人而言，无论已婚或者未婚，诸如是否决定生育一个孩子之类的重大人生问题，不经政府许可不受任何外界的侵犯。”

该案仅处理避孕问题——决定是否“孕育”一个孩子。处理时，他将生育子女的决定包括在堕胎案中。布伦南希望，这样的表述能够有助于在隐私权之下为妇女的堕胎权构建宪法基础。

鉴于最后一段不是该案判决的一部分，斯图尔特可以表示支持，而不需提及他在 1965 年中的不同意见。布伦南得到了斯图尔特的投票。

但是布莱克门临时退缩了。首席大法官游说布莱克门不要支持布伦南的草案。布伦南的助理们催促他们的老板也去对布莱克门进行游说。

布伦南拒绝了。他说，布莱克门让他想起了前任大法官查尔斯·惠泰克，他优柔寡断的性格让他总是畏首畏尾，最终他因为神经衰弱而递交了辞职信。前大法官不了解查尔斯的性格，花费了许多时间游说他。结果他不仅没有改变想法，还心生怨恨。不，布伦南说，他不会去劝说布莱克门。

布莱克门最终决定不加入布伦南的判决意见，但是同意判决结果。这让布伦南有些担忧。如果不接受类似避孕案中提出的逻辑，布莱克门很难在隐私权的基础上创设堕胎权。

随着鲍威尔和伦奎斯特的正式就职，首席大法官在 1 月安排了一场讨论会，商讨应当推迟哪些案件，等待九位大法官重开辩论。伯格建议投票结果为 4 : 3 的案件应当重新进行辩论。他提出的案件中就包括堕胎案以及解决了联邦管辖问题的佛罗里达成人书店案。

道格拉斯、布伦南、马歇尔和斯图尔特强烈反对。道格拉斯认为，最高法院有责任尽可能处理好每个案件，余下的庭期应当留给其他亟待解决的重要案件，包括死刑问题。

首席大法官的态度同样坚决。投票结果为 4 : 3 的案件，尤其是两位保守派新任大法官的投票可能会改变最终结果的那些案件，应当被延缓。按照惯例，案件由多数投票决定是否需要推迟辩论，但是伯格认为新任两位大法官也应当有权进行投票。

这不可能，道格拉斯坚持，新任大法官不能投票。他们的投票可能直接就决定了争议案件的结果。尽管没有明文规定，内部的操作规则也是不可违反的。

怀特认为最高法院不能在作出决定后，又改变案件结果做出不同的决定，这样有损最高法院的声誉。两票可能导致 3 : 4 的少数派变成 5 : 4 的多数派。其他大法官对原有立场不安，他们不能确定自己的最终立场，也没有人希望对这个问题施加压力。

鲍威尔和伦奎斯特表示，他们希望不参与重开辩论案件的投票，由其他七位大法官决定。鲍威尔补充道，他并不确定自己在这些案件中的立场，尤其是对堕胎案，这些案件不应因他而重开辩论。

有一件 4 : 3 的案子涉及一位反战的示威者对警察侮辱咒骂［古丁诉威尔逊案（Gooding v. Wilson）］。首席大法官认为应当对该案重新辩论。

道格拉斯确信投票结果会是 5：2，他问道："谁会是第三张反对票？"

"怀特。"首席大法官回答道。

怀特大为吃惊，盯着首席大法官。不，他表明自己是多数派的一员。重开辩论的议题终于告一段落。

布伦南松了口气。实际上，他们甚至还没有完成堕胎案的判决意见草案。或许情况会有变化。如果布莱克门和斯图尔特改变立场，那么他和道格拉斯、马歇尔可能会成为 3：4 的少数派，然后他们自己要求延迟堕胎案。

布莱克门将所有时间——除了口头辩论、讨论会和少量日常工作——都花在大法官图书馆里。他翻阅了数量众多的医学和法律书籍。但是所有的迹象都表明，直到春天结束之前他是无法交付第一份判决意见草案进行传阅的。

伯格仍然没有放弃联邦管辖的议题。如果他可以借此议题使判决意见偏离主题，那么就不用继续讨论堕胎的问题。1972 年 1 月 25 日，首席大法官传阅了一份备忘录和一份历史分析，提出了事关联邦管辖这一议题的三个问题，而该议题涉及的佛罗里达书店案已经解决了相关争议，且此前已被道格拉斯分配给了斯图尔特。

斯图尔特尚未做好回应的准备。他并未传阅该案判决意见，而是也传阅了一份备忘录，说明哈伦已经准备了整个夏季关于该议题的历史分析。

接着，道格拉斯让他的一位助理针对这个议题拟出一份详细的备忘录。这份备忘录内容详细、资料翔实，对首席大法官提出的每个问题都做出了回应。由四名大法官构成的多数派在联邦管辖问题上立场都十分坚定。

四月初，鉴于几个重要的案件还没有解决，首席大法官召集了一场特别讨论会，处理那些已经辩论过或重开辩论的案件。这些事情的处理安排还需要兼顾首席大法官的各种社交行程、道格拉斯的演讲活动，以及其他大法官的固定日程。伯格的秘书致电所有大法官办公室，经过再三地确认，最终确定讨论会的时间为本周之初。

在讨论会召开不久前，马歇尔要求延期，因为他要参加一位家人的葬礼。最终重新敲定讨论会在 4 月 12 日星期三举行。但是当马歇尔从葬礼返回时，他惊讶地发现讨论会已经在原定日期、自己并未到场的情况下举行了。他打电话到首席大法官办公室询问："讨论会不是重新安排在 4 月 12 日吗？"

不是，伯格的秘书解释道。但是后来首席大法官得知前大法官詹姆斯·伯恩斯的葬礼在 4 月 12 日举行，因此他决定按原日期举行讨论会[①]。

马歇尔对首席大法官单方面决定讨论会日期的行为感到厌恶。他口述了一份备忘录：从没有过如此情形，首席大法官不通知到所有最高法院成员就举行讨论会。现在伯格作为首席大法官，最高法院竟然在一名大法官缺席的情况下举行了讨论会。

首席大法官的种族优越感很强，马歇尔私下讽刺道。总统同样前往参加葬礼，而对伯格而言，与总统一块露面的机会显然比马歇尔能否出席讨论会更加重要。

其他大法官感到惭愧，他们并没有代马歇尔提出异议。讨论会重新召开，并进行了重新投票。但是结果并没有什么不同。

劳埃德诉坦纳——道格拉斯的抗议

布莱克门仍在努力撰写堕胎案的意见草案，最高法院正在全力处理一个涉及反战示威者的案件［劳埃德诉坦纳劳埃德（Lloyd v. Tanner）］。这些示威者聚集在俄勒冈州波特兰市的一家购物中心散发传单，他们曾经被购物中心的安保人员驱逐过。

首席大法官不确定自己的立场。严格来说，购物中心属于私有财产。但是，那里还有众多的商店，每天都有数以千计的人来来往往，示威者实际上是在一个公开场合发表自由言论。示威者的行为属于第一修正案的保护范围吗？

---

① 从最高法院退休后，伯恩斯担任了加利福尼亚州州长。在著名的布朗校车案中，他个人聘用了当时著名的最高法院出庭律师约翰 W. 戴维斯，就种族隔离主义的立场与代理公司基金的马歇尔针锋相对地辩论。

马歇尔认为，对于该案，他在1968年的“联合食品员工工会诉罗岗山谷广场案”（Amalgamated Food Employees Union v. Logan Valley Plaza）中提出的意见完全适用。在意见中他写道，不得禁止工会示威者在私人购物中心的超市前进行抗议示威。马歇尔为该判决感到骄傲。现在，他就该案语气坚决、底气十足地在讨论会上发表意见。投票结果应是显而易见的。

道格拉斯、布伦南和斯图尔特表示同意。怀特存在一些保留意见。在私人财产上，言论自由应当有所限制。布莱克门、鲍威尔和伦奎斯特，尽管各有不同论点，都支持怀特。

在首席大法官尚未表明立场之前，投票结果似乎陷入了4∶4的困局，而马歇尔对伯格的决定并没有什么疑问。他筋疲力尽地回到办公室。助理们第一次看到他对最高法院的未来感到如此沮丧。鲍威尔和伦奎斯特将会对最高法院产生极大影响。这不仅仅是一个案件的投票结果接近，更是第一波的全面修正。沃伦任职最高法院期间的所有努力都将被破坏。

但是，道格拉斯回到他的办公室，对这次的投票僵局有不同的意见。显然首席大法官尚未作出决定，道格拉斯是已经表明立场的大法官中最资深的一位，将由他进行案件的指派。鉴于马歇尔对这个领域有深入了解和浓厚兴趣，道格拉斯决定由他来撰写劳埃德一案的判决意见。

但是在4月24日道格拉斯出行离开后，来自首席大法官的一份备忘录将劳埃德案分配给了鲍威尔。道格拉斯得知后，感到十分愤怒。他准备了一份新的备忘录。他潦草扭曲的字迹通常只有训练有素的眼睛才看得懂。现在他快速地在他的笔记上写着，字迹都连到了一起。

开头用到“亲爱的首席大法官”这一郑重的称呼，而不是往常的“亲爱的首席”。

> 您显然有所误会。劳埃德案已经被分配给了瑟古德，他现在已经着手撰写判决意见。没有人知道他能否获得多数派支持。
>
> 根据宪法和国会的诸多法案，找不到任何条文规定案件如何分配。传统上，首席大法官如果属于多数派，那么由他进行分配。同样

是传统，如果首席大法官属于少数派，那么由多数派中的资深大法官进行案件的指派。

您领导讨论会作出怎样的判决，那是您的权力。但是，首席大法官不属于多数派时，多数派同样享有分案的权力。因此劳埃德案已经分配好了。

上一庭期的夏洛特校车接送案证明了，在这个简单的程序上的妥协会造成怎样的悲剧。您作为两位少数派中的一员，坚持自己的观点并主笔了少数派意见，但这份意见并不被多数派所接受。波特撰写了多数派意见并得到了认可。我们认为应当把这份意见先让您过目，所以并没有进行传阅。经过努力，您改变了自己的少数派观点，多数派观点获胜，最终达成一致通过的结果。

但是斯旺案还说明了如果不遵循传统的分案程序，将会浪费不必要的时间和精力，导致关系的紧张甚至破裂。

如果最高法院希望授权你分配所有案件，那么将制定一个新的分案程序。尽管我内心反对那么做，我仍然会遵从新的程序。但是在我们推翻现有政策之前，应当而且是必须由多数派成员进行案件的分配。

这是一把双刃剑。拜伦（第五资深大法官）也可能成为最高法院五位多数派中最资深的一员，您、布伦南、斯图尔特和我则成为少数派，我们可能会有十分强烈的感受。但是在那种情况下，应当由拜伦进行分案。作为少数派的我们不能欺骗拜伦说“我暂时保留投票”，然后重新控制分案。这样会导致最高法院内的紧张氛围，产生不必要的压力和争吵。

劳埃德案仍然分配给瑟古德。

道格拉斯省略了结尾的问候语，并指示必须要将这份嘲弄的、盛气凌人的备忘录送到每一位大法官手中。

没有其他需要讨论的案子了。道格拉斯把所有精力都用在争取本年度的最后一份判决意见草案上。没有人会在庭期结束前这段混乱的时间里拖延案件，道格拉斯在 5 月 1 日星期一将这份备忘录送出。

布伦南和马歇尔感到担忧。原则上，道格拉斯是对的。他们同样怀疑首席大法官保留投票的真实目的。他正在做的事情，如往常一样，是通过策略来保证无论投票结果如何，自己都享有分案权。但是如果投票结果是4∶4，而首席大法官暂不投票，那么最高法院内多数派将由首席大法官一人的投票决定。如果那时伯格把案子分给鲍威尔，那么还将是由鲍威尔撰写判决意见草案。马歇尔可以按自己意愿撰写判决意见，但是将不会赢得多数投票。

马歇尔意识到自己正在撰写的实际上只是一份不同判决意见。他有机会赢得怀特的投票，但他对此并不乐观。因为过去的一年他都在努力争取怀特的投票，但是少有成功。整个庭期中，怀特的一位助理都在试着说服马歇尔的助理们，如果在某个特定的案件里，马歇尔能够改变某些语句表达，那么将有可能得到怀特的投票。“胡扯！”马歇尔说。所有人——马歇尔、马歇尔的助理以及怀特的助理——都知道拜伦·怀特只听从于自己而已，不受其他任何人的影响。马歇尔不得不痛苦地认命，在劳埃德案中，他会是输掉的一方。在与首席大法官的这场正面交锋中，道格拉斯也帮不了多少忙。

首席大法官对道格拉斯备忘录中的内容感到大为吃惊。他从未想过自己在分案上可能出了什么错。他写了一张便条，耐心地解释道，在他看来该案中加上自己将是5∶4的投票，而自己正是多数派中的资深大法官。鲍威尔将会负责撰写判决意见，其他人也可以撰写。他们拭目以待，看哪方观点能得到5票。

背着道格拉斯，伯格就没那么有耐心了。他对其他大法官及朋友们说，任何认为他案件分配不当的人，都是“愚蠢的”或者“在撒谎”，他最多只是出了点小差错。

鲍威尔在判决意见中宣告，私人财产权的名称已经准确点明了“私人”二字。经过权衡，私人财产权应当优先于第一修正案所规定的示威者的权利。该意见得到了预料中的五票。鲍威尔谨慎地避免直接推翻马歇尔1968年撰写的意见。但是他引用了前案不同判决意见中的语句，还是惹怒了马歇尔。马歇尔想知道，鲍威尔如何能在采纳了和不同判决意见几乎完全相同的立场后，还声称没有推翻先前判决。

马歇尔让助理重新加工他的不同判决意见，加入一些非同寻常的尖锐词汇。“我注意到在这四年里最高法院的组成发生了剧烈的变化。但是，除非罗岗山谷广场案被明确推翻，否则将仍然具有约束力”。

马歇尔感到非常恼怒，因此在克莱迪斯特诉曼迪尔案（Kleindienst v. Mandel）（一位比利时共产党员被拒发前往美国演讲的签证）中，因为判决意见是由鲍威尔撰写，他甚至改变了原有的投票立场。

马歇尔现在很确定，最高法院中尼克松派已经威胁到了宪法第一修正案。唯一的选择是与道格拉斯、布伦南团结起来。

布莱克门的堕胎案草案

布莱克门每天都要和他的助理们在最高法院的公共餐厅共进早餐，其他大法官的助理们也可以随时加入。布莱克门经常看到一位助理独自进餐，因此向他发出了邀请。最初他看起来像是大法官中最开放、谦逊、亲和的一位。

早餐桌上的谈话，一般都以运动开始，通常是棒球，然后话题会转向晨间的头条新闻。有一条不成文的规定是，禁止讨论任何有关案件的事情。其他大法官可能会和助理们敞开地辩论案件，布莱克门则会生硬地避开这样的讨论。对法律哲学的讨论也基本上是不会触及的。布莱克门会把法律最具哲学性的问题转为讨论助理们的家庭情况，或者他们的弟弟妹妹们在学校的表现。

布莱克门的助理们看到了他的另外一面，他看起来承受着比表面上更多的压力。一些琐碎的小事，比如办公室的窗户一夜没关，可能会引起他激动而冗长的说教。布莱克门并不是在为办公室的安全问题而忧虑，而是因为这是对社会契约的违反——助理们每晚都应该关好窗户。此外，他只用二号铅笔，要削尖了整齐地摆放在笔架上，任何一件事没做好，都有可能招致严厉的责问。如果布莱克门想要复印一份文件，但是复印好的文件不知哪里出了差错，他很有可能立刻将之扔到一边。如果他被谁打断，即使是因为很重要的事情，也有可能不假辞色地将其喝退。

布莱克门神秘的性格变得越来越不可捉摸。他脾气爆发得没有规律，而且通常很快就会过去。他的秘书评价他“喜怒无常”。但是这也让他的工作更加困难，增加了额外的压力。

然而，他在最高法院的职员们——助理、秘书或者他的侍者——并没有对他做出过于负面的评价。他们或是亲眼所见或是单凭想象，就能了解到布莱克门所承受的巨大压力。

从就职第一天起，布莱克门一直感到自己不够资格，能力不足，就大法官的标准而言还不够出色。他觉得自己比得上首席大法官和马歇尔，但是还不能与其他大法官比肩。他变得越来越沉默寡言，专心学术，不问世事。他不喜欢规划新的法律发展图景，他仍然在学习。这些问题过于沉重，而信息又太贫乏。一个新问题还没有完全解决或者只是尝试着去解决，又会出现两个新的问题。布莱克门知道他的同事们认为他的性格过于优柔寡断，并为此而感到担忧。但是其他人所看到的“没有决断力”，他认为是一种深思熟虑后的意见保留，直到所有事实被呈现，所有观点被整理、分析，所有证据被证明之后，他才能做出最终判断。

这是一项非常孤独的任务。布莱克门独自工作着，从助理冗长的备忘录开始，阅读每一份重要的诉讼文书，仔细地体会被传阅的每一份重要意见，辛勤地起草自己的判决意见草案，亲自检查每一个引注，审慎考虑每位大法官的观点，并在诸多草案的基础上对判决意见进行修改完善。此外，他不太愿意就案件的基本问题进行辩论，即使是在办公室也不愿和助理们辩论，他更倾向于通过书面的备忘录来交流。

布莱克门穿着一件灰色或者蓝色的羊毛衫，躲进大法官图书室的角落，并指示他的职员们不要打扰他。那儿不会有电话响，即使首席大法官也无法打扰他的独处。坐在一张红木长桌前，桌子的另一侧放着整整两排书，他认真地做着笔记。他用大部分时间分析事实，使它们和相关法律对应起来，渴望发现某个必然的结论。他试着通过掌握所有的细节来降低风险，就好像把案件当成了某个烦琐的数学问题。布莱克门认为如果他按部就班地完成了每个步骤，一定会找到唯一的答案。

这些堕胎案是他到最高法院以来遇到的最大挑战。除了一如既往地希望获得法律同行的尊重，他还希望写出一份能够得到医学界认可的判决意见，解放医生们去自由地做出专业判断。

作为梅奥诊所的法律顾问，布莱克门曾就堕胎的合法性向诊所的员工提出过建议。根据争议中的得克萨斯州和佐治亚州的现行法律，他们中许多人都没有实施堕胎手术的资质。

布莱克门翻阅了普通法和英美两国历史上的相关法律。他惊讶地发现数千年来堕胎一直被广泛接受，直到19世纪在美国才成为犯罪。当时，堕胎是一种高风险手术，常常是致命的。刑法主要是为了保护孕妇的安全才将之规定为犯罪。

现在，抗菌剂的使用以及抗生素的应用使得堕胎手术已经变得相对安全了，尤其是在怀孕的前几个月。现在如果是在怀孕早期接受堕胎手术，孕妇的死亡率已经比正常生产情况下还要低。这种医疗发展的现状对布莱克门而言十分关键，它本身就是怀孕早期堕胎手术的正当理由。

布莱克门永远不会希望有天他的家人需要作出堕胎的决定。他猜想他的某个女儿应该会支持怀孕早期可以进行堕胎。他声称并不了解他的妻子多蒂的立场，但是她曾向布莱克门的一位支持解除堕胎限制的助理说过，她正在竭尽所能地鼓励她的丈夫向同样的方向努力。她说："我在家中，你在工作中，而你和我正在为同样的事情而努力。"

直到5月中旬，经过了五个月的工作，布莱克门仍然在为他的备忘录而努力。终于，他让一位助理仔细检查一份判决意见草案。如往常一样，他清楚地表示他不希望有任何的编辑。那位助理感到震惊，草案写得很粗糙，条理性很差。草案中，布莱克门得出结论，妇女享有隐私权，因此享有堕胎的权利，但是草案并没有建立任何的分析框架，也没有解释所做结论的依据。布莱克门避免了对隐私权的扩大解释，也没有说明堕胎的权利是来自隐私权。他想表明的似乎是妇女在怀孕早期可以进行堕胎。但是，该观点的理由被缠绕在对"胚胎的生存能力"的讨论上，焦点集中在究竟在哪个时间点胚胎可以在子宫外生存。布莱克门补充了一条基础观点，随着孕期渐长，政府规范或者限制堕胎的介入程度越深。但是对此结论，布莱克门也没有提出一个实在的指引来判断具体的时间节点。布莱克门只是单纯地断言得克萨斯州的法律规定模糊不清，因而是违宪的。

这位助理意识到判决意见无法解决任何宪法问题。它没有明言，甚至也没有暗示，限制早期孕妇堕胎是违宪的。因此，这份判决意见的结果将是：如果限制堕胎的法律能够恰当、明确地定义某些概念，那么将可能是合宪的。

在助理们看来，这份判决意见草案似乎与布莱克门的声明有所出入。他声称“我们想要彻底解决这个问题”，但是却又没有给出一个解决方案。

在佐治亚州一案中，他认定该州法律侵犯了医生们的专业判断权，他们有权向病人提供专业建议。布莱克门从医生的角度立论，而妇女寻求和获得专业医学建议的权利似乎并不是一个需要讨论的议题。

布莱克门的一位助理支持妇女享有宪法上的堕胎权，开始努力试图修正这份草案。但是布莱克门拒绝对草案基本论证方法和最终结论进行任何修正。他几乎原封不动地将这份备忘录交给了其他办公室进行传阅。

斯图尔特对这份草案感到非常困扰。除了文章结构和语言的不讲究，草案似乎新设了一项宪法上的堕胎权，但是在宪法中又找不到什么依据可以支撑。斯图尔特本来期望这份草案会是最后的多数意见。布莱克门的备忘录甚至没有判决意见该有的语气，只算得上是一份假设性的讨论。

斯图尔特决定自己撰写一份协同判决意见，详细说明了家庭计划，包括怀孕早期的堕胎决定，属于第九修正案所保护的权利范围——第九修正案规定人民享有宪法所列举权利之外的其他的、未明确规定的权利。相较于确认妇女或者医生所享有的权利，斯图尔特更倾向明确政府没有权力干涉私人在怀孕早期作出的堕胎决定。在布莱克门的备忘录传阅两周后，斯图尔特传阅了自己的备忘录，但是随即又加入了布莱克门的意见。

道格拉斯也看到布莱克门的草案确实存在不少问题，但是布莱克门已经做了大量工作，至少是在正确的方向上前进了一步。尽管道格拉斯仍然坚持自己的协同意见，他并没有将之传阅。相反，他加入了布莱克门的意见。

当时，最高法院正在考虑审议一件反垄断案，针对一家明尼苏达州的电力公司——水獭尾电力公司。道格拉斯看到了一个恭维布莱克门的机会。“你不是首席大法官的明尼苏达双胞胎，”他告诉布莱克门，“我和他才是……我们都出生在明尼苏达，而你不是。”[水獭尾电力公司诉美国政府（Otter Tail Power Co. v. U.S.）]

布莱克门感到欣慰。

“另外，我是那儿的原住民，而你不是，因为你并不出生在那儿。”

道格拉斯热情地向布莱克门讲述了他父亲在那儿担任巡回传教士时发生的故事，然后赞扬了布莱克门的堕胎案草案。他说，这是他见过的最好的草案之一。

布莱克门感到惊喜。道格拉斯，当今世上最伟大的法学家，把自己从伯格跟班的污名中解放出来了。随后，布莱克门得到了五张投票——他自己，以及道格拉斯、布伦南、马歇尔和斯图尔特。草案的得票比他所需要的还多了一票，即使鲍威尔和伦奎斯特也参与投票，该草案仍然会是多数派意见。

堕胎草案的流产——道格拉斯的抗争

和往年一样，对怀特而言这个庭期仍然有曲折起伏。他这一生都极其热衷于竞争。他热爱掌控案件的感觉，热衷于挑出其他大法官立场中的漏洞，然后看着他们纠结于自己的质疑，最后不得不接受自己的意见。当他无法做到时，他会前往三层的运动馆，与助理们打一场酣畅淋漓的篮球赛，发泄工作中的挫败感。

与这群比他年轻 30 岁肌肉发达的后辈们相比，怀特比他们更加热爱对抗激烈的球赛。他双手轮流运球，身手矫健地冲向篮筐，在 20 英尺外准确命中，控制着比赛全场。怀特不断挤开试着拦阻他的助理，一旦哪个倒霉的助理可能犯规时，他就会大声呼喊。但是自己犯规时却又抱怨不断，而他在投篮之前经常会走步。对怀特而言，比赛是件严肃的事。每个人都要为自己而战，团队合作只是为了赢得胜利，本身没有什么价值。

一个周五的下午，怀特在抢篮板时，不小心摔了一跤。一个助理和怀特都试图抢球，结果怀特失去平衡，摔倒在地，扭伤了脚踝。

紧接着的周一，怀特大法官拄着拐杖进了办公室。接下来的一个季度，他都不能上场打球了。他让助理们对自己受伤的原因保密。助理给他带来了一种桌上足球，是九柱游戏这一古老游戏的现代版本。怀特很喜欢这种带有竞争性的项目，但是它并不能让怀特像进行篮球这种涉及身体对抗的运动或者处理法律问题时那般兴奋。

5 月 26 日，星期五，拜伦・怀特阅读了助理们准备的不同意见草案，针对的是布莱克门为堕胎案所撰写的判决意见。他按照自己喜好的方式进行了修改。布莱克门判决意见的结构很不成熟，以模糊不清为基础批判得克萨斯州法律是一种愚蠢的做法。德州法律或许有些需要修正的地方，但并不存在模糊不清的问题。该法对可以实施堕胎手术的情形规定得再具体不过了——只有出于保护母体安全的情况下才被允许。

布莱克门对怀特的反对意见感到很困扰，但是无论是否有道理，这都让他明白自己还有许多工作要做。他对自己的备忘录研究越多，就越感到不高兴。他需要更多的信息、事实，进行更深入的剖析。在医生们立下的“救死扶伤及遵守医业准绳”誓言中，可有禁止医生实施堕胎手术？维持胎儿在母体外存活的医疗技术已经发展到什么阶段？生命究竟从何时起？胎儿何时可以离开母体存活？美国医学协会、美国精神病学会以及美国公共卫生协会的立场又是什么？

上述以及其他诸多问题困扰着布莱克门。他的判决意见必须更有说服力，需要更多的投票支持，才能够赢得公众的广泛接受。由九人组成的最高法院进行投票才能彻底解决这种争议局面。“我认为我们能得到鲍威尔的支持。”他告诉助理。

5 月末的一个周六，首席大法官拜访了布莱克门，将配有武器的随身保镖留在了办公室外。布莱克门的助理们焦急地等待了数个小时，想要知道首席大法官在游说的是哪个案件。但是在首席大法官走后，布莱克门也不发一言地离开了。第二周，在一起针对职业棒球运动的反垄断案件［佛朗德诉科恩（Flood v. Kuhn）］中，首席大法官改变了自己的立场，投出了关键性的第五票，支持布莱克门的多数派意见。

紧接着的周六，6 月 3 日，布莱克门起草了一份备忘录，撤回了此前的堕胎案意见。他写道，已接近庭期尾声，对如此敏感的案件需要更多的研究和考量。他需要更多的时间来融合来自多数派的建议，以及对不同意见作出回应。或许在秋季对该案进行重新讨论才是最好的解决方法。他要求收回备忘录草案的所有复印件。

道格拉斯又一次感到怒不可遏。庭期结束前总会遇到一些艰难局面。当然提出一份并不完善的多数意见会遭受巨大的压力。可是他们所做的工作就是这样，压力影响的是所有人。像布莱克门这样无法下定决心完成判决意见的，并不常见。道格拉斯听说首席大法官在游说布莱克门，但是这次伯格做得太过分了。已经有五票坚定地支持这份意见，该案应该已经尘埃落定。与其他只有四票的案件相比，该案结果不会因鲍威尔和伦奎斯特的加入而发生变化。道格拉斯也不希望留有夏季的时间让首席大法官继续动摇布莱克门的立场。

伯格认为现在有五票支持在下一庭期再解决堕胎案的问题——布莱克门、怀特、鲍威尔、伦奎斯特和他自己。道格拉斯感到不可置信。伯格和怀特持少数派意见，而鲍威尔和伦奎斯特还没有参与进来，显然他们并不能就是否推迟该案进行投票。

布莱克门对潜伏的对抗暗涌感到忧心忡忡。对这些问题没有明确的规定，而道格拉斯显然想在本庭期迅速解决问题，将导致争议愈演愈烈。最终，布莱克门向布伦南这位热心的同仁求助。显然如果作者本人不希望宣布判决意见书，那意见书便不应被宣布。但是布伦南同样希望判决意见能尽早完成。

布莱克门表示他理解道格拉斯的不信任，但声称自己坚定地支持废除限制堕胎的法律。到第二年自己的投票也不会发生变化，甚至可能得到鲍威尔的支持。这样会使结果更容易被公众所接受。经过这个夏天，他能够起草一份更加完善的意见。

布伦南对布莱克门的立场是否坚定并无把握，同时他又不希望与布莱克门疏远。他答应了布莱克门，他将告诉道格拉斯自己会投票赞同推迟案件，待下一庭期重新讨论。他相当确信马歇尔和斯图尔特会做出同样的决定，这样就只有道格拉斯一人还在反对。

道格拉斯对布伦南的背叛感到不悦。但是战争尚未结束。他迅速完成了一份备忘录，匆忙地交给秘书打印了初稿。这一次，道格拉斯威胁要打出自己的王牌。如果讨论会坚持延缓辩论堕胎案，他将对此提出反对，并公布反对意见的全文。道格拉斯重申了去年 12 月首席大法官将案件分配给布莱克门时，自己曾提出的抗议、伯格的回应以及自己对原有立场的坚持。他强调多数派中的资深大法官负责分案，并继续表示：

> 但是，少数派试图控制分案，最高法院内存在一股破坏性的力量。当一位首席大法官试图通过分案使得最高法院按照他个人的意愿运行，最高法院的正直可信便处于危难之中。
>
> 历史上，最高法院是由极具独立性的大法官组成的，因此常常出现极其对立的意见。存在纷繁复杂的意见无论是在过去还是在将来都会成为最高法院的常态。但是，至今为止，尽管讨论会上对法律和宪法上的诸多问题存在着分裂对立的观点，它仍然被视为一个公正的团体。至今为止，无论多数派意见多么难以被少数派接受，仍然会受到尊重。至今为止，现任大法官无论对公益有何理解，都尊重最高法院的运行规则。
>
> 或许这位“首席大法官”作为堕胎案少数派的一员，试图通过分案来控制案件结果。如果这是他的目的，那么他已经失败了。这两起堕胎案的判决意见已经被传阅，并且得到了五位大法官的投票。自去年 10 月以来，诸位大法官花费了大量时间研究案件所有细节，因此这些投票是经过深思熟虑后做出的决定，是不会更改的，基于这种情况，案件判决应当被宣布。
>
> 请求重新辩论这些案件，只是少数派试图压制多数派意见的一种策略，他们希望时间会改变最后的结果。如果其间有大法官逝世或者退休，他们的诡计或可得逞。

道格拉斯知道，尼克松很有可能有机会任命第五位大法官：他本人已经 74 岁了，还带着心脏起搏器；马歇尔深受慢性病的困扰；布伦南时不时地威胁要辞职。

> 但是这样的策略会损害最高法院的正直，将导致其作出的决定取决于首席大法官个人的操纵。
>
> 堕胎案反映出的正是这样一个问题。今年是选举年。两个政党都想利用堕胎这个议题攻击对方。两党说什么、做什么与最高法院无关。我们的立场不是为哪一位候选人铺平道路或者设置障碍。宪法是最高法院判决的唯一依据。在许多人看来，推迟堕胎案待下一庭期继续审理，昭示着与最高法院惯有名声相悖的政治表态。
>
> 每位大法官都有绝对的自主权，不是任何人的附庸。

道格拉斯借用了九月他在波特兰的演讲中的一句话，强调道，无论之前他曾说过什么，实际上他确实认为首席大法官和布莱克门是尼克松的明尼苏达双胞胎。“苏联曾经赋予首席大法官两张投票权，但即使对苏联人来说这种权力也过大了……”

“我深表遗憾，再次提出异议，我们正在破坏最高法院一致意见的权威性。”

道格拉斯将草案修改了三次，进行传阅，然后动身前往古斯普雷里。

道格拉斯究竟只是在虚张声势，还是真的打算公布这份文件，最高法院内为此产生了激烈的辩论。尽管认可他的观点，布伦南、马歇尔和斯图尔特不敢相信道格拉斯会做得如此彻底。最高法院历史上从来没有大法官公布过这样的不同意见。首席大法官或许是个无赖，但是将最高法院内部的龃龉公之于众，也算得上是种背叛。此外，苏联首席大法官两票投票权的例子实在不够妥当。他们恳请道格拉斯重新考虑。这份不同判决意见会削弱最高法院的可信度，那是最高法院的权力之源。最高法院的力量源自公众的信仰：它是值得信赖的、非政治性的组织。道格拉斯真的想要破坏这一切吗？

道格拉斯坚持自己的意见。他将会公布任何他想要公布的东西。如果暂缓审理堕胎案的决定没有被撤销，他将会公布这份判决意见。

但是，其他人质疑，将内部争议公之于众能得到什么好处?

道格拉斯反击道，这样将对布莱克门产生影响，让他不得不慎重对待。他将不太可能在夏天过去之后轻易地改变立场。

布伦南对道格拉斯的不耐烦已经转变成了怒气。道格拉斯已经成为一个不愿思考、任性、挥霍的稚童。他没有起到领导作用，当需要他的时候他从未出现，正如他启程前往古斯普雷里。即使在这件事上，他也没有担起应有的责任，尽管他为紧张局势贡献不小。矛盾的根源是首席大法官，但是道格拉斯也同样有错。

最终，布伦南放弃了辩论。

布莱克门接棒，恳请道格拉斯重新考虑。他坚称将忠于自己的意见。即使在下个庭期，他仍会坚持这一意见，或许经过更多的研究，还能获得另外一票。

道格拉斯并没有被说服，他需要时间来仔细考虑。他的助理仍被指示，如果案件被暂缓讨论，即将该意见公布。

但是，布莱克门已经表明了他的态度。道格拉斯最终决定他不能公布这份不同意见，否则将会危及下一庭期时堕胎案的投票情况。

道格拉斯抱怨助理们往古斯普雷里传递信件的速度过慢，因此没有吩咐他们，而是直接给布伦南打电话告知他将不会公开发表这份意见。道格拉斯办公室向各位大法官发出了一份备忘录，要求返还该不同判决意见的复印件。

讨论会最终决定暂缓讨论堕胎案，但是他们将在本庭期的最后一天对外宣布。

佛朗德诉科恩案

在稍早的 3 月 24 日的讨论会上，斯图尔特首次成为多数派中最资深的大法官。佛朗德诉科恩（Flood v. Kuhn）案中，科特·佛朗德，一位明星外野手，此前效力于圣路易斯红雀队（St. Louis Cardinals），拒绝被交换到费城菲利斯队（Philadelphia Phillies）。他提起了针对职业棒球的反垄断诉讼，希望打破不经本人同意即可交换球员的保留条款。

口头辩论未能理清其中的诸多问题。前大法官阿瑟·戈尔德堡，因出任联合国大使而于1965年辞去了在最高法院的职务。他自辞职后首次回到最高法院为Flood案做出的辩论相当糟糕，甚至让他的前同事感到羞愧。

鲍威尔因持有安休瑟—布西公司（Anheuser-Busch Inc.）的股票而退出本案，该公司的大股东奥古斯特·布西是圣路易斯红雀队的老板。首席大法官、道格拉斯和布伦南都投票支持Flood，五人多数派中则由斯图尔特负责分配该案。

斯图尔特认为撰写该案意见并非难事。最高法院此前做出过两次裁定，都认为棒球运动不适用反垄断法律。斯图尔特认为，该案只是“已有先例的重现”。只要遵循此前两个先例，就不太可能失去多数派的支持。他将本案分配给了布莱克门。

布莱克门对此感到高兴。除了堕胎案之外，他觉得自己受首席大法官的折磨，不得不写一些没什么水平的判决意见，甚至包括一些不是他研究领域内的案件，如税务案、涉及印第安人的案件。他认为，如果反垄断法适用于棒球运动，那么棒球作为全国性娱乐活动的地位将受到损害。最初支持芝加哥小熊队，后来又成为明尼苏达双城队的忠实粉丝，布莱克门希望下一代人同样有机会欣赏棒球。

如往常一样关注细节，布莱克门开始翻阅他放在办公桌后书架上的《棒球百科》（Baseball Encyclopedia）。他记录下展示球员运动生命的基本标准：比赛次数、打击率或者投手得分情况。从各个棒球队、不同位置以及举办时间较长的职业联赛中，他挑选出具有代表性的球员。接着，他把自己关在大法官图书室中，撰写了一段对职业棒球的颂词作为意见的开篇。接下来的三个段落，他追溯了职业棒球的发展历程。他接着列举了一系列名字：“他们因不同的原因闻名于世，光芒如钻石般耀眼，照亮四周；他们的名字意味着尖叫、回忆和比较；无论是赛季中抑或赛季后，他们一直是话题的焦点，带着人们的期待。他们是泰·科布、贝比·罗斯……”名单上有超过 70 个名字。“这份名单似乎是无止境的。”布莱克门写道。他还赞颂了《卡西上场》一诗，以及其他一些棒球文学。布莱克门完成判决意见草案后，便即刻将之进行传阅。

布伦南感到很惊讶，他以为布莱克门在图书馆研究堕胎案，还尚未着手棒球案。

伦奎斯特的一位助理打电话到布莱克门办公室，开玩笑说：“华盛顿参议员队的前投手，卡米罗·帕斯库尔，也应该被列入棒球名人录中。”

第二天布莱克门的助理回电解释道：“大法官看过帕斯库尔投球，并且记得他惊人的旋球。但是大法官查阅了棒球百科，查找到了帕斯库尔的记录。他认为 174 场获胜是不够的。判断谁应当被列入名单之中并非易事，但是布莱克门大法官觉得帕斯库尔的成绩无法与赢得了 373 场比赛的克里斯蒂·马修森相提并论。希望您能理解。”

打电话到布莱克门办公室，要求把自己喜爱的某位球员列入名单之中，成为助理们的一个新游戏。

斯图尔特为把该案分配给布莱克门而感到羞愧不已。他试图让布莱克门认识到开篇颂词的不恰当，对布莱克门开玩笑说，如果能把来自他家乡辛辛那提红人队的一名球员放到名单中，那么他将会接受这份意见。

随后布莱克门在名单中加入了一名红人队的队员。

马歇尔也表示抗议。名单上没有黑人棒球运动员。布莱克门解释道，名单上的大部分球员都活跃于二战之前，而在 1947 年之前主要的棒球联盟都还没有接纳黑人球员。

这正是问题所在，马歇尔回复。

最终，名单上又新添了三位黑人球员，杰克·罗宾逊、罗依·坎帕尼拉、萨切尔·佩奇。

但是不管怎样，马歇尔都决定改变立场，并且自己撰写了一份判决意见转变了立场。最高法院内部变成 4 : 4 的对峙局面，并且有消息传出，怀特也在考虑是否像马歇尔一样改变投票立场。如果怀特的投票也有变化，结果将是出现新的多数派。

怀特从职业运动中受益颇深。他作为橄榄球运动员的收入支撑了他一流法学院的教育费用。他还记得那些年前往全国各地比赛的经历。那时，团队拥有真正的团队精神，由一群兄弟般的年轻人组成。现在则有所不同了。太多的明星球员，只关注他们的比赛数据。怀特很难对拒绝了 10 万美元年薪的库特产生同情。

解决本案中的反垄断问题并非易事。怀特认为如果联邦反垄断法不能适用，州法或许可以。他的助理利用他的犹豫，试图与马歇尔方面协商修改其判决意见中的一些小地方。怀特的一位助理表示，如果能做出一些改变，怀特有可能会加入马歇尔的意见。

当马歇尔拒绝修改一处看似无关紧要的内容时，他的助理抗议道，只有作出修改，才能得到怀特的支持。

“谁说的？”马歇尔问。

他被告知是怀特的一位助理。

“怀特决不会加入。”马歇尔回答。

最终，怀特暗示自己仍会支持布莱克门的意见。但是他明确拒绝加入棒球名人录的部分内容。

布莱克门对此未做理会。他仍然只有四票。如果僵局无法打破，将不能公布判决意见。

五月末，鲍威尔的助理们还在做着最后的努力，试图让鲍威尔重新参与到案件中。他们知道鲍威尔是支持库特的。助理们认为，鲍威尔将会做出不利于棒球联盟的投票，因此不可能会被质疑存在利益冲突，他的投票损害的将是自身利益。恰恰是如果不投票，反而会被指控为存在利益冲突。

不，鲍威尔告诉他们。他现在不会、将来也不会参与此案。

直到五月底，这个案件仍然处于僵局。尽管尽了最大努力，布莱克门的意见似乎摆脱不了流产的命运。

首席大法官周六拜访了布莱克门，紧接着布莱克门就撤回了堕胎案意见。这使得助理之间关于两人交换投票的传言愈演愈烈。随后，在庭期接近尾声之时，伯格宣布改为支持布莱克门就该案撰写的意见，投出了第五票。但是，伯格同样反对加入该意见的第一部分内容。

判决意见公布之后，一位助理询问布莱克门，为什么没有把纽约巨人队的著名右外野手梅尔·奥特列入名单中。

布莱克门坚称名单中包括奥特。

助理说打印出来的判决意见中没有奥特的名字。

布莱克门十分懊恼，声称将永远不会原谅自己。

猥亵物品案

在庭期之初，怀特的助理们迅速陷入最高法院的工作常态。图书室的金属推车上放满了每周都会被送往最高法院的申请书。随着时间流逝，处理每份申请书的时间已经从数小时变成了数分钟。这些无止境的筛选工作，丝毫没有因处理速度的加快而少点枯燥。只有一些猥亵物品案件，能让助理们暂时从千篇一律的枯燥中解放出来。这些案件的申请书通常附有原审的所有证据——剧情长片、偷拍视频、成箱的杂志和书籍，偶尔还有照片或纸牌。这些证据在各个办公室传阅，以便助理们和大法官们仔细阅读。

怀特的一名助理阅读了两起案件［哈特斯坦诉密苏里州（Hartstein v. Missouri）和维尔诉加利福尼亚州（Wiener v. California）］的全部证据后，对这些案件产生了更多的兴趣。

1967 年，对如何定义猥亵物品，最高法院曾经放弃了十年的努力成果，承认这个概念的主观性。瑞普拉诉纽约州案后最高法院宣布，无论大法官本人如何定义猥亵，只要多数意见认定不构成猥亵物品，该物品则受第一修正案的保护。此后，最高法院根据瑞普拉案判决，撤销了超过 24 起的猥亵物品定罪。

对这些尚待解决的案件，怀特的助理比对怀特对猥亵的定义审查涉案物品是否属于赤裸的色情描写。怀特认为赤裸色情描写包括阴茎勃起、性交动作、口交或者肛交，但是他尚未将此作为定义写入任何书面意见。在他看来，只要没有勃起和插入动作，就不属于猥亵。该助理还注意到没有证据表明涉案物品曾经被展示给未成年人，或者非自愿的成年人看。因此，他打印出了自己的建议："依据瑞普拉案，撤销原判。"无须出具判决意见或者经口头辩论，下级法院认定涉案物品属于猥亵物品的判决将被撤销。最高法院不应因为大法官意见不一致，致使下级法院产生更多困扰。该助理提示到怀特无须阅读该案证据，涉案物品显然不属于猥亵物品。

怀特坐在他那张巨大的玻璃表面的桌子旁，审阅助理提出的建议。当看到猥亵物品案时——建议他可以略过阅读相关证据——怀特大喊出声："开什么玩笑！"他起身前往该助理的办公室，两脚分立站在为他准备的椅子旁，似乎准备打一架。椅子上放着两份怀特买自欧洲的杜米埃画作的复印件，涉及巴黎一起著名的猥亵物品案审判。其中一幅描绘的是一位妇女向合议庭法官袒露胸部，法官惊恐地向后缩着身子。怀特还带了一份给布伦南，布伦南则将之束之高阁。

怀特的助理们经常劝说他像布莱克和道格拉斯一样，采取绝对适用第一修正案的立场。他们认为，任何第一修正案的例外都会将最高法院陷入"滑坡效应"，因为一个例外会为另外一种例外情形提供正当化理由，由此恶性循环，将使第一修正案形同虚设。

尽管助理们经常提及这个问题，怀特坚持自己原有的立场。怀特会说"不要总用'滑坡效应'当理由"。一个例外并不必然导致另外一种例外，合理的界限是可以被划定的。"重要的是知道何时、以何种方式停止对思想自由的实质审查。"

"把证据送过来。"怀特指示助理。他觉得有义务在投票之前对证据进行审查。

该案证据与每周源源不断送进最高法院的其他猥亵物品案如出一辙。怀特快速翻阅了涉案物品。很快他就看够了。怀特并不像布莱克门和伯格一样憎恶色情物品。只不过这些物品的受众可能是他的儿子，而非他的妻子或女儿。他担心的不是这些物品的内容，而是它们在全国各大城市都可以轻易获得。

此外，怀特希望改变现有局面，不要再将时间浪费在审查类似瑞普拉案的其他个案上。在此前类似案件中，怀特与布伦南、斯图尔特、马歇尔和道格拉斯持相同立场，构成多数派意见。但是与以往立场不同，对尚待解决的两起案件，他第一次决定将不投票支持撤销该案定罪。他将加入不同意见，转而支持首席大法官和布莱克门。他希望对猥亵物品类案件（猥亵罪案）采取不同的处理方法，尽管他还不确定到底应该怎么做。

布伦南对怀特的举动感到十分困扰。怀特当然会为无止境的猥亵物品案感到烦恼，其他大法官也一样。布伦南抱怨道："我已经厌倦了，再也不想看到这堆烂东西。"但是他们又有什么其他选择呢？

布伦南认识到瑞普拉案的处理方法迫使下级法院每次都要审查原始证据，以推测出最高法院最近的裁决是什么。大多数法院已经找到了判断标准。除非是特别明显的色情描写，最高法院并不支持下级法院将其认定为猥亵物品。

道格拉斯认为任何物品都不应被禁止，布伦南尚未准备好接受这一绝对立场。但是他也不认为最高法院可以置之不理，任由地方上进行过度严格的审查，将污染心灵当作审查标准。瑞普拉审查程序是目前最好的处理方法——只要他属于多数派意见。

布伦南和怀特一样，对猥亵这个概念有自己的定义：没有勃起。只要图像中显示"阴茎无勃起"，即使有插入动作，他也可以接受。如果没有勃起，口交也是可以忍受的。争议中的这两起案件，其涉案物品通过了布伦南的检验。

斯图尔特是支持瑞普拉案的另外一张投票。数年前，在1964年的雅各布里斯诉俄亥俄州案（Jacobellis v. Ohio）的意见中，斯图尔特曾经写道，只有"赤裸裸的"色情描写才可以被禁止，但是他同样承认相关概念的主观性："尽管我依据我所理解的这个简陋的标准能够作出判断，但是我不会试图进一步对这类物品做出更加明确的定义；或许我永远也不可能做成这件事。但是当我看到具体物品的时候，我能够判断出来。"

在二战时任海军中尉期间，他曾经看到过此类猥亵物品。在卡萨布兰卡市，作为舰船的值班军官，他看到士兵们带回的当地出版的色情刊物。他能够辨别送到最高法院的大部分色情物品和极端色情描写的区别。他将之称为"卡萨布兰卡检验法"。

马歇尔，通常对这些案件的证据感到有趣而非惊讶，同样投票支持瑞普拉案。毫无疑问，道格拉斯是第四位支持者。

自布莱克离去后，道格拉斯成了最高法院内唯一一位第一修正案绝对主义者。他和布莱克确信猥亵这个概念是无法被界定的。因此，任何禁止性的法律都应被认为模糊不清，因而是违宪的。不可能会有一部关于猥亵物品的法律能够做出足够明确的规定：只有人们在行为前能够判断自己的行为是否违法，才是符合宪法要求的法律规范。

道格拉斯认为，最高法院的罪恶在于，认定猥亵物品是第一修正案的例外。原罪者，猥亵物品法律之父，正是布伦南，他撰写了最高法院第一份试图定义猥亵的意见。在 1957 年的罗思诉美国政府（Roth v. United States）中，布伦南曾经撰写了一份意见，认为有一种表达，属于猥亵，并不属于言论，因此不受第一修正案的保护，并且可以被禁止。

道格拉斯知道布伦南创造了一套定义，以保护那些严肃的文学作品——詹姆斯·乔伊斯的《尤利西斯》，威廉·福克纳的《圣殿》，考尔德韦尔的《上帝的小块土地》——免受一些狂热的检察官和法官的伤害。根据布伦南的定义，如果“一般人根据现代社会标准认为该物品作为整体，其主题是引起淫欲”，那么它就是猥亵物品。但是下级法院仍然继续禁止那些布伦南认为明显不属于该范畴的作品。紧接着作为多数派，在 1966 年的一份判决意见中［《玩乐女人的回忆》诉马萨诸塞州 Memoirs of a Woman of Pleasure（Fanny Hill）v. Massachusetts］，布伦南尝试着提出了一个公式化的判断方法：只有在该物品“显然不具有保留的社会价值”时，才能予以禁止。这种方法加重了检察官的责任，他们必须证明该物品不存在任何可能的价值。色情刊物的作者们利用了这一点，引用医学报告或者抛出莎士比亚著作中的句子，以保护他们的作品。

在道格拉斯看来，最高法院这些试图定义猥亵的做法十分荒谬。他觉得，唯一有些理性的进展发生在 1969 年的斯坦利诉佐治亚州案（Stanley v. Georgia），对该案马歇尔曾说过猥亵很大程度上是个人的隐私问题。他曾经写道：“如果第一修正案的存在有什么意义，那么一定是明确了州政府无权对一个独坐家中的人指手画脚，告诉他该读什么书或者该看什么样的电影。”

辩护律师试图扩大解释斯坦利的论证逻辑，数以百计的案件开始涌入最高法院。如果人们享有在家中拥有色情物品的宪法权利，那么就有权利购买。公民有权购买，意味着存在销售、传播此类物品的权利。由此推之，也必然存在撰写、拍摄等制作此类物品的宪法权利。大致的逻辑就是这样。

律师们认为，如果基于隐私权的论证逻辑可以如此推导延伸，那么对猥亵物品所做的区分很大程度上是一个无意义之事。只要人们有权自由观看、阅读，就无须对猥亵物品再做界定。但是布伦南对斯坦利案存有疑虑，在此前两个庭期中都拒绝为自由派提供关键的第五票。现在随着怀特改变立场，以及两位尼克松任命的大法官已经就职，道格拉斯担心多数派意见会对布伦南此前所作定义进行修改，并向色情刊物宣战——不久就会波及言论自由。

首席大法官等不及了，他希望再次由九人组成的最高法院首批辩论的案件中能包括这三件猥亵物品案。在是否明确相关概念的定义这一问题上，沃伦法院内的自由派从未赢得五票，否则将会使法律规定得以明晰，对此首席大法官认为是幸运的。此前的意见分歧使他有机会解决这一困扰最高法院 14 年之久的问题，并在这一领域的法律上留下自己的印记。他相信一定存在某种方法，既能控制色情刊物，同时又能保护言论自由。

1 月 21 日，鲍威尔和伦奎斯特已经上任，这次的讨论会是一场耐力的考验。轮到讨论猥亵物品案时，大法官们已经筋疲力尽。第一件案子［米勒诉加利福尼亚州（Miller v. California）］是最棘手的，涉及如何定义猥亵这一问题。讨论会将之暂时搁置一边，着手讨论另外两起涉及扩张适用斯坦利案隐私权判决的案件①。

讨论的问题实在复杂，各位大法官的立场难以捉摸，但是道格拉斯迅速地计算出了投票。斯图尔特和马歇尔将和他作出同样的投票，支持对这两起案件适用斯坦利判决。令道格拉斯感到吃惊的是，鲍威尔也加入了他

① U. S. V. Orito and V. S. v. Twelve 200-Foot Reels of Super 8 mm Film.

们。在就任最高法院前，为了跟得上诸多宪法问题的发展，鲍威尔曾经要求他此前任职律所的数位合伙人，为他准备了一份备忘录，对主要领域的问题都有涉及。其中一份建议就是扩大解释斯坦利案的隐私权规则。鲍威尔希望遵循这一建议，至少暂时如此。布伦南和布莱克门似乎准备在其中一个案件追随这四位大法官的投票，但是另外一个案件并非如此。

首席大法官等到最后才发言。他愿意支持其中一件案子，也有可能两件都支持。“我会试着撰写该案意见。”他说。

在华盛顿韦克商人饭店，看到一位喜爱热闹、上了年纪的黑人坐在角落的餐桌上，并不是件稀奇的事。4 月 27 日，在这间装饰有波利尼西亚风格的棕榈树叶和竹子的餐厅，在前来午餐的人群的一片喧嚣声中，两位年轻人全神贯注地听着他说话。

年长者戴着一副深棕角质边框的眼镜，看起来又重又小，紧勒着他那大号的脑袋。每当他喘息着讲出笑话，就会发出“嘿嘿嘿”的高分贝笑声，能足足持续十秒之久。

马歇尔正在和两位怀特的助理共进午餐。他又开始谈论他最喜欢的话题，回忆起往事，这样总能缓解他在最高法院的工作压力。作为一位擅长讲故事的人，他不需要别人鼓励就能开始。他会讲述巴尔的摩贫民区一个活力十足的家庭的故事；夜骑士沿着南方的乡村道路追赶他的故事；法庭上碰到的榆木脑袋和小丑的故事；他坐在法庭外吃橘子时，碰到的询问“这是什么”的小男孩的故事；道格拉斯·麦克阿瑟将军及其军队的种族主义的故事。

马歇尔常常在午餐后，拉住一位助理坐在他们办公室里为他准备的椅子上，花上数个小时追忆往事。到他的助理快要失去耐心时，其他大法官的助理可能会闲逛经过，他将会开始新一轮的、无止境的讲故事。但是他们总归是能离开的，他自己的助理却无处可去。

有时，他的助理们会在他的椅子上堆满书，希望借此阻止他继续讲故事以打发午后时光。他们低估了老板的精力。马歇尔有着站在法庭、走廊和校舍工作的多年经验。最终，助理们选择藏进他在二楼的办公室。

伯格就任后的前两年，马歇尔遇到了不少困难的时刻。他一向认为伯格不是合适的首席大法官人选，在他看来这个位置属于和厄尔·沃伦站在同样高度的人。但是他虽不满新任首席大法官的风格，却从未减少对首席大法官办公室的尊敬。

但是，四位尼克松任命的大法官，加上怀特的加入，以及斯图尔特偶尔也会改变立场，沃伦法院时期确定的诸多先例逐渐被破坏，马歇尔感到前景渺茫。他看起来变得越发疲惫和消极沮丧。他会告诉助理们："我要去钓鱼，你们年轻人可以继续战斗。但是会产生什么不同呢？当你永远都是少数派时，奋斗还有什么意义呢？"

其他法官的一些助理得出结论：马歇尔不适合担任最高法院大法官的职务。他不愿为做好工作努力，不愿为自己手中的案件做好准备，不具有和道格拉斯、怀特、斯图尔特和布伦南一样的知识水准，同样没有足够的斗志与其他大法官在讨论会上进行较量。

马歇尔的助理们认为他清楚自己在每一个重要问题上的立场。他可能没有为口头辩论和讨论会做足充分准备，但是他独自思考的能力——得益于多年来为法律辩护与教育资金奔走游说的经验——使得他在讨论会上的提问总能切中要害。此外，当他选择在讨论会上开口时，他同样是一位技巧娴熟的辩手。

马歇尔最喜欢和助理们讨论的问题之一是究竟什么是猥亵。他倾向采取保守立场，坚持认为任何赤裸的色情描写都可以、也应当被完全禁止。这么做的意义何在呢？他会激动地出声，第一修正案的原则并没有因此减损，这些下流的照片才是危害的关键。

他在斯坦利案中的自由主义观点呢？助理们会问。

他扯着嘴角笑着回答只是为了保护人们在自己家中所享有的隐私权。出版商、分销商和销售者的行为可以被制止。

但是，一位助理指出："您说过，隐私权不应仅局限于家中。"

"不。"马歇尔反驳，他从未如此说过。

"您说过。"助理坚持。

"不，从未说过"，马歇尔很确定，"证据呢？"

助理拿出装订好的判决意见。

马歇尔阅读了相关内容。

“这不是我的意见，是此前庭期中一位助理的意见，”他声称。摊开卷宗，他撕下了那一页。“好了，现在没了，不是吗？”

在韦克商人餐厅，马歇尔刚开始讲述另外一个故事，他突然停下来，盯着手表看了一会，时间差不多是 1：50。

“天哪，我差点忘了，”他激动地说，“今天是电影日，我们必须要回去了。”

电影日是大多数庭期里最有趣的一天。年复一年，多位大法官和大部分助理会到地下储藏室或者大一点的会议室，观看上诉至最高法院的案件证据中的色情电影。

道格拉斯和布莱克自就任以后，从未去过。在他们看来，没有什么可以被禁止。“如果我想看那部电影，我会付钱看。”布莱克曾经说过。他好奇地出声，九位男士，其中多位已经七十余岁，为什么要由他们来判断性的问题？最高法院现在扮演的是“最高审查委员会”的角色。

伯格同样选择不去观看。

但是，其他大法官则和助理们坐在折叠椅上，观看投影在白色墙壁上的类似《我渴望》(黄色)《I Am Curious (Yellow)》的电影。在哈伦晚年的那几年，他常坐在第一排，离屏幕仅有数英尺，但是也只能看清大致的轮廓。他的助理或者其他法官会向他描述电影中的动作。“我的天哪，太特别了。”哈伦会惊呼出声。

助理们常常取笑斯图尔特判断猥亵的方法，在黑暗的房间中大声喊道：“就是这个，就是这个，我一看就知道了。”

马歇尔的讽刺能力是一流的。前一庭期里，有一部色情电影使用惯用的伎俩伪装成一部教育片。演员扮作一位心理学家在结尾说道：“因此，患者的花痴症从未被治愈。”马歇尔反驳：“但是，我却已经痊愈了。”

灯光暗了下来，马歇尔和怀特的助理们从门边涌入，前来观看一部稍微“隐晦”些的色情电影《悍妇》，电影中有演员的裸身镜头但没有露骨的性交画面。

影片的最后十三分钟描述了一位爱尔兰的共产主义者试图劫持一架飞往古巴的飞机，上面坐着电影的女主角。他还发表了演讲，对共产主义和西方社会的优劣做了一番比较。马歇尔说道："啊！这是值得救济的社会价值。"

助理们感到失望，电影实在太过委婉。

第一部电影放映完后鲍威尔就离开了。

第二部电影名为《丹麦的性自由》，是一部两年前发行的纪录片。一位非常严肃的解说员解释了丹麦自由开放的性观点所带来的有害影响，接着展示了一张梅毒末期患者阴茎的照片。枯燥的讲述声，不时被彩色性交图片打断。

布莱克门面无表情地坐着，没有理会马歇尔和助理们的调笑。当放映员亮起灯更换影片时，马歇尔转向他，问道："我没学到什么东西，你呢？"

布莱克门脸红着和房间里的其他人一起大笑出声。

第二场影片开始就是两名女性做爱的喘息声。随后电影又回到了客观纪录片的风格。布莱克门感到厌恶。影片的内容，至少从语气来看，是对女性的贬低。仅凭这一点他就有足够的理由来反对所有色情物品。

鲍威尔的助理们回到办公室后向他表示这部影片令人失望。两位助理承认他们曾经看过该片导演拉斯·梅尔的所有影片——他是一位性剥削电影的大师。耶鲁法学院甚至曾经举办过一场他的影展。

鲍威尔枯瘦的脸上没有一丝表情。他慢慢地解释道，他从未看过类似的电影。他此前甚至不知道还存在这样的电影。他感到震惊与厌恶，不希望对此作进一步讨论。

鲍威尔的助理们感到惊讶，这部电影的画面已经再温和不过了。影片最赤裸的画面也只是裸体、暗示性高潮的面部表情以及肢体表达。如果看到从头到尾都是性交画面的偷窥影片，不知道他会有何反应。

他的助理们决定不要让其他的大法官助理知道鲍威尔的反应。他的投票是关键性的，而他是一个理智的人。或许当震惊退去，他能克服原本的厌恶感。

随着春天慢慢流逝，讨论会还在等待首席大法官传阅意见时，自由派因为两件案子而受到了鼓舞。

道格拉斯发现一个案件，清楚地表明了猥亵物品法的危险性。在威斯康星州的麦迪逊市，一份地下报纸因为出版“猥亵”图片和诗作被停刊，出版商也因此面临着两年的牢狱之灾以及 2000 美元的罚金。道格拉斯认为，猥亵物品法只是用来压迫非主流刊物的一个工具。他感到很高兴，其他大法官都同意他的看法。他们认为几乎就是在明确承认：没有插图的印刷制品不可能构成猥亵［科伊斯诉威斯康星州（Kois v. Wisconsin）］。

首席大法官将一份法庭共同决议的判决意见交由伦奎斯特撰写。尽管撤销了下级法院的定罪，伦奎斯特的意见远没有其他大法官期待得那么深入。他没有写明，纯粹的文字永远不可能构成猥亵。

道格拉斯在春季的第二次胜利来自一个改编自歌剧的电影的案件［雷贝诉华盛顿州（Rabe v. Washington）］。电影《卡门宝贝》，是比才（Bizet）歌剧的现代色情版本，被认定为猥亵物品。片中女主演的身体曾经被展示在华盛顿奇兰郡的一块室外银幕上，可以被该街区的儿童看到。

道格拉斯辩称，如果该电影在室内放映，将不会被认定为猥亵物品，而州法对地点未做任何规定，因此属于一个模糊不清的判断因素，剧院经理无法对法律风险有所预期。除了伦奎斯特和首席大法官，其余人都对他的意见表示赞同，道格拉斯感到很高兴，并将该案意见的撰写分配给了自己。但是，他此前从未撰写过试图对猥亵物品做出定义的判决意见，他选择撰写这份由法庭共同决议的判决意见，因为这份意见将是不具名的。

当首席大法官提出了一份只有两段话的协同判决意见时，道格拉斯感到有些惊讶。首席大法官写道，如果处于争议中的法律明确要求，某些特定的电影不能展示给不想看到的人或者儿童，那么这部法律并不违宪。道格拉斯得到一些安慰，至少伯格在考虑公开和私下放映的区别。当然，这是任何对斯坦利隐私权条款的扩大解释，都将必须考虑的因素。

这两个案件同样鼓舞了布伦南。讨论会似乎正在慢慢达成一种一致意见。即使是道格拉斯和伦奎斯特，极端相反的两人，也在向着中心靠拢。

猥亵物品案早在 1 月就已经进行过讨论，而伯格终于在 5 月 19 日，星期五，传阅了第一份备忘录。令多数大法官感到吃惊的是，这份长达21页的判决意见再次对猥亵物品进行重新定义，而不是扩大解释斯坦利案的隐私权原则。

首先，伯格鼓励下级法院，可以参照当地标准灵活定义猥亵，而无须适用全国统一标准。他引用了厄尔·沃伦的意见［雅各布里斯诉俄亥俄州（Jacobellis v. Ohio）］，该意见同样反对适用全国统一标准。他认可沃伦的论证逻辑："在一个以支持多样性为骄傲的社会，我们无法找到一个完美的理由解释类似的法律规定：洛杉矶或者拉斯维加斯可以容忍的性描写，同样必须被缅因州和佛蒙特州接受。"

伯格写道，地方陪审团代表着"该社区的良知"，可以决定什么能够被本社区接受。如果不同意他的观点，则意味着对美国陪审制度没有足够的信心。他提到，最高法院的概括性定义应当有所松动，让更多的起诉有胜诉的空间。"只有完全不具有任何社会价值的物品才构成猥亵，这一判断标准过于严苛……法院经常碰到明显为规避法律而生硬添加的细节，如种族问题，外交政策，或者谋取战争暴利的邪恶行为。"

首席大法官表示，"完全不具有社会价值"已经成为问题的一个症结，因为无论是他本人还是非法律专业人士的多数陪审员，都"从未弄清过这一标准的含义，因此即使不尊重这一标准，也不会招致过多风险"。

伯格写道，应当将定义规定为作品须具有"文学、艺术、政治或者社会价值"，以免被认定为猥亵物品。出版商必须能够证明出版物符合这一标准。检察官将无须证明涉案物品不具有社会价值。证明责任转移，会使得提诉变得相对容易。

至于如何解决地方检察官和法官过分滥用猥亵物品法律的问题，首席大法官建议由最高法院继续遵循瑞普拉的先例，对个案进行审查判断。

"从长远看，最高法院不可能成为高效率的最高审查者，越早把这个问题交由各州处理，对最高法院和公众而言越有益处。"

布伦南仔细地翻查伯格的草案，试图从中找到他仍支持斯坦利隐私权原则的蛛丝马迹。首席大法官强调了"与猥亵物品相关的公开活动"，称色情刊物为"对一个社区而言……是令人无法忍受的麻烦"，并且引用了斯坦利案。如果从字面理解，伯格似乎对公开和私下展示猥亵物品有区分，并且认为问题的关键在于如何控制传播。这与布伦南的观点相符。“孩子们，你们认为首席大法官真的是这个意思吗？”他向助理们询问。

助理对首席大法官的动机和逻辑都持有疑问。伯格改变了布伦南对猥亵所做的定义，以使得对色情物品涉案人员的起诉更加便利。但是布伦南认为如果首席大法官愿意扩大解释斯坦利案的隐私权原则，那么他是否对猥亵重新定义无关紧要。无论是否属于猥亵物品，成年人都享有观看、阅读的权利。

布伦南认为他或许可以推动首席大法官更进一步。他已经吩咐助理准备了一份判决意见草案，放弃了过去的部分观点，以进一步扩大斯坦利案的判决逻辑代之。但是立刻将之进行传阅显得过于挑衅；很显然，这份草案是之前就已经准备好了的。更糟糕的是，首席大法官会将此视为公然争夺多数意见的举动。因此，布伦南决定对草案进行修改，试图说服伯格该草案与其意见接近，因而可以被吸纳进他的判决意见中。首席大法官现有的判决意见只是一份粗略的草案，几乎通篇都是日常对话的语气。他必然不会反对吸纳一些建议。

但是，时机很重要。距庭期结束还有六周。如果有判决意见可能在六月的第二周传阅，那么首席大法官将没有时间重新撰写意见，以对提出的建议作出回应。除非他直接采纳布伦南备忘录中的大部分内容，加入到自己的判决意见中，否则布伦南将会得到多数支持。

布伦南用三周时间准备好了他的备忘录。备忘录的开头并不正式，但是这份 37 页文件的结构和一份正式的多数意见并无差别。布伦南承认他在 1957 年的案件中出了差错，不应试图给猥亵下定义，不应投票反对斯坦利案意见，也不应拒绝扩张适用斯坦利案意见。

但是，布伦南希望保留对公共空间内的猥亵所做的定义，以保护儿童和不希望看到这些猥亵物品的成年人。各州法律可以禁止任何未经请求主动传播色情物的行为；或者要求确保这些物品不被看到，或在特定区域内显著标识“成人用品”。艳俗、露骨的标识必须撤下。色情电影中性爱情节的静态图片也必须从剧院的展示区中撤出。公开的成人秀也应该被禁止。

布伦南对草案内容进行调整，以达到至少让首席大法官愿意让步的程度。草案中写道，不得禁止没有配图或者只有裸体图像的书籍。

道格拉斯很高兴看到布伦南的坦诚，但是这还不够，时间也太迟了。他继续敲打布伦南坚持原有立场：没有什么东西是可以被禁止的。道格拉斯认为，如果布伦南保留对猥亵的定义——即使为了保护儿童和不愿看到这些物品的成年人——法院将来可能会应用这个定义来审查那些为愿意观看的成年人而发行的作品。

布伦南坚持认为首席大法官是可以被说动的，并于6月13日，星期二，传阅了他的草案。

第二天，伯格向整个讨论会传阅了他对布伦南草案的回应。对他来说这是个创纪录的时刻。“我收到你的一份有趣的备忘录，涉及上述案件中的重要问题，”伯格写道。“我感到惊讶，你在这么短的时间内能完成这份工作。我们需要更多类似的交流来开拓思路。”

鉴于“这一季已近尾声”，首席大法官承认，最高法院没能想出一个妥当的定义来区分应该被保护和不被保护的“色情物品”。

> 我想我同意，身处商业社会的人们不确定标准究竟是什么。我们同样如此，他们只是反映出了我们的不确定。我承认，我并不认为让色情物的销售者产生一些不安感，会威胁到第一修正案的价值。在我看来，第一修正案是为了保障“思想”的商业流动而制定，但是即使如此，我仍然会对那些数千年来长期占据人类动物意识层面的思想主题保持长久的关注。简单来说，些许“寒冷”不会对色情行业造成太大的伤害，反而会使全国受益。

布伦南觉得这个想法太出人意料了。为什么甚至连首席大法官也认为，最高法院的行事可以建立在某个人对“国之益事”的判断的基础之上？

> 即使承认“瑞普拉方法”包含不确定性，比起新的未知风险，我

仍然倾向于采用此方法。

因此，对每年诉至最高法院的数百起案件，首席大法官希望通过逐个审查的方式予以解决。但是，布伦南发现，他还是从首席大法官备忘录中的其他部分内容得到了一些鼓舞。

> 我非常认同你的观点，确实存在一些不受宪法保护的色情物品。他同样赞同政府可以禁止通过邮件或者小册子兜售相关物品或者冒犯到他人选择自由的行为。

这是布伦南长久以来最关注的问题。

> 我同意（如果你的观点也是这样）任何的公开展示，如果显示的不仅仅是裸体的画面，还包括对性行为的描绘或者暗示，可以被禁止。我认为如果禁止这些物品在第十四街和宪法大道上公开展示，那么同样可以禁止它们出现在沙龙或者剧院里。

对如何保护儿童不受色情物的影响，伯格和布伦南抱有同样的忧虑。他表示："我认为，各州可以自由决定，将为未成年人提供不受保护的物品的行为，单独规定为一项重罪。"最为重要的是，他希望扩大适用斯坦利案的逻辑，允许以私人使用为目的进口色情物品。

布伦南受到了一些鼓舞，但是仍然怀疑首席大法官的真实想法。他显然还没有准备好一份可以发表的草案。他动身拜访了伯格，讨论当前的情况。

紧接着的周一，6 月 19 日，首席大法官传阅了一张简单的便条。"就这些猥亵物品案目前的情形来看，无论是布伦南大法官还是我，都无法就如何处理提出具体的建议，作为判决意见的立场……我们将在 6 月 22 号的讨论会上继续这个问题"。

布伦南重新评估了当前情形。怀特、布莱克门和鲍威尔似乎在考虑是否需要预先对出版商或者销售商发出"可能被起诉"的警示；他们应当被告知什么是猥亵物品。如果这一限制条件能够达成，他们或许会追随首席大法官的意见，允许各州限制猥亵物品的展示，甚至包括事先同意的成年人。

为了避免他们投票支持首席大法官，布伦南不希望他们受理那些涉及非自愿受众的案件，而是受理涉及主动搜索色情物的成年人的案件。

其中一个案件，涉及向一位主动购买色情刊物的便衣警察出售一本没有插图的色情小说的行为。另外两个案件，涉及一家成人影院和一家成人书店，两者都具有明显的标识，没有冒犯性的户外宣传行为，且都拒绝青少年进入。对这些仅涉及印刷制品和自愿观看的成年人的案件，如果能够先进行辩论，布伦南或许可以证明他的方法，相较于首席大法官对猥亵的重新定义而言，更加可靠。

6 月 22 日的讨论会欣然接受了布伦南额外增加的一些案件的建议[①]，并将于下个庭期进行讨论，同时也将这三起案件推迟至下一庭期。现在他们需要一并处理 8 个案件，覆盖了猥亵物品法中所有需要解决的问题。

布伦南预见到明年将是任务艰巨的一年。他召见了道格拉斯的一位助理，要他向在古斯普雷里的道格拉斯转达：一切都好；他们同意讨论那些新案件；布伦南有信心他们将在秋季占得上风。

死刑的争议

鲍威尔就任最高法院的第一天，马歇尔礼貌性地前来拜访，他看到鲍威尔站在助理们的小办公室里。两个人——马歇尔身高 6 尺 1 寸，体重 250 磅，而鲍威尔身高 6 尺 3 寸，骨瘦如柴——不自在地站了一会。

“你的死刑判决意见写好了吗？”马歇尔轻拍着鲍威尔的背，愉快地问道。

---

① 卡普兰诉加利福尼亚（Kaplan v. California）；巴黎成人剧院诉斯莱顿（Paris Adult Theatre v. Slaton）；亚历山大诉弗吉尼亚（Alexander v. Vinginia）。

鲍威尔微笑了一下。怎么可能期待他在这么短的时间内征服如此困难和重要的法律问题？其他大法官是不是甚至在最高法院开始讨论这些案件、听取口头辩论之前，就已经完成了他们的判决意见？

“没有，我还没来得及仔细考虑这个问题。”他回答。

“祝你好运！”马歇尔表示，“我的夫人和我看法相同，我们认为应该把他们都绞死，不过，”他轻拍了下放在大衣内兜里的一团纸，补充道，“你将会看到我写了些什么的。”

他笑着转身从门边溜开了。

在表面的玩笑之下，马歇尔感到深深的担忧。最高法院只对死刑案件的程序问题做出过裁决。就在一周后，对死刑是否构成第八修正案禁止的“残忍且罕见的刑罚方式”这一核心问题，最高法院必须给出答案。最高法院需要审理的只有五个案件①，但是所做判决将会决定全国范围内等待执行死刑的700名左右犯人的命运。

马歇尔反对任何形式的死刑。他将之视为刑事法律制度中最显而易见的不平等现象。死刑看起来就像是为贫穷的弱势群体和受教育程度较低者专门设计的刑罚方式。极少有富人和接受过良好教育的人被判处死刑。他们会聘请昂贵的律师。马歇尔曾经在南方工作过，也曾在朝鲜战争期间花费了一年时间对判处黑人士兵死刑的案件进行研究，根据他的经验，他深知这个制度是怎么运作的。死刑实际上是种族歧视的终极形式。

审视当前局势，马歇尔认为希望很渺茫。不甚明朗的唯一积极征兆，是最高法院在过去几年里对死刑案件的处理耐人寻味，反映出大法官们之间的矛盾深重。大法官们在预审会上就死刑问题做出过一系列的投票，但每一次投票的结果最终都被撤回，而未向社会公布。

在1968年的庭期中，大法官们曾做出过6∶3不公开投票，支持撤销“马克斯韦尔诉比夏普案”（Maxwell v. Bishop）中阿肯色州的死刑判决。讨论会上决定，各州死刑法律必须规定，在认定被告触犯死刑罪名之后，

---

① 艾肯斯诉加利福尼亚（Aikens v. California）；弗曼诉佐治亚（Furman v. Georgia）；布兰奇诉得克萨斯（Branch v. Texas）；杰克逊诉佐治亚（Jackson v. Georgia）；摩尔诉伊利诺伊（Moore v. Illinois）。

必须就处刑问题举办“独立的”听证会。被告将能够出庭作证，提出有利的量刑事实，而无须被迫接受庭审期间的证人证词。

沃伦、道格拉斯、哈伦、布伦南、福塔斯和马歇尔组成了 1968 年该案的多数派。布莱克、斯图尔特和怀特提出不同意见。沃伦指派道格拉斯撰写该案意见，道格拉斯匆忙起草完成并传阅了一份内容笼统的判决意见。哈伦感到难以认同，这份判决意见离题过远，针对的不仅仅是死刑案件的审判程序，而且是覆盖到所有的刑事案件。哈伦改变了投票立场，令人放心的 6 : 3 的投票结果变成了票数非常接近的 5 : 4。在发表该意见之前，福塔斯从最高法院辞职，投票结果又变成 4 : 4 的僵局。

第二年，该案的僵局被打破，沃伦推翻该法的投票被伯格维持该法的投票所取代。但是，新形成的 5 : 3 的投票结果仍然不足以使哈伦放心。他坚持暂缓审理该案，至九位大法官全部就任再做决定。

布莱克门在 1970 年的庭期中投票支持死刑［麦克高塔诉加利福尼亚州（McGautha v. California）］，彻底逆转了局势。1968 年支持推翻该法的 6 : 3 的不公开投票，变成以 6 票的多数票支持维持该法。

哈伦撰写了该案的判决意见，规定了对现行死刑法律的限制性批准程序。判决意见中裁定，无须提供指引陪审团如何做出处刑决定的具体标准，诸州也无须为死刑案件召开额外的听证会——一场为认定是否有罪，另一场为是否判处死刑而召开。

在哈伦的判决意见发表之后，讨论会决定数百位死刑罪犯——他们的上诉因为等待本案判决结果而被暂时搁置——可以被执行死刑。

斯图尔特抱有疑虑。他指出他们尚未决定死刑是否属于宪法第八修正案所禁止的“残忍且罕见”的刑罚方式。基于他的建议，讨论会同意接受一些相关的案件对这个议题进一步进行讨论。死刑案件继续暂缓执行。

但是，道格拉斯表示反对。这个议题根本不存在。1967 年他们曾经就一个案件（博伊金诉亚拉巴马州 Boykin v. Alabama）进行秘密投票，尽管该案判决是基于其他根据，并未被发表，但是已经就这个议题做出了决定。只有他和马歇尔投票支持废除死刑。道格拉斯这样做，仅仅是因为一个男士因持械抢劫而被判处死刑。道格拉斯说，如果这是一起故意杀人案，他不会认为死刑是残忍且罕见的手段。这实在太过荒谬，死刑已经存在数个世纪，只是最近才被一些立法所确认。最高法院同意暂缓执行死刑，并假装审议一个已经被解决了的问题，这种做法多少有些无聊。

道格拉斯传阅一份少见的对同意受理案件的不同判决意见——通常都是针对拒绝受理案件的决定——并声称要将之公布。给予等待死刑的人们希望，然后在一年之后又要执行，最高法院的这种做法才是残忍而罕见的。但是道格拉斯没能说服其他大法官，并最终撤回了他的不同意见。

现在，一年过去了，最高法院准备着手处理“残忍且罕见的刑罚”这一议题。马歇尔认为到了决定胜负的关键时刻。在他看来，五位大法官投票反对死刑的概率并不高；事实上，情况糟糕透了。他可能是唯一一位反对任何案件适用死刑的大法官。即使加上道格拉斯和布伦南，也只有三张投票。现在，死刑更是一个被热议的政治问题。一位在战争中犯罪的士兵，已经被尼克松判处死刑。

不过，马歇尔认为还存在一个对自己有利的因素。在去世之前，布莱克曾私下向他的同事们预言，最高法院最终将会废除死刑，不是因为法律问题上的辩论，而仅仅是因为数字——700 名男男女女——等待着被执行死刑。

这一主张曾经是马歇尔任职过的律所，法律辩护与教育基金会，提出的辩论策略之一。基金会曾经领导着废除死刑的战斗，并通过将每一起死刑案件向联邦法院上诉而得以使这些案件不得不暂缓执行。自 1967 年至今，尚未执行过死刑。尽管相信死刑并不违宪，布莱克预测法律辩护与教育基金会的策略最终会获胜。毕竟，大多数大法官不会希望手上沾满血迹。

马歇尔吩咐两位助理对围绕“残忍且罕见之刑罚”的各种主张进行研究。在 1791 年第八修正案出台之际，死刑和其他一些刑罚方式——烙刑、割耳、鞭刑——仍然还被使用。此后，它们被认定为“残忍且罕见的刑罚”。厄尔·沃伦曾在 1958 年的一份判决意见 [卓普诉杜勒斯案 (Trop v. Dulles)] 中写道，第八修正案的内涵并不是静止不变的。它会适时而变，受到“进化着的、标志着社会日渐成熟的标准”指引。马歇尔预言，已经到了证明社会成熟的时候了。

在 1 月 17 日的言辞辩论中，一位年轻的法学教授安东尼·阿姆斯特丹（Anthony Amsterdam）针对废除死刑，向最高法院提出了马歇尔认为是最好的言辞辩论。

第一，他提出，死刑经常适用于弱势群体和穷人身上；统计数据显示出有一个明显歧视性的模式。第二，死刑判决具有随机性，缺乏连贯一致的标准来决定谁被执行、谁能幸免。第三，死刑不常适用，因此无法形成有效的震慑作用。第四，对现代社会而言，死刑是不可接受的；已经有十一个州完全放弃了死刑，有选择权的陪审团也更倾向于不使用死刑。最后一点正是以“发展中的标准”为辩词。

得克萨斯州立大学的一位法学教授，查尔斯·阿兰·赖特（Charles Alan Wright），支持规定有死刑的法律。赖特认为立法有意将适用死刑的选择权赋予陪审团。适用的不经常性，不影响立法原意。他宣称：“我认为我们应当感到欣慰，在适用死刑这一终极、最严厉的刑罚手段时，我们变得越来越谨慎。”

怀特打断了赖特，询问他对陪审团少见的且具有随意性的死刑决定是否感到困扰。斯图尔特统计的数据显示陪审团的死刑决定有歧视黑人的倾向。

赖特表示同意。他发现两个问题都很难回答，但是他表示这些问题并不能证明死刑本身是残忍且罕见的刑罚。在他看来，在法律的适用方面可能存在一些程序上的瑕疵。但是最高法院在去年的“麦克高塔案”中已经解决了大部分的问题。他宣称：“最高法院最近的裁决如此坚定地表示，陪审团的量刑是适当的，而且陪审团也实在地传达出社会的道德观。”

尽管马歇尔和布伦南完全同意阿姆斯特丹的四个论点，道格拉斯并不赞同发展中的标准的主张。权利法案对个人权利和保护的规定是绝对性的，不会因为时间而改变。道格拉斯一生都坚持这一观点。承认发展中的标准将会导致权利法案可以被司法重新解释。最高法院可以扩张自由，也可以轻易地限缩解释自由。不过，目前他也认为死刑具有歧视性，是残忍且罕见的刑罚。他同样会投票支持废除死刑。

至此马歇尔已经看到了三张投票坚定支持废除死刑。另一方面，伯格和伦奎斯特坚决维持死刑。怀特通常对检察官和州立法者抱有同情，可能投出第三票。马歇尔相信，布莱克门、鲍威尔和斯图尔特的立场将决定死刑的命运。

斯图尔特倾向于投票维持死刑法律。阿姆斯特丹的辩论引人瞩目，但是大多经不起推敲。死刑法律真的具有歧视性吗？确实是有更多的黑人被判处死刑，但是否因为有更多的黑人触犯了足以判处死刑的重罪。斯图尔特同样不认可死刑发挥不出应有震慑作用的说辞。统计数据不具有决定性，发展中的标准这一论点同样站不住脚。大多数州，至少 38 个州，有死刑法律。一些州以及美国国会，近期都新出台了规定有死刑犯罪的立法。

斯图尔特还看到了一个更大的问题，死刑不可能突然间变成不可接受的、“残忍且罕见”的刑罚手段。在 1967 年暂停执行死刑之前已经被处决的囚犯该当如何？即便是依据发展中的标准这一理论，最高法院看起来仍然十分可怕。人们会疑惑最高法院在这么多年来都允许执行死刑。他不可能加入如此肤浅的一份关于第八修正案的判决。

斯图尔特还有其他困扰。他彻夜思考这个议题，尤其是 700 位等待死刑的囚犯的问题。阿姆斯特丹关于死刑的“任意”和“随机性”的论断并非全无道理。为何这 700 名囚犯被判处死刑，而其他触犯死刑罪行的人却被判处监禁，对于这个问题斯图尔特找不到答案。一定是哪里出了问题。大量的杀人犯被判处监禁，而许多强奸犯被判处死刑。三年和十年有期徒刑之间的区别或许可以找到合理的解释，但是死刑完全是另外一个制度。能够解释如此无规律可循的区别对待吗？这种差别是合宪的吗？斯图尔特不确定。此外，死刑并不经常适用——比例不到可判处死刑案件的 20%——这似乎符合“罕见”的字面意思：不规律，没有连贯性，稀少。

这样的论证逻辑会遭遇一些程序问题。但是麦克高塔案的判决意见理应已经解决了这些问题。它允许陪审团选择是否适用死刑，即使陪审员没有得到任何相关的标准、规则或者指引。如果斯图尔特投票废除死刑法律，麦克高塔案将是主要的障碍，尽管它并非不可逾越。

斯图尔特还有一些策略上的考虑。他可以设想到上一庭期中 6∶3 的投票变成票数接近的 5∶4。如果事态如此发展——如果看起来最高法院将仅凭一票之差维持死刑——斯图尔特将很难决定是否加入差距如此微弱的多数意见。仅仅因为一票的差距决定 700 人的生死，尤其是这一票将由他投出，将是不可接受的。斯图尔特决定，如果票数为 5∶4，他将必须要投票废除死刑法律。这将使票数发生逆转，但是没有人会被执行死刑。因此他或许需要为废除死刑找到一个坚实的根据。

怀特告诉助理们，阿姆斯特丹展示了他所听过的最好的一场论辩。不过，他仍然发现一个并不具有任何说服力的论点——阿姆斯特丹宣称，适用死刑的不经常性使得死刑难以发挥其应有的威慑作用。怀特很关心各州的利益，以及政府从某些类型的刑罚中所能获得的益处。其中包括两个因素：威慑和报应。在怀特看来，这些利益解释了死刑的正当性和合宪性。当然，如果触犯某些罪行后，会被判处或者很有可能判处死刑，会在无形中起到抑制犯罪的效果。但是死刑适用率较低的现状使得情况已经发生变化。实际上，现在的情况是死刑极有可能不被适用。死刑的震慑效果已经不再可靠。另一方面，死刑的可选择性显然反映出各州立法者的意志。怀特认为除非存在不可抵抗的理由，最高法院不应当阻挠这种意志。他不止一次地提到“刑事司法制度不可能脱离法院而运作”。

但是立法者们保留了死刑法律，并且颁布了新的法律。对法官和陪审团极少适用死刑这一事实引起的宪法和道德问题，他们未予考虑。立法者们没有做好他们的工作。怀特对该怎么做并不确定。

对马歇尔而言，斯图尔特担心成为维持死刑的 5∶4 中多票数派的一员，这表示斯图尔特很可能成为支持自己的第五票。马歇尔仍然需要第四票，他有两名候选人。

据马歇尔所知，布莱克门正在为这个议题而深受折磨，他看起来更有可能支持自己。布莱克门担任上诉法院法官期间，曾撰写过的阿肯色州监狱案判决意见，是联邦法院关于“残忍且罕见的刑罚”这一议题的最新意见[①]。此外在上诉法院任职期间，他还曾在另外一个案件（马克斯韦尔诉比

① 杰克逊诉主教。

夏普案 Maxwell v. Bishop）中表达过对死刑的保留态度，最终投票支持死刑仅仅是因为最高法院持此立场。现在布莱克门已经任职最高法院，马歇尔希望他能遵循内心的良知进行投票。

马歇尔认为，鲍威尔是另外一张可能的投票。尽管在言辞辩论的过程中鲍威尔没有提出过问题，马歇尔可以看到他正在进行准备工作。鲍威尔深受开明白人体制影响，而三十年来马歇尔一直试图促成他们进行集体忏悔。马歇尔希望鲍威尔能把死刑当作一项民权问题来对待。至少，他看起来对此是持开放态度的。马歇尔认为，鲍威尔的本能反应将决定他的最终投票。

讨论会于 1972 年 1 月 21 日讨论了死刑相关案件。大法官们同意所有的投票都将是暂时性的，甚至比以往的临时投票更具暂时性。马歇尔认为，由于布莱克门和鲍威尔分别是第七位和第八位发言的大法官，因此直到所有人发言完毕，结果才能初步确定。

首席大法官首先发言。他言称，如果他是立法者，他将投票反对死刑，但是他不是。他将投票维持死刑法律，显然死刑是合宪的。

如马歇尔所预期的那样，道格拉斯和布伦南认为应当废除死刑。

接着令人诧异的事情发生了。斯图尔特暗示将会投票支持废除现行的死刑法律，而不是犹豫不决，先行观察自己是否会是第五张维持死刑法律的投票。他不赞成根据第八修正案彻底废除死刑。但是死刑适用的偶然性和随意性使得相关法律符合“残忍且罕见”的定义。

马歇尔感到高兴，他已经得到四张投票。但是怀特和尼克松任命的三位大法官尚未发言。

紧接着又发生了另外一件令人诧异的事情，怀特表示他也为死刑适用的偶然性感到困扰，这种现状改变了他的观点。死刑适用的偶然性使得政府并不能从死刑的震慑效果方面受益，因此他也倾向于投票废除死刑法律。

布莱克门和鲍威尔暂时投票支持死刑法律。伦奎斯特坚定地支持维持现有的死刑法律。

尽管很高兴得到怀特的投票，马歇尔对最终结果仍抱有一丝疑虑。怀特投出了令人意外的一票，而这一票看起来并不那么坚定。

鉴于本次投票的暂时性以及相关案件的特殊重要性，各位大法官都同意将各自撰写一份意见。如此一来，将有九份意见可供斟酌，涵盖各个方面的观点和主张将得以全面展示。

伯格建议，由于本次投票的临时性，讨论会内容和结果不对助理和最高法院其他工作人员公布，像上一庭期处理夏洛特校车案一样。他还要求所有判决意见草案仅在大法官内部之间传阅。

讨论会后，布伦南告诉他的助理："孩子们，我感到很意外，但是死刑案似乎会以 5：4 的投票支持废除死刑。"但是结果还不确定，他补充道。怀特和斯图尔特还在犹豫究竟支持废除死刑的依据是什么。布伦南尤其关心怀特，怀特的投票至关重要，但布伦南对此并不乐观。

同样糟糕的是，斯图尔特和怀特必须与自己在去年的死刑案件中所持意见保持一致。主张废除死刑法律的诸多观点，已经在上一庭期的麦克高塔案中得到解决。

马歇尔感到喜悦，他漫不经心地违反了伯格对讨论保密的指令。当他指示一位助理传阅事先准备好了的判决意见时，助理询问他是否如往常一样将复印件发送给其他大法官办公室的助理们。"当然可以，"他回复，"为什么不？"

这份长达 58 页的草案是份不常见的学术性论述，全面追溯了美国和英国死刑制度的历史。马歇尔主张全面废除死刑，并且收集了每一个能想到的理由证明死刑制度具有歧视性。但是该草案没有解答斯图尔特和怀特关心的问题。

一个月后，加州最高法院认定死刑违反了加州宪法对"残忍且罕见之刑罚"的禁止性规定。道格拉斯办公室最先察觉到这个判决，紧接着的三天里，道格拉斯完成了一份法庭共同决议草案，驳回 100 件等待最高法院裁决的加州案件。

伯格对加州最高法院的判决感到恼火。它涉及最高法院曾经讨论过的五起死刑案件中最残暴的一个案件，案犯是一个冷血的强奸杀人犯。如果需要一个支持死刑的理由，那么就是这个案子了［阿尔肯斯诉加利福尼亚州（Aikens v. California）]，现在最高法院失去了就此案做出决定的机会。对其他大法官驳回此案的建议，他拖着未做回复。首席大法官担心加州最高法院判决会使一些废除死刑的主张更加有力，如认为现代社会的价值正向着废除死刑发展。他主张，最高法院将先行处理其他案件，暂时搁置是否驳回本案的问题。

鉴于这些死刑案件尚未定案，讨论会同意先行等待。

当鲍威尔最终决定接受提名担任最高法院大法官时，他从未想到他将必须就这样一个具有深刻道德伦理，甚至宗教意义的问题做出决定。最近几日，他因为担心死刑案件而不能安眠，常常会在半夜醒来好几次。他更加担心的是理性问题，而非感性问题。他希望能够确定自己正在做的事是正确的，确保自己已经仔细考虑了所有的主张。他知道如果他是一州之长，他将倾向于对死刑犯持宽恕的态度。但他是一位大法官。他的工作是解释宪法。宽恕或许在某些案件中确实是恰当的，但他的责任是制定出适用于所有同类案件的规则，这是最困扰他的问题。他觉得作为大法官，自己在许多地方尚未准备充分。他从事公司法领域仅四十年，从未追求成为一名法官。他的经验在于辩论，而非决定。他指着办公室墙柜上放着的最高法院公布的 403 册意见，对一位助理说："现在比尔·道格拉斯熟悉这些书里的内容。我却一无所知。"

鲍威尔对自己的法律素养很有自信，但是对这些资料有些无所适从，甚至感到陌生。他总是会为案件找到一个坚实的基础，向其他人一样做好充分准备。在法律界，他的优秀使他声名斐然。现在，鲍威尔在生命中第一次遇到可能无法胜任工作的状况。恐惧成为无声的动力。他加大了已经让人筋疲力尽的工作量，阅读最高法院所有关于死刑的意见。为了挤出更多时间，他甚至放弃了每周日前往教堂做礼拜的安排。

鲍威尔习惯于和同事共同商讨案件，数十位初级律师负责基础检索以及许多秘书负责文印工作。因此，他感到非常诧异，一个国家最高法院的大法官竟然只有五名工作人员——三名助理，一位秘书和布莱克的前任侍者，斯潘塞·坎贝尔。

当读完这些案件以及附随材料，鲍威尔觉得自己在讨论会上的投票是正确的。几乎每一个案件以及所有的研究都在强化他的立场。主张宪法禁止死刑的观点是司法积极主义的一种极端表现。在鲍威尔看来，斯图尔特和怀特立场还不确定，他直觉感到自己可以影响他们的判断。他是讨论会少数派中最温和的一位，比起伯格、伦奎斯特或者布莱克门更加像是中间派。他很有可能赢得另外一张投票，从而改变最高法院的投票结果。当他继续阅读引用的案例，他发现了一系列不可打破的维持死刑的先例。宪法第五修正案特别提及死刑，显然表明死刑在当时是被接受的。废除死刑将意味着最高法院以自己的判断代替众多立法者的决定，反映的是对民主缺乏最基本的信仰。

这份判决意见是鲍威尔发挥审判能力的第一次实践。他相信这份判决意见是正确的，更确信它具有强大的说服力，尽管在最初他遇到了一些困难，他必须将自己保守谨慎的内心直觉转化成外在的司法意见。他作为公民的观点，似乎不如他所预期的那样具有可适用性。但是每一次他都能应对：找到足以支撑自己的先例。最大的帮助来自哈伦，尽管许多大法官与他充满激烈的意见冲突，他们仍然非常尊敬哈伦，他在最高法院中一直以博学著称。鲍威尔开始认真研读哈伦所撰写的判决意见。这些意见论理清晰，但是鲍威尔认为如果要获得斯图尔特或者怀特的支持，他必须充分理解对方的主张并作出回应。

鲍威尔发现了让哈伦迟疑不决的问题所在。这也是道格拉斯关注的问题之一，很可能也是斯图尔特和怀特希望废除死刑的原因，那就是种族歧视。

鲍威尔愿意接受这些证明死刑判决带有种族歧视的数据，以进行进一步论证。他猜想马歇尔和布伦南两人都希望这些数据能够触碰到他的内心。这些数据正是哈伦在三个庭期前弃权的原因。鲍威尔对种族歧视不抱幻想。很长时间以来，鲍威尔对种族歧视问题并无感觉，惯性地接受种族隔离的传统，这一情况持续到 20 世纪 50 年代。但是南方和鲍威尔现在已经有所改变。

黑人可能确实受到歧视，并且和其他各种方式的歧视一样，有更多的黑人被判处死刑。但是这已经是过去的事情了。黑人，或者如鲍威尔所称的“少数族群”，已经可以担任陪审团成员。审判比过去更加公平。被告人无论是黑人或者白人，都可以享受到一切可以想象到的保护，歧视性刑罚已经变得十分罕见。鲍威尔认为，完全公正的审判只是一种幻想。只要陪审团被赋予一定的裁量权，歧视或多或少将不可避免。但是这个问题在上一庭期就已经得到解决。鲍威尔在草案中写道，先例判决不可忽视。“目前为止，还没有一位最高法院的大法官，不遵循对宪法的一致性解读。”

马歇尔认为在不涉及杀人的案件中判处死刑属于量刑不当，为了回应这一主张，鲍威尔提到正在接受审查的两起强奸案的案件事实。“上诉人杰克逊手持剪刀抵住受害人的脖子。上诉人布兰奇很轻易地就制服了 65 岁的受害者。”

鲍威尔承认，死刑在某个特定的案件中可能属于量刑不当，构成“残忍且罕见的刑罚”。因此，案件审查应当逐案进行。鲍威尔认为，个案分析对防止种族歧视情况的出现意义重大。但是，没有必要废除所有的死刑法律。

鲍威尔的第三稿意见，长达 49 页，于 5 月 12 日进行传阅。

伯格、布莱克门和伦奎斯特立刻表示他们将加入鲍威尔的意见，尽管他们都还没有各自完成判决意见的撰写。怀特和斯图尔特同样称赞了鲍威尔的判决意见，赞赏他的研究的全面而深刻。

鲍威尔误解了斯图尔特和怀特礼貌的赞赏，将之视为热情的回应。鲍威尔还不熟悉最高法院的礼节，他们的传统向来是先对“博学的大法官”称赞一番，再展开毫不留情的批评。这一传统使得争议能维持在一个非私人领域，或者至少使这些论战看起来事关法律而不涉及个人。

但是现在鲍威尔很确信自己可以得到斯图尔特或者怀特其中一人的支持。在担任大法官的首个庭期里，就能主笔该年度重要案件的多数派意见，将会是一项重大成就。这一希望使得鲍威尔更加相信团队工作与温和劝说的重要性。他在律所工作期间成就非凡，正是归功于他的合作精神。合作使他自然、顺利地就取得了工作上的成就。

鲍威尔欣赏布伦南平和的游说态度和温和的表达方式。但是鲍威尔并不习惯迂回表达。他对本案进行全面的观点展示。他不会以高人一等的态度对待斯图尔特或者怀特。他不愿高估自己，但他确信他的意见足够全面。

他的逻辑是非常周延的，尤其在由陪审团选择是否判处死刑这一问题上。去年的麦克高塔案已经给出了这个问题的答案，这也是斯图尔特和怀特不可跨越的障碍。他们必须推翻前案判决，但是仅在一年之后就推翻如此重大的一个宪法判决，显然不太可能。鲍威尔清楚地知道斯图尔特和怀特对先例适用的忠诚，尤其是近期的判例。鲍威尔告诉他的助理："看起来我们要获胜了。"

该助理虽然对判决意见投入甚多，但是反对死刑的立场让他对鲍威尔预测的前景感到厌恶。

斯图尔特仍然在寻找一个废除死刑法律的依据。他的一位助理起草了判决意见，得出一个彻底的结论：无论何种案件，死刑都是残忍且罕见的刑罚。判决意见与布伦南和马歇尔的观点一致，认为社会处于发展进化中，死刑已经不再有适用的空间。斯图尔特并不同意这种观点。他希望步子迈得不要太大，只需针对现有法律的执行这一问题即可。随机性、不一致性和实质不公正，才是问题所在。

布伦南时刻关注着斯图尔特的态度变化，两人有过数次交谈。通过私下来自斯图尔特助理的信息，布伦南谨慎地判断着斯图尔特的立场，试图弄清这位同事最主要的疑虑何在。答案很快就变得明朗起来。布莱克的判断是正确的。死刑席上的 700 人——加州判决之后现余 600 死刑犯——是困扰斯图尔特的关键所在。面对着用以剥夺生命的氰化钠药丸或 2000 伏特的电流，大法官们做不到漠不关心。

在法律辩护与教育基金会准备的诉讼材料中，包括一些目击者对死刑执行的描述。"当执行人扳下开关，电流通过囚犯的身体。他难以忍受这种折磨，蜷缩着身体，肌肉开始膨胀，皮肤像是要崩裂了一样。大小便开始失禁，舌头变得肿大，眼睛快要凸出眼眶。在一些案件中，被执行人眼球甚至迸出掉到了脸上。身上的肉被烧焦，散发出糊味。当尸检时，法医发现肝脏的温度高到甚至无法直接用手触碰。"

“波特不会扳下能够结束 600 人生命的那个开关的，”布伦南对助理们说道。“我知道波特立场很坚定，但是没有人能预测拜伦将会怎么做。”实际上，案件目前处于 4 比 4 的僵局，怀特的最终投票尚未可知。

斯图尔特认同布伦南的看法，怀特的立场难以预测。对案件及判决的处理，怀特有自己的方式。他会将之暂时搁置，待数周或数月后再行处理。时间常常会凸显出那些对案件重要的影响因素。他曾经说过：“你或许认为自己没有进行思考，但实际上无意识中一直处于思考状态。”怀特也曾将死刑案件暂时搁置过。

六月初，在他位于华盛顿西北部家中的书房里，斯图尔特开始了判决意见的撰写。这实际上是写作与推理的过程，至此已经不再需要进行大量的搜索研究。他试图尽可能地限缩观点，强调这份判决意见是为了处理上诉至最高法院的特定州法，而不是死刑是否属于“残忍且罕见的刑罚”。

困扰他的仍然是死刑决定的随机性。诸多可判处死刑的案件中只有少数人被实际判处死刑，斯图尔特希望找到能够准确描述这种现象的词汇，他选择了“难以捉摸”“反复无常”“异常”。他还在试图找到一个完美的比喻。他写道：“它就像被闪电击中一样，是一种残忍且罕见的刑罚方式。”法制已然崩塌。死刑是随机的正义，而随机性本身就是不正义。斯图尔特用了十个段落表达他所需要表达的东西。

在 6 月 10 日周六的早晨，怀特在办公室里。暂时搁置的策略收到了成效。他将投票支持废除特定的死刑法律，而不是彻底废除死刑。死刑的不经常适用击败了立法的原有意图——州的真正利益在于威慑和惩罚。“但是常识和经验告诉我们，如果法律极少适用，那么它将丧失原有的功能……”他在那台缺了几个键的老式打印机上敲击着。如果法律起不到作用，州的利益也不复存在。死刑已经无法构成“可靠的威胁”，也无法实现作为“社会目标”或者“公共目的”的威慑作用。

在 11 点左右，怀特召集了他的三位助理。他希望他们就 125 起尚未定案的死刑案件进行研究。是否这些案件所涉法律同样赋予法官或者陪审团选择死刑的权力？抑或存在对某些犯罪自动使用死刑的强制性法律？他还希望知道当死刑可选择时实际判处死刑的相关数据。

助理们离开了怀特的办公室。他们只是从小道消息得知，怀特曾经在数月之前的讨论会上投票支持废除死刑法律。怀特从未告诉过他们。即使在与他进行苏格拉底式的对话时，他也从未透露过。

助理们忙活了三个小时按照怀特的要求进行检索。从请愿书中无法看出各案所涉法律对死刑的规定是可选择的还是自动适用。因此他们必须检索每部法律，等到完成时已经过了午饭时间。

他们发现只有加州有强制死刑的条文规定。幸运的是，目前的上诉案件中没有自动适用死刑的情形，他们无须继续进行检索。各州法律的相关规定都有自由裁量的空间，因此类似于佐治亚州以及得克萨斯州法律。

怀特的助理们意识到这种情况使得当前案件变得格外重要。这两起案件的结果将同样适用于类似的其他州的死刑法律，事实上这些案件本质上都是同一个问题。

下午 3 点左右，怀特又一次召集了助理。他将投票支持推翻相关死刑法律。三位助理欣喜不已，但是他们控制住了。怀特并不习惯过分外露的情绪表达。

怀特解释道，尽管将在各州生效，他的判决意见将适用范围限制在具有裁量空间的法律。此外，它建议各州立法者考虑制定其他类型的法律。他表示，他个人支持规定某些特别恶劣的犯罪自动适用死刑的法律，比如刺杀总统或者总统候选人——这一罪行让他失去了两位朋友，让国家失去了两位领导人，约翰・肯尼迪和罗伯特・肯尼迪（John and Robert Kennedy）。

怀特对州立法者回避这一问题的事实感到厌恶。是时候解决这个问题了。如果他们希望适用死刑，他们必须明确规定并且制定新的法律。怀特向助理们宣读了他的判决意见。

其中一位助理注意到一个问题。“我认为这样实际上已经推翻了麦克高塔案判决。”他提出。

怀特皱了皱眉头。其他两名同事赶忙暗示这位助理不要继续说下去了。

助理们带着判决意见的复印件回到了他们的办公室。与以往怀特工匠式的精雕细琢不同，这份判决意见上面没有任何脚注或者引用。他们的老板似乎对这份判决意见并不抱有任何名利心。

怀特的草案更像是在解谜题，就像他常在讨论会上做的一样。那是针对死刑的一篇短文。他详述了政府对死刑震慑作用的主张，然后将之驳倒。怀特确信随机选择一些人执行死刑是荒谬的。

助理们感到很讽刺，这个能够拯救所有死刑犯生命的决定不是基于任何有关公平的理念，而是基于各州的利益实际上能否实现。尽管如此，助理们仍然感到满足，怀特最终还是做出了正确的决定，这已经超出了他们的预期。他们拿到草案后，做了一些小改动，然后重新打印，希望怀特不要注意到这些文字有所改动。

怀特写道，他“绝对不是”说每部死刑法律都是违宪的。助理们认为它明显是在邀请各州针对他的反对意见谨慎制定新法。他们试图说服怀特删掉“绝对”这一表述，但是怀特拒绝了。

斯图尔特认为他的判决意见和怀特表达的是同一观点。如果加上道格拉斯、布伦南和马歇尔，将会形成反对所有现行死刑法律的多数派意见。

尽管严格说来死刑并没有被废除，斯图尔特觉得最高法院具有道德权威性，其发布的宣言将结束这个议题。他相当确信没有哪个州会颁布如此野蛮的强制性死刑法律。最高法院将无须再面对死刑问题。

在一次讨论待决案件的会上，怀特提出一种可能，本庭期就死刑问题的决定可能会影响到堕胎案的判决。如果最高法院废除死刑，而同时又允许堕胎（尚未决定是否延缓审理堕胎案），将会引发相当可怕的公众反应。人们会认为最高法院为杀人犯保驾护航，而将尚未出生的孩子判决了死刑。

这一看法让布莱克门痛苦不已。除此之外他还向怀特表达了他的另外一个疑虑。如果他们推翻这些州法，将会引发各州制定强制性适用死刑的法律的热潮。这将是一种可悲的讽刺。大部分死刑法律最初都将死刑规定为强制适用。陪审团的裁量权是开明的创新，考虑个案情形显然更加人性化。刑罚学向中世纪的倒退是一种耻辱。他曾认为死刑是应当由立法者决定的事项。现在他担心立法者们将会怎么做。

伦奎斯特和怀特抱有同样的疑虑。最高法院不应审查任何州法，除非该法存在种族歧视的控诉。他承认人为错误可能导致无恰当理由，甚至无辜的死刑判决。但是可能剥夺个人宪法权利的人为错误，远没有错误地废除一部合宪法律来得严重。在伦奎斯特看来，最高法院不顾一州立法机关意志的行为，侵犯了该州每一位公民的权利。相较于死刑判决这显然是更严重的错误。

伯格对斯图尔特和怀特的判决意见大为失望，还有另外一个原因。伯格在不同判决意见中做出了说明。他指出，如果“死刑适用率能大幅增长”，两位大法官似乎对死刑就没什么意见了。

“由立法机关创设、陪审团和法官实施的这一弹性处刑机制，似乎比第八修正案对个人的保护力度更大。这种情况颇具讽刺意味。”

但是伯格赞同斯图尔特的预估。他私下预测道，该判决的结果将是“在这个国度内不再会有人被执行死刑”。

鲍威尔同样感到失望。他只差那么一点儿就能得到多数派的支持了。对斯图尔特和怀特判决意见中法律推理的粗陋，他倍感惊讶和沮丧。显然，他们已经改变了在去年麦克高塔案中的立场。他们只是不愿意承认罢了。

怀特和斯图尔特的判决意见影印件一经传阅，道格拉斯的助理就致电他们身在古斯普雷里的老板。道格拉斯很快就注意到它们与麦克高塔案意见的矛盾之处。他希望在自己的判决意见后附上一个脚注，斥责斯图尔特和怀特的不诚恳。他的语气相当严厉，并且拒绝停止攻击他的这两位盟友。他相信他的行为不会破坏现有的联合。

几天之后，两份判决意见的复印件仍然没有到达古斯普雷里，道格拉斯致电他的助理们予以斥责，将邮件延迟归咎于他们。他不愿听到任何解释，而是直接与布伦南进行联络。6 月 15 日，星期四，道格拉斯致电布伦南。他们一直认为布伦南应当起草一份简要的共同决议，梳理清楚各判决意见中的观点，得出多数派意见。道格拉斯坚持这份决议应当列清各位大法官的投票立场，这样结果不至于迷失在纷繁的判决意见中。他还将脚注的事情告知了布伦南，并且要求案件至少推迟到 6 月 26 日星期一再行公布，以确保有时间将脚注加入判决意见中。

布伦南婉言劝说道格拉斯，现有的同盟并不那么牢固。

道格拉斯并不为之所动。

脚注很快被添上了，就像布伦南担忧的那样，没有妥协的余地。“在我看来，麦克高塔案和本案判决之间的冲突凸显了布伦南大法官为前案撰写的不同判决意见的正确性，我也加入了这份不同判决意见。”道格拉斯随后指出斯图尔特和怀特为本案撰写的判决意见与布伦南的不同判决意见之间的相似之处。

让布伦南大松一口气的是，斯图尔特和怀特对道格拉斯的攻击未予理会。

所有投票和意见已经得出，伯格希望阐明各州现在能够采取的措施。他最后在他的判决意见中补充道，多数派意见并没有认定所有死刑法律都是违宪的。各州立法者还有“机会”考虑其他的立法方式，这同样也是他们不可推卸的责任。

在 6 月 29 日的早晨，本庭期的最后一天，最高法院公布了以 5∶4 通过的判决结果。

9 份判决意见，总计 50000 字，长达 243 页，是最高法院历史上最长的判决。

伦奎斯特留着长长的鬓须和相当长的头发，看起来不到 47 岁。他慵懒地坐在椅子上，戴着一副褐色眼镜，把穿着乐福鞋的脚搭在位于办公室门右侧的红木桌上。这种随性的姿势彰显着他在最高法院工作中随和的处事方式。他迅速进入了舒适的工作节奏。

伦奎斯特饶有趣味地看着最高法院正在处理的一起反托拉斯案［美国政府诉恰斯辉瑞公司（U.S. v. Chas. Pfizer & Co.)］。斯图尔特、怀特和马歇尔主动回避，只剩下六名大法官处理本案。讨论会最初的投票结果是 4∶2，支持案中公司。道格拉斯和首席大法官组成少数派意见。多数派中被指派处理此案的大法官将必须翻阅足有六尺高的各种审判材料、证据和庭审记录。布伦南觉得不应有人白白浪费时间。他眨了下眼睛，随后宣布经过考虑，他认可首席大法官的逻辑。他将改变立场，投票反对该公司，这样投票结果就变成了 3∶3。投票平局的结果是维持下级法院支持该案公司一方的判决，改变投票对本案最终结果没有影响，而且没有人需要另行撰写一份判决意见。

自由派发现很难不喜欢伦奎斯特这位善良、智慧的大法官。他们非常尊重他的才智和勤奋。对伦奎斯特突然转为坚定的保守派立场，他们并不感到惊讶：在刑事案件中，他一直是支持控方；反垄断案件中，支持企业；劳工案件中，支持雇主；言论自由案件中，总是支持政府。

他极端的法律哲学让自由派倍感忧虑。对内战后为救济和保障黑人权利而制定的第四修正案，伦奎斯特有着极为限缩的理解。近一个世纪以来，最高法院一直根据第四修正案保障所有公民的权利。在伦奎斯特看来，将第四修正案适用于犯人、妇女或者其他族群，是对该修正案的错误适用。在半个世纪以来，首次有大法官明确表示，最高法院的工作与反映社会变迁和价值扩张无关。他似乎准备将最高法院倒回到一个世纪之前。

对马歇尔而言，伦奎斯特的完全修正主义是肤浅且狭隘的。马歇尔坚持认为在伦奎斯特的文本主义观点背后，应该追问的是提名他为大法官的动机。马歇尔激进地将伦奎斯特的任命看作是尼克松精心设计的复仇，目的是为了缩减那些不幸者和非特权阶层的自由。余生可能必须和伦奎斯特共事让马歇尔感到不悦。马歇尔尤其感到不寒而栗，因为伦奎斯特警告说自由派必须限制对宪法的扩大化解释。伦奎斯特还提醒到，直至近期最高法院的行动主义才变成“自由派”行动主义。就在 40 年前，最高法院的行动主义者还都属于保守派。伦奎斯特表示，平衡正面临着又一次的逆转。自由派将有可能反过来开始呼吁司法约束、斥责保守派忽视先例。

更令自由派恐惧的是，伦奎斯特坚信联邦法院不应干涉某些特定类型的案件。他主张，在对本州公民权利的界定这一问题上，州立法机关、州政府和州法院应当享有最后决定权。只有最极端的权力滥用，联邦法院方可介入。最高法院不应将自己的意志强加给各州，它并不能代表现代社会的声音和良心。

在伦奎斯特对司法一致性坚持的背后，自由派发现，伦奎斯特为了达成保守派结果，并不介意采取捷径。精心修饰过的判决意见巧妙地，甚至是具有欺骗性地掩盖了逻辑或者事实上的不一致。在一个案件［杰斐逊诉汉克尼（Jefferson v. Hackney）］中，道格拉斯和马歇尔对伦奎斯特撰写的多数派意见提出了质疑，认为该判决意见对联邦社会福利计划的立法历史阐述有误。尽管他们对此进行了辛苦的修改，伦奎斯特仍坚持公布这样一份扭曲事实的判决意见。伦奎斯特的助理对自己在这份判决意见撰写过程中充当的角色感到非常羞愧，甚至发送了一份个人的致歉信给其他办公室的助理。

布伦南担心鲍威尔会像伦奎斯特一样变得不知变通。此外，他还担心鲍威尔会倒向伯格一派。当和助理们审阅每次讨论会的结果时，布伦南会不时地发问："鲍威尔是不是被首席大法官欺骗了？"或者"鲍威尔有没有看穿首席大法官的诡计？"他希望首席大法官惹恼鲍威尔，迫使鲍威尔投入自由派的怀抱。

鲍威尔最初表现得非常谨慎。在布伦南看来，他的意见总是既准确又公正，某种程度上和哈伦大法官很像。哈伦和鲍威尔都有多年的律师经历，两人都深信，就解决法律问题而言，限缩解释要优于扩大化解释。

在上一庭期暂缓审理的两个案件［阿波达卡诉俄勒冈州（Apodaca v. Oregon）和约翰森诉路易斯安那州（Johnson v. Louisiana）］中，鲍威尔游移不定的立场使得他和哈伦之间的相似性越发凸显出来。上述两个案件涉及同一个问题，即刑事案件中是否要求陪审团必须达成一致通过的决定。在此前一年，道格拉斯、布伦南、斯图尔特和马歇尔都认为答案应该是肯定的。伯格、布莱克、怀特和布莱克门持反对意见。哈伦则是提出了一个全新的观点，他认为联邦法院审理的案件要求陪审团达成一致决定，而各州法院审理的案件则不做此要求。由于没有形成多数派意见，该案被推迟审理。

随后，布莱克和哈伦离开了最高法院。该案经过重新辩论后，伦奎斯特作出了和布莱克相同的投票决定。投票结果仍然是 4 比 4。鲍威尔尚未投票，但是在阅读完此前哈伦命其助理准备的判决意见草案之后，鲍威尔接受了哈伦的观点，对联邦法院案件和州法院案件做不同投票。

伯格试图劝说鲍威尔改变投票。怀特指示他的一位助理撰写文章攻击鲍威尔的意见，指责其自相矛盾。鲍威尔对此未做理会。布伦南对这个结果并不满意，但是至少鲍威尔选择追随哈伦，而非伯格，这让他略感安慰。布伦南常常向助理们表示，哈伦是他在最高法院任职期间遇到的唯一的真正的法官，也是唯一能冷静公正地衡量法律问题的大法官。

在涉及第一修正案的三个重要案件［布朗兹伯格诉海斯（Branzburg v. Hayes），美国政府诉韦尔德韦尔（U.S. v. Caldwell），有关帕帕斯案（In re Pappas）］中，鲍威尔游移不定的立场使得他的投票变得至关重要。这三个案件涉及同一个问题，即记者是否必须向大陪审团揭露他们的信息来源。经过反复考量，鲍威尔最终决定将第五票投给怀特，要求记者必须像其他所有公民一样，提供信息给大陪审团。但是鲍威尔还附上了一份协同判决意见，阐明前提是如果记者感到深受大陪审团的困扰，那么这个问题还需要重新考虑。这让人再次想起哈伦。鲍威尔通过他关键的游移票限制了多数派意见的实际效果。

斯图尔特在他撰写的不同判决意见中，特别提及鲍威尔提出的重要前置条件。他说道："这为最高法院留下了空间，将来在这一问题上或可采取相对温和的立场。"

鲍威尔初任职的数月让布伦南感到欣慰。在任职最高法院之前，鲍威尔曾公开表示支持尼克松政府的主张，认为无须法官授权，即可对国内激进分子进行监听。但是在一个涉及这一问题的案件［美国政府诉美国地区法院（U.S. v. U.S. District Court）］中，鲍威尔有了新的考量，并撰写了一份态度强硬的判决意见，一一反驳了政府方的每一项主张。伯格试图将案件分配给怀特，怀特和他立场相同，希望避开这一案件中核心的宪法问题，即无授权监听是否违反了第四修正案。

怀特拒绝了伯格的指派，并指出只有他和首席大法官属于少数派。道格拉斯立刻将案件重新指派给了鲍威尔，因为他能顶住来自伯格要求持续的压力，不会撰写出一份泛化的宪法判决。

在布伦南看来，由尼克松新任命的两位大法官并未造成他所担心的坏影响。伦奎斯特是一位固执的思想家，希望甚至是急切地想要推翻沃伦法院的判决。但是该庭期内沃伦时期的重要判决并没有被推翻，而鲍威尔是这一现象的主要原因①。他希望能够独立自主，与伦奎斯特的固执和不知变通不同，鲍威尔是一个具有处事灵活、可以协商的人。鲍威尔把自己、斯图尔特和怀特当作中间派。鉴于斯图尔特和怀特在许多关键问题上经常意见相左，鲍威尔逐渐变成关键的游移票。现在有其他人充当中间派的角色，可能为自由派提供关键的第四票或第五票。

另外一张投票正在向着右派的方向转化。布莱克看起来正在努力摆脱首席大法官的影响。

对这四起主要的死刑案件的讨论并未能解决另外一起死刑案件，摩尔诉伊利诺伊州案（Moore v. Illinois）。莱曼 · A.“狡猾的”摩尔因一起枪杀案被判处死刑，但是他的上诉引起了“关于死刑是否属于残忍且罕见的刑罚”之外的讨论。死刑已经被推翻，最高法院必须解决这些新问题——否则摩尔将注定在狱中度过一生。

摩尔主张他的定罪受到了不公正的待遇。控方并未向辩方披露所有的证据和事实，三位重要人证听到有个“狡猾的人”吹嘘这场谋杀，但是他们告诉警察他们并不认为摩尔就是那位狡猾的人。一位法官同样允许控方在陪审团面前挥舞一把被锯短的猎枪，尽管控方在法庭上承认这把猎枪并不是本案的凶器。

在讨论会上，投票结果为 7 : 2 维持对摩尔的定罪，只有马歇尔和道格拉斯提出反对。摩尔案将不会重新审判，但是另外四起死刑案的决定使摩尔被免于处决。

首席大法官将本案分配给布莱克门。如往常一样，布莱克门很晚才将判决意见进行传阅。道格拉斯在讨论会上表达了他的不满。他曾经说过：“等着哈里传阅判决意见就像等待从偏远小镇传回选举结果一样，总

---

① 在卡比诉伊利诺伊州（Kirby v. Illinois）一案中，鲍威尔又成为关键的游移票，而他采取了中间派的立场。他拒绝对沃伦法院的一个先例作扩张解释，并要求为所有被告提供律师。同时，他拒绝加入旨在推翻这一先例判决的意见书。

是迟到。”

判决意见最终完成了，其中写道，即使案中那些信息未被披露，也不能证明摩尔是无辜的，只能说明他和宣称安排了这场谋杀的不是同一个人。布莱克门还指出，在陪审团面前挥舞枪支，虽然并不恰当，但是并不足以成为重新审判的理由。

马歇尔感到不安。在代理刑事案件期间，他遇到过许多人因为扭曲的事实而被无辜定罪。他让助理准备了一份对本案证据的详细分析，挑战布莱克门对事实的认定。

目击者的指认关系着本案的定罪，而布莱克门忽视了许多影响他们证词效力的事实。这是审判的不公。马歇尔的分析作为反对意见进行了传阅。布莱克门通过一系列脚注进一步阐明他所认定的事实。

鲍威尔和斯图尔特迅速更改了自己的立场，马歇尔只需要再得到一票就可以形成新的多数派意见。他的朋友布伦南无疑会为他提供关键的第五票。在要求控方向辩方提供所有无罪证据的诸多案件背后，布伦南才是主要的推动力量。

布伦南的一位助理认为，如果布伦南看到了马歇尔所展示的案件事实，他不会做出此前的投票决定。他前去与布伦南交谈，30 分钟后，颤抖着回来了。这位助理表示，布伦南很清楚马歇尔的立场才是正确的，但是他不会改变现在的投票。对布莱克门而言，这个案件意义非凡。布莱克门花费了大量的时间，仔细阅读了庭审记录。他为自己的公正性引以为傲。如果布伦南更改投票，布莱克门会觉得自己被冒犯了。这将造成不幸的局面，因为布莱克门最近似乎变得更加有主见，努力摆脱首席大法官的影响。布伦南觉得如果投票反对布莱克门，想在堕胎案甚至猥亵案中得到他的支持将变得更加困难。

当然，“狡猾的”摩尔应该得到一场新的审判。但是看起来结果并不会发生任何变化。毕竟，摩尔有着诸多犯罪记录，他并不是什么无辜的天使。不管怎样，最高法院不可能亲自纠正每一起不公正的案件。他们甚至不应该接受类似的案子。布伦南觉得他必须考虑整体的局面。

“他不会背叛哈里的。”布伦南的助理私下告知马歇尔的助理。

助理们感到非常震惊，布伦南这样的考虑将导致一个人锒铛入狱。他们想知道如果死刑未被废除，布伦南仍然会拒绝更改投票吗?

马歇尔的助理请求他前去与布伦南谈谈。

马歇尔拒绝了。这不是他的风格。他厌恶来自首席大法官的压力，同样地，他也不会效仿首席大法官的处事方式。

马歇尔的助理最后通过布伦南的助理向布伦南提出了请求。

布伦南有他优先考虑的事情。在这个案件中他优先考虑的是布莱克门。“狡猾的”摩尔将不会得到一场新的审判。

1972 TERM

1972 年庭期

堕胎案尘埃落定

1972 年的夏天，哈里·布莱克门回到了明尼苏达州的罗切斯特市，在巨大的梅奥诊所医学图书馆里从事着研究。罗切斯特和梅奥诊所对布莱克门而言就像家一样，是庭期风暴后舒适的安全港。他在助理图书管理员办公室的一角工作了两周，而未向任何的诊所职员透露过调查的目的。

他夏季的办公地点在罗切斯特一栋高耸的建筑物中。布莱克门着手开始整理研究结果，以期能为他的堕胎案判决意见提供支撑。他几乎每天都与这个夏季愿意留在华盛顿工作的一位助理通话。

布莱克门仔细考虑了本案与希波克拉底誓言（禁止医生实施堕胎手术）的关联性。他还希望弄清医疗组织的立场、了解能够维持胎儿在子宫外存活的最新医学发展。

新的元素一点一点地加入到了草案之中，他在华盛顿的助理再将这些新变动添进文中。语言仍然是布莱克门的，但是助理还需要进行更加严谨的分析。隐私权逐渐凸显出来。但它并不绝对，而是受限于州在保护孕妇健康和胎儿生命方面的利益。

当他们找到分析的基础后，布莱克门和助理努力回答其中的关键问题：各州保护胎儿生命方面的利益在什么时间点变得比妇女的隐私权更加重要？显然，随着孕期的增长，州的利益也就越大。但是，宪法中无法衍生出明确的答案。

布莱克门转而求助于医学界。医生常将孕期划分为三个时间相等的阶段，每个阶段大约为三个月。在第一阶段，堕胎通常是安全的。在第二阶段，在正规的医疗条件下，堕胎手术一般也是安全的。及至第二阶段末，胎儿已经可以独立存活，或者说可以在母体外存活。这大约是在 24 周至

28 周之间，6 个月左右。因此，这两项医疗目标——保护母体的健康和胎儿的生命——在六个月这个时间点似乎开始重叠并且变得重要起来。在前两个阶段应当允许实施堕胎手术。这份草案渐渐变成一份立场坚定的自由派意见。他将禁止各州在第三阶段之前干涉堕胎问题。

这位协助完成判决意见的助理开始担心，他的一位同事强烈反对堕胎，可能会试图改变布莱克门的想法。他不愿意冒险。每天晚上他都细心地把文件锁起来。在夏天即将结束之际，他又小心翼翼地将最新的草案封入一个信封中，并在封口处签上了自己名字的首字母，然后将之锁进了布莱克门的桌子。只有布莱克门的私人秘书才知道它放在哪儿。

鲍威尔同样将堕胎问题列入他的夏季研究计划。在 20 世纪 30 年代，他还是里士满的一位年轻律师。那时，他曾听说过许多女孩愿意远赴瑞士或者纽约，因为只要愿意花钱，在那儿就可以接受安全的堕胎手术。

鲍威尔清楚医生是如何看待堕胎的。他的岳父曾经是里士满当地的一位知名的妇产科医生，他妻子的两位兄弟同样也是妇产科医生。鲍威尔曾听说过各种不安全的堕胎方法，甚至还有用衣架堕胎的。

然而，鲍威尔很快就得出结论，宪法对堕胎问题并未作出有指导意义的规定。隐私权与堕胎问题不甚相关，至多只是可以加以引申。鲍威尔认为，如果不能从宪法中找到答案，他将不得不遵循“内心”进行投票。他曾经批评过其他大法官类似的做法，但是在堕胎问题上他似乎别无选择。

回到华盛顿后，他邀请了他的一位助理一同前往位于国会山的莫纳克餐厅共进午餐。鲍威尔向助理吐露，他认为禁止堕胎的法律是恶法。他将坚定不移地投票推翻这些法律。他只需要考虑如何恰当周延地论证自己的立场。

近期下级法院审理的一个案件中，一名联邦法官的判决推翻了康乃迪克州的堕胎法。[①] 这名法官所撰写的判决意见给鲍威尔留下了深刻的印象。判决意见中写道，对堕胎行为的道德立场，“尽管双方各执己见，这一问题实际上应该交由个人独立判断。基于个人判断，个人可以决定自身如何行为，并可能试图说服其他人接受这一判断。但是这种道德判断不应斥诸法

① Abele v. Markle.

律实施，强制决定人们的具体行为”。这一论述正是鲍威尔所需要的论证。

布伦南和道格拉斯担心，自上个春季以来，投票结果可能已经发生了变化。布莱克门的投票仍然是个问号，斯图尔特可能更改投票，而鲍威尔将会怎么做同样是未知的。

在 10 月 12 日的讨论会上，布莱克门做了一个很长的、极具说服力和包含情感色彩的案件展示，旨在推翻禁止或限制堕胎的各州法律。斯图尔特似乎准备加入布莱克门。但是更令人惊讶的是鲍威尔，他的投票使得结果变成 6∶3。

在讨论会结束后，道格拉斯立刻致电布莱克门，称赞他的发言是自己 30 多年来听到的最好的讨论会发言。他希望这通电话能支撑布莱克门度过冗长复杂的撰写过程。

还不到 10 月末，布莱克门就完成了新的判决意见草案并将之进行了传阅。

布伦南仔细地阅读了这份草案，他艰难地分析着专业医疗组织的立场、详尽的历史阐述部分以及对医疗发展现状的冗长描述。除却上述问题，布莱克门判决意见的底线是可以接受的。各州在“独立存活”这一时间点之前，不得干涉堕胎问题，这意味着各州可调整范围仅限于第三阶段。但是布伦南注意到这一主张存在漏洞。以“独立存活”作为判断是否存在州的利益的依据是一种极具风险的做法。布莱克门自己也注意到这一漏洞，医学的不断进步使得胎儿独立存活的时间点不断向前推进。或许某一天，科学家们能够维持两周大的胎儿在母体外的存活。医学的进步可能会削减判决意见的实际作用。

布伦南还有其他的担忧。布莱克门关注的是医生的权利和州的利益。然而，最重要的妇女一方的权利，很大程度上是被忽略了，她们的权利值得引起重视。

此外，布伦南还发现了草案中另外一处分析上的错误。布莱克门详细地讨论了州在保护孕妇健康和胎儿生命方面的双重利益。在布莱克门的草案中，这两种利益相互交织，密切相关。布伦南认为它们实际上存在着明显的区别。他将布莱克门的草案交给了其中一位助理，然后表示“这份草案并不合格”。

布伦南的助理们辛苦地撰写了一份长长的备忘录。难办的是如何将布伦南的想法恰当地传达给布莱克门。如果布伦南通过电话告知布莱克门“哈里，我的想法是这样”，布莱克门可能会承受不小的压力，为此苦恼数个月，但是仍然不能做出令人满意的修改。另外一方面，如果布伦南向讨论会提交一份书面意见，布莱克门有可能会对布伦南产生怀疑，认为他试图窃取多数派意见。实际上，布伦南最不愿意的事情就是主笔最高法院的堕胎案判决。他几乎可以想象到天主教主教们将会有什么样的反应。

11 月中旬，布伦南根据助理们准备好的备忘录，将之修改为一系列非正式的想法和建议，使它看起来不像是另外一份判决意见草案。布伦南还为布莱克门另附上一份备忘录，表示他完全同意布莱克门的草案，只是希望传达一些自己的想法。布伦南的这些想法长达 48 页。副本被送往各大法官办公室。

布莱克门很欣赏布伦南的一些建议。他迅速撰写了一份备忘录，发送给各位大法官，表示他正在考虑和吸纳布伦南的意见。但是在他修改草案之前，他决定同时考虑融合另外一些观点。

首席大法官明确向布莱克门说明，他将永远不会加入这份允许在“独立存活”或者第二阶段末之前自由堕胎的草案。布莱克门希望得到首席大法官的支持，并且认为他能够在融合布伦南建议的同时，赢得伯格的投票。取代原有的唯一分界线，“独立存活能力”，布伦南将创造两条划分标准。这涉及更加复杂的医学问题，揭示了州的两项利益——保护孕妇健康和保护胎儿生命——在不同的时间点出现。他制作了一个公式。

1. 前 12 周（第一阶段），不存在州的利益；堕胎不受限制，由医生做出独立的医疗判断。

2. 第 12 至 14 周（第二阶段），州开始享有利益；为保护孕妇的健康，各州可以立法调整堕胎行为。

3. 24 周后（第三阶段），州开始享有保护胎儿生命的利益。

这一公式在某种程度上对第二阶段的堕胎也有所限制。但是如果删除“独立存活能力”这一令布伦南忧心的划分界限，能够确保合法堕胎的期限不会随着医学的发展而不断向前推进。

马歇尔对布莱克门的提议感到不满。这种划分太过僵硬。许多女性，尤其是贫困者或受教育水平较为低下的人，在怀孕初期的 12 周内可能没有途径接触到医生。一位郊区小镇的女性可能直到孕期末期才能有机会看医生。根据布莱克门的提议，各州完全可以借保护孕妇健康之名，禁止孕周 12 至 14 周的女性堕胎。马歇尔更倾向于布莱克门最初关于“独立存活能力”的划分方法。如果以“独立存活能力”作为划分点，偏远地区的穷人将能够得到更好的保护。显然，独立存活能力在波士顿是一种情形，那里有优秀的医生和一流的医院。在那里，仅仅数月大的胎儿就有独立存活的可能。但是在偏远地区，那里没有医院，只有极少数的医生，因而胎儿可能临近预产期或者第三阶段末才能够独立存活。

马歇尔通过一份备忘录向布莱克门阐述了自己的意见。

布莱克门尊重马歇尔的意见。马歇尔显然对真实世界的样貌有更多的了解，而这些将是布莱克门永远无法见到的。他吸纳了马歇尔的所有建议。新的草案中规定：

1. 大约第一阶段末之前，堕胎交由医生进行专业判断。

2. 大约第一阶段末之后，为了保护女性健康，各州可以对堕胎程序方面加以调整。

3. 在胎儿能够“独立存活”后，为了保护胎儿利益，各州可以限制甚至禁止堕胎。

大部分大法官办公室的助理们都感到非常惊讶，大法官们，尤其是布莱克门，竟然如此公然地、如同立法者一般地进行商讨交流。草案当然包含一定的合理之处，但是他们中的部分人认为草案中的提议更多地是来自医学和社会政策，而非根据宪法。在草案的形成过程中，还发生了一些令人羞愧的、不诚实的事情。最高法院不得不主张，宪法还是为孕期三个阶段和“独立存活能力”划定了一些界限的。最高法院即将制定一项医疗政策，并强迫各州实施。从宪法的角度来看，这是极其荒谬的，一些助理将之称为“哈里的流产”。

斯图尔特要求必须再作出一处修改，他才会同意加入这份意见。草案必须言明胎儿并不是——第十四修正案中所指称的——自然人。如果胎儿是自然人，他将享有宪法所保护的各项权利，包括“生命、自由和财产”。假若如此，相当于最高法院在宣告女性的权利比胎儿的权利更加重要。比较两种主体的权利孰轻孰重是非常危险的。最高法院最好只需要保护某一主体的权利。斯图尔特很确定，从法律术语来看，胎儿不属于自然人，也没有先例作此认定。各州都承认，如果母亲的生命处于危险之中，胎儿并不享有任何权利。当1868年通过第十四修正案时，堕胎行为相当常见，没有迹象表明州立法者批准该修正案时考虑过胎儿的任何权利。

布莱克门并非不同意斯图尔特的观点，但是他认为从草案中可以窥见。为何要明确表述出来，引起纷争呢？

斯图尔特十分坚持，布莱克门最终同意在草案中写明胎儿不是自然人。

在加入布莱克门的意见之后，斯图尔特仍然希望附上自己的协同判决意见。与道格拉斯不同，他并不拒绝撰写单独的判决意见并对细小的、严格意义上的意见分歧进行阐述。斯图尔特经常加入并不完善的判决意见——他曾称之为“垃圾”——他认为这是不得不做出的妥协。这同样使他有了更多时间来撰写多数派意见。

但是布莱克门的意见缺乏明确的宪法基础。在草案中间的法律推理部分，他提出许多泛化的主张来反对限制堕胎的法律。他曾经得出一个彻底的一般性结论，即去除堕胎限制可以在第九和第十四修正案中，甚至第一修正案中找到根据；在诸多隐私权案件中同样有迹可循，范围涵盖从1965年康乃迪克州避孕案到上一庭期由布伦南精心撰写了多数意见的避孕案[艾森斯塔特诉贝尔德（Eisenstadt v. Baird）]。

“隐私领域”，布莱克门写道，确实存在于“宪法之中”。斯图尔特不完全认可这一论述。这种表述过于宽泛，且恰恰是他在1965年康乃迪克州避孕案中提出不同意见的原因，也恰是他在去年的“艾森斯塔特”避孕案中举棋不定的原因。他希望能从宪法中找到赋予女性在怀孕早期的堕胎自由的确切依据。斯图尔特认为，女性在怀孕早期有权堕胎，是受十四修正案中“正当程序”保护的一种自由。但是，这种解释方法带有沉重的历史包袱，这是斯图尔特希望避免的。

在 20 世纪 30 年代，最高法院曾经使用该条款推翻新政中的重要立法。只要是五位大法官同意应该保护的利益，就可以用“自由”加以解释，有批评指责最高法院已经变成了一个超级立法机构，用它的判断来取代选举产生的立法者。这种被称为“实体正当程序”（以此与正当程序涵盖的更常见的程序性权利相区分）的解释方法，渐渐地被弃之不用。

斯图尔特认为布莱克门判决意见的真正基础是“实体正当程序”，因此他相信令布莱克门犹豫不决的正是是否在判决意见中予以确认。斯图尔特将他的协同判决意见进行传阅，加入了布莱克门的意见，但是附上了自己的观察结论，即布莱克门判决意见的真正根据何在。

道格拉斯阅读了斯图尔特的协同判决意见，他感到可笑。斯图尔特是所有人中最关注宪法纯粹性的。道格拉斯认为斯图尔特撰写协同判决意见的真正动机是为了将自己和布莱克门区分开来，斯图尔特显然认为布莱克门的判决意见中推理和写作水平质量平平。

道格拉斯撰写了一份备忘录予以反击，直言斯图尔特对历史的阐述都是错误的。这并不是“实体正当程序”，道格拉斯言称。他属于最早对这一原则提出批评、态度最激烈的一群人。本案判决的基础很明确，布莱克门判决意见的依据在于隐私权，道格拉斯回击道。

布莱克门无意掺和到道格拉斯和斯图尔特的辩论之中。他对妥协和处理每个人的抱怨感到厌倦。最近的攻击相当无聊，重要的是他已经得到了六张投票。

道格拉斯最初对堕胎案的前景未抱太大的希望，因而感到最高法院已经迈出了不小的一步。隐私权在一个如此重要的判决意见中得到了宪法确认。他放弃了和斯图尔特的辩论。这是一场伟大的胜利，道格拉斯希望附上一份协同判决意见来彰显它的重大意义。

他决定修改上一庭期撰写的一份充满感情的草案，他写道：

> 那些“自由赐予的”习惯法上的、传统的、历史悠久的权利、福利措施、特权、和豁免权。
>
> 第一是自主决定个人才智、兴趣、品位和个性的发展和表达。
>
> 第二是自主决定人生的基本选择，包括结婚、离婚、孕育新生命、避孕以及对孩子的教育和抚养。
>
> 第三是自主决定如何照顾个人健康和生命，身体不受限制和束缚，自由地行走、散步或闲逛。

一位助理鼓励他不要局限于对隐私权的讨论，得出存在堕胎权这一彻底的结论。

道格拉斯回应道：“这份判决意见我是为自己而写。”

怀特缩写了他在上一庭期准备的不同判决意见，认为应当由各州，而非法院，决定是否对堕胎加以限制。布莱克门以三阶段和独立存活能力作为划分标准的方案是完全的立法行为。“作为行使最高司法权力的行为，最高法院或许有权如此作为。”怀特写道。但是对宪法准许女性“突发奇想地”或“心血来潮地”堕胎行为，他表达了自己的怀疑。

他提到：“最高法院显然将孕妇的便利置于她所孕育生命的存在和发展之上。”

伦奎斯特的不同判决意见与堕胎问题甚少相关。如往常一样，他的观点是应当限制联邦法院权力以及女性将类似案件诉至法院的权力。首先，他攻击了这些案件的最基本的一个问题。没有适格的原告可以提起此类诉讼。假设她在提起诉讼之时是怀孕的，截至下级法院作出判决之时，至少已经处于怀孕的第三阶段。鉴于布莱克门的判决意见规定各州可以禁止或限制第三阶段的堕胎行为，那么怀孕的妇女将不享有请求权。

伦奎斯特指出，1868 年第十四修正案通过之时，至少有三十个州或地区有明确限制堕胎的成文法。由此看来，第十四修正案的制定者无意于禁止各州对堕胎的调整。

在 12 月初，布莱克门传阅了草案最终稿。斯图尔特和道格拉斯已经完成了协同判决意见的撰写，怀特和伦奎斯特的不同判决意见也已经准备好了。但是伯格仍然没有给出任何明确意见。

怀特对本庭期的工作进展感到非常不满。数十起案件几近尘埃落定，经常是在等待首席大法官的投票。他撰写了一份备忘录指出瓶颈所在。

至 1 月初，首席大法官方面仍然没有任何消息。布莱克门渐渐不安起来。他担心自己会落下个拖延的坏名声。本庭期他还没有完成任何一份判决意见。堕胎案的判决意见已经准备好了，他希望能立刻完结此案。布莱克门和其他持多数派意见的大法官最终提议将于 1 月 15 日星期一宣布堕胎案判决，而伯格方面仍然没有任何消息。

1 月 12 日在讨论会上，斯图尔特直接向首席大法官提出建议："要么现在投票，要么本案判决将以八位大法官的名义做出。"

令多数派感到惊讶的是，伯格决定加入布莱克门的判决意见。但是，和其他一些多数派大法官一样，他希望附上自己的协同意见。"我会在下周前交给你。"他承诺。

斯图尔特和布伦南认为伯格只是在找借口拖延。首席大法官在 1 月 20 日已经有一项行程安排，他将参加尼克松连任总统的宣誓仪式。毫无疑问，伯格无法不感到难堪，如果他真的支持了一项革命性的、政治爆炸性而又与总统观点相悖的判决意见，在此之后还要站在任命他的总统身边并接受总统的宣誓。

在 1 月 19 日星期五的讨论会上，首席大法官表示他的行程繁忙，还没有完成堕胎案的意见。斯图尔特理解到了伯格的意图，如果通过操纵判决宣布日期将之延迟到就职仪式后再行宣布，他将加入这一判决。其他人希望在三天后 1 月 22 日周一公布此案，伯格承诺他将会拿出一份意见。

在临近公布的那个周末，伯格撰写了一份内容只有三段话的协同意见。他忽略了他所加入的这份判决意见的彻底性，表示得州法律被废除的原因在于它禁止被强奸或近亲通婚情况下的堕胎，并暗示另外一部法律被废除则是因为规定的医院委员会对堕胎的批准程序过于复杂。他不认为这份判决意见会导致反对者怀特和伦奎斯特所预测的后果，并且确定各州仍然能够对堕胎进行规制。他总结道："对认为宪法允许任意堕胎的这一主张，最高法院显然是持否定态度的。"

到预定公布日期的那一天，首席大法官正坐在办公室中阅读最新一期的《时代》。其中一篇文章写道：“就在上周，《时代》得到消息，最高法院已经决定废除几乎全部的反堕胎法律。”堕胎案判决已经被泄露了。

伯格拟写了一份标有“亲启”字样的信件，送至各大法官处。他希望每位大法官询问各自助理，必须找到责任人并予以解雇。伯格还打算申请联邦调查局介入，必要时进行测谎。

伦奎斯特尽责地询问了他的助理们。他表示，本案结果泄露危害不大，但如果是一件商事案件，结果的泄露可能会影响到证券市场，并导致某些人的一夜暴富。伦奎斯特的助理们对此毫不知情。他们问伦奎斯特首席大法官是否真的在考虑测谎。“还不确定，”伦奎斯特说，“但是目前看来首席大法官确实坚持要这么做。”

伦奎斯特的助理们感到担忧。这样的政治迫害势必会遭到抵制。肯定会有一些助理拒绝接受测试，并可能会因而不得不辞职。首席大法官想法多变，伦奎斯特解释道：“如果我们其他人一致反对，他会改变想法的。”

布伦南召集了他的助理们，并向他们公布了首席大法官的信。他表示，这又一次证明了首席大法官试图篡夺其他大法官对其助理们的专属权力。“除了我之外，没有人能够质疑我的助理们。”布伦南说道。接着语气缓和下来，又补充道：“而且，我没有任何怀疑。”真正令布伦南愤怒的不是案件泄露一事，而是首席大法官的拖延策略。如果首席大法官没有试图想要通过延迟公布案件，以避免使自己和尼克松总统在就职仪式上陷入尴尬，或许就不会发生案件泄露一事。

马歇尔询问他的助理们是否知道此事。当确定他们对此一无所知时，他告诉他们不用劳神关心这件事了。

对首席大法官的要求，道格拉斯未予理会，就像上一庭期首席大法官要求所有助理在走廊上行走时必须身着外套一样。

鲍威尔不在华盛顿，他的一位助理打开了首席大法官送来的信件。这位助理曾经与《时代》的记者大卫·贝克威斯交谈过，给过他一些指导，希望当案件公布后，能立刻得到一篇深度报道。但是判决被推迟公布，即使只是半天的时间，让《时代》的这篇报道变成了独家新闻。

这位助理致电鲍威尔，告知了首席大法官的信件内容，并坦承了自己犯下的可怕的错误。他主动申请辞职。

鲍威尔表示不需要辞职，但是必须向首席大法官有个交代。

鲍威尔致电伯格，解释说是他的一位助理，一位聪明、有才华的年轻律师，应该为此事负责。这位助理已经认识到错误并得到教训了。他还表示这位助理希望能与首席大法官见面。

伯格对此事表示同情。记者们总是狡猾、诡计多端的，所有人都必须吸取这个教训。

伯格仔细询问了所有细节，显然他从未想到记者们有如此多的花样。他用了将近 45 分钟，好奇心才得到满足。

这位助理认为，伯格理解他在该事件中是无辜的。伯格希望他写一份备忘录详细阐述自己与记者谈话的每一个细节，而他不需要辞职。

事后不久，首席大法官在一次非正式的会议场合遇到了《时代》的几位主编。他表示贝克威斯苦心打探内部消息的行为是不恰当的，在道德上等同于窃听。

布莱克门建议他的妻子多蒂，在 1 月 22 日周一前往最高法院旁听一起案件的宣判。他并没有说明原因。当布莱克门宣布判决结果时，鲍威尔写了一个字条给布莱克门的妻子，上面写着鼓励的话语。鲍威尔预测该案判决将会引发强烈的公众抗议，激烈的程度将是自己和布莱克门在最高法院短暂的任职期间从未见过的。

“我为你所做的判决感到自豪。”多蒂告诉她的丈夫。

堕胎案判决宣布后，布莱克门一下午不停地接到祝贺的电话。但是前总统林登·约翰逊于同天逝世，关于他的消息几乎占据了第二天新闻的所有头条。

堕胎案判决没有获得更多的关注，布莱克门对此有所不满。许多女性，尤其是贫困者和黑人群体，将无从得知她们的新权利。但是天主教会主导的抗议很快就开始了。纽约的枢机主教泰伦斯·库克言辞激烈地抗议道：

“因为最高法院多数派大法官今天令人震惊的举动，数以百万计的尚未出生的孩子，将无法活着看到阳光。”

费城的约翰·约瑟夫枢机主教高路，是国家天主教主教会议的主席，他表示：“很难在我们两百年的历史中找到比这个判决更加糟糕的事情，这个判决将对我们这个文明社会的稳定产生灾难性的影响。”

数千封信涌向最高法院。警卫必须在地下室设置一个特殊分类区，为每一位大法官都配了一个大箱子来放置这些信件。

大多数的信件都是寄给布莱克门和布伦南的，前者是判决意见的撰写人，后者是最高法院唯一的天主教大法官。一些信件将大法官们称作纳粹集中营的刽子手、杀害儿童的凶手、毫无道德观的野兽和社会主义者。地狱将响起为这些大法官们而留的铃声。来自天主教学校的所有学生写信将他们贬称为杀人犯。“我并不是真的想要写这封信，但是老师要求我必须这么做。”一个孩子说。

明尼苏达州的路德教派把炮火瞄准布莱克门。新泽西州的天主教徒要求将布伦南逐出教会。南方的浸礼会教徒和其他团体，寄出了一千余封言辞激烈的信件给 16 个月前就已经逝世的雨果·布莱克。此外，还有一些死亡威胁的信件和电话。

布莱克门一封封地阅读了所有信件。圣玛丽医院的修女们、梅奥诊所的主要成员每周都寄来充满愤怒的信件。他为此备受折磨。医学界，甚至他在梅奥诊所的朋友，都与他决裂了。在爱荷华进行演讲时，布莱克门还遭遇了人生中第一次的公众抗议。他理解反堕胎的倡议者们的立场，但是对那些人身攻击内心深受伤害。他觉得不得不点明该判决背后有六张投票的支持，诸位大法官们意在确认一项宪法原则，而不是道德指引。他坚持认为，法律和道德时有交织，但是两者并非总是一致。道德的教化不应来自最高法院，而是教会、家庭和学校的责任。

无数的信件仍在不停涌入最高法院。每当有牧师在布道时提及堕胎案判决，紧接着就会收到来自教众的信件。这些攻击让布莱克门心力交瘁。在和助理们共进早餐时，讨论到了该案判决，布莱克门条件反射地拿起了水杯，轻轻拨着杯子边缘，沉默地凝视着。

批评让布莱克门和布伦南的关系变得更加亲近了。布莱克门给布伦南写了一份暖心的致谢信："我知道你的处境困难，感谢你提出建议的方式。"

布伦南试图让布莱克门振作起来。他说，做正确的事常常并不容易。布伦南最不想被人知道的事情就是他在判决意见修正过程中所承担的角色[①]。

布莱克门还没有从打击中彻底恢复过来。双方阵营的狂热让他认识到无论作出怎样的判决都是众口难调。但是，最严重的伤害来自得克萨斯州的一份重审申请，在申请中布莱克门的判决意见中对"胎儿不是自然人"的表述，被拿来与最高法院臭名昭著的 1857 年的一份判决进行比较，该判决曾认定德雷·斯科特，一位黑奴，不是宪法上所称的公民或者自然人。布莱克门认为这种比较对自己非常不公，毕竟那份判决是最高法院最黑暗的种族歧视下的产物。此外，追根究底，是斯图尔特坚持将"胎儿不是自然人"这一表述加入判决意见中。

数月之后，布莱克门在亚特兰大的埃默里大学法学院举行了一次演讲。当他正在与学生和工作人员交谈时，一个留着黑色鬈发的小个子的年轻女士跑上了讲台。她挤过人群，用胳膊抱住布莱克门，大声哭了出来。"我无法表达对您的感激。我说不出来了。谢谢您。"

那位女士转身，跑着离开了。

布莱克门大为触动。他猜测她是在最高法院判决后才有机会接受堕胎手术的。他不知道的是这位拥抱了他的女士，曾经用化名在得州提起过一起堕胎案的诉讼。

道格拉斯的助理们

1972 年夏季，首席大法官开始了他野心勃勃的改建计划，旨在为各位大法官提供更为宽敞的办公室，以容纳日益增多的法律助理。

---

① 当助理们对布伦南本庭期内撰写的数卷意见书进行整理时，将堕胎案意见也收入其中，在 156 页他们写道："这些意见书被一并整理放入布伦南大法官的意见书中，因为这些意见书都基于布伦南大法官的建议做出了重大修改。"

道格拉斯认为为每位大法官提供额外的办公室是在浪费纳税人的钱。他自己换到了更小的位于两个大理石楼梯之间的办公室，并决定把助理从原来的三位减少到两位。即使这样，他还认为这两位助理会将一半的时间浪费在聊天上，所以工作方面他只获得了一个助理的帮助。

他的助理遴选委员会为他挑选了两个女助理，在 1972—1973 庭期为其服务：珍妮·玫可和卡洛·布鲁赫，前者个性阳光、温和，毕业于南加州大学法学院，后者为人直率，是加州大学伯克利分校法学院的荣誉毕业生。

费了九牛二虎之力才与道格拉斯建立了良好关系的上一庭期的助理们，当得知布鲁赫计划推迟数周抵达华盛顿以参加加利福尼亚的律师资格考试时，深感担忧。他们试图说服布鲁赫，她将需要花费大量额外的时间来跟上审查申请的进度，以及处理道格拉斯从古斯普雷里频繁打来的电话。

布鲁赫非常固执。她打算为工作时间划定界限，白天下班后她还有两个孩子需要照顾。道格拉斯最多只能要求她做到这个程度了。助理们试图提醒她，对道格拉斯而言，他的要求不会考虑什么界限。

道格拉斯对助理们的“虐待”已经成为传说了。1968 年庭期，他“开除”了一位助理，时间恰好是在这位助理婚礼的前一天。这位助理已经计划好了第二天要在最高法院举办婚礼答谢宴，他很担心道格拉斯会出现并把所有人从最高法院的大楼里驱逐出去。道格拉斯参加了婚宴，在整个庭期中第一次表现得和蔼可亲“开除”一事也再未被提及。

接下来的庭期里，道格拉斯告诉两位助理中的一人，要不是因为他是个不错的年轻人，并且没有足够的竞争力找到另一份工作，自己肯定会把他解雇。“我甚至可以从醉汉那儿得到更好的法律建议。”道格拉斯表示。

两位女助理很快就亲自体会到了道格拉斯的传奇。道格拉斯从古斯普雷里打来电话，说他正在给她们发送一些有用的东西。

但是她们没有收到。

布鲁赫最后致电道格拉斯。

道格拉斯在古斯普雷里没有电话，他很生气必须到几英里外的隔壁牧场通电话。“如果有什么差错，这是因为我有一个一点儿用都没有的助理。”他大吼。

“我相信我能做到。”布鲁赫回应。

“如果你理解不了，你可以离开，我会找到其他人代替。”他说完，然后愤怒地挂断了电话。

道格拉斯向查克·艾尔斯抱怨，艾尔斯是遴选委员会的主席以及亚利桑那州立大学法学院的院长，同时本身也担任过道格拉斯的助理。艾尔斯致电布鲁赫和玫可，试图弄清哪里出了差错。

玫可和布鲁赫感到非常不安。布鲁赫决心不再因为道格拉斯而担惊受怕，她决定给他留个字条。字条上写着“当你感到不悦时，如果你能够直接让我知道，我将非常感激”。

两位助理一直在为申请书审查备忘录而奋战。9 月 6 日，周三晚上，还有数个小时才能完成任务。她们在 8 点休息了片刻，观看了时长一个小时的哥伦比亚广播公司记者埃里克·瑟法瑞德对道格拉斯的采访。这段采访制作于古斯普雷里。

当瑟法瑞德询问道格拉斯如何看待日渐增多的法律助理时，道格拉斯回答：“我们不需要助理。”

“为什么不需要？”瑟法瑞德问。

“因为这些是极具独立性的决定。在我的办公室中没有人能够或者有义务告诉我应该如何投票……我们不需要助理。”

“你的意思是，”瑟法瑞德问，“自己可以完成全部的先例查找与阅读工作？”

“当然。”道格拉斯回答。

玫可和布鲁赫大笑出声。她们回到办公室，直到凌晨 1 点才整理好下一批需要送往古斯普雷里的审查备忘录。

布莱克门的办公室就在隔壁，他路过时告诉道格拉斯的助理们无须担心。他表示道格拉斯对他的态度同样严苛。

伦奎斯特听说了道格拉斯是如何对待他的两位女助理之后，他向自己的助理倾诉道格拉斯一直以来都是这样，和 20 年前自己担任最高法院助理期间相比没有什么变化。那时候，道格拉斯只有一位助理，伦奎斯特还记得他在和道格拉斯的一次冲突中失声痛哭过。

道格拉斯在9月中旬返回了最高法院。在首次会面时，他表现得相当友好。但是，布鲁赫遇到了一个案件，道格拉斯对此案的指示难以理解。根据他的指示，她应该适用与本案毫无关联的一个领域的法律。她询问了其他助理，但是没人能弄清楚这一指示究竟是什么意思。最后，她向道格拉斯的高级秘书求助，他建议布鲁赫趁着道格拉斯现在心情不错，直接询问。

布鲁赫走进道格拉斯办公室。"打扰一下，大法官先生，"她说，"我一直在研究这张便条，恐怕我不能理解它的内容。"

"我这儿不是在开办一家法学院。"他吼道。

"我觉得这个问题不难解决，我只是想知道您这张便条的意思。"她又一次试着发问。

"你可以去读一下我在这个问题方面的判决意见。"道格拉斯说。

布鲁赫离开了，她决定再写一个便条给道格拉斯。

"很抱歉我在这个案件上有所失误。我不否认本庭期里我将会犯其他的错误，但是，我认为专业的人际交往中谦恭最有助于发展良好的人际关系。你可以给予我基本的礼貌。"

她趁道格拉斯不在办公室时，把便条留在了他的桌子上，并提醒秘书们道格拉斯可能会暴怒。

当天稍晚些时候，道格拉斯怒气冲冲地走出办公室，冲秘书们大吼，因为他们没能联系到道格拉斯希望能进行通话的人。他并没有对布鲁赫说什么。

同一周的一天早晨，道格拉斯走进助理们的办公室。"我知道你认为我不够有礼貌，"他向布鲁赫说。"我说过的每一句话都不是针对某个人。这正是法律的艰涩与混乱所在，是每天都会在法庭中遇到的事情。如果我的助理不能接受这一点，那么我也不需要这样的助理。"

他说完后，就转身离开了。

布鲁赫感到惊讶，片刻后才反应过来。"我不需要无意义的讽刺，大法官先生。”她脱口而出，冲着道格拉斯的背影喊道。

道格拉斯没有转身。

布鲁赫很快就认识到自己的失误。道格拉斯已经在尽其所能地表达歉意了。

道格拉斯对布鲁赫的工作不甚满意。有一份上诉申请，她和玫可都希望道格拉斯能够接受。最终只有玫可在推荐备忘录上签了字，她们都担心布鲁赫的签字会导致事与愿违。

她们经常致电道格拉斯的前任助理们，询问道格拉斯便条中的意思、其他的要求，以及他经常不完整提及的先例。已经出版的道格拉斯调查案卷，包含了他的判决意见目录，是极有帮助的检索源。布鲁赫和玫可经常请求他的秘书们帮忙破译道格拉斯的一些陈述。他的表达就像是一套专属密码，只有自己才明白真正的意思。

“我将亲自撰写。”某天他宣布，并提到了一个案件在备审案件目录上的编号。

数天后，道格拉斯询问布鲁赫她的研究进度。

她什么都没做。很显然，道格拉斯的那句话应当被理解成对该案的研究任务。

布鲁赫感到恼火。她告诉道格拉斯是他没有说清楚希望她们做些什么。

“出去。”道格拉斯吼道。

“我们读不出您的想法。”她留下一句话后离开了。

从那时起，道格拉斯开始无视布鲁赫。他仍然依赖于玫可的工作，但是还是致电大卫·金斯伯格，他在 1939 年的第一任助理，请求他再为自己找一位助理。一位毕业于哈佛大学法学院的男生得到了这份工作，并且和道格拉斯关系融洽。布鲁赫仍然坚持着，但是和道格拉斯很少有接触。

随着时间的流逝，庭期渐渐向前推进，玫可渐渐熟悉了最高法院的夜班员工，包括清洁女工、维修人员和警卫。大部分助理对他们都漠不关心，而玫可对他们的困难则怀有兴趣。现实是灰暗的。较低层的员工都是黑人，而上层的岗位基本都由白人任职[①]。劳力者和侍者常被要求为大法官们的私人事务服务，尤其是道格拉斯，坚持让最高法院的员工担当他的司机、为他在家中举办的私人宴会服务、替他购买杂物，处理私人琐事，并在夏季时把他的东方式地毯送到最高法院的储藏室——这些事情占用的都是他们的私人时间。清洁女工们还时刻担忧会因为打破什么物件而被即刻解雇。他们还必须赔偿大法官们在最高法院举办的私人宴会上打破的瓷器和水晶。

玫可尤其担心在最高法院工作中可能产生的危害。已经有一些员工在清洁大理石建筑物时从不牢固的梯子上摔下，受伤严重。盐酸，大部分地区已经将之规定为违法的清洁剂，在最高法院仍在被大量用于青铜制大门的清洁。纪律严苛，而又要求忠诚。轻微的过失可能导致调职或者解雇。对此，他们没有申诉的渠道，因为最高法院不受文官法调整。她为劳动者们的呼吁而奔走，但是没有收到来自最高法院“上层”雇员的任何瞩目。也没有任何一位大法官对此表现出兴趣。

玫可与约翰·赖特的关系越来越亲近，他是黑人劳动者群体中极富辩才的一个人，也是首席大法官贴身男仆阿尔文·赖特的儿子。两个人开始约会并随后决定住到一起。赖特在最高法院的上司警告他不要在法院内与玫可见面。同事们还听到过上级对他们两人跨种族恋爱的非议。底层劳动者被勒令不得与助理们交谈。赖特坚决地持续推进改革底层劳动者工作任务的分配，并继续与玫可约会[②]。最终他还是被解雇了。没有任何申诉的机会，除了玫可之外没有人站出来为他辩护。

稍后不久，最高法院的几位黑人警卫开始组织工会。但是他们被告知最高法院将不会认可这一工会，于是组织者前去与马歇尔交谈。

这不是我能管到的事，马歇尔回应。

当玫可建议组织者聘用外部顾问，并向法院提起诉讼时，他们表达了自己的恐惧。最高法院是一个殖民地。他们无力抗争。

此后不久，已退休首席大法官厄尔·沃伦出席了所有助理都会参加的

① 有关最高法院劳工问题的详细讨论，参见妮娜·托特博格《最高法院：最后的农场》，载 1974 年 7 月 26 日《纽约时报》。

② 约翰·赖特和珍妮特·玫可于不久后结婚了。

午宴。他被问到最高法院内部工作的种族隔离。

沃伦解释道，他在最高法院任职的第一个庭期里，在宣布废除学校种族隔离的判决前夕，他环顾四周，认识到最高法院里竟然没有一黑人秘书。很快，基于他的命令，有几个黑人被聘用为秘书。

不幸的是，他表示，自此之后并没有太大的进展。

猥亵的定义——首席大法官的胜利

本庭期过去两周后，最高法院审理了第一批猥亵案。这正是布伦南希望首先谈论的三个案件。这些案件的核心问题是，各州是否有权禁止有自主意愿的成年人走进一家剧院或者商店，购买或者观看他们想要或是希望看到的东西。案件不涉及非自愿的观看者或者儿童的问题。

第一个案件是关于亚特兰大的一家巴黎成人剧院的，剧院的所有者因为剧院放映 X- 级的电影《魔镜》和《最后全都出来了》而被定罪。在 10 月 19 日的口头辩论中，剧院方的律师注意到首席大法官经常在公开场合抱怨最高法院的案负过重。对此他建议，减轻负担的方法就是准许性导向的电影的销售与放映。法庭上爆发了一阵大笑。首席大法官并未露出一丝笑容。

第二个案件涉及洛杉矶的一家名为“捉迷藏”的书店。书店老板默里・开普兰，因出售一本平装杂志《69 式》给询问“有没有好的性爱刊物”的便衣警察而被处以 1000 美元的罚款。第三个案件涉及类似的成人书店问题。

在讨论会上，伯格和布伦南还在继续筹谋。他们试图争取到还不确定的投票——怀特、鲍威尔和布莱克门。伯格暗示自己将撰写一份能一次性解决所有问题的判决意见，并将在数周后对上一庭期被暂缓的案件进行重新讨论。布伦南表示他也会传阅一些意见。

首席大法官回到办公室开始工作。他决定从捉迷藏书店案入手。该案看起来是最简单的，他认为自己或许可以在判决意见中明确宪法第一修正案对纯文本书籍的绝对保护，以抚慰自由派人士。

为此案而忙碌的助理把《69 式》一书拿给了伯格。该助理认为，这已经是同类作品中水平比较突出的一本书了，尽管书中充斥着重复的、赤裸的性描写——这些描写更多的是流于轻浮，而非属于猥亵的范畴。周末时首席大法官把书带回家中。他在周一回到了最高法院，感到既震惊又厌恶。“垃圾。”他断称，将杂志扔到助理的桌子上。

伯格的立场开始转向强硬。他对色情、淫秽刊物的销售者感到无比憎恶，认为必须采取措施加以管控。当然，必须对第一修正案中的合法权利予以保护，但是道格拉斯有些过分担忧了。在伯格看来，这只是个涉及个人品位的问题。猥亵物是粗俗的；人们有权利被保护免于接触。但是这些话很难表达出来。首席大法官需要有人能将他的直觉翻译成逻辑严谨的主张。

正在准备这些案件的助理和首席大法官相处得相当融洽。他曾经在大学毕业后继续在牛津深造了三年，随后和伯格在英国的一位朋友、英国高等法院的首席大法官约翰·韦德利的秘书结了婚。这位年仅 27 岁的助理看起来比实际年龄大得多，就像是一位有些秃顶、外貌温和的中年律师。更重要的是，这位助理才华横溢，能够将首席大法官的内心直觉翻译成条理清晰的法律观点。

从首席大法官在上一庭期的备忘录着手，这位助理耐心筛选着可以利用的文字资料，希望找到一个法律上站得住脚、理智上成熟的推理逻辑，为伯格有关审查制度和猥亵案的主张提供支撑。伯格推荐他的法律助理阅读在去年找到的一篇文章，作者是耶鲁大学的法学教授、保守派的亚历山大·比克①。

比克同意斯坦利案判决，愿意观看者可以在属于隐私区域的家中随心所欲地观看他们想看的内容。但是他将这一逻辑反过来利用，主张对“家”不应被做过分扩张解读。否则，将增加侵犯其他人隐私的风险。

伯格建议摘用比克文章中的一段话：“一个人或许有权在自己的房间中阅读一本含有猥亵内容的读物，或者做出不得体的举动，自慰、鞭打自己，或者其他想要作出的行为。”

首席大法官建议截取到“不得体的举动”之前即可。

---

① 《公共利益》，1971 年冬第 22 卷；《论色情文学》，第 25—28 页。

“我们应该保护他的隐私，”比克继续。“但如果他要求自己有权从市场中获得自己想要得到的书籍或者图片，并与有相同爱好的人在公共场所聚会——小心翼翼地，但是只要想，所有人都能够接触得到——赋予他这种权利将会影响到这个世界上的其他人，侵犯到其他人的隐私。”

首席大法官非常欣赏最后一段话。他希望用斜体字进行着重标记。这篇文章是伯格读到的最好的一篇文章，有力地论证了为什么对隐私这个概念不能做完全的扩张解读。

在 11 月，最高法院开始重新讨论上一庭期被暂缓审理的猥亵案。伯顿·马克斯，一位脾气暴躁的刑辩律师，劝诫最高法院应当认清色情刊物的现状。“我们又回到了法庭……讨论……下级法院正在发生些什么事情，因为我们不知道，最高法院对待色情刊物的态度究竟是什么。”

马克斯解释道，我们每天都可以在《华盛顿邮报》上看到那些被认定为猥亵的电影的广告，这些电影更是定期在当地剧院播映。他声称他的客户都是商人。“或许他们所从事的行业并不受人尊敬，但是无论如何，这些仍然是商业行为。他们不希望触犯任何法律。”

但是问题出现了，他们无法分辨法律对猥亵的定义，他继续阐述。法官们无视先例，依据对素材内容的直觉感受作出判决。他曾经代理过一些案件，在这些案件中法官拒绝承认涉案物品与那些在其他案件中被认定为合法的素材在内容上的相似性。

伦奎斯特打断了他：“你不是在讨论完全相同的电影，一部完全的复制品吧？你刚刚提到的只是相似的电影？”

“我讨论的是两部电影，但是如果将它们放在一起，遮住演员的脸，你将无法描述出两者之间有什么差别。”马克斯回应道。

“但是这些电影最终会以不同的片名，由不同的发行者制作售出吧？”伦奎斯特询问。

马克斯同意这一点，但是他宣称素材内容是一样的。“如果我读到一本杂志，上面印有一位双腿分开的裸体女郎，这是行业内所称的‘色情图片’，”马克斯继续，对大法官们惊讶的目光未做理会，“这已经被最高法院认定为合法。当我看到另外一本杂志上印有双腿张开的女郎，我知道这不是同一张照片，照片上也不是同一个人。但是，我希望能够确定地告诉我的客户，这本杂志可以销售，因为已经有先例认定这是合法的了。”

马克斯暂停了一下，他注意到了伦奎斯特咧开的嘴角。

“但是一些法院会说：‘为什么，真荒谬，这不是同一个女性，拍摄角度不同，并且是不同的杂志，这种情况下怎么能认定它是受保护的呢？’”

马克斯从手提包里摸出了一本《纽约客》动漫杂志。“上面画着两位身着黑色长袍的男士在一同散步，”他描述着，“其中一个人在说：‘如果它能让我产生欲望，那么它就是肮脏的。’”

在当周的讨论会上，首席大法官的立场立刻变得非常明确了，他反对所有案件中的关于隐私的主张。他还有一个坚定的同盟，伦奎斯特。

布伦南重申了他的立场，他希望在保护非自愿的观看者和儿童的前提下，能扩大使用隐私保护这一论证逻辑。斯图尔特和马歇尔持和布伦南一样的坚定立场。道格拉斯将不会加入任何试图对猥亵做出定义的意见，但是他确定会提出一份协同判决意见。相较于布伦南，怀特、鲍威尔和布莱克门倾向于对猥亵物进行更加严格的限制，但是他们同样对首席大法官的观点存有疑义。

布伦南认为自己有机会争取到尚未确定的三张投票。但是，加州色情小册子案（米勒案），伯格曾经在上一庭期中试图借该案对猥亵作出定义，并不是一个恰当的工具。案中，这些小册子曾经被寄给一家餐馆的经理和他的妈妈，而他们从未主动购买过。两人都是非自愿的观看者。布伦南希望拿出一份多数派意见来，他对去年的备忘录进行了修改，并决定集中精力关注亚特兰大剧院案。

这家剧院外部没有布置任何的广告，只有一些标语，显示剧院播映的是“亚特兰大最棒的成人电影”。在门上还设有一个提示性的标语，写着“成人剧院——你必须满 21 岁，并且能够证明。如果观看裸体让你不适，请不要进入”。儿童不得入内。这是一个完美的案例，用以扩大关于隐私的主张，允许自愿的成年人观看他们选择观看的东西。

布伦南决定不再继续等待首席大法官的判决意见，先行传阅了自己的意见。

伯格在初春时一次性地传阅了数份草案。这些草案结束了众人对他还抱有的一丝希望，他决不会对隐私原则做任何扩张解释。首席大法官表示，一个人有权在家中观看他想看的内容，无论是色情的或是其他类型的，但是这并不意味着他享有传播或者获得的权利。这些步骤是“诱发性的”，最终会导致一个所有人都不希望的结果——泛滥的色情物。是时候划一条界限了。在个人家中才享有隐私，正是伯格所划定的界限。

首席大法官的草案还为各州提供了关于如何定义猥亵的一系列新指南。此前的定义是一个作品“完全不具有任何社会价值”，可以被认定为猥亵，而伯格表示只要法院发现“根据内容背景，缺乏严肃的文学、艺术、政治或者科学价值，即可认定为猥亵”。这样一来，色情刊物的制售者将无法再通过加入莎士比亚作品中的某一段话，来规避可能的指控①。

传统上，最高法院是允许出现未模仿任何性动作的裸体模特的照片的，而伯格建议禁止任何“对性器官猥亵性的展示”。类似地，首席大法官转移了最高法院对“何种裸露程度才是猥亵”的关注。在首席大法官看来，性动作本身就足够“赤裸”了，已经不再是普通的色情。他允许各社区禁止任何带有冒犯性的对“赤裸的性行为”的展示，无论是否出于临床目的、影像是否模糊或者仅是隐喻性的。

然而，直到伯格传阅了他对“捉迷藏书店案”的判决意见草案，众人才完全认识到首席大法官的观点有多极端。尽管关于伯格在看完《69 式》后的震惊已经在各位助理之间传遍了，很少有人相信他将主张禁止不含任何图片的书籍。但是伯格在草案中写道，从最高法院作出第一份猥亵案意见开始，就不曾存在过任何中间地带。第一修正案并不保护任何的猥亵物，即使某些刊物完全由文字构成。“无论是好是坏，一本书都有其延续的生命。它在众人之间传阅，我们可以注意到这一类型书籍的广泛传播有流向易受影响的青少年的趋势，并且带来持续的影响。”

伯格“69 式案”的判决意见草案对布伦南而言是一个难以承受的打击。

---

① 首席大法官引用了伦奎斯特为“威斯康星州地下刊物案”撰写的法庭共同决议意见书。“在书中对伏尔泰的引用，并不能将它从猥亵刊物的性质中解救出来……”这一最初将文字素材作为猥亵物认定的绝对例外的意见书，被反过来用于论证相反的观点。

布伦南在过去曾经设计过对猥亵案的解决策略，目的是为了保护书籍。现在，他的努力被用于攻击自己。

首席大法官在堕胎案中使用了一些伎俩。在此之后，道格拉斯变得愈加激进。但是禁止书籍的可能让他尤为惊惧。审查的力度越大，危险也就越大。他为自己上一庭期完成的判决意见加上了一个注解："我们今天做的事情，对图书管理员而言并不是一个好消息。最高法院现在的设计是一张严密的网，是对图书馆的一次袭击。我一贯认为图书馆是神圣的，代表着各个领域、各种利益。如果有什么书籍让社区中最有影响力的一个人或者一个群体受到冒犯，那么这本书就要从图书馆中被驱逐，最终的结果将是整个图书馆制度的崩塌。"

首席大法官对赢得斯图尔特在猥亵案中的投票曾抱有一丝微弱的希望。但是伯格显然希望这些案件依据地方标准进行裁判，斯图尔特对他的这一意图感到困惑。首席大法官的提议将导致至少 50 部不同的第一修正案，同时只有一个最高法院来保护全国各地的言论自由。这是非常荒谬的，他在讨论会上表示，一个人能看什么或者听什么将会取决于他住在哪儿。但是斯图尔特感到疲惫不堪。布伦南可以领导这场战争。

布伦南传阅了另外一份草案，批评首席大法官严苛的新定义。下级法院对猥亵的相关法律规定滥用、误读的情况反复发生。陪审团对色情刊物怀有恶感。州立法者可能会通过新的严重限制言论自由的法律。"完全不具有任何值得救济的社会价值"曾是适用法律认定猥亵的过程中最重要的防线。现在这一防线正在被逐渐摧毁。

首席大法官认为布伦南的担忧非常可笑。在接下来的草案中，他提到"这些悲观的预期认为法院无力区分什么是受第一修正案保护的思想的交易，什么是对猥亵素材的商业利用"。

时间到了四月末，怀特已经厌倦了布伦南和伯格之间毫无进展的对话。他还不确定应该选择哪个方向。布伦南的方法对各州的命令性色彩过重——告诉它们在猥亵这个问题上什么能做和什么不能做。这就像是要求某个社区接受那些最令人作呕的包含色情内容的物品，只要它是提供给自愿观看的成年人即可。他对布伦南的抱怨地方政府没有能力对猥亵作出准确的定义，怀特对此不以为然。最终，为了保护儿童和非自愿的观看者，布伦南还是保留了对猥亵的定义——“完全的赤裸裸的性行为描写”。

除此之外，没有人能够预测布伦南的定义与首席大法官的定义相比，是否能够给予下级法院及法官、陪审团和州立法机构更加有效的指引。对怀特而言，首席大法官的方法看起来赋予了地方更多的自由，但是他的草案存在不少问题。草案内容散漫，过多地使用了夸张激烈的语言表达。伯格的助理每次把他的草案送往怀特的办公室时，都会为草案的语气进行道歉。这位助理表示他已经尽最大可能地劝说首席大法官了，但是伯格仍坚持要表述自己的恶意。

怀特的助理几乎确定怀特会提出删除某些语言表达的建议，然后将修改后的版本反馈到伯格的办公室。被删除的部分经常会被同样夸张激烈的语言所代替。

在一份草案中，首席大法官将猥亵物形容为香港港湾上漂浮着的垃圾。他写道如果要求香港人清理这些垃圾，那么美国同样有责任清理自己的垃圾。伯格拒绝删除这一比喻，只是非常不情愿地允许助理进行改写——“现代社会不应将垃圾和污水的处理交由个人意志决定，而应通过法律规范保护公共健康和公共区域的整洁外观。”

但是怀特还有一个更加棘手的难题，必须划定一些界限，明确何为宪法保护之始，何为地方控制之限。合法的表达必须得到保护，不能将第一修正案完全交由地方社群和各州进行解释。否则，斯图尔特的担忧将会变成现实，将会出现五十个不同的宪法原则的可怕局面。根据首席大法官的定义，某些地方甚至可能禁止那些世界知名的艺术作品。在某些地区存在异议的现代文学将会受到审查。这种可能让怀特深受困扰。

但是，怀特仍然不希望明确告诉各州可以禁止什么，以及什么不应被禁止。他希望既能达到保护言论自由的效果，又赋予各州弹性的裁量空间。他将允许各州对淫秽进行定义，只要他们能明确并准确地描述什么样的行为会被认定为猥亵，并且该作品是出于淫秽目的而制作，且显然包含赤裸的性描写。将这些行为列举出来，至少可以提示色情刊物的制售者注意究竟什么属于猥亵。这种列举同样可以起到限制随心所欲的执法行为的效果。如果能增加上述内容，怀特将加入伯格的判决意见。

伯格接受了怀特的建议，增加了一些例子来说明各州法律可以将什么规定为“赤裸裸的”色情描写：“具有明显冒犯性的、对性行为的展示或者描述，无论内容是正常的还是变态的，真实的还是模拟的；具有明显冒犯性的，对自慰、排泄和性器官的展示或描述。”

伯格得到了第三张投票，他还需要两票。

在鲍威尔的办公室里，他的两位自由派助理不懈地劝说他们的老板加入布伦南的意见。但是，他们感到焦虑，周末鲍威尔会频繁地返回他在里士满的家中。还有一位助理，是办公室里的保守派，他同样来自里士满，因此经常和鲍威尔一同开车回家。每次鲍威尔从家中返回时，态度似乎就会变得更加倾向保守派。

但是其他的助理仍然保持乐观。鲍威尔最初瞥到色情图片的震惊，已经渐渐消失了。他对第一修正案所蕴含的价值的赞赏却在日益增加。

他曾经撰写过一份法庭共同决议的判决意见［巴碧思诉莫（Papish v. Mo）］，撤销了对一位新闻学毕业生的定罪，他被指控分发包含猥亵内容的地下杂志，其中一幅漫画印着一位警察正在强奸自由女神和正义女神，标题上写着“……人人得以享自由与正义”。同期杂志还报道了对纽约一家名为“碰壁，混蛋”的激进组织的庭审，用了“混蛋被无罪释放”的标题。

鲍威尔对语言非常敏感，在碰到“混蛋”这个词的时候，他用首字母“F”代替。但是他确定无疑地表示，杂志内容是受第一修正案保护的政治言论自由[①]。

---

① 伦奎斯特传阅了一份不同意见，反对布伦南，称其观点是自己任职以来见过的最不同寻常的观点。伦奎斯特并未将重点放在猥亵这一问题上，而是详细地阐述了芭芭拉·巴碧思，该案杂志的发行人，一位新闻学的研究生六年的研究进展。伦奎斯特注意到她正在被留校察看，并发现了她为“民主社会学生会”制作的两本刊物中大量的使用了类似“混蛋、放屁、狗屎”的词汇，其中一本刊物的封面画着标有中央情报局（CIA）字样的两只老鼠性交的画面。当首席大法官加入伦奎斯特，提出协同意见书时，布伦南并未感到意外。但是他着实为布莱克门加入伦奎斯特而感到惊讶、沮丧。布伦南最后得出结论，布莱克门仍然容易感到被冒犯。

鲍威尔的一位助理越来越相信他的头儿最终会加入布伦南的意见。他向同事们保证鲍威尔在这个问题的选择不会有意外。庭期快结束时，所有办公室的助理和鲍威尔一起共进午餐。鲍威尔喜欢这样的交流。气氛很快热烈起来，鲍威尔开始和助理们分享自己最真实的想法，其中一个问题正是关于猥亵案的。

鲍威尔表示他已经决定加入首席大法官的意见了。

现在首席大法官和布伦南都已经得到了四票，结果取决于布莱克门。

布莱克门充分意识到了，又一次地，一个重要的案件在等待自己的投票。他将决定是他的新朋友布伦南，还是老朋友首席大法官，会成为本案多数派意见的主笔人。

随着本庭期时间的流逝，布莱克门认为首席大法官意见中存在的大部分问题已经得到了修正。最高法院已经在另外两起案件［罗登诉肯塔基和赫勒诉纽约（Roaden v. Kentucky and Heller v. New York）］中明确，在刑事诉讼开始之前，被指控的色情物品的制售者有权通过听证来决定相关物品是否属于猥亵。首席大法官大部分过于激烈的语言也已经被删除或者净化了，并且怀特已经说服他在意见中加上一条要求，即州立法机构必须阐明哪些猥亵行为将被禁止。布伦南曾警告可能造成灾难性后果并导致大量的新案件，现在看来有些危言耸听了。

和怀特一样，布莱克门也认为布伦南坚持不愿保留一个甚至是限制性的对猥亵的定义，恰恰说明作出定义的必要性。首席大法官的解决方法看起来比布伦南的更加安全。

但是布莱克门还有一个没有解决的问题，伯格的草案中有一段话，提到判断这些素材是否属于猥亵，需要“结合上下文”。伯格的表述方式完全没有表达出“需要整体考虑”的意思。布莱克门担心只要存在色情内容，无论所占篇幅有多小，就可能会导致一部极有价值的作品被禁止。“结合整体内容”反而会成为裁判时不做整体衡量的通行证。

伯格的助理又一次成了首席大法官和布莱克门之间的联络官。布莱克门要求恢复布伦南的表达——“结合整体考虑。”该助理加上了这句话。

伯格随后又将之删除。

布莱克门再次提出异议。伯格的助理则又一次试着进行修改。

然而，伯格仍然说不。

伯格的助理告诉他的老板，如果不做修改，他不认为布莱克门会加入这份判决意见，或许会投向布伦南。

伯格对布莱克门的反对感到不适应。但是堕胎案意见已经表明布莱克门并不总是站在自己这一阵营。伯格等待着。

布莱克门唯一能够影响首席大法官的途径就是保留投票。

最终，首席大法官非常不情愿地接受了布莱克门的修改建议。布莱克门成为支持他的第五票。

布伦南对这次失败更多的是感到难过，而非愤怒。他对草案进行了修改，并作为不同判决意见提交。他终于愿意放弃对猥亵不做任何定义，就像过去十六年间道格拉斯不断劝说他的那样。

布伦南表示，人们有接收外部信息的权利，无论这种信息是否有价值，是否属于猥亵。

道格拉斯对布伦南迟来的改变感到遗憾。布伦南能够预见到今天的局面，如果四年前在自由派占据绝对优势时，甚至一年前，他的改变都还有机会为他赢得胜利。与此同时，伯格引用了布伦南过去的全部观点来支持自己的意见。现在他们只能等待，旁观首席大法官将会制造怎样的灾难。

伯格在猥亵案中以五票获得多数派的支持，这一判决结果将于 6 月 21 日公布。当他们在等待最后的判决意见时，协助研究这些案件的伯格的一位助理正和另外一位助理将所有疑点一一列出。当完成时，他们发现了二十余个问题。

无论是否已经有了答案，伯格的助理们都为终于完成了任务而感到放松。本案将在数天内尘埃落定。至少首席大法官不会再做任何令人难以理解的更改。对此案将不会再有任何协商，他也无须再向其他助理和大法官道歉，无须再费心修正伯格的种种修辞。他已经难以继续承受，所幸他终于自由了。

接着，首席大法官传来了一份备忘录。上面写着暂时不要将判决意见提交，他还需要做一些最后的修正。

这位助理瘫倒在座椅上，接着他听到了窃笑声，是同事们在开玩笑。伤害到一个人的健全的精神，他并不觉得哪里有趣。

判决意见最终在 6 月 21 号公布了，伯格为此感到骄傲。他又一次在一个棘手的法律问题上发出了重要的宣告。16 年来他第一次从大法官席上发声："本院多数法官都认为，应当作出明确的指导，将赤裸裸的色情描写与受第一修正案保护的自由言论加以区分。"

在华盛顿，地方检察院为新的法规规定而欢呼。一些成人书店的店主已经悄悄地把那些过于明显的色情刊物从书架上收起。数周后，弗吉尼亚州比马郡的一位检察官宣布，他将对任何销售《花花公子》杂志的人提起公诉。该杂志违反了夏洛茨维尔市（弗吉尼亚大学所在地）的社区规定。

当首席大法官读到对那位检察官的报道后，他立刻在讨论会上提交了一份备忘录。他坚称自己从未打算禁止《花花公子》的销售，自己在这一点上的态度是非常明确的。

弗朗第罗诉理查森案

1 月 17 日，最高法院听审了一件性别歧视案 [弗朗第罗诉理查森案 (Frontiero v. Richandson)]。下级法院也有许多类似的案件，女性正在向歧视她们的法律发出挑战。

本案中，一位名为莎朗·弗朗第罗的空军女中尉，在结婚后要求空军提供更宽敞的住宿空间，并每月发放额外的数百美元的津贴。根据联邦法律，已婚男性能够自动获得这些额外的待遇。但是如果女性想要得到这些待遇，她必须证明自己的丈夫与她具有法律上的抚养关系，并且一半以上的经济支撑来自她。

在此前的案例中，最高法院拒绝像处理种族歧视问题一样对待性别歧视——前者被认为在任何情况下都是违宪的。上一庭期中，最高法院一致同意推翻爱达荷州的一部法律，该法规定男性相较于女性享有成为资产管理人的优先权 [里德诉里德 (Reed v. Reed)]。但是由伯格所撰写的这份判决意见写明，各州不得通过对女性和男性做区别对待的法律，除非存在某个明确的原因。

在讨论会上，伯格建议最高法院以完全相同的方法解决空军法的相关争议。自由派希望能有所突破，但是首席大法官的建议也是可以接受的。只有伦奎斯特表示支持该法。

伯格将该案分派给了布伦南。他并不希望将民权案件分配给布伦南，但是这次他们的推理逻辑是一致的，看起来并不会导致什么危害。

但是当布伦南开始着手处理空军案时，他对现有的论证逻辑渐渐产生了怀疑。或许是时候像解决种族歧视一样，彻底解决这些性别歧视案件了。对女性的歧视和过去对待黑人的方式具有许多相同的特点——否认其投票权、担任公职的权利、担任陪审员的权利。

布伦南相信这一问题需要一个明确的宣告。但是，他并不希望与讨论会的决定作对。他的责任是撰写一份仅针对某部法律的判决意见，而不是作出一份适用广泛的宪法判令。

布伦南传阅了一份具有针对适用性的判决意见草案，然后又传阅了采用另外一种解决方法的章节，建议采取更加广泛的宪法禁令，明确宣布仅根据性别的区别对待是不被允许的。他知道他提出的另外一种选择实际上相当于颁布了平权修正案，这一修正案目前已经从众议院通过，正在等待各州议会的决定。但是布伦南习惯于让最高法院先行一步，引领民权运动。最高法院没有理由要等上数年，等待各州的批准。如果他能再得到四票的支持，该案可能成为一个里程碑式的判决。道格拉斯、马歇尔和怀特迅速地做出了加入的决定。现在，他只需要再得到一票。

鲍威尔知道布伦南将自己视为可以争取的第五票。但是，他并不喜欢布伦南的草案，读起来更像是一份女性解放运动的宣传手册——将现有法律中存在的性别歧视称为“不切实际的家长式威权主义”，没有把女性放在一个同等的平台上，而是将她们关在了笼子里。更重要的是，鲍威尔对平权修正案的相关争论非常敏感。这一修正案正等待各州立法机构的批准，显然这更多地是属于政治领域的议题，没有必要让司法权力过早介入。

针对布伦南革命式的那份草案，鲍威尔传阅了一份简短的不同意见，试图争取反方观点的投票。伯格、布莱克门和伦奎斯特加入了他的不同意见。投票结果变成了 4 比 4。斯图尔特的投票将是决定性的。

斯图尔特感到左右为难，鲍威尔和布伦南是他在最高法院的两位最好的朋友。总的来说，他不喜欢采取平等保护策略的判决意见。这经常等同于某种司法立法。另一方面，他也不同意鲍威尔认为最高法院不应介入尚待批准的修正案的观点，但他确实同意这是一个问题。这个议题并不需要立刻解决，最高法院应当采取更加稳妥的做法。

斯图尔特暗示他更倾向于对上诉至最高法院的案件进行个案判断，或许在数年后，可以采纳布伦南的建议。尊重法律的发展规律是更加妥当的做法——法律经过缓慢的发展，最终达到最合乎逻辑的状态。除此之外，斯图尔特确定平权修正案最终会得到批准。这样一来，将大大减轻最高法院的负担，这些责任着实应该由立法者来承担。

布伦南仍在努力争取他的投票，为此斯图尔特提出了一个妥协方案。如果布伦南愿意回归他最初的判决意见草案，仅仅针对该案涉及的法律，斯图尔特将在下一个性别歧视案中支持他的宪法性判令。但是斯图尔特强调，布伦南不能在没有得到自己投票的情况下公布另一版本的判决意见草案。如若不然，斯图尔特将会公开提出反对，在近两年也不太可能会加入类似的判决意见。他担心自己看起来前后立场不一致，外人可能会对他突然转变的立场提出质疑。

布伦南将斯图尔特的提议看做一种“交易”。他表示拒绝，并决定公布他的新版本草案，尽管他只得到了四票的支持。斯图尔特仅加入了推翻本案律令的部分。

格里菲斯案——鲍威尔的改变

布伦南确信他离自己所设想的里程碑式的判决只有一步之遥，这一判决将使平权修正案变得不再必要。他痛惜地向助理们表示，如果厄尔·沃伦或者亚伯·福特斯仍在最高法院，他必会赢得胜利。

鲍威尔去年初到最高法院时，在一个案件中投票加入了伯格的意见，斯图尔特询问他原因。“我想我将追随最高法院的领导者。”鲍威尔回答。

斯图尔特吃惊地说不出话来。他决定他最好向他的这位新同事解释最高法院的工作现实。领导者不是伯格。他只是名义上的首席大法官，领导权属于中间派的大法官们，他们的投票结果具有不可预见性，他们既不属于严格意义上的自由派，也不属于保守派。这些中间派人士包括斯图尔特、怀特，如果鲍威尔愿意的话，也可能包括他。

在第二个庭期里，鲍威尔已经明白了最高法院的工作生态。首席大法官无法在见解方面提供任何突出的领导。事实上，在需要法律分析的问题上，他是严重不合格的。

鲍威尔在撰写一份多数意见（关于格里菲斯案）的过程中，遇到了一个问题，即各州是否有权禁止常住外国人担任当地的律师。一位居住在康乃迪克州的荷兰公民发出了挑战，他认为公民身份这一资格条件的要求违反了第十四修正案中的平等保护原则。鲍威尔认为这个问题很简单，涉及的是基础平等方面的问题。常住外国人缴纳税款、参加军队，并以其他各种方式为这个国家做着贡献。最高法院允许常住外国人参与案件讨论。鲍威尔看不到康乃迪克州禁止整个群体从事法律行业的规定有任何合理的依据。

工作还在进展中，伯格突然造访（他总是这么做），这并不在鲍威尔的日程安排之中。他扑通坐在鲍威尔办公室的一张椅子上。鲍威尔对他的打扰感到恼火。现在，全看首席大法官想怎么做了。他没有明说自己想讨论什么，或者将要待多久。这些拜访经常要耗去鲍威尔两个小时的下午时间。鲍威尔开玩笑说首席大法官让开放性讨论变得惹人厌倦。他试图阻止这些突然的造访。他曾告诉他的秘书，如果首席大法官打电话说要过来拜访，她就回答说应该由鲍威尔大法官前去拜访，因为惯例是由资历浅的大法官拜访资深大法官。通过这种方式，鲍威尔可以在拜访伯格几分钟后，以已有预约或者有紧急的工作为由离开。这看起来是一个好方法，但是此后伯格不再提前打电话告知。

伯格在这次的拜访中表示他一直在思考康乃迪克州的律师案。或许他们应该改变投票立场。第十四修正案已经被过度适用了。这难道不是一个各州被赋予了权力，应该由各州决定的问题吗？律师是法院职员，或许最高法院有义务保护这种专业性。

鲍威尔有些疑惑。他向首席大法官发问，为什么拒绝外国人加入律师协会能够保护所谓的专业性？目前已经有相关规定，如果律师有违法行为，他们将会受到惩罚、被取消律师资格，甚至可能面临控诉。

首席大法官抱怨道，律师的行为并不能配得上他们被给予的尊重。最近随着水门事件的丑闻被揭发出来，暴露出了许多律师的不道德行为和违法勾当。如今最具有新闻价值的莫过于白宫的法律顾问约翰·迪恩，他被指控试图掩盖水门事件。

鲍威尔礼貌地询问，该如何对待希望能进行律师执业的外国人呢？

伯格似乎认为外国人将会在某种意义上“污染”法律行业。首席大法官不停地提到律师的形象问题，以及如果允许外国人取得律师资格将会给律师形象带来怎样的伤害。

鲍威尔对伯格的结论感到不可思议。现在美国司法部门的领导者对着他的一位大法官同仁，曾经的律师协会领导者，正在极力游说他应当阻止外国人进行律师执业。

鲍威尔决定坚持自己的意见，最终除了首席大法官和伦奎斯特外，其他所有人都加入了他的判决意见。

令鲍威尔感到困扰的，不只是首席大法官在学识上有所欠缺，或者无力写出清晰、有一致性的判决意见。首席大法官的处事方式有些蛮横，甚至具有攻击性。伯格曾经将一份案件记录带到讨论会上，显然为这份记录花费了大量的时间。当鲍威尔表达自己的意见时，伯格打断了他：“路易斯，你不应该这么说。如果你像我一样阅读过记录，你就会发现案件的关键不在这个问题上。”随后他取出了带来的记录。“给你，路易斯，拿着这些记录，好好阅读一下吧。”他说着，把沉重的案卷递给了鲍威尔。

鲍威尔乏力地回到自己的办公室，责备自己以及助理没能够准备得更全面。带着愧疚，他阅读了那些记录，发现首席大法官要么是误解了这些案卷的内容，要么是表达有误。最终他得出结论，不能把首席大法官的拙劣手段仅当作他肤浅的象征。在 6 月的第一次讨论会上，大法官们聚在一起审查所有尚未解决案件的多数派判决意见的状态，以确保所有草案都已经在传阅中。依照惯例，所有的判决意见草案都应该在 6 月 1 日之前提交，这样最高法院才有可能在月中休会。

除了布莱克门，所有的大法官都表示他所主笔的判决意见已经在传阅中，或者已经完成正在准备打印。布莱克门表示自己目前还有一个案件无法完成。他为了此案夜以继日地工作，仍然没能够完成。

伯格对此没有任何同情。其他大法官沉默地坐着，只有伯格出言责怪布莱克门。

“我在讨论会上被点名了。”回到办公室后，布莱克门向他的助理们倾诉。他决心要加倍努力地工作。

然而，鲍威尔的助理们发现伯格自己也有一份尚未完成的多数判决意见。他们又一次愤怒地向鲍威尔抱怨伯格的虚伪。鲍威尔第一次没有为伯格辩护。

首席大法官耍手段迟迟不进行投票、拖延案件分配的行径同样惹怒了鲍威尔。他在第一年的时候太过忍让。现在他决定不再纵容伯格的操控。无论首席大法官的动机是什么，结果显然都是无可辩解的糟糕。

鲍威尔最初对马歇尔懒惰散漫的传言还有些怀疑。当他传阅了一份长达 32 页的多数意见草案后［圣安东尼奥市诉罗德里格斯案（San Antonio v. Rodriguez），草案驳回了反对将房产税用于资助公共教育的主张］，他的怀疑进一步加深了。

这个案件意义非凡，将为更加优质的教育，尤其针对各地贫困儿童，提供经费支持。马歇尔、怀特、布伦南和道格拉斯认为必须对房产税进行重新分配，来平衡不同区域的教育支出。否则，将没有途径能够确保平等的教育机会，而他们认为这种平等教育是由宪法所确认的。

另一派观点认为宪法并没有对这种重新分配作出要求。

鲍威尔脆弱的五票多数优势取决于斯图尔特的关键性投票。斯图尔特不希望最高法院又一次卷入争议如此之大的问题中。如果最高法院介入，可能会像废除校园种族隔离的判决一样，招致联邦法院的数百起案件，要求重新分配必须符合“一人一票”的原则。

此外，斯图尔特认为判决支持对房产税的再分配，将会动摇资本主义社会的一个重要基础。人们积累财富，并自己选择如何使用——用在他们的子女身上，用于他们自己的社区发展上。

马歇尔对斯图尔特的立场感到不悦。他指示自己的一位助理，同时也是最高法院最出色的一位助理，准备一份能够彻底摧毁多数意见的法律分析。数月以来，这位助理专注于此案。随后马歇尔传阅了一份长达 40 页的不同判决意见，对鲍威尔的所有主张一一回应，并提出了一些新的观点予以反驳。论证有理有据，甚至可称得上是一份杰出的作品。

鲍威尔问助理，马歇尔是如何在这么短的时间里完成如此一份杰作的？

助理们诚实地告知了鲍威尔。马歇尔的助理非常优秀，用了数个月的时间完成了这份判决意见。马歇尔自己或许只花了一刻多钟不到一个小时的时间浏览了一遍。

鲍威尔感到难以置信，他反问道：“谁才是真正的大法官？”

他最终决定自己亲自前去确认。他为这份出色的不同意见向马歇尔表示了祝贺，然后问了草案中的一个焦点问题：“我也有这么说过吗？”马歇尔有些不自然，随即岔开了话题。鲍威尔不确定马歇尔到底有没有理解自己的问题是什么。

鲍威尔发现怀特的性格也同样难以捉摸。怀特不是一个讨人喜欢的人，与温和的布伦南不同，他的性格极具侵略性。当他努力争取多数意见的时候，会表现得尤为强势。他的判决意见，就像他的性格一样，永远是个谜题。

怀特正在撰写一个关于第四修正案搜查许可的案件［亚美达·桑切斯诉美国政府案（Almeida-Sanchez v. U.S.）］，鲍威尔还不知道该如何决定自己的立场。众人都认为鲍威尔可能成为加入怀特、伯格、布莱克门和伦奎斯特的第五票，支持可以进行搜查。而斯图尔特，鲍威尔认为两人的关系正在变得亲近，无论从个人角度还是从专业角度而言，都与自由派持相反的态度。

联邦移民局，作为边境巡检机构，在距美－墨边境 25 英里处加州州域内拦下了一辆车，搜查是否有非法入境者。根据联邦法律，在边境 100 英里范围内巡检队享有拦截、搜查车辆的权力。移民局搜查了那辆车，没有发现任何非法入境者。但是，他们发现了 161 磅大麻。

案中因非法运输毒品而被定罪的司机，上诉至最高法院，主张自己在第四修正案下的权利受到了侵犯。车主没有同意搜查；联邦巡检队没有搜查令，并承认没有合理的理由怀疑车上载有非法入境者。这辆车，实际上是在一条东西向的高速路上而非直接通往边境的南北向公路上被拦截的。

怀特在草案中主张，本案涉及的是边境搜查的问题：政府机构有权在边境对人们实施搜查，无论是否有搜查令、是否得到同意或者基于合理的怀疑。案中巡检队的行为属于边境搜查。

鲍威尔答应他的一位助理，在这位助理准备出一份站在对立观点一方的备忘录之前，他不会加入怀特的意见。

斯图尔特已经撰写了一份不同意见。他认为如果第四修正案要有什么意义的话，它将要求联邦机构必须在取得同意或者基于合理怀疑的前提下才能够实施搜查。如果两个要件皆不具备就可以实施搜查，那么国会完全可以通过立法抹去第四修正案的存在。

鲍威尔不同意这一观点。移民管理机构和普通的警察不同。他承认数量日益增多的来自墨西哥的非法入境者已经成为西南部地区的一个重要难题。他不希望再从政府手中拿走一个有效的执法工具。他向怀特发送了一份备忘录表示自己将会加入，而没有告诉自己的那位助理。怀特至此已经得到了五票。

鲍威尔的助理，感觉受到了背叛，不停地进行抱怨。但是，鲍威尔说已经将近庭期结束，判决已经等不了了。他才是大法官，将由他作出最终的决定。

然而，重新审查怀特的草案时，鲍威尔发现了一些棘手的问题。怀特接受了国会的决定，认定这样的巡检搜查是合理的：“国会长期以来一直认为这样的检查是宪法第四修正案所允许的。”问题在于应当由最高法院，而不是国会就合宪性问题做出最终裁决。本案不可能回避第四修正案的问题。

或许还有一些商榷的空间。不可能要求每一次的车辆检查都取得许可，但是或许还有一种方法能体现出对第四修正案规定的搜查程序的尊重。或许可以尝试作出如下规定，要求巡检队在一定时期（数天或数周）内在特定区域或者路段的搜查应当取得某个概括许可。鲍威尔认为这是自己可以妥协的方案。但是，由于本案中没有搜查令，他将会加入斯图尔特的不同判决意见，推翻对案中司机的定罪，结果将使斯图尔特赢得多数派。鲍威尔还将撰写自己的协同判决意见。鲍威尔通知了怀特的办公室，自己将改变投票。

怀特不希望失掉鲍威尔的投票，但是鲍威尔不可能再次改变立场了。尽管好胜，怀特还是尊重规则的，他希望能找到一种幽默的方式让鲍威尔知道自己并没有生气。

数天前，怀特观看了电视上的一场棒球比赛。这是一场令人心碎的比赛，巴尔的摩金莺队的外野手，艾尔·邦勃利在可能取得胜利时不幸在本垒被封杀了。

怀特知道鲍威尔对棒球很关注，并且经常前往附近的巴尔的摩观看金莺队的比赛。他写了一份备忘录给鲍威尔，戏称感觉自己就像是邦勃利。他已经就要取得胜利，却在本垒被封杀了。

丹佛的校园种族隔离案——布伦南赢了

怀特喜欢丹佛。他曾经在这座“空中城市”从事过近 15 年的律师工作。丹佛是一座种族关系相对融洽的城市，但是最近却变成了废除种族隔离的战地。“在丹佛落幕”，《华盛顿日报》在头条中写道。丹佛的校园种族隔离案（基斯诉第一学区案）即将成为南方地区之外的“布朗案”。

怀特不确定自己要加入哪方观点。他曾任职的律所曾经是丹佛教育委员会的法律顾问。他坐在桌子后，告诉了助理们自己的顾虑，边说边心不在焉地拨弄着手中的曲别针。怀特通常不会参与到任何可能影响自己中立性的案件中去。但是他已经离开丹佛 13 年了，只有在假期的时候才会回到那里。“我什么时候才能重新开始参与这些案件？”他反问道。

他希望能参与到本案中。此外，伦奎斯特最近讨论过大法官的回避问题，他认为一些大法官取消自己资格的行为有些过犹不及。在遇到任何有可能存在利益冲突的案件，他们都主动申请回避，实际上是在回避自己审判案件的责任。某位大法官的回避可能导致最高法院陷入 4 : 4 的僵局，这是应当尽可能避免的情形。在这种情况下，他提出：“案件所呈现的法律的某些原理没有得到阐明。”①

怀特对这一观点很感兴趣。他的投票可能对最终结果起着决定性的作用。如果自己在本案中回避，结果很有可能是鲍威尔和伦奎斯特加入伯格和布莱克门，投票反对丹佛的校车接送令。最高法院将分裂为 4 : 4 的两派阵营。怀特决定暂时搁置自己参与与否的问题，先参加 10 月 12 日的口头辩论。他将不会提出任何问题，随时可以从本案的审判中退出。

和南方不同，科罗拉多州没有学校种族隔离的立法史。因此，黑人父母必须先证明丹佛教育委员会应当为不同种族的儿童在不同学校就学的隔离状况负责。接着再行主张这种行为是违宪的，法院应该颁布废除种族隔离的命令。

在地区法院一系列的听审中，案中的黑人父母已经证明了教育委员会曾经做出过推进种族隔离的决定——在少数族群居住的街区建造新的学校来容纳这些少数族群的学生；改变学区范围，以确保各个学校处于相互隔离的状态；拒绝在少数族群和白人混合居住的地区建造学校。地区法院的威廉·多伊尔法官同意案中黑人父母的观点，丹佛一处居住混杂的、名为帕克丘的小社区，仅有本市 119 所学校中的 8 所学校，因为教育委员会的

① 几个自由派团体因伦奎斯特参与了上一庭期的 3 个案件批评他，因为他在司法部任职时曾与这些案件有联系。其中一个案件［莱尔德诉塔特姆（Laird v. Tatum）］涉及军方对反战团体的监视。在司法部任职时，伦奎斯特曾在国会委员会就该案判决所决定的事项作证。他曾对国会小组说，反战激进分子不具有起诉资格。之后，作为大法官，他曾投出反对他们的决定性一票。伦奎斯特随后采取了不同寻常的一步，他公开发表了一份备忘录，说明其有正当理由参与此案。

行为而导致种族隔离的存在。他要求对该地区的 4000 名小学生用校车进行接送，只占整个丹佛市 90000 名学生中的一小部分。

在范围更大的丹佛核心城区，多伊尔法官发现，虽然没有明显、有意的种族歧视行为（如不公正的学区划分），但是仍然有 25 所学校存在隔离的情况。学生们，大部分是黑人和墨西哥裔，只能接受较低质量的教育。他们的测试分数更低，老师们欠缺经验，学生辍学率更高，硬件设施更差。核心城区的学生们受到的对待是有差别的、不平等的。这种差别可能并不违法，但是不平等显然违背了法律。

因此，多伊尔同样命令废除核心城区的学校的种族隔离，并提高其教育质量，还命令对该地区的另外 7000 名学生实行校车接送，将由校车接送的学生总数达到了 11000 名。根据多伊尔的命令，大部分单一种族学生构成的学校将进行整改。尽管不会要求它们必须达到某种严格的种族平衡，每所学校都将会有一定程度的种族混合。

第十巡回法院维持了多伊尔对帕克丘地区的命令，但是推翻了对核心城区学校的命令。它指出，案中黑人父母无法证明这种隔离是由教育委员会的特定行为造成的，多伊尔无权作出对核心城区学校种族隔离现象进行救济的命令。

这对黑人父母，表示应当废除所有学校的种族隔离制度，因而上诉到最高法院。

在讨论会上，怀特退出了该案的讨论，最终投票结果为 5∶3，支持黑人父母的诉求。多数派包括道格拉斯、布伦南、马歇尔、斯图尔特，以及尚未最终确定的布莱克门。布莱克门表示，只有多数意见完全根据先例判决作出，他才会保持现有立场。他还宣称，如果判决意见支持地方法院的法官有权废除非刻意的种族隔离，他将拒绝加入。

布莱克门尤其不希望超越夏洛特案的判例范围。他反对道格拉斯的观点，后者认为不论何种原因法官均可以废除学校种族隔离。教育委员会必须为被证实应当为某些隔离现象负责；在此前提下，布莱克门才同意支持法官们对因此造成的种族隔离进行修正。

道格拉斯将本案意见分配给了布伦南。这一分配让布伦南振奋起了精神。自从厄尔·沃伦三年前退休之后，他已经没有接到过这么好的案件了。他不是没有考虑到本案的微妙。如果布莱克门改变投票，结果将从 5∶3 变成 4∶4，上诉法院对校车接送作出的限制将得以维持。这等同于最高法院没有作出意见，因此，将不会有新的判例产生。一位联邦法院的法官将不再可能在没有证明存在有意、违法的导致种族隔离的州行为的前提下，废除整个体系内所有学校的种族隔离。布伦南当然不希望地方法院收到这种讯息。否则南方以外诸多城市废除种族歧视的努力将受到打击，除非最高法院能找到另外一起怀特可以参与的案件。

布伦南完成了草案的第一稿。他将整个学校教育视作一个体系，而不是像多伊尔那样按照不同区域加以区分。布伦南认为基于帕克丘的隔离问题足以认定整个体系存在种族隔离，因而可以命令在所有学校都废除种族隔离。

首席大法官在夏洛特案的判决能够被用来证明自己的观点，这让布伦南感到格外愉悦。他特别引用了一段篇幅很长的章节，这部分内容是两个庭期前马歇尔坚持让首席大法官增加进去的。它讨论了教育委员会的决定可能加深社区隔离并因而对校址选择造成的影响。

到了 12 月，布伦南将判决意见草案发送给了其他的大法官。丹佛的教育体系体现了对平等权的故意侵犯。无论出于何种法律上的目的，它都应该被认定为二元教育体系，因而有义务立刻结束每所学校都存在的隔离现象。

道格拉斯、马歇尔和斯图尔特暗示自己将加入布伦南的意见。

伯格和伦奎斯特表示他们将提出反对意见。同样持反对意见的鲍威尔表示，他希望亲自撰写一份判决意见。他对布伦南判决意见中道德审判式的语气感到尤为不适。这让他觉得是在用对南方作出的严厉判决规制北方各州的行为。

布莱克门暂未表态。

布伦南最终决定让自己的助理去向布莱克门的助理们打探他的态度。

但是，仍然没有得到任何消息。

尽管决定不参与此案，怀特仍然密切关注着事态发展。一天，怀特和布莱克门交谈时聊到了该案。布莱克门表示他认为布伦南的草案，超出了必要的限度；他曾经阅读过该案事实，许多事情已有定论，不存在任何争议。地区法院的法官认为本案中黑人父母未能证明学校主管机关故意做出了任何导致核心城区校园隔离现象的举动。布伦南的草案却不顾案件事实，要求为这些地区的学校提供同样救济。或许帕克丘的隔离现象是一个单独的个案。布伦南采取的却是多米诺式的理论。一个地区的某个地方的某个单独行为，并不能为适用于整个体系的废除隔离的命令提供正当化的理由。布莱克门表示他不能加入波及如此之广的一份判决意见。

怀特向自己的助理们提到了布莱克门的异议，这一消息转而又传到了布伦南助理的耳中。还不到几个小时，布伦南就得知了目前的状况。

布伦南找机会直接询问了怀特，自己如何才能赢得布莱克门的支持。

怀特告诉布伦南他的草案得出的结论过于广泛了。他建议修改那些革命式的语言表达。“但是请不要以我的名义做出任何修改。”怀特说。他提醒布伦南，自己毕竟已经退出了本案。

布伦南重新回到工作中。他修改了草案中的一些表达，使语气变得更加温和，并试图详细阐明自己的推理过程，让布莱克门能清楚地看到这是不言自明的逻辑。布伦南强调侵犯宪法权利的行为并不是孤立的而是具有系统性的，是大量存在的。他提到在帕克丘的学校里，有 5000 名黑人学生因为故意的行为而受到隔离，这已经得到证实。他们仅代表整个丹佛市黑人学生的 38%。显而易见地，教育委员会对部分黑人学生的种族歧视行为对其他学校同样造成了影响。这些行为产生了某种涟漪效应。教育委员会对某些学校入学类型的操纵显然会对其他学校也造成影响。

布伦南引用了一些对基本证据原理的著述《威格摩尔论证据》，其中提到先前行为的类型可以用来衡量行为的意图。根据帕克丘的故意隔离政策，可以推测核心区的隔离源自于同样的违法故意。布伦南写道，这只是一种推定。教育委员会有机会推翻这一推论，因为如果他的意见成为多数意见，将会引起下级法院对本案的重审。

如果重审，举证责任被重新分配，那对黑人父母将无须证明在核心城区教育委员会同样采取过某些有意的举动。与之相对，教育委员会必须证明自己与核心城区现有的隔离现象没有关系。布伦南强调，这种举证责任的再分配，并不是一种新颖的做法。他对这起北方城市案件的处理方法和最高法院此前的南方案判决具有逻辑上的一致性。对本案教育委员会而言，局面将更加困难，但是他们至少还是获得了另外一次机会。此外，教育委员会同样有机会证明帕克丘的校园隔离是基于某些事实上的原因，而非有意制造——虽然并未依此作出裁判，但这是下级法院假定的关键因素。但是，布伦南还设置了一列的证明标准，证明将更难以实现。他将修订完成的草案进行了传阅。

道格拉斯、斯图尔特和马歇尔仍然愿意加入。布莱克门还在考虑。

鲍威尔的不同判决意见让他有机会表达自己对当前这一重要问题的看法。他决定亲自撰写一份判决意见，详细阐述自己在教育委员会多年任职期间进行的一些思考。数年的律师从业和公共服务经历让他对成功的管理有了一些基本的看法。如果想要一个社会运行良好，必须让它的领导者主动做好自己的工作。外人，尤其是法院，不能强迫任何人去完成一份工作；无论多么正确，都会激起厌恶情绪而非合作。法院只能为决策者做决定提供框架指导。

鲍威尔相信大部分人都是善意的，法院应当促进这种善意发挥作用。法院必须依赖而不是削弱人们的善良的本能。法院应当只对行为的边界进行规制。

鲍威尔坐在桌子后，手中拿着口述录音机，记录着长达数十页的内容。他的助理们认为，这更像是一篇论文，而不是最高法院的判决意见。

这份篇幅极长的草案包含两对矛盾。首先，鲍威尔表达了他的不满，南方各地区被强制要求进行融合，而北方却无视自己存在的隔离情况。过去法院对法律造成的隔离和居住地造成的隔离做区别对待，鲍威尔建议取消这种区分。最高法院应该解决隔离和教育不公平的问题，不论引起隔离和不公的原因是什么。应该对北方和南方一视同仁——不再区分是故意造成的隔离还是事实上存在的隔离。这个激进的建议——本质上与道格拉斯一直寻求的变化是一致的——因为鲍威尔的另一个论调，对校车接送制的攻击而明显缓和了。他将校车接送制称为“对当今教育最具破坏性的因素”。

鲍威尔同意此前的法院判决，认为教育委员会必须改变目前的校园隔离的状况。但是，他坚持认为，教育委员会有权自己决定解决的方式。联邦法院不应强制它们实行校车接送制。社区学校是一个完善的教育体系的基础。他将为教育委员会如何减少隔离现象提供指导，但是最终采取何种措施将由它们自己决定。他不认为它们会选择校车接送这一方案。“任何儿童，无论黑人还是白人，被强迫离开他所居住的社区，为了前往一个距离遥远的学校上学必须在交通上花费大量的时间，这是对他们自由和隐私的一种伤害。”他表示。

鲍威尔尤其反对用校车接送小学生的做法。他记得曾经在早上七点，在里士满的街角，看到许多儿童在寒风中聚在一起等候校车。这让他大为震动。最近的学校可能只有两条街那么远，然而为了满足法官们对司法公正和种族平等的抽象认识，这些孩子们必须到 10 余里外的学校就学。鲍威尔觉得大部分应该归咎于夏洛特案判决。他将削弱夏洛特案的影响。那份判决观点模糊，自相矛盾，他将之称为“糊锅判决”。

鲍威尔的两位助理建议他进行大幅修改。草案就像是写给他在里士满的一位朋友的一封长信。鲍威尔对这个问题非常敏感。他不希望这份判决意见看起来像在反对或者支持校车接送。因此，在修改时他使用了较为缓和的语气。

布伦南对鲍威尔的不同判决意见并未放在心上。甚至当鲍威尔决定将自己的草案称为不同判决意见以及协同判决意见时——后者是因为鲍威尔同意布伦南的部分观点，认为本案应当发还地区法院重审——他也没有表现出很大的兴趣。

布伦南极力劝说他不要公布这份判决意见，但是鲍威尔不会听从任何人的劝说。

伯格认为布伦南的第二份草案没有什么进步。判决意见的要求使得教育委员会在理论上有可能证明自己的无辜，事实上这种证明很难达成。但是他还看到了另外一系列正在申请最高法院审查的废除种族隔离案件，这些案件涉及一个同样棘手，且具有爆炸性的问题——法官是否有命令废除城郊隔离的权力。

在弗吉尼亚州的里士满，一位地区法院的法官，罗伯特·梅西格，颁布了一项命令，要求将 70% 的黑人学校与两所相邻的郊区白人学校融合，并入一个巨大的大都市教育系统。这一融合命令涉及的是相对温和的校车接送方案，但激进的是它对学区的重新划分，导致许多学区跨越了郡界。

伯格认为这位法官重新划定学区的命令严重超越了他的权力范围，重新划定的学区甚至脱离了行政区划的界限。夏洛特案的命令同样涉及城市和郊区的问题，但至少它针对的是同一个教育系统。

首席大法官认为自己在里士满案中比丹佛案更有胜算。在里士满案中，布莱克门将会加入伦奎斯特和自己的意见，斯图尔特对法官革命式的命令也会存有疑虑。这样就已经有四票支持了。但是鲍威尔，曾经在里士满市和弗吉尼亚州教育委员会有 19 年的任职经历，因此会主动申请退出此案。伯格推测，至少会是以 4∶4 的结果维持第四巡回法院的裁判，第四巡回法院在上诉中推翻了下级法院的判决。问题是 4∶4 的投票结果将使下级法院对此案的判决无效。城郊间校车接送方案无法实行，而根据各地法院判令，这一方案已经或者即将在底特律、波士顿、代顿、哈特福特和其他许多地方实施。

丹佛和里士满案件都涉及联邦法官的权限问题——他们是否有权颁布针对所有校园隔离问题的覆盖广泛的救济措施。但是，在首席大法院看来，正在申请最高法院审查的底特律案，比丹佛案和里士满案更加合适。该案是说明法官超越权限的最佳例证。

伯格算出自己更有可能在底特律案中赢得斯图尔特和布莱克门的投票。与里士满案不同，鲍威尔可以参与到该案中并进行投票。伯格起草了一份备忘录提交至讨论会，建议本庭期暂缓审理丹佛案和里士满案，待下一庭期与底特律案一并讨论。

“这个混蛋。”布伦南说道。首席大法官的备忘录是公然阻止丹佛案判决产生的最后一搏，而且它蹩脚地企图破坏废除种族隔离命令在全国范围内实行。

布莱克门同样被伯格的建议激怒了。单独来看里士满案和丹佛案，任何一件都已经足够棘手了。建议最高法院一次性对所有案件进行讨论，显然不是一个妥当的做法。伯格的目的是拖延丹佛案判决。布莱克门传阅了一份备忘录反对伯格的建议，接着又传阅了一份备忘录，言明自己将加入布伦南最近的丹佛案意见。他同意将案件发回，让案件事实更加清楚，并给教育主管机构另外一个机会。

布伦南感到分外欣喜。伯格的举动起到了适得其反的效果。

只剩下里士满案需要解决了。如大家所猜测的那样，鲍威尔申请退出了此案。道格拉斯、布伦南、马歇尔和怀特希望维持城郊校车接送计划，但是在本案中，布莱克门没有加入他们。他将加入首席大法官和伦奎斯特的观点。在一个城市或者学区范围内废除所有的种族隔离是一回事。但是，重新划分超出行政区划界限的学区显然是无法接受的。

最终结果将取决于斯图尔特。斯图尔特认为除非在城市和郊区学校同时存在隔离问题，才能实行城郊校车接送方案。他不认为郊区是否存在侵犯教育公平的事实没能得到证明。斯图尔特还有一些非司法因素的考虑。公共舆论让最高法院如履薄冰。正如沃伦法院宣布在公共学校进行祈祷的行为违法，影响了最高法院的公信力，最高法院正在为校车接送方案付出昂贵的代价。人们选择住在某些社区，正是因为对学校的考量。强制消除城郊间的隔离问题，是对人们选择自由的一次攻击。

社会的主流观点反对通过校车接送进行强制性的校园融合。斯图尔特希望最高法院能够在各种问题上多考虑主流观点。支持里士满的校车接送计划意味着可能将要在每个主要的大城市实行长距离的城郊间校车接送计划。斯图尔特告诉他的助理们，自己支持夏洛特案和丹佛案判决，但是里士满案情况有所不同。“这在我所能接受的范围之外。”他表示。

随着布莱克门改变意见，里士满计划看起来已经没有希望了。

在5月，支持里士满案判决的四位自由派——道格拉斯、布伦南、怀特和马歇尔——为了打破投票的僵局，争取布莱克门的投票，撰写了一份长长的备忘录，论述废除城郊种族隔离的合理性。他们认为，里士满案中法官的决定是对夏洛特一案判决的逻辑延伸。

布莱克门将不会改变意见。

最终，最高法院承认本案已陷入僵局，决定公布结果。分成两派的最高法院推翻了里士满的城郊接送计划，但是该案判决将不会作为先例使用。

“大家快来看。”当布莱克门最终正式宣布加入丹佛案意见时，布伦南招呼他的助理们。布莱克门的投票确保他已经赢得了多数的五票。加上鲍威尔的协同判决意见，他已经有了六票的支持。

布伦南为争取布莱克门而对草案做的修改，仍然没能让伦奎斯特改变想法。伦奎斯特指责这份多数意见是“在这一宪法领域上的跳跃式”判决。根据布伦南的意见，一个小城镇的某个教育委员会的行为可以成为联邦法官命令废除整个体系的种族隔离的事实基础。实际上，他表示，最高法院正在将学区划分纳入“联邦的管辖范围”，这本应该是地区法院的职责。

这样就只剩下首席大法官了。

布伦南希望亲自撰写一份不同判决意见，或者加入伦奎斯特的建议。

在 6 月初，伯格向布伦南办公室发出了一份简短的备忘录。

伯格表示自己将同意多数派意见，并撰写一份协同判决意见。

布伦南大笑，经常被拒绝加入自己的意见是一种羞辱。但是这样一位在讨论会上旗帜鲜明的反对者突然加入多数意见，无论是以什么样的方式，只会让人觉得滑稽。“你能相信吗？”布伦南将备忘录摔在桌子上，询问助理们。

他们试图寻找首席大法官的表态背后隐藏的阴谋，但是没有发现任何可疑的迹象。伯格投出了多数意见的第七票。

判决在 6 月 21 日正式公布。报纸报道了这份以 7∶1 通过、判令北方城市废除种族隔离以及实行校车接送的判决。这份判决意见首次为南方以外的法官们提供了裁判指南，他们同样可以颁布全面性救济的命令。任何城市只要存在有意为之的隔离现象，都有可能成为南方式废除种族隔离命令和校车接送方案的适用对象。

布伦南难以置信，自己真的赢了。

不拘小节的伦奎斯特

伦奎斯特通常站在伯格一方，他们在许多事情上观点一致。但是伦奎斯特并不欣赏伯格对外貌和仪式的重视。他非常随性。在天气好的时候，他和助理们有时会在庭院内用餐。他们自己用纸袋装着食物，简单地享受着阳光和室外风光。有天当他们穿着普通的衬衫在外用餐时，伯格的侍者莱特出现了。他布置好了一张小桌子，铺着白色亚麻桌布，上面还放着银制餐具。片刻后，伯格和他的助理们一同走了出来。伯格穿着夹克外套，倒着红酒。

伦奎斯特和他的助理们忍不住笑出了声。但是当他们看到伯格餐桌上的严肃氛围，伦奎斯特的笑声变得难以抑制。他和助理们不得不迅速躲进室内。

在他的第一庭期任内，伦奎斯特担心助理们会对自己的判断产生一些影响。他在毕业后曾经在最高法院担任过助理，并在 1957 年在杂志上发表过一篇文章，宣称大部分的法律助理属于“国家或者最高法院内的左派”。他将这种偏见描述为“对共产主义者和其他一些刑事被告人的极端忧虑，扩展联邦权力、限缩各州权力的支持者，对任何受政府规制的商业行为抱有极大的同情”。

他提到了可能会受到助理们“无意识的影响”。但是尽管他曾经写过文章表示他不认为助理们会对判决意见的草拟产生太大的影响，他仍然保持谨慎，所有判决意见的第一稿都由自己亲自撰写。在他第一个庭期进展过半时，他意识到了自己的错误。自由派助理们所带来的法律观点和道德态度的交流对最高法院和大法官们都大有益处。伦奎斯特渐渐开始信任他的助理们，他们不会愚蠢地试图将想法施加给自己。此外，还有效率方面的原因。助理们在第一稿的撰写过程中发挥着相当重要的作用，为他节约了大量时间，帮助他能够将更多的精力放在思考上。

伦奎斯特对助理的态度非常温和，在最高法院有着良好的声誉。他知道他们的名字，发现其中一些人身上有着和大法官们一样有趣的特质。他建议允许助理们进入大法官餐厅，或者设置大法官们和助理们都可以进入的休息室。这些想法最后都不了了之，但是他确实成功地让最高法院安装了一台乒乓球桌。

伦奎斯特的助理们不时会在楼上的健身馆里打会儿排球，由于时间紧张，他们常常会忘记了禁止穿着运动鞋的规定。有一天，在口头辩论会上，伦奎斯特的助理们注意到他在和其他大法官们低声交谈。他写了个字条，让侍者交给坐在观众席上的助理们。他们觉得一定是有非常重要的事情。

字条上写着："我们刚刚讨论过，以后将严格执行禁止穿着便鞋的规定。"

作为资历较浅的大法官，伦奎斯特负责年度圣诞宴会的相关事宜。宴会非常吵闹，伦奎斯特发现很难把所有人聚集起来，共同合唱圣诞颂歌。最后，他站在钢琴前，喊道："注意！"

一位助理感到非常惊讶。伦奎斯特，独裁者。但是大部分人认为这反射出了伦奎斯特的幽默感。

不努力的斯图尔特

斯图尔特工作不是非常努力。最高法院流传着一个笑话，中午时斯图尔特大部分时候会在走廊上遇到马歇尔，马歇尔是在工作的路上，而斯图尔特正准备回家。但是，斯图尔特非常关注最高法院发生的事情，他的助理们知道，如果能够引起他的兴趣，他将行动起来开始工作。

斯图尔特的一位助理提起了一个银行抢劫案［方登诉美国政府（Fontaine v. U.S.）］，案犯被判处 20 年有期徒刑。但是，他宣称是受到刑讯而认罪的，当时自己正在住院，身受枪伤、毒瘾和精神障碍的折磨。记录显示他的主张并非无稽之谈，这些因素导致他放弃律师辩护，承认有罪。最高法院准备拒绝这一上诉申请，直到斯图尔特传阅了一份由助理准备的篇幅很长的不同意见。讨论会稍后以 8∶1 的投票决定由地区法院的法官为案犯准备一场听证会，这一结果让许多其他办公室的助理们感到非常羞愧，他们没能发现案件当事人受到刑讯的主张可能是真实的。

但是，某些问题只会引来斯图尔特的不屑和冷漠。在一个案件中，一直以俄亥俄河为界的俄亥俄州和肯塔基州，对这一界限的归属产生了争议。最高法院 1820 年的一个案件将河流归入肯塔基州，成为这一问题的先例。但是斯图尔特，来自俄亥俄州，告诉他的助理他投票反对自己的家乡还有另外一个原因："我的父亲一直告诉我俄亥俄河在肯塔基州境内。"

还有一次，斯图尔特被分派撰写与第四修正案汽车搜查有关的一个案件［施奈克洛特诉布斯坦蒙特（Schneckloth v. Bustamonte）］。他对这项工作分配非常高兴，希望能完成一份不会引发太大争议的判决意见。他指示一位助理起草该案判决意见，助理按时完成了一份篇幅很长的草案。数周后，斯图尔特仍然没有任何评论、指示，没有任何同意或者反对的表示。草案也没有被送去打印，它去哪儿了？

斯图尔特的其他助理开玩笑："你看到施奈克洛特了吗？"变成了办公室里很流行的一句口头禅，随后又传遍了最高法院。准备这份草案的助理，是一位严谨、努力的律师，因丢失的草案而备受折磨。

他最后决定直接询问斯图尔特。他走进斯图尔特的办公室，问道："您看到施奈克洛特案判决意见了吗？"

"是的，"斯图尔特回答，打开最上面一层抽屉，"我可以随时进行阅读。"

助理不确定斯图尔特的意思，但是他推测斯图尔特会留下这个案件，待庭期快结束时再行传阅。春季案件繁多，实在没有时间分出多余的精力去应付另外一场关于第四修正案的讨论。

施奈克洛特案，最早被讨论的案件，将会在庭期末才能尘埃落定。

布伦南的失落

尽管布伦南在丹佛案中赢得了胜利，但他对和四位尼克松大法官共事的第一个完整的庭期仍然感到不满。他的助理们发现他总是沉浸在某种绝望的情绪里。布伦南在这个庭期里曾经提出过 47 次的反对意见，比他过去所有的反对意见都要多。

布伦南不仅是在价值取向方面与四位尼克松大法官有分歧，他现在常常无法参与到真正的辩论之中。斯图尔特、怀特与四位尼克松大法官掌控着最高法院的风向。他们决定着主流观点。布伦南只是个外人，他为最高法院的方向变化感到痛苦。

布伦南觉得他在最高法院期间最大的成就是 20 世纪 60 年代的立法席位重新分配案——“一人一票”案。这些判决要求重新划定州立法机构和联邦议会的选区，且选区需覆盖相同数量的选民，以确保每张选票价值尽可能平等。即使 3% 的偏差都是不被容许的。根据 1969 年判决，各州必须“尽力达到数学上的精确的平等”。一半以上的州已经将误差控制在了 5% 的范围内。

厄尔·沃伦常将这些案件称作自己任职期间最高法院最重要的判决，尽管许多关键的判决意见都是由布伦南撰写的。布伦南是重新分配案之父。

但是刚刚过去的一个庭期中，一个涉及弗吉尼亚州的案件［马汉诉豪厄尔案（Mahan v. Howell）］，通过了一份新的多数派意见。伯格、伦奎斯特、布莱克门、斯图尔特和怀特支持了一项重新分配方案，允许选区覆盖上存在 16.4% 的浮动范围。在本案讨论会后，布伦南回到办公室中，愤怒得快要哭了出来。“我稍后再跟你们说。”他告诉自己的助理后立刻离开回家了。

最让布伦南愤怒的是最高法院采取了秘密的内部原则，作为未来案件讨论的指南，这些原则将不会予以公布。适用于各州的新分配规则将允许不超过 10% 的浮动。介于 10%-20% 之间的偏差同样会被认可，只要界限的划分是基于合理善意的原因，如为了和城市或者郡边界一致。只有超过 20% 以上的偏差才会被禁止。布伦南感到非常沮丧，最高法院如此轻易就放弃了自己的理想主义。他知道地方政治家们是什么样，他们将会用尽一切手段重新划定选区来确保自己当选。

布伦南的助理们认为他可能准备好辞职了。他曾经称伯格为“篡位者”，只要一提到沃伦的名字他就会陷入怀念之中。当他谈及伯格时，他常会说“那位首席大法官——我希望能和那位超级首席大法官保持距离”。在早晨九点的咖啡时间，他渐渐开始不停地谈论过去。

首席大法官日益放肆地削减最高法院的工作量，布伦南抱怨道。沃伦在时，最高法院对社会正义的贡献比议会要大得多。伯格更多地在强调效率问题。几乎是从就任的第一天开始，他就在一直不停地抱怨最高法院的工作负担过重。他任命了一个由教授和知名律师组成的委员会，由他们对案件进行研究。这一委员会还曾建议成立一个“国家上诉法院”，为最高法院筛去将近 90% 的上诉申请。

正当此建议在法律界引起广泛的辩论时，伯格决定私下解决这一问题。他认为他的助理们花费了太多的时间审查申请诉状和为自己准备案件总结。每个大法官办公室每年都需要审查 4500 份左右的申请，伯格建议他们进行合作。将所有的申请划做等份，分别送往各大法官办公室，助理们将自己负责的总结备忘录和受理建议，传阅给每位大法官。这样每个办公室只需要完成过去九分之一的工作量。

鲍威尔很赞同这个方案。他的律所的管理模式都比最高法院有效率得多。“联合审查”方案将大大提高最高法院的效率。伦奎斯特、布莱克门和怀特也支持这一方案。需要审查的申请减少，助理们能将更多的精力集中在被分配案件的审查上。斯图尔特决定由他的助理们自己做决定，他们是联合审查计划的利益相关人。但是他的助理们提出了反对。他们不希望由其他办公室的助理们替他们的大法官作出案件受理建议。

布伦南极力反对这一方案。他向助理们表示，首席大法官的建议是“为了完全的操控”。伯格的目的是为了拓展他的帝国的版图。控制了申请书的流向，他就能控制住最高法院的工作内容。首席大法官或者伦奎斯特的助理们都不可能在审查备忘录中就事实或者争议作出中立的阐述。

布伦南认为，案件负担的问题无论如何都将是一个难解的谜题。它与首席大法官知识上的不足有很大关系。成堆的申请书，即使有助理们的总结备忘录，仍然让伯格感到难以负荷。布伦南很少让他的助理们审查申请。他多半是亲自完成，就像是在花园里除去杂草一样。

布伦南太过愤怒，于是自福塔斯辞职后很少进行演讲的他举办了一场公开演讲。他描述了一些本庭期内的案件申请，涉及诸如以下问题：

“黑人是不是属于印第安人，因而有权免征联邦所得税？”

“联邦所得税法没有规定视人体的衰竭而做相应的税负减免，是否属于违宪？”

“禁止司机红灯时右转的规定是否构成不合理的州际贸易负担？”

布伦南或许会花费 10 到 15 秒的时间阅读类似的申请，经过在最高法院 16 年的工作，他已经发展出了捕捉重要案件的特殊感觉。

道格拉斯和马歇尔也决定拒绝加入联合审查方案。这一方案的成员最终由四位尼克松任命的大法官和怀特组成。

1973 TERM

1973 年庭期

施莱辛格诉霍尔兹曼案

1973 年 7 月，伊丽莎白·霍尔兹曼，美国众议院纽约州的一位民主党议员，和四位空军军官要求联邦法院停止美国政府对柬埔寨的轰炸。纽约的一个地区法院发布了停止轰炸的禁令，但是随后上诉法院解除了这一禁令。正值联邦最高法院休庭，美国公民自由运动联盟代表霍尔兹曼和四位空军军官，向巡回大法官马歇尔提起了紧急上诉（施莱辛格诉霍尔兹曼案）。1973 年 7 月 30 日，马歇尔在办公室举办了一场非公开听证会。尽管他倾向于阻止这场轰炸，但是考虑到如果将来最高法院的多数意见拒绝认定这场战争的违宪性，那么自己现在的做法将是不负责任的。更重要的是，必须在两周内即国会的战争拨款用完之前解决问题。马歇尔决定采取谨慎的态度，他发布了一个简短的命令，拒绝阻止对柬埔寨的轰炸。

由于最高法院处于休庭中，美国公民自由运动联盟可以选择另外一位大法官再次提起此案。如果第二位大法官支持停止轰炸，仍然要等到 9 月最高法院开庭时由九位大法官共同裁判。于是联盟立刻派遣律师前往古斯普雷里，希望道格拉斯能同情他们的处境，启动听审。他在与战争相关的案件中一贯持否定态度，并呼吁其他人反对美国在东南亚的军事行动。现在，道格拉斯同意了联盟的请求，决定主持一场听审会。他从五十英里外的卡斯喀得丘回到了位于华盛顿雅吉瓦的法庭。

政府方的律师认为应当避免法庭上出现双方对峙局面。

“我们生活的世界本就充满冲突，”道格拉斯回应。“这是整个体系的重要根基。我自己也不喜欢这些冲突。我宁愿待在古斯普雷里。”

在听证会后，道格拉斯决定终止上诉法院的暂停司法程序令。这样一来，地区法院可以继续颁布停止轰炸的禁令。时间已经接近黄昏，道格拉斯致电最高法院，留言称印刷室工作人员先不要回家。在返回古斯普雷里路上的一个休息站里，他口述了自己判决意见的第一部分。“记下来了吗？”他问道。他的秘书努力在嘈杂的发动机声中听清道格拉斯的陈述。在前进的过程中，道格拉斯又再次致电进行口述。在抵达古斯普雷里之前，到最后一个休息站威斯灵杰克斯时，他终于用最后一个公共电话，读完了最后一部分内容。

道格拉斯将此案与一起死刑案进行了比较。

> 这一经典死刑案例讨论的是卢先生、洛先生和卢卡斯先生是否应该被执行死刑。当前的案件设计的是未知的某先生是否应该死。没有人知道这些人是谁。他们可能是柬埔寨的农民，唯一的罪恶是试图通过社会主义这一解药来解救苦难中的家人和邻居。某先生也可能是向柬埔寨村庄投放成吨炸弹的美国飞行员或者海员。我们能确定的是一定会有人为此而失去生命。
>
> 反对摆在我面前的这份申请将会把我们的士兵和柬埔寨的农民一同送往死亡地带。我做的只是面对死刑案件时所有法官都会作出的决定。

第二天，8 月 4 日，道格拉斯就在最高法院提出了自己的意见。政府立刻找到马歇尔，请求他阻止地区法院停止轰炸的命令生效。

马歇尔发现自己陷入了一种两难局面。通常一位大法官不会直接推翻由另外一位大法官单独作出的决定。就另外一位大法官拒绝受理的案件采取行动是一回事。但是一旦大法官已经发出命令，只有全体讨论会才能决定是否推翻这一命令。

马歇尔致电布伦南，提出了避免最高法院和政府之间冲突的解决方案，同时能够避免直接驳回道格拉斯的意见。

道格拉斯可能会指责自己单方驳回另外一位大法官的行为，为了避免这种可能性，马歇尔召集了其他七位大法官确保他们意见的一致性。接着他要求助理开始起草这份非常复杂的判决意见。这位助理拒绝撰写，他是一位积极的反战者，他对马歇尔的胆怯和疏忽感到不耐烦。马歇尔必须亲自撰写这份意见。

马歇尔放弃撰写一份完整判决意见，而是起草了一个简单的命令。他在六个小时里完成了这个由九段话构成的命令，并予以公布。由于地区法院的命令尚未生效，五角大楼当天的轰炸计划并未受到任何影响。

数天后，道格拉斯公布了一份言辞激烈的不同判决意见，公开反对马歇尔规避自己命令的行为，并抗议电话召集讨论会进行投票的有效性。他提出指控，除了使意见交流无法进行，这种方式还违背了六人出席的法定人数规则。

> 我无意提及任何社交礼节的问题。这涉及的是法律和命令等更高层次的原则。
>
> 通过电话咨询分散在各处的大法官的意见，在我看来，是试图破坏我们的生活所仰赖的基本制度的行径。
>
> 最高法院的大法官们和亲爱的马歇尔在 1973 年 8 月 4 日的行径，与我们的基本规则严重抵触。

道格拉斯在私下仍然愤怒不已。他将马歇尔称作“空心面之刺”。

詹金斯诉佐治亚州案

伦奎斯特有天偷偷溜进讨论会房间，坐在自己的位置上。

他从一摞文件中抽出一本杂志。《国家讽刺》是本幽默的杂志，刚刚发行了二月刊。杂志的中间插页被命名为“美国法庭”——最高法院的朋友——以彩色漫画的形式描述了九位大法官正在进行各种各样的性行为。

首席大法官，除了遮盖着敏感部位之外全身赤裸，正在舔舐另外一位同样裸体的女性的靴子。

布伦南站在两个非常年轻的女性面前，她们正在拉开他身上穿的袍子。

斯图尔特正在用尺子量一位年轻女性的喉咙，显然是在为口交做准备。

伦奎斯特穿着女性内衣和红色吊袜带，在其他人面前挥着黑色皮鞭来回走动。

怀特，眼镜上盖着眼罩，可以看出他正在费力地进行某种性行为，尽管漫画上看不出具体是哪种行为。

鲍威尔双手捆绑裸着身子跪在地上。另外一位只着内衣的标记着“A类展品”的黑人女性正在鞭打鲍威尔。

马歇尔站在法席旁，什么都没做，只是盯着身旁坐着一位年轻裸男的道格拉斯。

布莱克门正在奸淫一只袋鼠。

伦奎斯特笑出了声，将杂志传给了其他人。大部分人都笑了。首席大法官却感到愤怒，不仅是因为这幅漫画，还因为被带进讨论会上的这本杂志。

稍后，马歇尔让他的一位助理去多购买几份给他的孩子们。

布伦南骄傲地告诉助理们，画中其他大法官们都专注地做着不雅的事儿，只有他在试图用袍子挡住孩子们的视线。

助理们觉得有必要告诉他实情。

布莱克门向助理们描述了这幅漫画有多有趣，尤其是伦奎斯特男扮女装的部分。唯一的问题是，他不明白自己到底要和袋鼠做什么。

助理们抽签决定谁来告诉他。

上一年的猥亵案判决开始产生预料中的结果，陪审团反馈回来的是各种怪异和难以预测的类型的定罪。四位猥亵案的不同意见者——布伦南、马歇尔、道格拉斯和斯图尔特——仍然坚持认为最高法院应该撤销这些定罪，但是尽管他们有四票，他们也不认为应该接受所有审查申请。布伦南知道他们将会失败，而一份正式的最高法院判决将会把这些地方猥亵案的定罪变成全国性的先例，这些微小的不平等反而会导致巨大的损失。他倾向于让这些争议留在下级法院，而不是让最高法院进一步加以确认。因此相反地，他们经常性地针对最高法院的拒绝受理提出反对意见。他们将不会推动最高法院接受某个案件，直到能够扭转定罪的第五票出现。

布伦南认为，鲍威尔是最有可能争取到的第五票。布伦南的助理们翻遍了涌向最高法院的电影剧照、杂志和书籍，试图找到一个地方陪审团在审理时做得有些过分的案件——一个能够证明适用地方标准荒诞至极的案件。

每次布伦南发现一个让人难以接受的定罪时，他都会将材料送给斯图尔特。斯图尔特对鲍威尔的反应有着敏锐的判断。斯图尔特一般会在周六阅读这些材料，所以他的秘书不会看到。但是没有什么案件可能让鲍威尔改变立场。他不希望对陪审团的决定进行二次评价。最后，布伦南终于找到了一个似乎能赢得胜利的案件［詹金斯诉佐治亚州（Jenkins v. Georgia）］。佐治亚州一家影院的管理人奥尔巴尼，因为放映 R 级电影《性关系》而被定罪，并被处以 750 美元的罚金。案中电影显然不属于猥亵，完全是好莱坞式的电影，且不包含任何明显的性行为。电影由受人尊敬的迈克尼古拉斯执导，被许多电影评论列入“十部最佳电影”，电影的女演员安·玛格丽特还得到了奥斯卡提名。

特殊的放映准备好了，数位大法官观看了这部电影。随着电影情节的进展，观看过程中通常会出现的闲扯声、评论声和拍腿的声音渐渐消失了。

“我认为我们会看到一部下流的电影。”马歇尔在电影结束时抱怨道。“唯一猥亵的地方是这部电影太过乏味。”怀特评价。首席大法官早早地离开了。他告诉助理们电影的摄影和灯光非常出色。伦奎斯特表示自己很欣赏片中的配乐。

在讨论会上，九位大法官都认为这部电影不属于猥亵，同意撤销定罪。但是，四位第一修正案的自由派大法官希望最高法院承认问题出现的根源是去年伯格撰写的猥亵案意见。首席大法官只希望指示地方法院，对猥亵的认定应当有限制：《性关系》这部电影显然不属于猥亵。他不希望自己的里程碑式的意见在这方面有所退让。因此，他将本案与另外一个有关《猥亵与色情委员会的总统报告》（以下简称《报告》）的猥亵哈姆林诉美国政府（Hamling v. U.S.）一并分配给了伦奎斯特。伦奎斯特必须解释《报告》属于猥亵，而《性关系》不属于。

当伦奎斯特回到办公室，开始着手准备判决意见时，工作看起来非常简单。《报告》中含有对性行为非常明显的描述。电影中只有隐晦的性描写。但是当他读到首席大法官对米勒案的多数意见时，他发现自己进退两难。首席大法官曾写过，只要存在“真实或者模拟”的性交动作，且行为本身“具有明显的冒犯性”，该内容就可以被认定为猥亵。只要其具有明显冒犯性，《性关系》中的模拟性交行为是否就可以被认定为猥亵，而无论这一行为本身是否明显？

伦奎斯特决定他将必须对首席大法官的猥亵案意见进行审慎解释，并且宣布只有明显的性行为展示才能被认定为猥亵。首席大法官的多数意见中的其他内容得以保留。

布伦南看到他们又一次回到了“瑞普拉案”上。最高法院将对猥亵案件逐案审查。“很显然，”他写道，“只要首席大法官的衡量方法仍然有效，在五位以上的大法官作出裁判之前，没有人能够确定素材内容是否属于猥亵。”他持续地将炮火对准猥亵案，声称前案的五位大法官甚至允许在不看内容的情况下进行定罪。布伦南在一系列公开发表的不同意见中直言他的担忧。

怀特感到愤怒。布伦南的举动太过咄咄逼人。他实际上已经仔细阅读过提交给最高法院的材料。在怀特看来，去年的猥亵案判决处理得恰到好处。大法官们仍然需要对一些案件进行单独审查，但是总的来说，各社区适用的仍然是各自的标准。最赤裸的色情刊物在大城市仍然存在，但已经从小镇中销声匿迹。怀特单独提到布伦南的一份不同意见：“其中一个案件涉及的是《人和动物之间的性爱》。”“这些图片的主要内容是男男女女不停地与不同的动物进行性交。布伦南大法官显然将会认定《第一修正案》禁止政府阻止任何自愿的成年人接触此类素材，但是我不认为《第一修正案》否定了政府有禁止类似刊物发行的权力。”

德夫尼斯诉奥德加特案

在本庭期开始的时候，媒体对伯格法院关注的重点给予了密切的关注，他们认为伯格法院至少将会对目前最重要的种族问题有所涉及。庭期过半时，最高法院对他们做出驳回判决的第一个反歧视案进行了言辞辩论［德夫尼斯诉奥德加特案（Defunis v. Odegaard）］，该案质疑的是给予少数民族某些优惠待遇的平权法案项目。白人学生申请法学院被拒绝，但是分数相对较低的黑人学生却可能被接受。根据平权法案项目，一定数量的位置会被留出来给少数民族的申请者。因为申请人是白人，所以他无法享受某种待遇。就是因为他是白人，所以被挑选出来。他声称，这是种族歧视。

最初，九位大法官倾向于认为这些修正性的按种族的配额入学制是违宪的。马歇尔认为特殊配额制是对少数族群的一种羞辱，但是他同时深知现有的入学和就业障碍给少数族群造成的困境。差别待遇的方案——大部分只实施了数年时间——将会岌岌可危。另一方面，维持类似的修正配额制可能会导致一个不幸的先例，反过来被用于排除对少数族群的接纳。

在讨论会上，几位大法官暗示他们不介意以没有实际意义为由避免对此案进行讨论。案中的学生随后也被法学院录取了。在下一个反歧视案件上诉之前，最高法院还有数年时间可以考虑这个问题。同时，差别待遇可以继续在教育、就业公平方面发挥作用。斯图尔特主动申请撰写法庭共同决议，宣布该案不具有受理的意义。伯格、布莱克门、伦奎斯特最后都表示同意，而道格拉斯此前已经传阅了一份禁止任何差别待遇的判决意见，他随后又将之撤回，提交了另外一份草案，主张种族作为文化大背景下的一个因子，可以在候选人的选择过程中被纳入考量范围。

不用继续审理此案，甚至连自由派也感到松了一口气[①]。但是还有另外一个种族问题是无法避免的——校车接送。庭期初最高法院决定受理底特律校车接送案（米丽肯诉布兰得利案），鲍威尔对此感到满意。由于他曾在教育委员会任职过19年，上一庭期他不得不退出里士满案件的审理。

但是，底特律案与里士满案在本质上涉及的是同一个问题：联邦法院的法官是否有权颁布命令废除城郊的校园隔离？鲍威尔希望能成为反对这种广

---

① 1978年7月5日，在被高度曝光的加州大学董事会董事诉巴基案中，最高法院实际上处理了同样的问题。其颇具分裂性的判决认为，不允许在录取学生时为少数民族学生确定固定的名额，但在录取学生时，可以将种族作为诸多因素之一进行考虑。颇具代表性的，鲍威尔是唯一一个两种观点都支持的大法官。一方面，鲍威尔同意伯格、斯图尔特、伦奎斯特和史蒂文斯反对确定固定名额的做法，提供了第5张投票；在另一方面，他也是加入布伦南、怀特、马歇尔和布莱克门意见的第5张投票，允许在平权法案项目中将种族作为几个录取标准之一进行考虑。

泛性命令的第五票。在讨论会上，他投票支持另外三位尼克松任命的大法官和斯图尔特，反对校车接送。鲍威尔希望首席大法官将本案分配给自己。

但是这也是自夏洛特案后，首席大法官本人第一次成为一个重要的废除校园隔离案的多数意见大法官。伯格看到了自己的工作成果被推翻。在布朗案过去 20 年后，伯格相信是时候引领新的方向了。他决定亲自撰写该案意见。对伯格而言，这个案件涉及的只是如何建立一个合理、公正的救济体系的问题。传统上的底特律郊区的学生和家长在底特律的校园隔离问题上是无关人士。将他们也纳入废除城郊种族隔离的方案中，对他们显然是不公的。

但是伯格希望这份判决意见毫无瑕疵。他的一位助理为该案花费了数月的时间，比往常更加的谨慎。在准备期间，有一天，首席大法官和他的所有助理在女士餐厅共进午餐。首席大法官将这次午餐视作一次研讨会，在餐桌上畅所欲言。其间讨论到了校车接送案，并提及了城中的黑人，引发了他的一些回忆。

首席大法官提及，为什么最近他才想起把一些没有工作的黑人推荐给史密森博物馆的一位管理者，为他们提供园丁工作的培训，希望他们能打理好位于国会大厦和纪念碑间的林荫路。黑人能够成为出色的园丁，他们对颜色有着如此敏锐的直觉。

话题不知怎么又转向了犹太人。伯格认为，与黑人不同，犹太人能够申请贷款，因为总体来说他们能力更加突出，更值得信赖。

首席大法官没有注意到助理们惊讶的目光，把话题又转向了女性。女性不能够担任强奸案的法官，他表示。她们太过情绪化，无法做出公正的审判。女性法官大大增加了强奸指控的定罪率。

伯格的底特律案草案最终在 4 月份完成了，然后提交传阅。鲍威尔仔细地阅读了这份草案。尽管鲍威尔非常希望限制未来的校车接送，伯格的草案仍然走得太远了。草案完全排除了任何城郊校车接送计划的可能性。

鲍威尔对伯格不妥当的结论和草案感到失望。“如果这份草案是我在律所时的助理律师完成的，”鲍威尔告诉一位助理，“我会把他解雇。”

斯图尔特对这份草案也感到非常不安。他仍然坚持反对城郊校车接送，但是面对那些挣扎了如此长的时间，努力为他们的孩子争取公平教育的黑人父母，他发现自己很难置他们于不顾。他同样不希望彻底扼杀在未来废除城郊隔离的可能性。

布莱克门和伦奎斯特对首席大法官的草案同样感到不满，伯格多数意见的四位成员都没有表现出准备加入他的迹象。

听到所有人都反对首席大法官的草案的消息，马歇尔感到非常振奋。他对讨论会的投票异常厌恶。这将是布朗案后最高法院在废除种族隔离问题上的第一次退步。但是伯格的草案太令人震惊。他难以相信首席大法官会如此扭曲案件事实。伯格在草案中主张下级法院试图实现学校的严格种族平衡。实际上，地区法院所做的判决与麦克米伦法官对夏洛特案的判决是完全一致的。

多数意见隐晦地表明了地方教育委员会的行为不是造成学校隔离的原因。马歇尔知道这不是事实。多数意见同样认为城郊校车计划将导致大量的校车接送现象。马歇尔知道这也是一种误解。但是，他认为自由派能够改变这种局面的希望微乎其微。他认为是放手的时候了。他指示助理准备了一份言辞犀利的不同意见。多数意见目前的关注点已经不是受隔离的黑人儿童的教育问题了，而是郊区白人孩子的便利。

斯图尔特和鲍威尔聚在一起讨论他们对首席大法官草案的异议。如何让首席大法官服从于中间派的意见，这一问题再次出现了。

鲍威尔建议代笔一份判决意见草案，逐渐地向伯格施压。斯图尔特同意了。伯格对明显试图操纵自己的行为感到困扰，但是最终他还是在主要问题上让步了。他将不会在判决意见中完全拒绝校车接送计划的可能性，只要能够证明城市和郊区学校同时存在违宪行为。

斯图尔特随后同意加入伯格的判决意见。但是他准备撰写自己的协同意见。如果某个州的公共机构与歧视性行为有关，比如房产或区划方面的法律导致了隔离的学校体系，他将支持城郊校车接送计划。

斯图尔特的意图在于——作为关键的第五票——设置一些明显会让伯格更加恼火的限制。

马歇尔仍然拒绝加入。他的不同判决意见显然不是能够赢得投票的类型，但是它们非常能够引起人们情感上的共鸣。

斯图尔特从未在任何重要案件中公开地反对废除校园种族隔离的政策。马歇尔希望可以争取到斯图尔特的投票。时间和首席大法官是他仅有的同盟。斯图尔特整个庭期都在与首席大法官进行抗争，马歇尔试图发现斯图尔特是否有任何受挫的迹象，这可能会让他重新考虑在底特律案中的投票。只要他能同意将该案发回重审即可，更多的事实将有机会浮出水面。如果黑人父母能够证明城市两端都存在违法隔离行为，伯格将会修改草案，允许本案中的城郊校车接送计划。但是，斯图尔特的立场非常鲜明。然而无论他的感受多强烈，马歇尔都不会试图争取布莱克的投票。伯格的判决意见似乎将无法避免。但是，他仍然决定等到年底本案正式宣判之前。

尼克松水门事件案

1973 年 5 月 12 日，庭期步入尾声，尼克松的首席助理哈德曼和约翰·艾尔利曼因为水门案丑闻而辞职的事情刚过去不到两周，首席大法官前往参加与前任助理们每年一次的定期聚会。超过 40 名的前助理身穿黑色正装，不携带女眷，在华丽的东西会议室聚会。如往常一样，首席大法官在庭期末总是感到焦躁和疲惫。但是他喜欢这些聚会，他能通过各种各样的酒来放松自己。每位助理都为这次晚宴和送给伯格的礼物支付了 40 美元。本质上这次宴会是用来提醒他们自己、他们的朋友和同事，他们曾经是最高法院的秘密工作的一部分，他们曾为美国最高法院的首席大法官服务过。

首席大法官任职联邦上诉法院期间的一些助理非常了解他的为人，是真正地欣赏伯格。近期的助理只见过伯格在最高法院的严肃压抑的氛围中的工作状态，对他并不是那么的喜爱。几个助理喝了几杯烈性酒，来帮助度过漫漫长夜。首席大法官将近晚上时前来巡视，让所有人都感到尴尬的是他经常忘记助理的名字。

前任助理们组织了一个小团体，他们将之称为“沃伦·伯格盛宴社团”，并精心制作了一份菜单[①]。其中包括六种酒，用于搭配每一道菜，每种酒都是在咨询了身为国际品酒协会终身会员的首席大法官之后精心挑选出的。在下午 7 点后，团体成员——全都是白人男性，穿着精致，却又因为正式的晚宴服装感到拘束——从容迈进西会议室参加晚宴。宴会上没有主席。每张桌子都留了一个空位给首席大法官，方便他可以品尝到每道菜，尽情谈论自己的各种灵感——关于酒、建筑、案件负担、旅游。

在宴会持续了将近三个小时后，服务生清理了桌子，为他们关好了门。随后所有人向美国最高法院的首席大法官祝酒。作为晚会的高潮，首席大法官同意回答任何问题，并表达了他对在座的家人的看法。

伯格无须特意提醒，这些属于私人谈话。他们很清楚他的每一句话都是保密的。他们还注意到他们提出的难题将不会得到回答。整个城市都在讨论水门事件，但是所有助理从座位上站起来提问时，都避开了这个话题。

首席大法官坐着倾听助理们的提问。然后站起来，边走边回答，随心所欲地谈论着，每个话题至少讨论十分钟。

最后，有人直接询问了一个与水门事件有关的问题：即将到来的参议院听证会和舆论是否会影响审判的公正性？

首席大法官有些生气，开始回避这个问题。但是，他突然又转换了语气。他回答，必须采取历史的视角。人们选举尼克松当总统是为了做出一些改变。这是他的使命。水门案是一场政治的角逐，是 1972 年大选中失利者出于政治目的而策划的一场阴谋。尼克松总统只是在履行自己的使命。现在，媒体在做的事情无异于政治迫害，试图将他人的行为强加到总统身上。首席大法官声称，新闻媒体的行径属于人身攻击。任何含沙射影的暗示、扭曲的事实、道听途说的传言和耸人听闻的头条都是恶意的诋毁。

面对诸多的证据，这么多人的辞职，伯格仍然坚持维护尼克松，助理们为此感到震惊。首席大法官似乎把水门案看作了与自己命运攸关的事

① 菜单上列出了以下葡萄酒和白兰地：1970 年的泽尔厅格雷司令、半干雪利酒、太阳王酒庄的 1970 年的慕斯卡德干白葡萄酒、1971 年的教皇新城堡 B&G、1966 年的玛尔戈红葡萄酒 B&G、拿破仑 VSOP。食物包括：前菜、清汤雪利、香槟条纹鲈、西芹土豆、甜点、蛋黄酱牛里脊、黄油芦笋、什锦奶酪、法式面包、小杯清咖啡。

情，好像自己的任命、使命都由尼克松是否清白决定。“不讨论道德方面，”首席大法官总结道，“我不认为他们做错了什么。”

放置在斯图尔特外部办公室的手提电视，每天都在滚动播放参议院对水门案的听审进展。助理们、侍者们和秘书们聚在一起观看。偶尔也会有其他大法官路过，讨论或者谴责最新被披露的内幕。马歇尔是常客，成了非正式的节目主持人，不断地发表评论。当看到白宫顾问约翰·迪恩谴责牵涉其中的尼克松时，马歇尔兴奋地大喊：“说得好，迪恩兄！”他相信“迪恩兄”说的是事实真相。他高呼“这就是真相！”而另一方面，尼克松的支持者，不断地进行否认：“说谎，你在说谎！”

大部分大法官都饶有兴致地观看着水门案的报道，同时保持着冷静。他们很有可能会接触到与水门案有关的案件，需要解决与舆论审判、律师保密原则等方面有关的法律问题。但是目前看来，水门案仍然还是一个政治问题。

7月16日，斯图尔特的电视正在播放着，参议院委员会突然宣布有一位证人。聚在电视前的助理们从未听过亚历山大·巴特菲尔德的名字。他的证言令人震惊——尼克松曾经私自对白宫会议和电话内容进行录音。

尼克松曾被迫任命了一位特别检察官，阿奇博尔德·考尔斯，对水门案进行调查。考尔斯立刻调取了尼克松和迪恩九次会议的录音。白宫依据行政特权向美国地区法院法官约翰·西莉卡申请撤销考尔斯的传票。尽管历任总统经常主张享有特权，最高法院从未对特权的范围做过定义，甚至没有明确宣布这些特权的存在。

西莉卡拒绝撤销传票，尼克松继续上诉。这一案件很快将上诉至最高法院，白宫发言人罗恩·兹格勒表示总统只会服从于最高法院最后作出的确定性判决。

在九月一次庭期前的报告会和欢迎新助理的鸡尾酒会上，水门录音案是谈论的焦点：尼克松所谓的“确定性”判决究竟是什么意思？

首席大法官依惯例先对新任助理们表示了欢迎，但是很快话题就转向了水门案。他表示最高法院很有可能需要审理录音案。这将会引发非常棘手的问题，其中最重要的将是安全问题。过去，外人对最高法院的审议记录视作神圣不可侵犯的内容。但是这次，记者们将用尽各种方式挖掘内幕消息。焚烧处理、干净的桌面和锁好的文件将是不可忽视的细节。首席大法官接着介绍了斯图尔特大法官，对记者们的狡猾进行说明。斯图尔特生硬、笨拙地发表了一个简短的演讲。他表示助理们不应该与记者们交谈，在与记者打交道的过程中必须格外小心。

马歇尔错过了前面的部分，但是稍后助理准备了一份完整的会议报告。马歇尔认为，首席大法官又一次作出了令人厌恶的事情。助理们告诉他首席大法官禁止向任何人泄露任何的谈话内容。“但是如果我不告诉茜茜这个案件的进展，她会杀了我的。”马歇尔表示。他告诉助理们应当由各位大法官自己决定是否与妻子交流此案。

10 月 12 日，本庭期刚进入第二周，上诉法院以 5∶2 的投票结果维持了西莉卡法官的判决。10 月 19 日，星期五的零点，是总统向最高法院提起上诉的截止时间。大量记者和电视镜头聚在最高法院门外，等待总统的律师们出现。一位被误认为代表着尼克松总统的律师，刚从车上下来就立刻被记者们团团围住了。

在截止时间将到的时候，白宫发表了一份声明，宣布总统先生将不会继续向最高法院提出上诉。相反，尼克松表示出妥协的迹象，他同意将录音的总结报告提供给特别检察官，内容已经得到密西西比州参议员约翰·史坦尼斯证实。总统还直接颁布了一个命令给考尔斯检察官，要求他“作为一位行政机构的雇员”，不要再试图通过司法程序取得录音。

隔天晚上，10 月 20 日星期六，马歇尔邀请助理们前往他位于弗吉尼亚州福尔斯彻奇的家中共进晚餐。和往常一样，马歇尔和助理们打撞球时，楼下和楼上的电视都开着。将近 8:30 时，他们的固定项目被一个消息打断了。特别检察官考尔斯被解雇了。司法部长埃利奥特·理查森和他的副手已经辞职，他们不愿开除特别检察官。检察总长罗伯特·伯克按位序代理司法部长一职。他遵从了总统开除考尔斯的命令。不久，所有的头条都开始对此事进行特别报道。联邦调查局对特别检察官办公室的所有材料进行封存，并加强保卫，防止案卷的移动。

马歇尔难以置信。作为一位私权律师，他经常在南方看到警察的野蛮行径，但是在华盛顿从未发生过。尼克松总统命令现在可能已经控制了对他不利的证据的检察官不得采取司法途径，并随后将其开除。他将会做到什么地步？更让马歇尔感到荒诞的是，总统的所有举动似乎都是为了不让录音案进入最高法院。

在一周内，经过了被称为“星期六夜晚大屠杀”的事件后，尼克松在激烈的公众反应中步履维艰。他最后不得不屈服，将录音交给了西莉卡。案件至此告一段落。

布伦南想知道最高法院将会怎么做。拥有最丰富信息来源的布伦南正在仔细筛选助理们从其他办公室带回来的消息。午饭或者路过其他办公室时，布伦南总是会打探一番。根据他的非正式统计，投票结果将不可能是“确定性”的。四位尼克松任命的大法官看起来会支持总统对行政特权的主张。道格拉斯、斯图尔特、马歇尔和他自己将会投反对票。结果将会是4比4，最终将取决于立场游移不定的怀特。怀特，和往常一样，持保留意见。他似乎很享受目前这种状态。

但是如果水门案没有上诉至最高法院，布伦南在早晨的咖啡时间与助理和秘书们讨论了这种可能性。新任特别检察官里昂·贾沃斯基，一位得州的百万富翁和前任美国国家银行总裁，会不会是白宫安排的自己人？布伦南不确定。众议院是否会认真对待弹劾调查？

3月1日，掩盖水门事件的举动导致法院对尼克松的六位前任助理的起诉，包括海德曼、埃利希曼和前司法部长约翰·米歇尔。关于录音的疑问也没有消失。贾沃斯基和约翰·多尔，众议院司法委员会的首席顾问，希望能取得更多的录音以开展他们的单独调查。贾沃斯基要求调取另外64卷录音带，西莉卡再次要求总统将录音带交给检察官。最高法院重新成为问题的中心。

西莉卡将5月24日星期五的下午四点定为总统向哥伦比亚区上诉法院提起上诉的最后时间。尼克松准时提起了上诉。

两个小时后，最高法院的一群助理正在篮球场上打篮球，有人跑进来说特别检察官办公室的菲利普·拉克法拉正在楼下的助理办公室里等候。

他们穿着运动服慢跑着下楼——冒着被首席大法官看到的风险——前去取案卷的复印件。

这是一份请求加快安排听审的申请。贾沃斯基提出的要求非常特别，他申请最高法院在上诉法院作出判决之前就安排录音带案的听审。就紧急重大的公共案件，越过下级上诉法院的请求是允许的，但是只有不到五个案件得到过批准。最近的案件发生在 21 年前，杜鲁门总统在朝鲜战争期间控制了许多钢铁厂。

特别检察官采取的策略具有一定风险。如果最高法院拒绝提前听审，将对贾沃斯基造成心理上的挫败感。布伦南强烈支持批准这一申请。总统则声称，应当由他而不是法院，来决定是否交出录音带。

贾沃斯基表示他希望通过提前听审来保证对尼克松前助理的审判不会被拖延。对布伦南来说，拒绝提前庭审将可能留下更多的风险。众议院司法委员会的弹劾问询已经全面展开了。如果没有关键证据，水门案留下的伤口将无法得到治愈。是时候让水门案的真相浮出水面了。

提前听审要求有五位大法官同意，而一般情况下，四位大法官的同意即可启动听审。布伦南知道道格拉斯和马歇尔肯定会支持提前听审。道格拉斯急切地希望能控制住他长期以来的对手。他认为尼克松在道德、才智和其他任何方面都不足以胜任总统一职。马歇尔同样对尼克松充满敌意。斯图尔特也有可能加入。他对总统胡作非为的怀疑日益加深。但是斯图尔特曾是总统考虑的首席大法官人选。布伦南认为，斯图尔特的观点一直在进步，但是又会经常退回到过去的俄亥俄共和党的身份中去。怀特同样可能被争取到。伯格绝不可能加入。白宫在去年四月公布的录音带中，包括一卷记录着首席大法官和时任司法部长理查德·克兰丁斯特之间的谈话的录音带，但是上面并没有什么重要内容。录音带显示，首席大法官曾经通过克兰丁斯特提交过一份备选特别检察官名单。布伦南很好奇录音中是否记录着首席大法官其他不为人知的事情。

布莱克门有可能会支持这项申请。他已经不再是讨好奉承伯格的同盟了。他对伯格的行为有越来越多的保留意见，他开始对最高法院外的事情提出自己的意见。鲍威尔的立场还不确定。唯一可能的线索是他曾经会在尼克松前面加上“总统”的敬称，现在他已经不再这么做了。

伦奎斯特尽管还在犹豫，很有可能仍然支持尼克松。任职司法部期间，他曾经撰写过草案，指出总统享有行政特权。此外，伦奎斯特反对大法官们在某些案件中取消总统的行政特权，尤其是那些投票结果接近的案件。伦奎斯特曾经和约翰·米歇尔和约翰·艾尔利曼共事过。现在他们两人都遭到了检方的指控，而米歇尔的继任者，理查德·克兰丁斯特，与海德曼和艾尔利曼都已经辞职。克兰丁斯特是伦奎斯特在华盛顿最亲密的朋友之一。

5 月 22 日，星期二，伦奎斯特无法再回避这一问题了。他无法和其他大法官坐在一起。他将宣布退出此案，对原因未做说明。

布伦南担心最高法院在夏季休庭前无法提前接受此案。白宫有强大的支撑力量——历史上诸多的司法判例。伯格、布莱克门和哈伦在五角大楼案中持反对意见，他们认为将会导致草率的审理。

这一案件正是白宫在反对提前听审的答辩状中提出的理由。“在庭期结束之前接受某些案件迅速审理的申请，在最高法院的历史上并不是值得骄傲的章节。”答辩状中写道。五角大楼案正是诸多例证中的一个。答辩状引用了伯格在本案中的不同意见。

在布伦南看来，这个主张是对最高法院的一种羞辱。白宫显然是在利用这种方式奉承首席大法官。加速案件审理将会导致轻率、不妥当的判决，这一观点非常荒谬，只是一种假设，用布伦南的话来说，是“自找烦恼”。布伦南认为如果有必要，最高法院应该延长庭期。他可以推迟自己的度假时间。由于当庭期的大部分案件已经完成了，最高法院将不太可能会被其他案件分散注意力。但是反对加速审理的观点有可能会说服鲍威尔。他可能会效仿哈伦，反对轻率地对未届期的案件进行审查。

讨论会在 5 月 31 日开始，此时距特别检察官提出申请已经过去了一周。首席大法官带去了一封早晨刚刚收到的信。参议院多数党领导人迈克·曼斯菲尔德极力劝说最高法院放弃四个月的休庭期，这样才不会导致对水门案或相关案件的延迟审理。

首席大法官的轻视是显而易见的。这封信粗暴地忽视了最高法院在休庭期的案件负担。伯格从来都不喜欢曼斯菲尔德。他反法院、反律师、反法官，是反对增加司法处预算的领导者。

斯图尔特和首席大法官一样感觉受到了冒犯。他不希望自己夏季前往新罕布什尔州温布鲁克农庄的度假计划因此而被耽搁。他强调自己尽心尽力地做好了案件审查工作，处理好了最高法院的其他事务。外界认为他们每个夏季的工作就是钓钓鱼，悠闲地在吊床上消磨时光，其他大法官同样憎恶信中流露出的那种将他们视为兼职法官的看法。讨论会决定回复曼斯菲尔德一封言辞犀利但实际上精心措辞的信。

12点10分时，伦奎斯特离开了房间，他们开始讨论录音带案。大法官们同意首席大法官提出的两条解决问题的基本前提。他们不会把讨论会内容告诉助理，且不能让外界得知他们很快会将决定予以公布。

首席大法官不需要花费太多时间介绍该案。他们对案件事实已经了若指掌。伯格表示他对加速审理此案存有疑问，该申请唯一影响到的是水门案审判可能会被延迟。这很难称得上国家意义上的紧急事件。但是，伯格并没有正面表态，他还没有做好如何投票的准备。

接着道格拉斯发表了他的看法。他没有掩饰自己对尼克松的蔑视。所有人，包括总统，必须将证据提交给法庭。辩方可以取得所有可能的证据。最高法院可以迅速地解决这个问题。他投票支持加速审理。

布伦南认为，尼克松对行政特权的主张没有任何的法律依据。如果加速审理的申请没有得到批准，水门事件掩盖案的延期审理可能不会产生恶劣的影响，但是这需要采取果断的行动。最高法院有责任采取行动，他投票支持加速审理。

斯图尔特有些焦虑。他同样认为尼克松的主张站不住脚，此外他担心如果最高法院拒绝加速审理的申请，事态不知将如何发展。有媒体评论称最高法院将不会对类似的问题作出决定，因为这是个典型的政治问题，涉及政府两个分支之间的争议。最高法院的权限现在也是一个问题。尼克松总统将这个问题明确提了出来。他只服从“确定性”结论的言论也是一个挑战。最高法院的决定必须遵守，无论它是否是确定性的。服从与否不由总统决定。无论如何，尼克松发出的挑战将本案变成了一个重要的法律问题。现在，最高法院必须作出决定。斯图尔特投票支持加速审理。

怀特表示反对。可能的数个月的延迟不会削弱司法的公正性。尽管存在其他的一些考虑，唯一的问题是是否越过上诉法院，加速审理此案。如果最高法院的权威受到挑战，最高法院应该坦然接受，而不应该急切地做出任何过度反应。怀特表示他倾向于暂时拒绝这次申请，让案件自然地抵达最高法院。

马歇尔投出了支持加速审理的第四票。但是需要五票才能提前进行听审。

布莱克门希望确定最高法院不会采取鲁莽的举动。水门事件或许是一个全国性的紧急事件，但是加速掩盖案的审理并不是脱离正常程序的充分理由。他将投票拒绝加速审理。

鲍威尔的投票成了决定性的一票。他认为水门案是全国性的紧急案件，特殊的程序有其存在的合理根据。他已经做好了听审此案的准备。

这样，已经有五票支持最高法院立刻审理此案。伯格随后表示他也将投票加入，最终结果变成了 6 比 2。30 分钟后，首席大法官签署了正式决定加快审理此案的命令，并向媒体予以公布。和往常一样，具体的投票情况未被列明。

尽管对己方观点非常自信，贾沃斯基和他的同事担心最高法院的决定可能会支持总统方。特别检察官办公室需要法律之外的其他东西来支撑自己的主张。贾沃斯基希望最高法院能做出与自己和大陪审团一致的认定：尼克松是一个伪君子。如果他能让最高法院做出这个认定，其他的问题将迎刃而解，他们将能取得想要的录音带。

他们所掌握的最具说服力的证据是尼克松总统在“星期六夜晚大屠杀”事件之后交出的九卷录音带，交出后已经被西莉卡法官封存。这些封存的录音带和其他一些证据对大陪审团的影响极大。他们已经得出结论，尼克松不愿交出这些证据的原因是为了保护他自己不被判处有罪。

特别检察官同时认为他们已经把大法官们的注意力引向了封存的证物。但是，他们知道事情不会那么简单。有六位特别检察官的同事曾经担任过最高法院的助理。他们非常了解大法官们不会亲自审查冗长、繁琐的案件记录，即使对一些重大案件。为了引起他们的兴趣，贾沃斯基递送案卷时，故意提出了一个引人瞩目的问题。他是否需要额外复印几份被封存部分的内容作为案件记录？

根据伯格的指示，案件的原始记录被锁在了最高法院助理迈克尔·罗达克的保险库里。布伦南立刻要求进行阅读。这些记录被封存的原因立刻就变得清楚了。曾经对尼克松的七位前任高级助理进行控告的大陪审团，秘密地指出了数位未被控告的同谋，其中就包括尼克松本人。

布伦南立刻就抓到了贾沃斯基想向大法官们表达的意思。贾沃斯基的难题在于证明录音带的相关性。被录下的谈话与对尼克松的前任助理们的指控有关吗？在伯格看来，大陪审团认定的事实是对贾沃斯基的主张的有力支撑。因为大陪审团将尼克松认定为其中一名共犯，这些录音中的谈话显然具有相关性。作为犯罪共谋一部分的谈话内容不受行政特权的保护。特别检察官还具有一个绝对的优势，即尼克松的名字被明确地列在同案犯中。无论是否受到指控，传言证据同样可以在法庭中使用。因此，贾沃斯基有权要求取得更多的录音带作为证据使用。

大陪审团的举动并没有保密太长时间。6月6日，由于辩方一位律师的泄露，报纸对此进行了报道。当天稍晚些时候，白宫提交了一份简短的申请，要求最高法院决定大陪审团是否有权将未受指控的现任总统列为同案犯。

白宫提出的问题是最高法院的一个噩梦。就总统法律地位的判断，以及就大陪审团权力的认定，等同于最高法院对总统是否有罪直接做出了判决。这实际上是弹劾调查的问题。同时也是最高法院在过去一直试图避免的政治问题。但是如果对此不作理会，最高法院将有反对尼克松总统的嫌疑。

在6月10日周一的讨论会上，大法官们决定接受白宫的申请，尽管有人认为这一问题包含在特别检察官提出的申请中，因而已经在最高法院的考虑范围内了。他们只需要关注如何才能妥善处理好全案即可。

6月13日，星期二，《华盛顿邮报》刊登了杰克·麦肯齐的一篇文章。“越来越多的证据出现了，尽管只是碎片化的证据，它们指向首席大法官沃伦·伯格，他显然快要触碰到政府不同部门之间的界限了。”文章引用了水门案披露出来的材料，还引用了首席大法官写给时任司法部长的约翰·米歇尔的两封私人信件。

“根据信件的语气，以及信中频繁提到的谈话内容，确认了华盛顿长久以来的猜测，在尼克松届内很早的时候，伯格和米歇尔就已经有了私密的往来。”信中推荐了许多上诉法院甚至最高法院的任职或者提拔的备选人。

首席大法官对他私人信件的泄露以及认为推荐行为不恰当的暗示感到怒不可遏。司法部长在征询他的意见。和其他人一样，他做出了回应。这篇文章，在最高法院审理录音带案的时候出现，《邮报》将首席大法官塑造成控制欲极强的一个形象，是为了让他感到羞愧并申请退出案件审理。这反而坚定了他留在本案的信念。

布伦南完成了本庭期他的所有多数判决意见和不同判决意见，现在全力处理录音带案。他仔细阅读了封存的案件记录。在布伦南看来，这些录音带证明了尼克松和他的幕僚试图阻碍司法的共谋，因此不受宪法中行政特权的保护。

布伦南高度关注着其他办公室的进展。根据他的秘密情报，他发现尼克松在其他办公室也得不到任何的支持了。一些大法官现在已经阅读完了案件记录。尼克松的主张已经站不住脚了。布伦南希望能找到一处真正存在争议的地方，显然并没有。他很快就意识到最高法院将在这一案件上形成一致意见。但是他不仅希望案件结果具有一致性，还希望能在法律推理上达成一致。一个确定性的决定将要求一份具有说服力的判决意见以及八位大法官的一致支持，明确回应每个可能的拒绝提交录音带的论据。

布伦南知道其他的大法官已经花费了大量的精力研究此案。一些大法官已经在准备备忘录或者判决意见了。想要他们放弃数个月的工作成果和他们的自负加入自己的一致意见，显然需要奇迹发生。判决意见主笔的荣耀是达成单独、确定性意见的一个障碍。他重拾沃伦法院时期组织协调的角色，像他的助理一样开始逐个游说各个办公室。他的第一通电话，和往常一样，打给了他的老朋友，资深大法官道格拉斯，他经常作出一些辛辣的评论或者不够完善的备忘录，最有可能导致一致意见无法形成。布伦南发现道格拉斯正在办公室中工作着。布伦南向他说明了自己的结论——所有办公室都对尼克松抱有强烈的不满。最高法院现在可以回应尼克松的挑战，公布一份确定性意见了。当然，这需要将最高法院各位大法官的推理通过一份判决意见表达出来。

道格拉斯同意他的观点。只有单一的一份判决意见当然是最理想的结果。

布伦南承认，还有些困难。有一位大法官准备这份判决意见——无论由谁来拉主线，谁来进行修改，或者谁来组织判决意见各部分的内容，即使是最完美的配合——荣誉最终只会落到唯一的作者身上。余下七位大法官可能对此存有异议。布伦南和道格拉斯知道自己将会是七位大法官中的一员。案件将由谁来分派，又将分派给谁，并不存在任何疑问。

布伦南大声发问，这份唯一的判决意见不由个人署名，而由八位大法官集体签署，是不是也是一个值得考虑的好办法？最高法院曾在 1958 年的库伯诉艾伦案（Cooper v. Aaron）中采取过这样的方式（本案中，废除种族隔离的命令在阿肯色州小岩城受到了抵制，当时的州长奥瓦尔·法布斯声称最高法院的判决在当地并不适用）。

道格拉斯仔细倾听布伦南的建议。

本案的八位大法官可以共同撰写并签署同一份判决意见，布伦南建议。尼克松向最高法院发出了和法布斯一样的挑战。八个签名将最大可能地减少反抗，并防止首席大法官将本案意见据为己有。他们将为最终的判决意见承担相同的责任，同样分享相同的荣誉。

道格拉斯表示他非常赞同这个建议。

受到道格拉斯的鼓励，布伦南继续他的下一轮游说。马歇尔，作为民权的积极支持者，曾经讨论过 20 年前的库伯诉艾伦案，他对布伦南的建议非常感兴趣。斯图尔特立刻注意到了这一建议的优点。布伦南乐观地认为鲍威尔和布莱克门同样会采纳自己的建议。怀特还有些疑虑，在判决意见成型之前就同意加入不是他的风格。这是对首席大法官采取先发制人的策略，他认为这是一个好办法。

布伦南没有灰心，而是直接找到了首席大法官本人。伯格的反应非常冷淡，但是他礼貌地表示自己会考虑。布伦南认为如果没有意外，他已经争取到了所有人对一致意见的关注。他推测，自己至少会得到多数人的支持，首席大法官将不得不接受自己的建议。

各位大法官显然意见一致，布伦南开始准备口头辩论的材料。答辩状中没有令人意外的新内容。特别检察官提出了三点理由论证首席大法官应当交出所有的录音，其中两点在意料之中。第一，披露与刑事案件有关的案件证据涉及公共利益，这一利益重于尼克松所主张的特权。第二，总统在两个月前交出了经过编辑的谈话录音，应当视为已经放弃了自己的特权。第三点还有些争议，歧义句是大陪审团将尼克松列为未被提起控告的同案犯。案件的逻辑已经足够清晰。作为刑事共谋组成部分的谈话录音不受行政特权的保护。但是布伦南还有一些困扰。总统的律师，詹姆斯·圣·克莱，同样可以主张，论证的前提是大陪审团不能将现任总统列为未被控告的同案犯，继而可以质疑传票的有效性。布伦南希望能避开这一逻辑上的循环论证。

道格拉斯对此已经有了答案。7 月 5 日，口头辩论结束三天后，他以备忘录的形式传阅了一份长达 30 页的判决意见草案。这份率先完成的判决意见，让他的同事们把焦点放在了他所关注的问题上。

但是在过去，布伦南常发现道格拉斯提出的审前争点备忘录用处不大。他的那些备忘录常常导致一些副作用，有时会无意识地起到支撑反方观点的戏剧效果。他有些害怕道格拉斯的备忘录，不知道又会产生什么样的效果。在一些技术性问题上，这份草案的论述还是非常令人满意的，但是他发现草案的核心观点不够妥当。草案并未聚焦在特别检察官对录音带的需要上，而是着重关注辩方的要求。他的论证是正确的，最高法院确定的先例不可动摇地明确了辩方有权获得所有可能证明其无罪的证据，因此辩方有权申请调取所有可能证明其无罪的录音带，同样地，检察官也有权取得这些录音带。但是在布伦南看来，这一论证已经是一种退步。最高法院必须回应检察官的诉求，即他所发出的传票。

但是最令布伦南震惊的是，道格拉斯不断地提出争议性的问题，可能导致一致意见的流产。在总结部分，道格拉斯讨论了大陪审团的行为是否合宪的问题。他给最高法院挖了个大坑，对总统律师克莱所提出的问题做出了如此深度的回应。克莱律师曾经要求最高法院认定大陪审团依据已经取得的证据不足以认定总统是本案的共犯。

道格拉斯没有驳回这一荒谬的要求——最高法院不应审查大陪审团的

决定——而是在判决意见中写道：

> 很显然，从该大陪审团的历史来看，他们的决定有利于议院司法委员会正在进行的弹劾调查。因此，我们被要求作出的决定实质上是判断大陪审团所认定并送往议院司法委员会的证据不足以成为弹劾调查的定案证据。我认为这个问题已经超出了法律问题，属于政治领域……

因此，这个问题不由最高法院决定。

道格拉斯明确表明特别检察官对秘密陪审团报告的使用属于政治行为，目的是为了推动众议院对总统的弹劾。总统的立场已经变得脆弱和不光彩，但是他还有一个强大的历史盟友：最高法院最不愿做的事情，就是介入涉及政府部门界限和职权划分的政治问题中去。道格拉斯提出的是无须回答的问题。布伦南发现这一部分内容非常奇怪。布伦南认为，最高法院作出任何的类似声明，无异于支持了尼克松驳回特别检察官、大陪审团和弹劾调查的请求。当然，大陪审团已经向议院委员会提供了证据和一些之前的录音带。但是最高法院不应对此发表评论，不应当为尼克松排除这些证据的主张提供支持。

布伦南确定大部分大法官，只有鲍威尔可能除外，不希望处理关于大陪审团的争议。他从助理们那儿得到消息，鲍威尔希望能仰赖大陪审团作出的特别认定。

鲍威尔希望尼克松总统完全是基于大陪审团的决定而彻底输掉这个案件，这样最高法院将会在尼克松被认定为共犯的基础上，签署提交所有录音带的命令。鲍威尔认为这样的一种判决在未来将不太可能再被适用。但是，当考虑这个问题时，鲍威尔发现如果最高法院的判决建立在大陪审团认定的基础上，等于已经支持了大陪审团的认定，最高法院自身将被卷入弹劾案中。最后，他还是打消了这个想法。

鲍威尔的助理们对他的推理过程非常满意，但是他们希望他能够在案件中再次申明自己的立场。如果他更加主动一点，他可以扩大自己在本案中发挥的作用。但是鲍威尔仍然不希望看到最高法院改变政府部门之间的基础权力关系。一位总统，和一位大法官一样，需要保持他和助理关系的秘密性。鲍威尔同意斯图尔特的观点，后者同样认为“政府不能在透明的金鱼缸中运行”。他不希望最高法院批准保密性原则。鲍威尔希望尼克松总统输掉本案，但其精心挑选每个用词表达以保护将来的总统做出的决策不会受到未经许可的侵犯。最终，鲍威尔决定传阅一份总结自己对主要问题的观点的备忘录。或许可以为将来的判决意见提供框架。备忘录在7月6日进行了传阅，鲍威尔的助理们对最后的成果感到有些不满。这份备忘录作出了太大的让步。然而，他们仍然相信他们能够改变鲍威尔的观点。

刚从南塔肯基返回的布伦南有些担心，他无法预料最终的结果会是什么。鲍威尔通常不会在口头辩论之前传阅他的意见。但是迅速读完后，布伦南希望反对总统的主张，谢天谢地，不是基于大陪审团的认定。相反地，鲍威尔表明特别检察官对证据——录音带——的需求显然重于对特权的概括主张。但是读到决定是否享有行政特权的“最终权威”归属于“宪法责任受到较为严重影响”的政府部门，布伦南的心又提了起来。

布伦南意识到，这个观点，如果放到最高法院的判决意见中，将推翻许多合宪的法律。对最高法院的权力有完整定义的1803年马布里诉麦迪逊案，已经明确了司法部门的职责在于判断法律是什么。

布伦南认为，鲍威尔的立场比白宫更加危险。总统的律师团队在答辩状中声称总统享有绝对的行政特权，并且是绝对的最后的决定权。鲍威尔现在的建议，相当于一方面声称最高法院有权判断总统的主张是否成立，一方面又有所退让，将决定权交给了行政机关自身，让它判断自己的职责将会受到严重的影响。

道格拉斯曾经说过总统正在试图篡夺司法权力，而鲍威尔放弃的正是司法权中的一个重要部分。布伦南对“最终权威”这一表述尤为反感。法院，而不是行政机关，应该享有对法律的最终解释权。布伦南对此深深担忧。鲍威尔的建议试图平衡宪法第二条（总统的宪法权力）和第三条（法院的权力）之间的关系。草案得出的绝对性结论是布伦南不希望看到的。

但是，总体来看，这份草案是一个良好的开端。尽管草案中的定义非常狭隘，但是他提出了一种广泛性的处理思路，布伦南相信可以以一种鲍威尔不抵触的方式进行修改。

布伦南认为鲍威尔草案的第四部分内容更加离谱。特别检察官向总统发出的传票符合由联邦法院确定的刑事诉讼程序。这些规定具有法律效力。第 17 条 c 款规定，联邦法院可以向任何人发出提交证据的传票，只要这些证据与案件可能有关联性，且能够作为审判证据使用。录音带案的一个问题就是本案中的传票是否符合上述标准。鲍威尔写道，满足这一要求关联性和可采纳性的标准并不足以支撑对总统发出的传票。它还必须符合一个更高的标准。鲍威尔为向总统发出的传票设定了更高的新标准，即还须符合必要性和紧急性两个条件。草案使用的表达完全来自白宫的答辩状。

尽管鲍威尔在余下的内容中，承认案中传票符合更高的必要性的标准，但是布伦南对此并不确定。他认为鲍威尔提出的术语模糊，且令人不安。根据其他证据，尼克松的数位幕僚已经被检方提出控告，特别检察官还将在原有基础上面临是否满足必要性的挑战。

布伦南读完了鲍威尔的备忘录。一致的法律推理恐怕将难以实现，但是还有协商的余地。如果鲍威尔的观点能赢得其他的关键投票，很快尼克松将不得不交出一些录音带。

布伦南在口头辩论之前的那个周日，整天都在和助理们讨论此案。在最高法院外，数百名的旁听者已经排起了长队，希望能从向公众开放的 120 个旁听席中得到一个座位。

第二天，就在口头辩论即将开始之前，布伦南起草了一份只有四页的备忘录，回应鲍威尔主张为总统传票设定更高标准的观点。“我对路易斯备忘录中的分析印象深刻，尤其是第三部分。但是，我认为第四部分内容还需要一些修改，我传阅这份备忘录的目的是希望能在讨论会上对这个问题有所关注。”

布伦南建议仍然采用第 17 条 c 款的标准——联邦对传票设定的适用于每位美国公民的基本标准——取代鲍威尔所设定的更高标准。他认为现有标准足以保护总统不会受到非必要的干涉或打扰。布伦南只承认法院应当在确认涉及总统的传票是否符合现有标准时，给予格外的关注。

随后布伦南在备忘录讨论了尼克松总统提交录音带的程序问题。“我们的决定是总统应该向地区法院提交传票中要求的全部资料，除非是基于国防、国家安全和外交提出的特别豁免。对于这部分的资料，总统可以拒绝向法院提交。”在为这些特别豁免的主张举行听证会后，经过总统律师的答辩后，法院同样可以要求交出相关资料。尼克松总统，布伦南建议，可以在提交之前再次进行上诉。

尼克松总统在白宫中口述了他的日记。如果他输掉了录音带案，他希望最高法院能够准许对涉及国家安全的资料的豁免。他最近听了 1972 年 6 月 22 日，水门事件发生六天后当天的三次会议的录音。录音带中的内容全部都记录着白宫试图以所谓的国家安全为由，让中情局出面要求联邦调查局停止对水门案的调查。如果这些录音带不幸被贾沃斯基列入传票中，提交给法院，他的辩护将被彻底摧毁。如果尼克松能够以国家安全为由，拒绝提交这些录音带，或许会耽搁目前的案件进展，并将掀起法庭上的另外一场纷争，对他来说就还有继续筹谋的机会。

7 月 8 日，和往常一样，布莱克门在口头辩论的当天与助理们共进早餐。他告诉助理们，自己将投票反对尼克松。如果真的无辜，他为什么拒绝交出录音带？布莱克门依据常理做出了判断。助理们提醒布莱克门，首席大法官会试图将本案分配给自己。布莱克门认为他们的猜测是正确的，但是他表示他坚决反对由首席大法官撰写本案意见。伯格已经有些不堪重负了，他还没有完成底特律校车接送案的意见。

实际上布莱克门在私下已经劝说过首席大法官不要将案件分配给自己，他还有另外一个原因。宪法规定将由首席大法官主持参议院对弹劾案的调查。如果撰写录音带案意见的大法官稍后又主持了弹劾案的调查，将使最高法院陷入另外一场争议中。目前来看，众议院很有可能把案件提交给参议院进行审查，因此不得不考虑这种可能性。

布莱克门还告诉伯格，如果该意见的作者既是一位共和党人，又是由尼克松任命的大法官，录音带案的判决将会赢得更多的公众认可度。伦奎斯特不作考虑，鲍威尔属于民主党，斯图尔特是共和党但由艾森豪威尔任命，首席大法官有可能需要主持众议院的弹劾调查。这样就只剩下布莱克门了。

斯图尔特办公室也在讨论由谁来撰写本案意见。斯图尔特的助理们认为应该由一位共和党人撰写，但是不应是尼克松任命的大法官。这样只有斯图尔特符合条件。

斯图尔特在思考最高法院处理这个重要案件的最佳方法。他担心尼克松会找其他借口最终反抗最高法院的审查。所有的可能都必须被考虑到。判决意见的撰写必须足够谨慎，内容坚定，有说服力，每个句子和用词都必须经过反复推敲。最高法院必须规划出介于两种极端状况之间的一条合理路线，一端是对总统权威的破坏，一端是对现任总统的放纵。能够满足上述要求的人才是最合适的撰写者。斯图尔特并不是最合适的人选。他将不会像鲍威尔和道格拉斯一样传阅一份备忘录。他的立场有些微妙。他决定一并传阅由助理们准备的所有原始调查备忘录。这些备忘录提出了各种各样的建议，排除了许多可能的选择，将焦点放在对案件的讨论上，而所有这些建议中斯图尔特都不需要承担任何风险。

斯图尔特在口头辩论即将开始之前才抵达办公室。助理们抱着数不尽的问题和答案等待着他。他们排队进入斯图尔特的办公室，试图就目前的情况做一个简要的汇报。但是斯图尔特有些不安。他来回地走动着，注意力无法集中在他们的汇报上。助理们认识到他对临时的汇报不感兴趣。其中一位助理提到，他最喜欢的棒球队，辛辛那提红人队，在上个周末与红雀队的两场比赛中都取得了胜利。

斯图尔特有了些兴趣[①]，他回忆起了与尼克松的最近一次谈话，是在上

① 斯图尔特在他的钱夹里放了一张折角的报纸，上面有经过计算得出的每一局棒球比赛得分的可能性。去年秋天，当他坐在法官席上听审言辞辩论时，曾要求其助理将红人队季后赛每局比赛的结果都传给他。决赛开始前，他要求给他每半局比赛的结果。决赛进行期间，他希望了解每个击球手的情况。下午2点35分，副总统阿格纽令人震惊的辞职消息打断了比赛。助理们忠实地将一张纸条传给斯图尔特：克朗普跑向右场。阿格纽辞职了。

个秋天白宫的招待宴会上。红人队的明星球员皮特·罗斯，在一场重要比赛中的表现非常惊人。尼克松和斯图尔特曾经谈论过他出色的表现。罗斯天赋一般，凭借惊人的毅力脱颖而出。尼克松将自己和罗斯进行比较。他还告诉斯图尔特“我很想亲自致电罗斯对他表示祝贺。但是如果我真的要这么做，就必须同时打电话给所有的球员。请你帮我致电皮特·罗斯，转达来自总统的祝贺。”

斯图尔特感到有些困惑。毫无疑问罗斯是最伟大的棒球手之一，曾被布莱克门列入当代棒球巨星的名单中。实际上，斯图尔特有“最高法院的皮特·罗斯”之称——稳重、勤恳，从不会让队友失望。但是一位最高法院的大法官，和总统一样，也不能随意地致电一位球员并对他表示祝贺。

总统的怪癖总是让斯图尔特感到别扭。有一次，尼克松在国会联席会议上发表完年度演讲后，在走廊上认出了正在和同事们谈话的斯图尔特。尼克松单独和他握了手。斯图尔特觉得尼克松的古怪和处事不当让自己变得太过惹眼。除了社交礼节上的问题，尼克松还对温和共和党的中间路线原则有所诋毁。斯图尔特在很久之前就已经放弃支持尼克松了。他曾经在1972年投票支持民主党的自由派参议员乔治·麦戈文。最近他更是认定尼克松确定无疑地触犯了法律，是一个挣扎着想要保住总统职位的罪犯。斯图尔特打算在口头辩论时回应尼克松律师的挑战，明确回应法院是否有权就此案作出判决。他不确定能对克莱造成多大的打击，但是他觉得有必要迫使总统尊重最高法院的判决。这是问题的核心。无论结果是什么，重要的是本案将不会为宪法的解释画上休止符。但是如果总统公然反抗最高法院，将会使最高法院严重受挫，这一影响可能是永久性的。

助理们向马歇尔进行了简要的口头汇报，他没有要求助理们准备一份调查备忘录。马歇尔确定不会另行撰写判决意见，他认为他已经足够了解本案了。他倾向于在判决意见中直接要求尼克松交出录音带。然而，他对行政特权的主张也非常敏感。马歇尔不希望他和约翰逊总统的谈话录音落到任何人的手中。总统会见不是茶话会。约翰逊和他总是不受拘束地畅所欲言——“这个杂种，那个杂种。”

上午 10：02，八位大法官从厚厚的帘幕背后走了出来。首席大法官环视已经就座的同事和拥挤的法庭。然后点头示意坐在政府席上的特别检察官贾沃斯基，表示："如果你准备好了，就可以开始了。"

贾沃斯基不时地浏览着一本很厚的黑色笔记本，详细阐述了案件的背景，以及尼克松被列为未被控告的共犯的事实。

道格拉斯最先打断了他的讲话。大陪审团认定的事实与尼克松总统提交传票要求的资料之间有什么关联性？道格拉斯提出："我认为只为了是将信息提供给众议院司法委员会。"

贾沃斯基回答："不是的，先生，这种观点并不正确。"

斯图尔特希望将话题引入正轨："贾沃斯基先生，无论总统是否被列为未被指控的案件共犯，你都会来到这儿。但这只构成了额外的理由，不是吗？"

贾沃斯基同意斯图尔特的看法，但是仍未放弃之前的话题。他确定大陪审团认定的事实为自己调取录音带的主张增加了明显的分量。

布伦南觉得应该跳过大陪审团的问题，他问道："你是不是在暗示，自己的主张建立在大陪审团认定的事实的基础之上？"

"不是的，大法官先生。"贾沃斯基回答。

布伦南强调了自己的主张："既然如此，为了作出判决，我们是不是应该将这一事实放到一边？"

贾沃斯基不情愿地表示同意。在被打断几次后，鲍威尔又提出了一个与大陪审团决定有关的问题。贾沃斯基试图对这一问题进行总结。"放在我们面前的五百页的诉讼材料，实际上需要解决的只有一个基本问题。谁有权决定宪法的内容是什么？……现在，总统先生对宪法有他自己的理解，他的理解可能是正确的，也可能是错误的。如果他对宪法的理解有误，谁有权指出他的错误呢？……宪法所规定的政府组织形式将处于极度危险的境地，如果尼克松总统，或者任何一位总统，可以宣布自己对宪法的解释就是宪法本身的意思，其他所有人即使是最高法院也无权驳倒他的结论。"

斯图尔特发现这是明确总统同样受最高法院辖制这一原则的良好开

端。由于总统自己主动向法院请求撤销传票，并最终上诉至最高法院。“他自己启动了司法程序，并且表示了服从。”

贾沃斯基回应：“其实，这种说法并不恰当。”因为总统提出特别检察官无权对自己进行控告。在总统看来，这个问题属于行政体系的内部争议，而不应当诉诸最高法院的权力予以解决。

然而，斯图尔特表示，总统已将这个案件变成了一个宪法性问题。“……他的观点是自己是唯一的法官。作为一个宪法性原则，他要求最高法院同意自己的意见。”

贾沃斯基仍然不愿妥协。他非常坚持：“我想表达的是，如果他是唯一的法官，即使他的解释有误，他将在自己错误的解释中继续行使总统权力。”

斯图尔特回应：“那时最高法院会指出他的错误，这正是本案要解决的问题，不是吗？”

贾沃斯基不确定。总统坚持认为他是解释这一宪法问题的唯一适格的人选。

“……可能如您所说。”贾沃斯基承认。但是他对尼克松是否愿意遵从最高法院的判决仍然抱有怀疑。和大法官们一样，他阅读了尼克松所有关于服从最高法院判决的表述，他的真实态度令人难以捉摸。

贾沃斯基不顾布伦南和斯图尔特的提醒，又回到了大陪审团的问题上。

怀特不耐烦地打断了他：“我以为我们已经不再讨论这个问题了。我不明白这和本案到底有什么关系。”

贾沃斯基磕磕巴巴地指出，是克莱律师在质疑大陪审团的决定。

“我想知道，为什么你不愿承认这是个无关问题……”

贾沃斯基仍在试图继续对这一问题进行深度讨论，他的助手们的表情开始变得不自然。他们的头儿显然忘记了口头辩论的第一要义——揣摩最高法院的态度，并顺着它的意愿组织论点。发表有用的陈述，但不要争论。

斯图尔特最终还是打断了他。现在轮到克莱答辩了。

大法官们曾经开玩笑说，为了强调特别检察官的主张没有依据，克莱可能不会出席口头辩论。克莱律师开宗明义地主张，最高法院的审判和议院的弹劾调查具有紧密的联系。

“这个情况与最高法院无关，不是吗？”道格拉斯询问，他曾在三天前的草案中暗示这两项审查可能会发生重叠。当天早上，道格拉斯又传阅了一份新的草案，删除了此前对这一问题的阐述。

克莱坚持两者存在某种联系。最高法院已经卷入了这场政治争端之中。如果特别检察官希望调取的录音带最终被提交给了法院，随后将会被递送给弹劾案的调查委员会。“因此，这种混淆将持续下去，”他补充，“这里没有人直言最高法院的决定将不会对弹劾案的调查产生影响。”

斯图尔特假设如果总统是一起故意杀人案的目击证人之一，他是否会因为弹劾问询案而无法接受法院的调查？

这是两个不同的问题，克莱回答。两起水门事件的调查在内容上是完全一致的。他反复地强调最高法院正在处理的是弹劾调查范围内的事情。最终使用这些录音带的人不是特别检察官，而是议院弹劾案调查委员会。因此，本质上它仍然是个政治问题。

“你的论证不能说服我，我们对此案的判决属于政治争端的一部分。”布伦南表示。

“布伦南大法官，本案判决的影响力是无可否认的，我们不应该忽视这一点。”克莱再次强调。

布伦南感到不以为然。“最高法院作出的任何判决都具有一定的影响力。”

伯格再次加入到了辩论中。“克莱先生，我对你的观点有些疑问，”他随即提起了一个克莱刚刚提到的问题，“你是否在说明一卷录音带，可能包含一个小时或者更多的内容，比如数个小时——”

“两天或者三天。”克莱补充道。

“两天或三天——哦，我知道了。”他曾经多次与总统在白宫或者通过电话进行会谈。这些剩下的录音带中肯定有自己的谈话内容。“最早三个小时的内容可能已经被公布了，”首席大法官继续，“接下来三个或者四个小时的录音内容涉及的可能是总统先生与参谋长联席会议或者原子能委员会的主席的谈话……这些谈话完全与本案无关……你是否希望确立某种机制保护这些内容不被公布？”

克莱暗示如果输掉这个案件，这样一种机制将是己方的最低要求。

马歇尔决定这是确立最高法院权威的绝佳时机。当传票被出示时，他故意地问道：“你刚刚是在无视它，是吗？”

“不是的，我们没有，”克莱回答。“我们已经提起了撤销这一传票的动议。”

“无视与申请撤销有什么区别吗？”马歇尔收起了陷阱。

“如果您允许的话，我们已经将这一问题交给……”

“你们已经交给最高法院决定。”马歇尔替克莱完成了回答。

“……最高法院决定，并代表总统表示对结果的尊重……”克莱继续回答，试图完整地表述自己的意思。

“你仍然让最高法院作出最后决定。”马歇尔试图关上这个问题的大门。

“当然，是的，”克莱承认，但是补充了一个限制条件，“在某种意义上。”

“在何种意义上？”马歇尔不耐烦地追问。

克莱犹豫了。

马歇尔的问题让他感觉为难。

克莱承认他们将一个法律问题提交给了最高法院进行决定。“我们将这个问题交给最高法院，期待最高法院能在法律方面提供指导，并做出决定。”克莱又继续补充道，“另一方面，总统本人同样负有宪法上的义务。”

总统的律师在暗示最高法院的意见只具有指导意义，对总统不产生约束力。总统将继续寻找漏洞，根据需要利用判决意见中对自己有利的语言表述，然后决定将如何使用最高法院的意见。克莱试图说明最高法院有权决定法律问题，但是由总统决定如何适用。尼克松的态度很明确，最高法院可以告诉他判断的标准是什么，但是不能决定他是否应该交出录音带。

“你将此案提交给最高法院，是否希望由最高法院作出决定？”马歇尔要求克莱作出明确回答。

“在明确法律如何规定方面，是的。”克莱回答。

辩方对最高法院权威的挑战非常明显了。

轮到怀特发表意见了：“你是否坚持水门案相关的所有谈话都是尼克松在履行总统职责的过程中发生的？”

“我认为是的。”克莱回答。

“你为什么这么肯定，克莱先生？”怀特追问，继续试探。

水门案相关的谈话是尼克松在履行总统角色的行为，以确保所有指控都经过了充分调查，并且已经被提起控告。

怀特沉默了一会，他和其他大法官都阅读了之前已经公布录音的文字记录。尼克松所扮演的并不是调查者或者检察官的角色。

鲍威尔仍然担心尼克松可以另行主张对总统不能使用传票的方式。“克莱先生，我们可不可以回到一个基本问题上，”他边说身体边向前倾，“假设这些谈话确实是刑事共谋的一部分，你是否仍然主张绝对的特权？”

“是的，这一点毋庸置疑。”克莱宣称。

“如果对涉及刑事共谋的内容保密，公共利益如何保障呢？”鲍威尔质问。

“大法官先生，这个问题的答案很明确，所谓的刑事共谋只要在被证明属于犯罪后才能称之为刑事共谋。”克莱微笑着回答。

“但是我认为……”鲍威尔尝试继续发问。

“本案还没有进展到那个地步。”克莱补充。

“我的问题的前提是假设谈话已经被证实与刑事案件有关。”鲍威尔坚持。

克莱同样坚持，因为尚未有人被定罪，总统的特权仍然是绝对的。存在共谋可能性的假设不足以支撑对录音带的传唤。

鲍威尔难以置信地倾听着正在进行的辩论。抽丝剥茧，可以发现克莱本质上主张的是总统享有刑事豁免权。唯一的救济途径是启动弹劾调查。鲍威尔更加坚定投票反对这种主张不受限制的权力的观点。

马歇尔认为克莱绝对主义的立场非常荒谬。他提出了一个假设性的问题，假设一位即将被任命的法官向总统行贿。

“如果你们对这一事实一无所知，将如何启动弹劾程序？”马歇尔询问。

“如果你得知了事实，可以启动调查，”克莱的回答非常有逻辑，“如果你不知道，将不会有任何案件。”

“正是这样，”马歇尔的语气变得热烈起来，“这是一个两难境地，不是吗？”

“不，我不那么认为。”克莱回应。

“如果你知道总统正在做一些违法的事情，你可以弹劾他”，马歇尔很满意，挑着眉毛说，“但是，如果发现这些违法事实的唯一途径是通过传票，你将无法弹劾总统，因此结果是无法启动弹劾程序。我不太明白你的意思了。”

法庭上爆发出一阵笑声。

“……没有什么事实能够被永远掩盖，”克莱艰难地作出回应。“本案不是没有其他证据的支撑，事实上，已经有足够多的证据进入法院了。”

贾沃斯基的顾问，菲利普·拉克法拉起身完成了特别检察官的答辩。

首席大法官重新开始讨论最令他担心的话题。“拉克法拉先生，我希望提起克莱先生提出的这个技术性问题。”伯格发起了当天讨论时间最长的问题，即西莉卡法官如何审查水门案谈话录音，而不涉及总统的其他会议内容。

拉克法拉向他保证法院有保护这些不相关谈话的机制。

“那么，”首席大法官询问，“……这是否表示，你和克莱先生在这个问题上没有分歧？”

拉克法拉保证，没有。他谨慎地进行总结陈词。

“……我们建议最高法院做出完全的、明确的、果断的，”拉克法拉停顿了一下，特别强调，“‘确定性的’决定，维持西莉卡法官的判决。”

克莱提出了一个简短的反驳。首席大法官在1：04结束了口头辩论的环节。他表示“最高法院已经受理了该案”。

稍后在更衣室里，大法官们一致认为双方都没有提出什么建设性的观点。大家都不停地摇头反对克莱对行政特权的绝对性主张——答辩状中并未明确对这一立场进行阐述，看起来特别异乎寻常。

第二天早晨，八位大法官聚在一起召开讨论会，就本案进行投票。每个人都已经做好了充分的准备。道格拉斯、鲍威尔、布伦南和斯图尔特都提交了备忘录，对案件范围作出界定。首先就技术性问题，他们一致同意西莉卡对传票的确认具有宪法上的重要性，因此最高法院接受该案的上诉申请。

当鲍威尔立场坚定地要求对总统的传票应当适用他曾在备忘录中设定的比第 17 条 c 款更严格的标准时，第一个分歧出现了。

怀特与鲍威尔的意见完全相反。最高法院应该明确总统和其他公民一样，适用完全一致的标准。宪法或者其他任何法律中都找不到区别对待的根据。此外，如果设定更加严格的标准——无论是必要性、紧急性或者其他——怀特认为特别检察官的传票将无法满足这些标准。他的传票只符合对传票的一般要求。因此，怀特表示，如果其他大法官支持鲍威尔的观点，他将不得不就这个问题发表不同意见。

讨论变得越来越尖锐、激烈，适用何种标准只是其中一个胶着的问题。大法官们一致同意绕过另外一个难题，即大陪审团将总统列为未被控告的共犯。

在核心的行政特权问题上，大法官们都同意司法程序对特定的六十四卷录音带的特别需求，比总统对保密的概括主张更加重要。同时，他们都承认确实存在某种形式的行政特权，至少是可以推导出的。

布伦南看到了达成一致意见的曙光。没有任何人支持尼克松总统。更令人鼓舞的是，大法官们之间的小分歧有希望得到修补。一份单一的判决意见看起来已经近在咫尺。这将最大可能地限制总统对判决的反抗。布伦南决定再次努力争取由八位大法官共同撰写、共同署名的单一意见。必须有人出面平衡鲍威尔和怀特的关系——两人在传票标准这一问题上已经出现了对峙。最高法院可能会陷入各种意见、协同意见和不同意见的混乱中。如果不能妥善处理，尼克松一方或许可能找到能够再次发起攻击的漏洞。

布伦南相信，首席大法官无力阻止这种局面。

布伦南出面了，最高法院必须用最有力的方式来回应尼克松的挑战。一份由八名大法官共同签名的判决意见足以成事。各位大法官的备忘录现在已经在传阅中，他们可以协力合作在一周内完成判决意见的撰写。每位大法官可以负责一个部分，他们可以每隔几天召开会议讨论判决意见的进展。布伦南提醒他们，由九位大法官共同签署的小岩城校园案的巨大影响力，那是最高法院最辉煌的一个重要时刻。整个国家因为那份判决意见的重量而至今受益。

布伦南谨慎向每位大法官陈述了自己的观点，然后坐回了座位，他期待能立刻得到一些响应。然而，随之而来的是令人不适的沉默，没有任何人出声表示支持。布伦南觉得受到了背叛，自己就像是水门事件中的一个主人翁，将要被所有人抛弃。

首席大法官最先打破了沉默的局面。他将撰写本案意见。本案和最高法院著名的布朗案意见类似，需要由首席大法官亲自撰写。伯格希望他能在一周内完成，或许是在下周一。布伦南发出最后的呼吁。首席大法官回应称，他将进一步考虑由谁撰写本案意见，并将在明天确定最终人选。但是布伦南知道结果已经确定了。

助理们边讲笑话打发时间，边等待着讨论会结果。鲍威尔的一位助理深受鲍威尔此前的备忘录困扰，自己仿造了一份判决意见，并在助理之间进行小范围的传阅。“我们相信行政特权的原则非常重要……本案尤其特别。最高法院应当谨慎处理可能解除总统的职权和尊荣的案件。”

“但是，摆在我们面前的案件有所不同，因为尼克松是个骗子，应该把这个混蛋扔进监狱。”

马歇尔看到助理们拿来的复印件后，不由得大笑出声。复印件随后被销毁，他们担心会落入他人之手被有心人利用。

马歇尔担心单一判决意见无法赢得所有人的投票。大法官们在结果上意见一致，但是在具体的法律推理方面存在分歧。讨论会上探讨的内容非常古怪。通常情况下，讨论会关注的是案件中与宪法有关的争点。本次讨论将更多的关注放在了最高法院的地位和权力上而不是案件本身。

首席大法官和两位助理立刻开始着手工作。这将成为他撰写的最具有历史意义的判决意见，同时还可能是最高法院最值得铭记的判决意见。这份判决意见将证明首席大法官独立于尼克松总统。此外，和前任首席大法官沃伦一样，他将努力争取使最高法院在这个争议巨大的案件上形成一致意见。

他认为，最高法院不会再遇到比本案更加敏感的问题了，本案牵涉到政府三个部门之间的微妙关系。他对艾伦·伯尔案抱有浓厚的兴趣，本案是涉及送达给总统的传票的第一案——当时的总统是托马斯·杰斐逊。他希望能以此案为蓝本撰写一出剧本，但是一直没能完成。

本案判决意见让首席大法官有机会提出自己对分权问题的理解。那时他还在上诉法院任职，亚当·克莱顿·鲍威尔案意见被沃伦法院推翻，此后他一直在不断地对案件所涉及的分权问题进行研究。

伯格知道，随着事态发展，参议院启动弹劾调查的可能性越来越大。伯格指示他信任的助理搜集与弹劾案、参议院调查程序相关的背景信息，并审查对安德鲁·约翰逊的弹劾记录——此前约翰逊是唯一一位被弹劾并进入参议院调查程序的总统。他还指示助理们保持高度警觉。如果这些检索被外界得知，将会引发媒体和新闻头条的负面报道——“首席大法官等待弹劾程序和参议院审判的启动；助理们在忙着准备。”

首席大法官对这种可能感到恐惧。作为弹劾案的主持者，他的每一个决定都将引起争议和招致批评，每一个举动都会被解读为支持或者反对尼克松。参议员们不习惯外人的加入。这些公众评价——首席大法官作为这个世纪案件的审判法官——将给最高法院和所有的法院带来不好的影响。司法可能被卷入这场政治风暴中。但是，尽管伯格享受聚光灯的感觉，对尼克松的审判仍然是一件令人困扰的事情。它可能会动摇最高法院远离政治争斗的超然形象。国会可能会采取报复措施。

首席大法官的助理们清楚地知道他们的头儿从未担任过庭审法官。这本是就是一个问题。更麻烦的是在受到压力时，他可能会不受控制。一场对总统的议会审判可能会持续数周，甚至数月。电视的镜头将聚焦在他身上。首席大法官还没有做好应对这种折磨的准备。他冲动之下的直觉常常是错的。他经常在备忘录或判决意见中作出急躁的反应，他的助理们听说，他在讨论会上的意见经常被过滤掉，不向外界公布。一些助理担心他在忙乱之下会不小心出错。或许像鲍威尔这样的大法官能有条不紊地处理复杂的问题，但是首席大法官肯定会出错。更糟糕的是，他又能敏锐地认识到自己的错误，这将给他的自尊造成沉重的打击。

参议院审判的问题可以暂时搁置，毕竟它还没有真的启动。当下伯格和助理们的关注点是手头现有的工作。坐在讨论会标志性的桌子后，首席大法官指示助理们在两张黑色皮革做成的椅子中就座。他们将在那里开始工作。他用大字号的大写字母草草写下了一份提纲。每个人都将负责其中一部分，草案的撰写已经开始了。接着他们会再次开会讨论，一行一行地探讨草案的内容，并进行修正。这个方法非常枯燥，正是首席大法官的工作风格。他最有效的工作方式就是在他人的配合下，指出问题所在并予以修正。

伯格指示，开始讨论案件事实部分。和往常一样，草案应当达到完全公正的标准，不应该存在任何可能影响最终结果的偏见。诉讼材料和法院内部备忘录已经充分描述了本案的历史和背景。首席大法官三人的工作一直持续到深夜。

布伦南感到受挫和压抑，6 月 9 日下午，他前往乔治敦大学医院拜访厄尔·沃伦。这位前首席大法官正在因上周的心脏病发作接受治疗。这是他一年内第三次因为心脏问题住院。

沃伦急切地想知道尼克松案现在进展如何。

布伦南带来了好消息：尼克松已经输掉了这个案件，而且大法官们达成了一致意见。如大家所料，首席大法官自己准备撰写本案意见。

这对他们都是一种讽刺。无论是被尼克松所厌恶的沃伦法院或者后来出现的被沃伦和布伦南厌恶的尼克松法院，在这个案件中团结在了一起。布伦南在下午 5：30 离开了医院，很高兴能及时给他的亲密的老朋友带去一些鼓励。

当天稍晚，布伦南通过电话得知沃伦在晚上8：10心跳停止，逝世了。听到这个消息时，布伦南难以抑制地哭了出来。

首席大法官很快就发表了一个声明，对他的前任表示赞扬。沃伦一直“致力于协商解决联邦法院不断出现的问题……”伯格接受了一位助理的建议，将沃伦的遗体放在最高法院大厅供众人吊唁——这是一种非比寻常的荣誉。

马歇尔为痛失这位20世纪以来为黑人做出最大贡献的白人大法官感到悲痛不已。他也发表了一份声明：“当历史被书写，他将作为这个国家有幸拥有的最伟大的首席大法官之一被永远铭记。我认为他是不可取代的。”

布伦南没有让自己陷入长久的悲痛之中，尼克松案必须尽快审理。布伦南已经就尚未解决的问题撰写了一份备忘录。他决定是时候提交给首席大法官了。他在7月10号周三早晨递送了这份备忘录。

亲爱的首席大法官：

我在思考您昨天对这个问题的分析。无论是整体分析，还是其中某个部分，为了能给你判决意见的撰写提供更加充分的准备，我认为应该坦诚地与你交流我的看法。

我想我的看法和发出各种备忘录的其他大法官们是一致的。我认为路易斯，波特和道格拉斯（我借用了道格拉斯备忘录中的部分内容）都提出了一些非常具有说服力的观点。

我必须重申我非常赞同昨天讨论会上提出的观点，即我们应该尽可能迅速地，完成一份深思熟虑、逻辑周延的判决意见。如果你认为我们有谁已经撰写的部分是可以使用的，我们距这个目标显然就更加接近了。

首席大法官阅读后，不觉得这份备忘录有什么帮助。只有布伦南会做出如此冒昧的举动。当然，除了准备一份深思熟虑、逻辑周延的判决意见外，确实不应该浪费任何时间。

在道格拉斯看来，尼克松是他近三十年来的夙敌。尼克松就任总统期间政府呈现出各种恶政的特征。尼克松总是“另外一方”。道格拉斯告诉他的朋友们尼克松曾提及他三十年前在杜克大学的法律课程中所做的一次演讲。尼克松表示他认为那个演讲令他印象深刻，激励了他的政治生涯。听到后，道格拉斯坦言，那时他一生中最沮丧的时刻，也是唯一一次真的想要“杀死自己”。

道格拉斯感到分外欣喜，该案最终将反对尼克松。他希望能让首席大法官保持愉悦，并撰写出一份立场尽可能坚定的反对尼克松的判决意见。但是道格拉斯对时机有些担忧。如果由他来撰写意见，他会在一两天内完成。准备工作已经就绪，已经形成了支撑迅速否认尼克松主张的各种证据。众议院司法委员会刚刚公布了尼克松上交的八卷录音带的文字记录。委员会公布的长达 131 页的报告精心比对了尼克松所声称的版本，已经证明了尼克松在扭曲事实，省略了许多可能对他不利的内容。

同时，尼克松的前任幕僚约翰·艾尔利曼正在联邦地区法院接受审判，他被指控曾批准对丹尼尔·埃里斯伯格心理医师的办公室的非法进入。这一令人震惊的罪行代表了尼克松本人和尼克松政府的风格。道格拉斯长久以来都怀疑白宫曾经闯入过他的办公室并盗走了他的备忘录，还曾对讨论会内容进行窃听。他非常肯定，尽管没有任何证据。

由于尼克松的策略是拖延，判决意见的撰写必须加快速度。稍后在 7 月 10 日的早晨，道格拉斯致电布伦南，询问布伦南是否愿意再次尝试说服首席大法官，将判决意见分给八位大法官共同撰写？道格拉斯认为，沃伦的逝世改变了一些事情。伯格需要筹备葬礼的一些事宜。判决意见不能拖过这个夏季。但是如果大法官们不能通力协作，糟糕的局面可能变成现实。

布伦南认为道格拉斯的要求太不可思议。为什么不在讨论会中提出来？那时他只需要赞同布伦南的建议即可。他的沉默难以原谅。现在再次提出要求已经不是一个好时机了。布伦南不愿再出面提请共同撰写判决意见的动议。

但是道格拉斯还在极力劝说，最后布伦南同意和道格拉斯一同前往首席大法官办公室讨论共同撰写的事宜。他们到达了伯格办公室，首席大法官比平时更加放松，看起来此事有商量的空间。他表示，自己理解他们的感受了，但是本案意见最好由首席大法官做出。当然他非常欢迎来自其他大法官的协助。他的语气听起来非常真诚。

布伦南不禁觉得沃伦的去世让首席大法官变得更加清醒。整个国家都对沃伦做出了高度评价，将他视为一位伟大的领导者、医者和调停员，这令伯格开始重新审视自己与同事们的关系。或许伯格将效仿沃伦，努力成为最高法院各种协商过程的领导者。

首席大法官表示每一部分内容一经完成，他将立刻进行传阅。最近两天内他将能够完成部分内容，此外他表示欢迎众人的建议。

道格拉斯和布伦南知道在这件事上首席大法官方面已经没有转圜的余地了。他已经着手开始撰写，因此不可能把判决意见再交由其他人完成。他们离开了伯格办公室，认为结果可能会更加糟糕。他们仍然有可能达成一致同意的判决意见——即使这份判决意见由首席大法官撰写。

首席大法官感受到了巨大的压力。他曾经和两位助理有过数小时的交谈。工作进展得非常顺利。为了履行自己的承诺，首席大法官先行传阅了草案的前两部分。一部分只处理事实问题，另一部分针对的是可上诉性这一不存在争议的技术性问题。讨论会刚刚过去不到一周的时间，现在他能够及时地完成判决意见的撰写，或许可以说服质疑他能力的人。伯格重新阅读了一遍草案，决定另附上一份简短的备忘录封面。

关于讨论会的备忘录

已经完成的材料内容不是最终性的，我将欢迎——我已经邀请——各位提出建议。祝好。

尽管这份工作绕开了斯图尔特，或者是斯图尔特避开了这份工作，波特·斯图尔特知道首席大法官意味着什么。首席大法官还必须是一个政治家，精通最高法院的内部规则，善于鼓舞、引导或者调停，是一个正直能够得到同事敬重的人。但是，最重要的是，首席大法官必须对这个国家首都的各种人事非常了解，有洞察政治趋势的远见，愿意将最高法院的命运置于其他任何机构的命运之上。一位首席大法官，斯图尔特相信，不应该是自己这样的人。

沃伦·伯格不具备上述任何素质。他是尼克松领导下的白宫毫无品味的选择，外貌和气度突出，但是没有内涵或者正直的品格。伯格对待他的同事非常不近人情，总是目中无人，最糟糕的是，不够诚实。“轮船出海时，”他告诉助理们，“通常会配备两名船长。一名用来观赏，陪伴妇女们一同用餐。一名为轮船掌舵，确保航行的安全。首席大法官是用来观赏的船长。我们现在需要的是一名真正能够领航的船长。”斯图尔特相信首席大法官无法带领他们安全地结束这次航行，为这个将铭记在最高法院历史上的重要案件撰写出一份值得尊敬的判决意见。

斯图尔特阅读了首席大法官传阅的前两部分内容。事实部分撰写的质量非常差，显然是没有经过深思熟虑匆忙完成的，对事件的发展顺序和一些重要的问题没有给予足够的关注。

可上诉性部分的内容也没有什么进步。对克莱的主张，这部分的回应不够有说服力。意见把这个问题复杂化了。道格拉斯的草案已经对最高法院可以提前介入的原因提供了两点说明：两个政府部门之间可能出现宪法权力方面的冲突；如果遵从普通程序，可能导致案件的拖延。

第二天下午，7 月 11 日，斯图尔特和鲍威尔讨论了该如何处理首席大法官前两部分的内容。两人都认为这两部分的内容太糟糕了。如果不进行大幅修改，这两部分内容将成为最高法院的耻辱。更糟糕的是，如果余下的内容的质量和这两部分一样可怕，最后的判决意见不仅会损害最高法院的名声，还可能影响最高法院和其他政府部门之间的关系。未来数年人们都将反复剖析和评价这份判决意见。

八位大法官似乎对基本框架没有争议。如果不能发表一份尽可能完美的法律意见，对最高法院将是一种遗憾，而首席大法官显然无法独力完成这项任务。尽管伯格表示他欢迎其他大法官提出建议，但他们深知伯格很少会在判决意见中吸纳其他人的建议，除非他认为有可能会失掉自己的多数意见。

斯图尔特和鲍威尔商讨应对策略。布伦南提议可以通过共同判决意见的方式解决，但是他们必须瞒着伯格进行。针对伯格草案的各个部分，其他七位大法官将分别撰写另外一份草案。然后他们将支持使用新草案代替伯格所撰写的内容。如果其他人一直反对，伯格将被迫妥协。他们需要揣测怀特的想法，试探他是否会表示支持。此外，还必须立刻争取到布莱克门的支持。尽管过去布莱克门曾和伯格有过不愉快，并且十分厌恶水门事件，他仍然可能在这个问题上支持伯格。他们必须通过某种委婉的方式，迅速、有技巧地争取到布莱克门。他们知道布莱克门喜欢在判决意见对案件事实部分进行详细阐述。如果能够劝说他重新撰写事实部分的内容，其他人可以对他撰写的部分表示赞赏，并建议在判决意见中予以采纳，实际上就能达到取代伯格这部分内容的效果。一旦这个计划成功，布莱克门将和其他人一样坚定地反对首席大法官。斯图尔特最后总结，尽管过程很艰难，但中间派将再次决定最终结果。

此外，斯图尔特还担心鲍威尔。鲍威尔就行政特权部分所撰写的意见可能是最好的，也可能是最坏的。鲍威尔试图确定某种中间立场，但是他接受了太多关于行政特权的主张。鲍威尔的底线是尼克松必须输掉这个案件并交出录音带，但是他的语言太过温顺软弱。这有可能为尼克松的反抗提供某种借口。①

鲍威尔有不同的看法。他非常确定自己的备忘录将决定最终意见的风格和语气。布伦南曾向他表示自己印象深刻，而布伦南将可能影响到他的自由派同盟，马歇尔和道格拉斯，共同站到自己这一边。斯图尔特已经表示赞同。他能争取到布莱克门。或许依靠斯图尔特的帮助，还能赢得怀特的支持。

这样就只剩下首席大法官了。鲍威尔相信自己的理论将吸引到伯格的注意。鲍威尔确信首席大法官不希望跌得太重。鲍威尔的备忘录承认行政

---

① 鲍威尔的建议说，在对案件进行判决时，“法院应当热切关注（总统）职责的作用及其显赫职位的尊严”。鲍威尔曾说：“保护白宫椭圆形办公室的秘密和避免对现任总统进行无理骚扰具有公共利益。”保护总统的秘密与保护普通公民的秘密具有完全不同的重要性。

特权的地位，认可总统方的所有主张。他仅提出建议，通过向另外一个政府部门发布命令解决这个如此复杂微妙的问题，这种方式能尽可能地减少反抗。

稍后当天下午，鲍威尔和斯图尔特找到了布莱克门。首席大法官对事实的描述不够恰当。他们表示，只有布莱克门能修补这个问题。布莱克门准备同意他们的请求。他将尽可能地做出令人满意的事实描述。他的版本当然会比首席大法官更加出色。他搜集了所有相关的案件材料，起身前去大法官图书室中准备草案。

布伦南听说了斯图尔特和鲍威尔的联合计划，他认为这是个非常伟大的计划。当得知布莱克门如此积极地表现他的独立性时，布伦南同样感到非常满意。布伦南同意应当由布莱克门负责案件事实部分。他还认为，其他各部分应当由谁负责也很明显了。道格拉斯负责可上诉性的问题；他自己负责论述原告资格；怀特负责对第 17 条 c 款规定的可采纳性和关联性标准进行分析；鲍威尔和斯图尔特共同负责最敏感的行政特权部分。马歇尔，最高法院最低产的大法官，可以对各个部分进行修改，无须单独负责某一部分。

斯图尔特开始了第一步。他写道："亲爱的首席大法官，作为对你昨天传阅的内容的回应，我认为，恕我直言，道格拉斯大法官的草案中对可上诉性的阐述比您的更加适合……"

布伦南很快也送上了一份类似的备忘录，称赞道格拉斯撰写的这部分内容。

鲍威尔同样谨慎地表示："亲爱的首席大法官：我完全支持波特对使用道格拉斯撰写的这部分内容的建议。路易斯敬上。"

道格拉斯自己也送上了一份"至亲爱的大法官"的备忘录。他表示布伦南曾经对原告资格这一部分提出过建议："……我认为自己适合做这份工作，如果其他大法官同意的话，由我来撰写这部分的内容将会加速我们的工作进展。"

来自斯图尔特、鲍威尔、布伦南和道格拉斯的四份备忘录，让首席大法官感到有些惊慌失措。他刚刚艰难地开始了判决意见的撰写，就已经有四位同仁对他的工作提出了批评。每个人都表现得非常急切。他决定彻底解决他认为其他大法官们最为担心的问题——可能迟到的判决意见——伯格整理并传阅了原告资格和第 17 条 c 款两部分的草案内容。在一份封面备忘录上，他写道："到目前为止，我相信已经没有任何难以解决的问题了。"

首席大法官随即决定直面其他大法官对延迟问题的担忧，传阅了第二份备忘录。

致讨论会的备忘录

我已经收到了许多备忘录，对预审和其他部分内容进行了讨论。

令人心痛的首席大法官沃伦的逝世，对我们的工作安排产生了一定影响。

我希望能集中精力地撰写这份判决意见（除去一些休息时间），直到完成"特权"部分的内容，并对所有部分进行进一步的打磨。

我认为定在 7 月 15 日，星期一，公布此案是不现实的。尽管我们批准了对本案进行提前审查，但是这个案件太过重要，不应操之过急。

我希望我们能在下周末公布此案，比如 7 月 19 日或者其他接近的时间。

布伦南对首席大法官的备忘录感到非常困惑。当然，大家都明白在 7 月 15 日公布此案不太现实，但并不是因为伯格列出的那些原因。首席大法官仍然没有捕捉到问题的关键：他撰写的所有内容都需要进行大幅修改。

第二天，7 月 12 日，星期五，首席大法官对原告资格部分的阐述，让道格拉斯感到分外震惊。这部分内容讨论了贾沃斯基是否能够起诉总统的问题。他引用了布伦南草案中的部分内容，但是既没有对适用于检察官办公室的规定给出令人满意的解释，也没有对这些规定具有法律效力这一事实进行明确表述。在道格拉斯看来，首席大法官没能彻底、明确地确认法院有权解决政府部门之间的争议，事实上法院已经有很多类似的实践了。很显然，首席大法官不认为法院应当介入到类似的争议中。伯格仍然坚持，自己在亚当·鲍威尔案中的意见是正确的，是沃伦错了。

此前一天，道格拉斯曾告诉首席大法官，布伦南撰写的原告资格部分的内容是非常妥当的。现在道格拉斯决定表示得更加明确点。他将自己的个人观点记录下来交给了伯格，表示自己重新阅读了布伦南的建议。“冒昧直言，与您今早传阅的版本相比，我本人更倾向于布伦南的意见。”

斯图尔特认为道格拉斯备忘录的语气太过严厉了。如果他们表现得太过明显，他们最后反而可能一无所获。试图激怒伯格是没有意义的。斯图尔特确定至少需要加入伯格撰写的四部分内容的其中一部分。他撰写的“原告资格”部分的内容还算可以忍受，而且这部分内容相对而言不那么重要，是最适合加入的部分。认可首席大法官在这个问题上的努力同时可以让自己和布伦南保持一定的距离，总的来说，这是他们与首席大法官协调本案意见的重要策略。

斯图尔特起草了一份备忘录，表示如果首席大法官愿意做一处小修改，将“总统特权”改为“行政特权”，他将加入首席大法官“原告资格”部分的内容。“如果能够修改这个用词，我将支持把这部分内容放入最后的判决意见中。”为了进一步刺激伯格并抚慰布伦南，他还补充道：“我也非常愿意选择布伦南大法官的版本。”

斯图尔特让他的一位助理把备忘录送到首席大法官和其他大法官办公室。助理读完后，觉得斯图尔特对首席大法官太过纵容了。伯格原告资格部分的内容不够好。判决意见本身比首席大法官的自尊更加重要。由于斯图尔特已经动身参加厄尔·沃伦的葬礼，当天不太可能返回，这位助理自作主张地把备忘录的原件和复印件搁在了自己的抽屉里。他将在第二天和斯图尔特探讨这个问题。他希望斯图尔特庆幸备忘录还没有被送出。

厄尔·沃伦的葬礼设在华盛顿的国家大教堂，给各位大法官特别留出了追思的时间。

总统和第一夫人也到场了，大法官们认为他们应该避免与总统有任何接触或者交流。但是仪式结束后，尼克松护送着沃伦夫人走出大教堂。大法官们移动到旁边，和尼克松保持着距离。

车辆穿过波多马克河，开往阿灵顿公墓，这段路似乎没有尽头。在墓地，军乐队演奏起了《美丽的亚美利加》，盖在棺材上的美国国旗被拿开递给了伯格，伯格又递给了沃伦夫人。

回到最高法院后，道格拉斯再次浏览了首席大法官就第 17 条 c 款规定的标准撰写的意见。它只是复述了双方的主张，然后介绍了相关的先例 ①。

西莉卡法官曾认定贾沃斯基的传票符合第 17 条 c 款中的标准，伯格表示最高法院无法否认这一判断的正确性。通过使用否定词汇，首席大法官明显是在暗示本案应该适用比传统标准更严格的标准。

道格拉斯感到愤怒。这不是讨论会的态度。他撰写了一份备忘录，直接向首席大法官明确宣布他将不会加入这部分的意见。

这三天里，怀特很少发表意见，观察着事态的发展。他认为第 17 条 c 款是最重要的问题。这是全案的关键所在。现有规则和法律是否同样适用于总统，首席大法官的态度非常模糊。他倾向于提高现有标准。因此，怀特重新撰写了这部分的内容，强调第 17 条 c 款作为现行法律规定的重要性。

由于总统声称本案传票没有满足第 17 条 c 款的标准，怀特写道，最高法院必须首先跨过这一障碍，才能继续处理其他问题。根据该条款的规定，可以推导出如果传票不具有合理性或者有压迫的性质，那么它是可以被撤销的。但是，怀特表示，特别检察官已经——基于封存的大陪审团对事实的认定——充分证明了被传唤的谈话录音的一个或者多个当事人承认这些谈话涉及水门案。

“正如我们所看到的，我们有充分的依据猜测所有的录音带中都可能

① 一起案件［鲍曼奶制品公司诉美国（Bowman Dairy v. United State）］确立，此类被传唤的材料必须在审判之前提交，但另一个案件［美国诉艾奥兹亚（United States v. Iozia）］则禁止进行“审前盘问”以为刑事审判收集更多的证据。

包含与水门案有关的谈话内容……”在怀特看来，这些录音带不仅与本案具有相关性，还很可能被当作庭审的直接证据。无论多么强烈地反对将录音带作为证据交出，这些抗议都是站不住脚的。唯一可能引起争议的地方是这些陈述属于传来证据。但是，怀特继续论证，根据法院的判决先例，被控告人在法庭外和共犯的谈话录音不适用传来证据规则。这些证据至少可以被法庭采纳，用以反驳辩方主张。如果存在共谋行为，这些陈述还可以被用来指证所有的被告，无论他本人是否在场。为了解决未被控告的尼克松的陈述的效力问题，怀特继续写道：“上述推导同样适用于不是本案被告的共犯。”

怀特重新打印了他的建议，并带给了赞同他的理论的斯图尔特。它对白宫为避免录音带被用于审判而可能提出的质疑，提前给出了答案。

怀特决定传阅自己的建议。“亲爱的首席大法官，”他写道，“附件中是另外一种解决思路的基本框架，我还正在继续进行修改补充。拜伦敬上。”

道格拉斯拿到了怀特的建议的副本，他立刻兴奋了起来。他同意怀特对第 17 条 c 款的建议，并通过备忘录向首席大法官表明了自己的态度。怀特的建议与他在口头辩论时传阅的备忘录中的思路几乎是完全一致的。为了不让鲍威尔得知自己的立场，他决定暂不正式表示支持怀特的备忘录。

怀特的备忘录让鲍威尔有些沮丧；总统没有得到任何支持，也没有给予特别的考虑。即使布伦南曾经表示，最高法院在适用第 17 条 c 款时应当格外谨慎，确保不会出现任何差错。为了能让最终的判决意见采纳中间路线，鲍威尔将自己的意见修正后进行传阅。他放弃了“必要性”的主张，代之以一个新的条件，即“能在某种程度上证明这些材料是必不可少的”。在送给布伦南的副本上，鲍威尔手写了一段话：“我在这个问题上已经尽可能地靠近你最初的观点以及在讨论会上发表的意见了。路易斯。”

布伦南对这个特别的留言感到有些困惑。布伦南在备忘录中特意提出过自己赞同采纳某种更严格的标准，尤其是“达到某种程度的特别证明”——无论究竟需要证明的是什么。

首席大法官，最初对这些突然的举动有些疑惑，现在已经被激怒了。布伦南、道格拉斯、斯图尔特、鲍威尔，现在再加上怀特，正在试图摧毁他的工作成果。马歇尔保持着沉默，但是他肯定会追随布伦南的意见。伯格面临的是一场叛乱。他决定不再浪费时间，他需要争取他唯一的盟友，布莱克门。

当首席大法官出现在他办公室前时，布莱克门刚刚完成对本案事实描述部分的修改。那个时刻无比尴尬，伯格完全不知道布莱克门在准备的是什么。

首席大法官进到布莱克门的办公室里，开始充满怨恨地诉说几乎是来自所有人的批评。在过去的两天里他不间断地收到了十份持不同意见的备忘录。他还未来得及将草案打印出来，就会收到另外一份反对意见、建议或者替代意见。他表示，这太令人惊讶了。密集涌入的备忘录对除了他以外的所有人的观点都表达了赞同的态度，这让他甚至无法阅读那份反对意见。

布莱克门倾听着首席大法官的抱怨。

首席大法官很疑惑，其他人有没有注意到自己在忙着筹备沃伦的葬礼？他的行政事务越来越多，必须管理最高法院这座大厦，以及 600 名联邦法官。“这是我的判决意见，”他最后宣称，“他们想把它从我手中夺走。”

布莱克门讨厌公开的冲突，而且不希望背叛首席大法官。但是是时候告诉伯格自己的立场是什么了。

“在你继续之前，我想你应该看样东西。”布莱克门说着，然后把自己修订后的事实部分的内容递给了首席大法官。

“这是什么，哈里？你的一些修改建议吗？”

“不是，”布莱克门回答，“这是一份内容完全不同的事实描述。我认为应该取代你的版本，放在最终的判决意见中。”

首席大法官有些激动。“现在进行如此重大的修改，已经有些太迟了。”

布莱克门询问：“你能不能至少先阅读一下这份新的草案？”

伯格没有任何回应，转身迅速地冲出了办公室。

布莱克门希望能让首席大法官平静下来。他拿起了桌上一支削得非常完美的铅笔，为自己撰写的事实部分补上了一份备忘录。

“亲爱的首席大法官，我收到了您 7 月 10 日的信件，信中您邀请我们提出建议。因此，我通过这份修改的草案向您提出建议，希望你能予以考虑。”

他用更加熟稔的语气继续写道：“请相信我这么做的原因是为了合作，而不是对你提出批评。我深知所有人现在都承受着巨大的压力。”草案被送交传阅。备忘录的语气向一些大法官们发出信号，一定是发生了什么事。布莱克门告诉他们他和首席大法官的冲突。这个被称为“哈里，你呢”的事件随后传遍了最高法院。

布莱克门同意起草一份对事实部分的反驳声明的消息在助理之间传了开来，几位助理开玩笑说布莱克门的草案肯定与他在“富勒德诉孔恩案”判决意见中的写作方式类似。他将从事实部分开始，“历史上有许多伟大的总统”，然后对 36 位总统进行列举，故意不提及第三十七位总统尼克松。

布伦南对修订后的事实部分以及布莱克门与首席大法官之间的冲突感到兴奋不已。他撰写了一份伤口上撒盐的备忘录：“亲爱的首席大法官，我认为哈里对事实描述部分的建议非常出色，希望你能把他的版本吸纳到判决意见中。”

斯图尔特同样很高兴看到布莱克门撰写的部分。从某种程度上来说，现在其他所有七位大法官都已经站在了伯格的对立面。但是伯格的立场在面临这些压力的情况下，可能会变得更加强硬。斯图尔特希望布莱克门的事实部分能增加三个小论点，以显示自己不是只针对首席大法官提出批评。他写信致意伯格：“我认为布莱克门的修改做得还不错，我愿意支持他的版本，同时建议做一些小的增补。”

7 月 13 日，星期六，布伦南前往最高法院。他很少在周六出现在最高法院，但是为了保持现在的势头，他觉得自己应该随时跟上案件的最新发展。他发现还有其他大法官也在。道格拉斯返回古斯普雷里了，布莱克门在纽约参加一个会议，鲍威尔在里士满，马歇尔在家。只有斯图尔特和怀特在最高法院。三人讨论了现在的情形。讨论结束后已经将近中午了。怀特习惯早点开始午餐，他建议三人出去就餐。他希望挑一个最高法院附近的安静一点的地方，希望这样他们不会被别人认出。

怀特和斯图尔特每人都邀请了他们的两位助理。三位大法官和四位助理坐进怀特的车，前往马奇特就餐，一个坐落在国会大厦一侧的灯光昏暗的餐厅。

餐厅里空荡荡的，他们坐在靠近吧台的一个隐蔽的角落，背后的墙壁上挂着各种各样的小饰品和裸女素描。

“比尔，你喜欢裸体画，你觉得这些画怎么样？”怀特开着玩笑。

布伦南大笑，随后迅速地把话题转到了正事上。

首席大法官的草案引起了混乱。最高法院因为他传阅的各部分内容已经分裂为各派意见。除了大家已经提到的反对意见之外，首席大法官的草案还有粗心、不合语法的毛病。布伦南断言，首席大法官将会给最高法院带来耻辱。

斯图尔特表示同意。首席大法官又一次没能做好准备工作。他推迟意见公布的提议非常荒谬。

一位助理表示或许首席大法官是在故意逃避公布判决意见。

只要有机会他一定会那么做，其他大法官似乎同意这位助理的观点。

布伦南批评首席大法官的草案——观点不够精确，无意义的比喻，缺乏有力的法律分析。

“我不知道它在说什么。”斯图尔特附和着。

“正是如此，”布伦南说，“草案中充斥着模糊的语言表述，这是极其危险的。”

大法官们发现他们也开始讨论助理们之间长久的争论：首席大法官是邪恶的还是愚蠢的？

最终，布伦南表示他个人支持采取更加果断的行动。由于首席大法官没有对他们的任何建议作出回应，他们将团结在一起在日期截止之前完成一份完整的替代判决意见。他们将不会再试图提出一个个单独的建议，希望首席大法官能在草案中使用他们对不同部分提出的替代方案。现在已经有足够多的各部分内容的版本，完全可以形成一份新的草案了。在这样的一场演奏会上，没有谁能从反对首席大法官的乐曲中脱离出来。

但是，斯图尔特注意到他昨天刚发送了一份备忘录，实质上是认可了首席大法官撰写的原告资格部分的内容。尽管布伦南的版本更优秀，斯图尔特认为他们至少对首席大法官草案的某一个部分表示支持。即使最后他们完成了一份替代草案，仍然需要首席大法官的投票来达成一份一致意见。明确支持首席大法官至少一个部分的内容是非常重要且必要的。

扣下了斯图尔特备忘录的那位助理，不安地坐着。他眼神有些慌乱，然后告诉斯图尔特他对伯格原告资格部分表示支持的备忘录还没有被传阅。

“为什么？”斯图尔特询问。

“因为它还在我的抽屉中。”助理回答。

“午餐后你立刻把它送出。”斯图尔特立刻指示。

怀特再次提及了第 17 条 c 款的问题。他重复了自己对任何附加条件的强烈反对，他不容许总统传票应当符合更高标准的任何暗示。

斯图尔特同样认为不应该提出更加严格的标准，但是他表示涉及总统的资料应该有某些程度的区别对待。在交给检察官之前，地区法院的法官的审查应该是保密的。

布伦南同意斯图尔特的观点。他建议怀特在重新撰写第 17 条 c 款这部分内容时，能吸收自己的一些建议，即法院在适用第 17 条 c 款的标准向总统发出传票时应当“特别谨慎”。

怀特表示可以考虑。他将在下午稍晚些时候传阅自己对第 17 条 c 款部分完整版本的意见。

你知道路易斯的看法非常不同吗？布伦南问。

我知道，怀特回答。

但是问题仍然存在。他们能迫使首席大法官走到哪一步？他在本案中的底线是什么？他们一直在讨论这个问题。首席大法官的意见到底有哪些危险？如果他的判决意见没有法律观点上的谬误，只有一些他经常犯的粗心、语法错误、用词不当等问题——他们又该怎么做？本案不是一件普通的案件，其他案件中他们只需加入最后的结果即可。

如果余下的所有多数派成员都反对将多数意见分配给自己撰写的首席大法官，会不会产生什么负面效应？理论上，他们完全可以从伯格手中拿走多数意见。但是实际上，斯图尔特指出，他们或许会给自己带来一些不必要的麻烦。毕竟他们还没有看到本案的核心内容——首席大法官就行政特权部分撰写的内容。

众人纷纷表示同意。怀特同样倾向于采取中间立场，避免与首席大法官彻底发生冲突。

他们各自付账后，乘车返回最高法院。路上有人提到了对艾尔利曼的审判。就在昨天他被认定为有罪。斯图尔特表示，作为一个白人，他不会希望在哥伦比亚地区法院接受审判，那里的陪审员由黑人占据主导地位。

“你的观点很对。”布伦南表示赞同。

助理们立刻将这次会议认定为一场“谋反的午宴”。他们很少会和自己头儿以外的大法官聚餐，更遑论他们还在商讨策略。在他们看来，大法官们在准备一次突然袭击。

回到办公室后，怀特决定修改意见以适应布伦南的观点。他保留了原有的六段内容，然后在最后又增加了一段，几乎是一字不差地照搬了布伦南对第 17 条 c 款的标准提出的建议。他采纳了“特别的谨慎”这一表述。除此之外，只修改了一处地方。布伦南在结论部分写道，西莉卡法官拒绝撤销贾沃斯基的传票具有“充分合理性”，怀特改成了“符合第 17 条 c 款的规定”。这样一来，可以清楚地显示本案依据的是一般标准。

怀特将草案交给助理打印。实际上它和此前的“基本框架”没有太大区别。

第二天早晨，7 月 14 日，星期日，布伦南重新修改了鲍威尔对总统传票的适用标准部分撰写的草案，使之尽可能接近怀特在第 17 条 c 款上的立场。但是它保留了鲍威尔“地区法院不应仅仅满足于第 17 条 c 款”的表述。他仍然相信涉及国家安全时应当允许存在一些例外，因此重新修改了对法官的指导部分的内容，再次申明：“只有基于国防、外交或者国家安全的主张才能被接受。”但是，他写道，这些主张是否合法完全由地区法院自己判断。在听取总统的答辩后，法院仍然可以要求进行不公开审查，并最终将其移交给特别检察官。修改后的草案比之前的版本要强硬得多。

7月15日，周一早晨，布伦南、怀特和斯图尔特再次碰面，继续商讨周六午餐时没有讨论完的问题。怀特表示他已经阅读了布伦南对鲍威尔第17条c款部分草案的修改，他坦言自己不赞成这种修改。他和鲍威尔完全是两种不同的思路。怀特不会支持任何提高标准的建议。

斯图尔特见识了怀特的固执。他有时和首席大法官一样固执。怀特最初对其他大法官的计划还有些保留，现在他的想法已经改变了，他希望能用其他大法官的版本一次性地替代首席大法官的全部草案。即使这样看起来有些过火。他担心地结束了会谈，回到了自己的办公室。他们的策划已经有些失控了。布伦南太过激进。首席大法官能明显猜到布伦南在这次“叛变”中发挥的作用。怀特不希望被首席大法官发现自己是受到布伦南的影响才提出反对意见的。他必须证明自己独立于首席大法官以及布伦南以及以外。

怀特开始打字。

> 亲爱的首席大法官：你对事实部分和可上诉性部分的论述内容，在我看来，是令人满意的，尽管我也可以加入其他版本的草案。
>
> 你已经收到我对第17条c款这一规定的意见了。
>
> 基于行政特权的存在和范围……我不能完全理解为什么可以允许尼克松提交这些牵涉到刑事案件的庭外证据资料。对我而言，如果牵扯到刑事案件，总统所享有的保密方面的利益就消失了，如录音内容涉及查尔斯和迪恩，已经有足够的证据显示两人构成共犯。履行行政职责或者作出决策远不足以为这些共谋提供庇护，对行政特权的主张显然站不住脚。

怀特重新打印好了备忘录，并立刻将之传阅给首席大法官和其他大法官。当布伦南收到时，他觉得周末的工作全都浪费了。怀特已经明显倾向了首席大法官的观点。如果其他人不能团结一致，首席大法官将永远不会接受其他人的修改。

布伦南必须将怀特争取回来。他写了一份简洁的备忘录。“亲爱的拜伦：我非常赞同你对第 17 条 c 款的扩张解释，1974 年 7 月 13 日的那份。希望你撰写的内容能成为最高法院判决意见的一部分。”他特别指出要将副本传阅给所有大法官，包括首席大法官。这或许能安抚住怀特。

斯图尔特随即也附上了一份备忘录。

“我同意拜伦对第 17 条 c 款这部分内容的修改。”斯图尔特表示。

但是另外一个麻烦已经出现了。马歇尔的助理们有些不满，他们和头儿都没有参加星期六的“谋反的午宴”。他们告诉马歇尔周六午餐的事，马歇尔有些不悦。他们有些夸大了马歇尔的反应，并告诉布伦南的助理，马歇尔对其他大法官避着自己进行会谈的行为感到非常不安。他们说，马歇尔非常不高兴，即使接到邀请，他也可能不再会加入用其他版本替代伯格撰写内容的计划。

当布伦南听说了马歇尔办公室的不满后，他立刻前去拜访了马歇尔。

他提醒马歇尔，是因为周六时他不在最高法院。否则他可能会被邀请共进午餐。布伦南接着又描述了当天午餐上的一些细节。马歇尔的支持非常关键，尤其是现在怀特和鲍威尔方面还存在一些需要解决的难题。道格拉斯已经放弃，并返回了古斯普雷里。此外，不能保证布莱克门会不会向首席大法官屈服。或许，怀特已经屈服于伯格了。

马歇尔表示他会继续支持原有计划。他签署了助理们起草的一份简短的备忘录。这是他们能使用的最冷酷的语气了。

亲爱的首席大法官：

1. 我同意拜伦二次传阅的第 17 条 c 款部分的内容。

2. 我同意哈里对事实部分的描述。

3. 我同意布伦南在原告资格部分的分析方法。

4. 我同意波特针对可上诉性问题传阅的备忘录。

T.M. 敬上

布伦南松了口气。这份备忘录比他期待的还要直接。马歇尔重新回到了他们的战队。

马歇尔的备忘录像是向首席大法官办公室扔了颗手榴弹。在所有的备忘录中，马歇尔的这一份是最挑衅的。他明显地反映出了马歇尔助理们的厌恶，以及马歇尔允许他们完全的行动自由这一事实。他们将很难改变马歇尔办公室的态度。

不仅是马歇尔的整个办公室，首席大法官的助理们还看到其他办公室助理们反对的态度，通过各种备忘录、替代性草案呈现到首席大法官面前。他们意识到其他七位大法官目前没有需要处理的案件，他们的助理们也没有其他事可做。因此，大法官们和助理们都将时间放在了替首席大法官修改草案上。

伯格相对比较平静。他安慰助理们，游手好闲者，惹是生非人。其他人吹毛求疵，试图让他全盘接受他们的意见，但他们的计划是不会奏效的。他们的工作是保持注意，循序渐进地讨论判决意见的撰写。

但是首席大法官开始感到羞辱和困惑，其他大法官们像是在施恩。他憎恶别人对自己权威和能力的挑战。这与他所深爱的英国法律体系非常不同。他在英国参加司法会议时发现，即使所有人都在进行交谈，只要资深法官动下手指，其他人就会立刻中止谈话。资深法官甚至不需要出言维持会场的安静。不幸的是，在美国首席大法官无法得到相同的尊重。

> 我试图通过分别传阅各部分内容的第一稿草案来适应所有人的需要，我的这一努力显然失败了。
>
> 我不会再考虑传阅任何材料，直到完成终稿。这将花费比预期的更多的时间，你们每个人都应该各自做好自己的计划，至少在接下来的一周，我将不会再传阅任何东西。

与此同时，首席大法官收到了意想不到的支持。还在古斯普雷里的道格拉斯穿过了整个农场找到了电话，然后致电首席大法官说了一些鼓励的话。

是的，这是一份应该由首席大法官撰写的判决意见，他从道格拉斯那儿得到肯定。道格拉斯要求伯格及时通知自己最新进展，尽快让他看到特权部分的草案。

首席大法官知道道格拉斯对录音带案的狂热，某种程度上已经超出了法律问题的范畴。然而，他仍然感激道格拉斯的支持。为了保证他这位隐居在古斯普雷里的盟友能一直站在自己这边，他立刻将自己撰写的特权部分的内容传送了过去。接着他拟了另外一份备忘录。

> 在今天早些时候的备忘录中，我提到了本案意见的时间安排。必须说明的是，道格拉斯急切地请求我把针对特权问题撰写的粗略的草案发送给他。周日在审查这个问题时，我认为这份草案能帮助身在遥远的古斯普雷里的道格拉斯了解判决意见的走向，但是它太过粗糙、不够完整，我将不会进行传阅。祝好，WEB.

首席大法官知道作为资深助理大法官以及自由主义的象征，道格拉斯对其他大法官有着巨大的影响力。更重要的是，如果最终成果与他的观点一致，道格拉斯不会挑剔某段话的表述或某个词的使用。道格拉斯对草案的认可或许可以扭转局势。

在“谋反的午宴”上，斯图尔特提出要重新修改鲍威尔对行政特权部分的阐述，现在他已经完成了这份工作。斯图尔特修改了鲍威尔过于恭敬的语言表述，然后写道，政府行为的保密非常重要，但是他坚定地表示，应当由法院，而不是行政机构，对所有案件进行最后裁决。斯图尔特的论证思路比鲍威尔的要简单得多。他修改并扩大了道格拉斯的主张，如果没有交出所有的证据，所有人的正当程序——检察官的、边防的、证人的，更广义来看还有公共的——将无法得到保障。

更重要的是，在第 17 条 c 款这一难缠的问题上，斯图尔特降低了鲍威尔建议的标准，将“必要的理由”改为了“充分的理由”。这或许使他能较好地解决鲍威尔和怀特之间的分歧。

7月16日，星期二，斯图尔特私下把修改后的草案发送给了鲍威尔，鲍威尔表示他可以接受。斯图尔特得出结论，鲍威尔已经放弃了对“更高标准”的坚持。得到了鲍威尔的支持后，斯图尔特将副本发送给了怀特、布伦南、马歇尔。这三位大法官开会对斯图尔特的草案进行了讨论，随后告诉斯图尔特他们愿意加入他撰写的这部分内容。怀特和鲍威尔终于找到了两人之间分歧的平衡点。

斯图尔特这部分的内容已经得到了五票的支持。不想更加刺激首席大法官，斯图尔特决定在首席大法官传阅他撰写的特权部分的草案之前，暂时不向他发送自己的代替草案。

在所有大法官中，斯图尔特既是最喜欢冲突的法官，又是最愿意妥协的法官。两种冲动之间的矛盾有时似乎会让他更加兴奋。

首席大法官整天都在琢磨该如何撰写特权部分的内容。工作进度比他预期的要快得多。他试图尽可能地吸纳鲍威尔、道格拉斯，甚至布伦南的一些建议，他在草案中对这些碎片式的观点进行了恰到好处的融合。令人惊讶的是，首席大法官发现布伦南的建议对尼克松总统相当有利。布伦南将“国防、外交和国家安全”列作例外，这些例外所涵盖的情形非常广泛。它为白宫拒绝上交证据提供了许多可能性。

由于白宫没有主张存在类似的豁免情形，首席大法官也不希望主动提及。“鉴于白宫没有提出本案存在保守军事、外交或者敏感的国家机密的需求，”首席大法官写道，“因此，白宫关于行政特权的主张很难否定对被传唤的录影带的不公开审查。”

刚到晚上，首席大法官就已经完成了一份在他看来令人满意的草案。他下定决心先争取其他大法官阴谋的核心人物——布伦南的支持。他直接从家中打电话给布伦南。

伯格告诉布伦南他已经完成了特权部分的草案，希望能在他周末出发去楠塔基特岛前将副本发送给他。

布伦南表示他很高兴能收到首席大法官的草案。

首席大法官表示事情进展得比自己之前预测的要快得多，还暗示在周末后不久——或许是下周一，7 月 22 日——就能完成全部的判决意见。

太棒了，布伦南说。首席大法官的心情显然不错。他们还愉快地交流了一些与水门案无关的事情。

第二天早晨，7 月 17 日星期三，布伦南就收到了首席大法官关于行政特权部分的草案。布伦南的第一印象是这部分内容比其他部分要好得多。但是，也同样存在一些问题。第一，首席大法官没有正面回应来自白宫的挑战，明确重申决定类似宪法争议的最终责任归属法院。第二，首席大法官谈到了行政机构和司法机关之间存在“相互竞争的不同诉求”，必须对这些诉求进行比较，判断孰轻孰重。结果应当取决于不同机构的核心职能受影响的程度。行政机关的核心职能包括战争、外交和联合国否决权。另一方面，司法机关的其中一个核心职能是确保刑事案件的所有证据都是可以获得的。

首席大法官随后进行推理，证明录音带案显然涉及司法的核心职能，但是作为行政机关的总统的核心职能在本案中没有任何体现。根据这种思路，总统的诉求是站不住脚的。首席大法官避开了鲍威尔适用更严格标准的建议，仅在草案中表示，特别检察官已经证明了将录音资料交给西莉卡法官进行审查是一种“必要的需求”。

布伦南猜测核心职能的理论——一个模糊且有扩张性的创造——可能不会造成危害，只要能对外交、军事或者国家机密的内涵加以限制。他有些怀疑，首席大法官可能会止步不前。

尽管草案仍然比较粗糙，布伦南觉得它的内容还是比较妥当的，因此立刻回复首席大法官表示自己可以接受这部分的内容。他建议伯格将这部分的草案进行传阅。

受到布伦南的鼓励，伯格传阅了这份草案。他还表示，完整的判决意见将在本周结束之前完成。

其他大法官对首席大法官特权部分的观点感到不满。斯图尔特不信任他，并且尤其反对其中核心职能的理论。即使作出比草案更加严格的定义，这一术语都带有总统具有某种绝对宪法特权的暗示。根据首席大法官的用词，这些“核心”功能的涵盖对象非常模糊——战争、外事关系、否决权，或者像首席大法官写的那样，总统履行其核心宪法责任时也可能会产生核心职能的效果。

这正是尼克松本人的主张。他反抗传票的根据正是基于对特权进行宽泛的定义。类似表述可以为尼克松的辩护提供武器。首席大法官的草案中有许多危险的语句，比如：

“法院必须遵从标准，严格遵照程序办事，尤其是那些能够起到保护白宫对保密性的合法要求的作用的程序。”

或者是：

“对总统履行第二条规定的核心职责的行为，法院已经表现出足够的尊重。”

又或者是：

“但是，本案中最高行政官对核心职能的主张缺乏证据的支撑。”

草案的法律分析不仅可能给本案的处理带来一些困难——某些地方几乎是在邀请尼克松的反驳——诸如“核心职能”的表述在将来还可能引发其他混乱。

最高法院可能必须花上数年的时间定义究竟什么属于或者不属于“核心职能”。这种表达将来还可能成为阻止最高法院介入某些争议的借口。

鲍威尔同意斯图尔特的观点。与布伦南和马歇尔会谈时，斯图尔特表明了自己的立场，鲍威尔表示支持，马歇尔也表示同意。

但是，布伦南不赞同斯图尔特的看法。通过进行限制性定义，这个术语并不会造成什么危害。将首席大法官引回正轨显然更加重要。

不，斯图尔特出言反对。首席大法官已经走进了危险领域。

布伦南看到其他人都明确表示反对，对自己最初积极的赞同感到有些难堪。他们对核心职能的看法可能是正确的。布伦南做了退让，他表示首席大法官肯定不会固执地坚持使用核心职能这一表述以及草案中的分析思路。

四人决定从首席大法官草案中的一小部分着手，每次修改一点儿。斯图尔特应当只传阅能加入首席大法官草案中的内容，尤其是对马布里诉麦迪逊案的重述——这部分直接、明确地表明法院享有解决争议的绝对权威。他们将等待首席大法官传阅完整的意见后——从事实部分到特权部分——再对核心职能的理论进行攻击。

7月18日，周四，在动身前往楠塔基特之前，布伦南口述了一份给伯格的备忘录。

亲爱的首席大法官：

这份备忘录正式向您表明，7月17日您发送给我的“行政特权”部分的内容，大体上令人满意。但是，我也同意波特的观点，必须回应克莱对总统有权单独决定特权问题的主张。波特建议的解决方式同样令我感到满意。

布伦南在最后表示他希望能提出更多的建议，他会将这些建议发送给首席大法官。

马歇尔致伯格的备忘录中，对伯格草案提出的表扬几乎可以忽略不计。“我同意这部分内容的基本框架，它为我们的工作提供了一个良好的开端。”但是，他补充道，他同意斯图尔特的观点，应当明确并坚定地反对白宫对特权的立场。

马歇尔还对两处脚注表示反对。第五个脚注表示宪法没有提及行政特权。“这基本等于在说宪法也没有授权本案所涉及的传票。”马歇尔提出。这个脚注应当从草案中删去，他认为：“没有理由引起对这个问题的任何关注或者讨论。”

马歇尔更加忧心第七个脚注。在基于外交或者国家安全的行政特权的主张方面，首席大法官已经留下了一个开放性问题。他还另外提到，对“高度敏感的内政方针”的讨论，如汇率调整、工资标准的设定和价格调控等，应当同样给予应有的尊重。这些讨论的内容同样属于特权的范畴，因为这些内容的披露与披露军事机密产生的后果一样，将对经济产生重大而广泛的影响。

马歇尔认为这个脚注中的内容太令人震惊了。政府的阴谋，如为换取政治献金提高牛奶价格的秘密协议，甚至可以主张属于行政特权保密的内容。

怀特非常不喜欢他眼前的这份草案。首席大法官为了解决这个案件创设了太多的新规定。他坐在打印机前，记录了另外一条信息。

> 亲爱的首席大法官：
>
> 我正在考虑行政特权部分的草案。
>
> 我非常不愿让这个困难的任务变得更加复杂，也无意加重你的工作负担，我提出以下评论仅供您参考。

第一，他写道："我不反对波特的建议……"接着是他真正想传达的信息。对行政特权以及法院的决定权已经有太多的讨论了。但是大家甚少论及第 17 条 c 款的问题。所有公民，总统也是其中一员，在配合刑事审判方面负有同样的义务。这是本案的核心问题。本案中，

> 法院扮演着公正适用现行法律的中立角色，这些法律可能来自先例、法令或者宪法……因此我认为，我们需要发现并使用司法部门的固有权力，以压制虽然没有明确法律依据但是我们同样承认其存在的某种行政特权。

他重复了自己长久以来秉持的观点，不是马布里诉麦迪逊案创设了司法审查，是宪法创设的。"最高法院创设了司法审查权的观点总是让我退避三舍……"为了强调自己的态度，他继续写道："或许这些问题都不重要，但是如果你的草案是最高法院的最终意见，我将另外撰写一份意见。"他还使用了斜体特别强调了后半句话。

新一波的备忘录抵达了伯格的办公室，伯格看到了对草案进行修改的

必要性。他决定先在特权部分的内容之前加上四大段话，将斯图尔特的建议加入其中。此外，还在开头和结尾都引用了马布里诉麦迪逊案——“对法律的解释完全是法院的权力和责任。”首席大法官认为这个观点其实是不言自明的，但是如果斯图尔特、布伦南和马歇尔认为有必要指出，加上也无妨。

现在轮到怀特的建议了。怀特的多份备忘录显然都是关于同一个主题的。第 17 条 c 款让他忧心不已。首席大法官放弃了自己撰写的第 17 条 c 款部分的内容，只留下了几段话编入了怀特的版本之中，几乎是原封不动地引用了怀特的建议。可上诉性部分，他只保留了自己的三句话和一个脚注，且只删去了怀特的一句话。他认为那句话显得有些多余，因为接下来的内容中对行政特权的问题有专门的论述。他还删去了怀特几个不必要的脚注。首席大法官确定怀特的每个重要观点都已经通过某种方式加入自己的意见中了。怀特势必会表示支持。首席大法官认为他已经使怀特保持了中立，并与其他大法官在马布里诉麦迪逊案上保持了一致，接下他决定致电身在楠塔基特岛的布伦南。

布伦南很惊讶接到首席大法官的电话。

伯格表示他将在周末以草案的形式传阅完整的判决意见，草案针对怀特的反对意见已经进行了充分的修订。他对判决意见能在下周三公布非常乐观。如果布伦南能在周一前回到华盛顿，将对自己完成最终的判决意见非常有帮助。

布伦南同意了，然后挂断了电话。他既感到高兴，又有些失望。最终首席大法官还是完成了一份完整的草案。但是布伦南不知道，首席大法官的草案是怎么融合怀特的观点的。他还认为首席大法官仍然没有认识到那些反对意见的深刻意义。怀特的草案展现的是，在传票标准这一问题上，他与鲍威尔之间的辩论的最新结果。布伦南带着一些怀疑开始安排返程计划。

首席大法官也与身在古斯普雷里的道格拉斯通了电话。他将自己的时间表告诉了道格拉斯。他表示只有道格拉斯同意，他才会考虑适用怀特支持的第 17 条 c 款的标准。首席大法官说，道格拉斯的许多观点在草案中也有体现。他称赞道格拉斯的备忘录是无价的。

道格拉斯再次鼓励了首席大法官。接着他给自己的办公室打电话，发送了一份备忘录给首席大法官以及讨论会，简单地宣布自己对怀特撰写的第 17 条 c 款的内容没有异议。

第二天，7 月 19 日，星期五，首席大法官整天都在办公室和助理们一起忙碌着，第一次试着将所有意见整合成一份最终的判决意见。尽管他试着把所有合理的建议纳入到最终意见中，首席大法官仍然需要对某些备忘录中的语言表述进行修改。鲍威尔提议法院应当表现出“热切的关注”，被修改为“足够的尊重”。

布伦南不断提出白宫可以保留特权范畴下涉及国家安全的资料，他的这一表述也被修改了。

在最后的十天里，首席大法官试着满足几乎所有大法官的要求。在保密性、法院设置的限制等问题上，他直接使用了鲍威尔的表述。他融合了斯图尔特对马布里案的论述，几乎是原封不动地将怀特撰写的第 17 条 c 款的部分插入到了判决意见中。在可上诉性这一部分，他还加入了道格拉斯的一些观点。在原告资格这一部分，他使用了布伦南的一些论述。此外，他还修改了马歇尔反对的两处脚注：一个直接删除了，另外一个进行了修改。

首席大法官使用了布莱克门撰写事实部分的大部分内容。当他把完整版的草案带给布莱克门时，他表示布莱克门是第一个看到的人。在传阅之前，他希望他的朋友能发挥编辑方面的特长，为自己的这份草案提供帮助。

布莱克门高兴地同意了。

他只需要付出很小的代价。伯格过去一直忍受着布莱克门的挑剔，将来他也会继续容忍。布莱克门的大部分建议可能都是针对细枝末节，没有太大的意义。他不太可能希望对概念部分进行修改。

布莱克门只提出了一些语言风格上的建议，改正了一些语法和拼写上的错误，然后将这份草案还给了伯格并表示同意。

第二天早晨，7 月 20 日，星期六，《纽约时代》杂志在头版刊登了一个关于录音带案的头条报道：“最高法院无法或者不愿就尼克松录音带案作出判决，它在观察众议院司法委员会是否会在下周提起弹劾建议。”

该报道称，根据匿名来源，提及六位大法官已经决定投票反对尼克松，但是首席大法官撰写了一份反对意见，布莱克门同意加入，推迟了本案的宣判。

周六早晨，首席大法官正在自己的办公室中，心情非常好。他已经又阅读了一遍草案，对自己的工作非常自豪。尽管其他人想要对他的意见宣布死刑，这份草案在他看来是立场坚定、内容完整、简洁有力且推理得当。其他人已经仔细阅读了自己写下的每一个字，并提出了修改的要求。但是他认为，他们本质上是认可自己撰写的最核心部分的内容的——这部分内容具有最深远的意义。关键的一句话得到了保留：“保留总统谈话的秘密性具有……其宪法上的基础。”尼克松将输掉本案，但是他在草案中明确了一个更为重要的原则将得以保留。

首席大法官终于将草案提交打印。已经没有什么需要做的事了。他建议助理们与他共进午餐。其中一位不能前往，因为他的一位朋友从其他地方前来拜访自己，现在正在家中等待自己。首席大法官主动提出先开车送这位助理回家。

由于司机没有上班，首席大法官亲自驾驶着一辆福特轿车——最高法院在能源危机刚开始时购置的公车——开出了地下车库。他们驶往那位助理的住处，放下了他，然后开始了午餐。随后，他们将返回最高法院，看看其他大法官都有什么反应。首席大法官注意到有几位大法官现在正在最高法院中。

周六早晨，斯图尔特前往最高法院，他猜测第一份正式的草案全文应该已经准备好传阅了。收到后，他仔细地阅读了这份 29 页的草案。和他预期的一样，核心职能的理论没有被删除，这部分内容关于行政特权的中心观点一直以来都让斯图尔特感到非常不安。草案撰写得非常粗糙，除此之外他还担心一些其他事情。他的语气非常古怪，引用的案件与本案关联不大。他是否没有发现某些文字背后大有深意？有没有可能是首席大法官在试图以某种方式破坏这份判决意见？省略道德内容是不是可能会留下漏洞？

尼克松现在非常绝望。他会尽可能地利用任何模糊的表述或者对自己有利的观点提出最后的辩护。他或许会接受最高法院对法律的判断，但是也会尽可能地对判决意见中某些模糊的表述进行重新解读。这份草案是否存在某些不准确的表述，反而为溺水的尼克松提供了呼吸的气泡？

斯图尔特明白自己现在有些太过多疑或偏执，但是最基本的原因是他不信任首席大法官，尤其是在本案中。他想起了夏洛克·福尔摩斯系列的一个案件，《马赛的名驹》。案中福尔摩斯从一些不存在的东西中找到了线索，一条不会叫的狗。根据这个细微的异常，福尔摩斯推断出狗的主人，本案的受害者，实际上是本案中的罪犯。“不会叫的狗”的故事在斯图尔特的脑海中挥之不去。首席大法官是否在故意地回避某些隐蔽但是重要的问题？斯图尔特的直觉是应该尽可能多地删除首席大法官的原有草案，代之以自己的分析和语言表达。如果斯图尔特能发现草案的漏洞，至少他可以进行修改，通过自己重新进行表述来消除可能的漏洞。让首席大法官接受的最好的方法是一点一点慢慢地修改。一旦首席大法官接受了某处修改，他基本上会忘了这处改动的提请者是谁，开始将之视为自己观点的一部分。

但是现在时间已经不多了。首席大法官希望在四天内公布此案。斯图尔特还没有告知伯格自己最反对的是核心职能部分的分析。尽早进行公布显然不太可能了。无论多么棘手，斯图尔特已经没有其他选择，他只能每次向前跨一小步，即使这样可能导致判决意见被延迟公布。斯图尔特至少可以依赖于其他大法官，他们对自己的版本都表示过同意，自己至少会得到鲍威尔、布伦南和马歇尔的支持。

接下来是控制的问题了。由于伯格已经来到了最高法院，最高法院历史上的重大案件都是联合与合作的结果。没有理由对这份意见区别对待。在很大程度上这份意见也是他们所有人的心血。必须提醒首席大法官这一事实，最高法院不是首席大法官的法院，也不是尼克松的法院。

怀特前往最高法院，不知道当天会发生什么。马歇尔错过了之前的周六，所以也来到了办公室。首席大法官已经传阅了他的草案，他们两人前往斯图尔特办公室进行商讨。斯图尔特穿着球衣坐在办公桌后。怀特很高兴首席大法官采纳了自己撰写的第 17 条 c 款部分的内容。他和马歇尔坐在桌子的最左侧，一小群助理围坐在正前方和桌子右侧。

他们一行一行细致地浏览着草案的内容。斯图尔特表明了自己对核心职能理论的反对，重申了自己的全部主张。怀特和马歇尔同意将这部分论述替代为斯图尔特的版本更加合适。斯图尔特提到，鲍威尔和布伦南也对自己的版本表示赞同，这样他们已经得到了五票。草案还有其他一些小问题，如总统的首字母应当大写用以特指尼克松。接着他们决定列出他们对这份草案所有不容妥协的修改要求。

斯图尔特里间办公室的门是开着的，他们听到有人进到了外部办公室中。他们有一瞬间的沉默，马歇尔转向门的方向。“你好，首席大法官。”他急忙喊道。

伯格站在门廊，有些犹豫。他表示自己只是想确定所有人都收到了草案副本。他带有歉意地说，那天早晨打印员忘记要先把铅预热以供打印，因此副本直到中午才被印出来。

斯图尔特、怀特和马歇尔正在商议的事情已经非常明显了。

斯图尔特表示，草案看起来还不错。他不停地拨弄着手指，拿起了一个橡皮筋，放到嘴巴里开始咀嚼——他一紧张时就会这么做。

怀特则表现得非常直接。他直言草案还有一些问题要修改，他们正在从中找出那些重要的问题。

是的，首席大法官回答。他看起来有些紧张，但是表现得非常亲切。他表示自己仍然希望在周三公布本案。随后他说了声再见，转身离开了。

大法官们和助理们沉默着直到伯格关上门离开。

“上帝啊，”马歇尔表示，“感觉好像被警察抓到一样。”

斯图尔特显然有些郁闷。这次事件将使首席大法官的问题变得更加棘手。

他们彼此提醒，首席大法官短暂的拜访可能会改变一些事情。他们的密谋已经被完全公开了。在首席大法官对他们的这次会谈产生更加不好的揣测之前，他们必须立刻采取一些行动，并且明确提出他们的要求。

斯图尔特表示或许他们可以将这次事件变成一次有利的机会。首席大法官已经发现了，反而使他们的会谈显得更加正当。伯格将预料到他们会对草案提出一些建议。他们亟须找到一种方式能给伯格施加一些压力，而看起来又不像是最后通牒。

根据斯图尔特的精心安排，他们挑出了那些必须作出修改的地方。最终这些问题还是落在了用词和核心职能部分的论述上。

"哦，波特，"怀特说，"我要回家了，你去告诉他。"

所有人都笑了。

"我可不愿自己去。"斯图尔特说着，笑得更大声了。

"噢，好的。"怀特回答。斯图尔特是最适合完成这个使命的人了。考虑到他和首席大法官之间的关系比较亲近，由他出面将会取得最明显的效果。

玩笑过后，怀特同意和斯图尔特、马歇尔一起前往拜访首席大法官。他们穿过走廊，到达伯格的办公室。

首席大法官表示欢迎。他们概括介绍了一下他们的建议。

首席大法官回应称，这些建议在他看来都是可以接受的，但是不愿删除核心职能部分的论述。

但是这是他们发现的最需要改正的问题，斯图尔特强调。

虽然这样，首席大法官回答，他仍然更倾向于支持自己的原有观点，他将不会修改这部分的内容。实际上，这部分的意见最直接明确地说明了为什么首席大法官一定会输掉本案——本案中司法部门履行核心职能的需要超越了对保密的概括性要求。

斯图尔特发现首席大法官的态度正在变得越来越强硬。他不希望立刻对这一问题进行辩论，而是建议自己回到办公室后，按照他和其他人讨论的思路撰写另外一份关于 C 部分的草案。他将在周一之前交给首席大法官另做定夺。

首席大法官别无选择，只得表示同意。他将仔细阅读斯图尔特的意见。

三位大法官离开后，首席大法官发誓自己将坚持原有立场。他可以看出斯图尔特是众人的领导者。他的建议是最彻底，也是最令伯格难以接受的。斯图尔特将不会取得成功。“绝对不可能。”首席大法官断言。

回到办公室后，斯图尔特取出了自己撰写的、没有传阅过的特权部分的草案。布伦南、马歇尔和鲍威尔已经读过并表示赞同。

首席大法官推理上的谬误源自于他试图在总统和法院的利益之间找到一个平衡点。一方面，首席大法官提出宪法第二条规定了总统的权力，其中隐含着行政特权。天平的另一端是首席大法官同样提到过的宪法第三条，规定了法院的权力。由于刑事案件对证据有特别的需求，司法部门一端拥有更重的砝码。尼克松方的主张只有极轻的分量，法院的审判需求显然更具重要性。

斯图尔特反对创设“核心职能”及类似的新的宪法概念，但是他对这部分内容还有其他的意见。草案中对核心行政职能所做的定义过于宽泛、模糊。这个术语向尼克松总统的再解读敞开了大门。司法核心职能的定义又显得过于牵强，看起来像刻意制造出来的。首席大法官的意见直接攻击了司法的立法功能，就好像最高法院是为了迫使尼克松交出证据，新创设了那些宪法性规则。伯格还在一个脚注中驳回了斯图尔特对宪法正当程序的主张，在正文中丝毫没有提及。

同样地，伯格也在努力平衡政府部门之间的利益，提出了权力分立的问题。由于类似的问题通常不是交由法院处理，而是由受影响的部门首脑决定，伯格提及这一问题实际上是在自找麻烦。

斯图尔特认为，或许能以更简单的方式处理这些问题。首席大法官已经讨论了如何平衡总统和最高法院之间的利益。为何不能在他们和宪法之间找到一个平衡点呢？宪法第五和第六修正案规定了正当程序和全部证据原则。斯图尔特引用了道格拉斯和怀特备忘录中关于传票的宪法依据这一问题的相关表述，在草案中写道：“为实现刑事司法正义，正当程序”要求审判能获得所有证据。根据这种论证思路，尼克松的主张将涉嫌违背权利法案、法治和正当程序的基本精神。

案件发展到现在已经不仅仅涉及传票和法院的技术性需求了，还关系到整个宪法体系的未来。首席大法官的版本已经偏离了核心观点，仅在脚注 16 中有所论述。伯格撰写的这部分内容，占了草案的 4 页篇幅，它的基本特点是大幅引用了 20 年前的两个案件（芝加哥及南方航空公司诉水手船舶公司案以及美国政府诉雷诺兹案）。斯图尔特认为首席大法官的草案太过执着于司法的行政技术性问题，极度缺乏对宪法问题的基本关注。

现在斯图尔特已经确定了论证的基础，他开始修改两份草案，试图能完成一份替代意见，既对现有意见中的尖锐问题进行修改，又尽量不激起首席大法官的反抗。他保留了首席大法官的前两段话，删去了第三段中的最后一句话（法院必须设定一些标准和规则来保护行政部门合法的保密要求）。这句话最初是鲍威尔在审前备忘录中提出的。随后，斯图尔特用一种新的推理思路代替了首席大法官核心职能部分的分析。此外，他撰写了七段话来代替首席大法官这一部分的最后四段内容，只保留了伯格最后一句总结性的表述。7 月 21 日，星期天，斯图尔特吩咐助理们去把新版本打印出来，共计 12 页，3 倍行距。

7 月 22 日，星期一的早晨，斯图尔特又浏览了一遍刚刚打印的草案。草案明确了录音带传票的宪法基础，同时仅赋予行政特权极为有限的宪法意义，他对这部分内容格外满意。接着他找到怀特和马歇尔，与他们一同细致地对草案进行阅读。他们表示，只有首席大法官采纳斯图尔特的版本，他们才会同意加入首席大法官的意见。随后，斯图尔特将副本发送给了首席大法官。至此仍然有四位大法官的态度还不明确——道格拉斯、布伦南、布莱克门和鲍威尔。

斯图尔特觉得必须让所有人明白他们目前处在一条单行道上，已经没有回头的机会了。他写道：

> 关于尼克松案：
> 备忘录致：道格拉斯大法官
> 布伦南大法官
> 布莱克门大法官
> 鲍威尔大法官

周六下午，当首席大法官传阅暂时性判决意见的草案副本时，拜伦、瑟古德和我都在最高法院。我们分别阅读了这份草案，然后汇集了我们共同持有的和一些特别的建议，并拜访了首席大法官，将这些建议传达给了他。

我们的共同建议太过广泛，很难在当天下午就准备妥当，因此他们委托我周末时专门撰写一份草案。这份草案囊括了拜伦、瑟古德和我的共同意见，今天早晨已经被送交给了首席大法官。

现在，拜伦、瑟古德和我准备加入首席大法官的意见，如果首席大法官愿意接受我们建议的这部分的草案……

判决意见已经临近公布，在这最后的时刻，为了达成合作进行充分的内部交流是非常必要的。这正是我送交这份备忘录的原因，希望能及时将最新的意见反馈给各位。

P.S.

副本致：首席大法官
怀特大法官
马歇尔大法官

另附：你们将会发现，这份草案大量借用了首席大法官以及鲍威尔大法官此前传阅的备忘录中的观点。

布莱克门很高兴看到有人出面反对首席大法官。斯图尔特的版本显然优秀得多，而且不仅体现在语言表达的质量和权威性方面。布莱克门公开表示，如果这部分的替代草案被接受，他将同意加入首席大法官的意见。

鲍威尔同样更倾向于支持斯图尔特的版本，暂时表示同意。但是他没有轻信斯图尔特的说辞，斯图尔特的草案中并没有借用自己此前备忘录中的多少内容。

当天下午，布伦南从楠塔基特岛飞回，随即阅读了斯图尔特的草案，尽管他认为草案中过度使用了首席大法官的表述，但是与他曾经明确支持过的第一版草案相比，这份草案在内容上没有什么太大变化。他立刻致电斯图尔特表明自己强烈支持的意愿，同样将这部分草案视作最后意见必不可少的内容。

道格拉斯预定于当天下午从古斯普雷里返回。首席大法官吩咐侍者前往机场将完整版草案的副本送给道格拉斯。如果道格拉斯同意支持自己的版本，将有可能打碎针对自己草案的反对计划。但是，布伦南同样吩咐侍者务必将斯图尔特的草案送到机场。布伦南还特别注意在首席大法官之前接触到道格拉斯。道格拉斯最后同意了斯图尔特的替代草案。现在根据布伦南的统计，斯图尔特的版本已经得到七票的支持了。首席大法官是自己意见的唯一支持者。

伯格感到筋疲力尽。为了完成本庭期的任务，履行自己的职责，他已经连续两周连轴转地工作了，中间没有任何一天的休息时间。伯格觉得其他人太过冷酷残忍。斯图尔特呼吁充分的内部交流的备忘录就是个笑话，数周以来他们都在背着自己策划各种事情。尤其是他们在周六举行了会谈，现在看来格外讽刺。首席大法官不认为被自己撞见的在斯图尔特办公室里的会谈体现出了任何“内部的充分交流”的精神。他们中的所有人各自拿走了草案中的一部分，将之分解成面目全非的碎片。如果他只需负责撰写八分之一的意见，他同样可以细致到对每个词语、每个标点进行细致而深入地分析。

但是其他人将会怎么做呢？首席大法官与其他几位大法官交流过。每个人，在某种程度上，看起来都对斯图尔特的草案怀有包容之心。伯格觉得自己就像是被众人吊打的沙袋，他需要时间考虑要如何抉择。他迅速写下了一份“个人名义”致讨论会的备忘录。

> 波特在 1974 年 7 月 22 日的备忘录中，对草案的 C 部分进行了修订。我保证我会尽快处理这些修订建议，满足你们在本周结束这项工作的愿望。
>
> 两个版本可以相互适应，和谐共处。我不认为这份替代草案的目的是为了完全取代我数周以来的工作成果。
>
> 我将尽快完成一份 C 部分的新草案。我保证等到修订后的意见再

次传阅之后，将尊重任何可能的投票结果。

布伦南又一次发现伯格没有理解两个论证思路之间的巨大差异。这两份草案是不可能“相互适应、和谐共处”的。首席大法官试图达成这一目标的任何努力都将是白费的，只会导致另外一份拼凑而成的半成品。

至少首席大法官最后还是认识到了自己处处碰壁的处境。伯格声称将尊重任何投票，意味着他们已经掌握了一些主动权。

伯格知道他正面临着一个艰难的抉择。斯图尔特的态度表明了没有任何让步的可能，而斯图尔特似乎已经得到了其他所有人的支持。伯格重新比较了那份替代草案。两份草案确实存在对同一件事情的不同表达方式，论证思路不同，但是底线是相同的。尼克松总统将必须交出录音带。无论最终使用哪个版本，都不会对本案结果或者宪法带来两种不同的影响。伯格确定自己的版本更加妥当，但是其他人不这么认为。能有什么大不了的呢？这只是30页判决意见中的其中三页。他们所有人夜以继日地忙碌着这个案件，现在却被某个词或者表达束缚住了脚步。这些不同有什么实际内涵吗？伯格没有找到。几周之后，这些争议看起来都将是无意义的。但是首席大法官知道适当时候的让步是让最高法院团结的必要牺牲。最主要的事情是尽快让这个案件尘埃落定。他希望最后的判决意见能得到一致同意。他们已经进展到最后一步了。唯一能让他们达成一致同意的方法看来就是这部分内容了。斯图尔特留下了伯格判决意见中的前两段话。对这两段话将不再做修改。接着首席大法官修改了斯图尔特接下来关于法治的两段内容，予以精简，改正了一些语句的表达，并删除了一些句子。

紧接着，斯图尔特删减了首席大法官对一个案件的引用。但是，显而易见的是，斯图尔特对该案持不同意见。首席大法官决定恢复原有的引用内容（布兰兹堡诉海斯案）。

原草案中，首席大法官引用了两个二十年前的案件，斯图尔特在修订后的草案中仅稍有提及。伯格希望重新把这些引用加回来。随后，他又压缩了斯图尔特接下来的四段论述——这是斯图尔特草案的核心观点，论述了正当程序和公正司法要求总统提交相关证据的内容。

这些修改并未让伯格感到特别痛苦。斯图尔特的草案中没有包含任何自己不愿接受的东西。核心职能理论只是众多论证思路中的一种。此外，他还改进了斯图尔特草案中单调的语言表达。

当天稍晚些时候，首席大法官将融合后的草案打印了出来，然后送到了道格拉斯处，目前看来道格拉斯是各位大法官中最理智的一位了。道格拉斯对新草案非常满意，他告诉首席大法官这份草案很快就会赢得其他人的赞同。

同时，布伦南用完晚餐后又回到了最高法院。起初他对首席大法官特权部分的内容表示了强烈的支持，其中就包括核心功能的观点，现在他对自己当初的支持感到非常愧疚。或许首席大法官没有理解到采纳斯图尔特版本的必要性。在助理的帮助下，布伦南写了一封信给首席大法官，详细指出了为什么斯图尔特基于宪法的分析方法更为妥当。

受到道格拉斯的支持后，首席大法官的态度更加坚定。上午 9 点左右，他拜访了布伦南的办公室。伯格情绪高昂，他认为最后一个问题已经彻底解决了。他告诉布伦南自己已经修改了 C 部分的内容，并拿给了道格拉斯阅读，道格拉斯显然很支持自己的新草案。

布伦南有些警醒。草案得到的第一张投票往往具有重要的心理暗示意义。道格拉斯的投票将使其他六人的反对看起来像是负隅顽抗。

首席大法官表示，融合这两个不同的版本是一项艰巨的任务。斯图尔特的草案不能作为这部分内容的替代意见，因为该草案的撰写水平低下。

这个评论最让布伦南感到不可思议，但是他觉得已经是时候继续向前了。他表示自己倾向于斯图尔特的版本，并言明自己刚刚撰写了一封信解释原因。核心职能的主张是行不通的。

伯格感到惊讶。他表示新草案已经删除了那个表述。

什么表述？布伦南难以置信地追问。

伯格回答，我已经放弃了核心职能的论述思路。

但是，那个表述确实是争议所在，布伦南表示。

伯格回答，那个表述只是两份草案在用词上的细微差别。

布伦南有些怀疑，他要求阅读最新修订草案的内容。

当然可以，伯格表示。他们回到了伯格的办公室去取新草案的复印件。

布伦南很快就看完了。尽管支持初步的草案，新版本中确实没有再提及任何与核心职能有关的内容。整个理论已经被彻底从草案中删去了。布伦南觉得更有趣的是，这份草案几乎原封不动地保留了斯图尔特的版本。

尽管伯格的新草案并不完美，布伦南认为已经属于他可以接受的范围了。

布伦南告诉首席大法官自己非常满意，如果这就是最后的意见，自己愿意加入。

我已经决定让步，首席大法官保证。

布伦南祝他度过一个愉快的晚上，然后离开了。他重新阅读了一遍伯格撰写的新草案，确保其中没有任何隐含的意思，并仔细将这份草案与斯图尔特的版本进行仔细地对比。他不希望匆忙地接受其他大法官可能会反对的意见。毕竟，最初是自己对首席大法官核心职能部分的论述表示了鼓励，以至拖延了本案的后续进展。

布伦南前去拜访道格拉斯。他是正确的吗？看起来首席大法官已经屈服了。

道格拉斯表示同意。新草案共有九段论述，其中几段非常长。只有两段论述，最不重要的开头的介绍部分，是来自首席大法官原有草案中的内容。其余七段都是取自斯图尔特的版本。四分之三以上的表述都是斯图尔特做出的。更重要的是，立论的基础是正当程序，而非核心职能。此外，草案中的四个脚注都是斯图尔特添加的。

布伦南和道格拉斯都认为，布伦南当晚就应该打电话告知其他大法官最新的情况。布伦南最先致电斯图尔特，将胜利的消息告诉了他。

斯图尔特有些半信半疑。

布伦南将修正后的草案中的全部内容读给了斯图尔特。

斯图尔特也认为，如果这是首席大法官的最终草案，那代表着他已经屈服了。当然，自己愿意加入。

布伦南难以抑制内心的兴奋，接着致电怀特，然后是马歇尔，最后是布莱克门。这既是原则的胜利也是他们策略的胜利。他们都表示如果新草案是最终意见，他们将同意加入。

鲍威尔的电话打不通。布伦南随后将通话的结果告诉了道格拉斯，道格拉斯随后致电首席大法官，建议第二天召开讨论会，以确保所有人都保证在同一个频道上。

首席大法官同意了。他的联盟已经成型。

第二天，7 月 23 日，星期二，早晨 10 点，首席大法官正式传阅了 C 部分修订后的新版本，双倍行距，共七页。

布伦南阅读了伯格的封面备忘录。“我认为修订后的 C 部分的内容，和原有草案并没有本质上的区别。”布伦南感到不可思议。这是为了挽回颜面的举动，还是首席大法官没有理解到众人迫使他接受的到底是什么?

斯图尔特逐字逐句地浏览着新草案，以确保前一天晚上的电话中没有遗漏掉任何内容。他自己原有的语言表达更加明确、有说服力，但是新草案中已经保留了大部分的语言表达和基本的观点。这次他们击败了首席大法官。

首席大法官接着又传阅了一份备忘录，通知将在下午一点半召开讨论会。1：25 的时候，讨论会的通知铃声响起了。氛围变得前所未有的凝重。他们在许多单独部分的草案上已经达成了一致，但这是他们第一次针对完成草案召开讨论会。现在很难回溯起本案无比曲折的协商过程：道格拉斯和鲍威尔的观点，布伦南进行了修改，随后被首席大法官采纳；怀特提出了某个替代方案；马歇尔删去了一个脚注；布莱克门对首席大法官事实部分内容的修饰；斯图尔特不断的修补建议，并发出了最后通牒。甚至他们现在仍然不确定，首席大法官会不会无视他们的种种建议。

由于草案副本还没有准备妥当，他们坐下来，确认是否每个人都已经有一份完整的手打稿。他们讨论了一些需要修改的小地方。每个人似乎都同意加入首席大法官的判决意见。

八位大法官都已经筋疲力尽了，夏天正在悄悄溜走。随着讨论会的进展，紧张的气氛已经消失了，所有人都不自觉地记着笔记，好像还准备撰写其他草案似的。

道格拉斯刚从古斯普雷里返回，突然出声发言。最终的草案中包含太多他不知道或者不认可的改动。他认为这份意见论述的方向太多，且许多内容与他们讨论会上共同商议的内容无关，也不是来自首席大法官最初的草案。如果意见中保留这些改动，道格拉斯表示，自己将另外起草一份单独的协同意见。

布伦南感到有些无助。本来已成定局的事情现在因为道格拉斯又要发生变动，道格拉斯就像对待过去的数百起案件一样，总是要撰写自己的判决意见。在布伦南发表任何看法之前，鲍威尔也表示自己在考虑是否另外撰写一份判决意见。因为草案所接受的许多修改建议，已经让首席大法官的这份意见偏离了他以为的中间路线。对总统保密要求的尊重，对现任总统发出传票应当适用更加严格的标准，这些观点在判决意见中都没有体现。这份意见的内容太过笼统。他们可以也应该作出限缩、有针对性的意见。他们的工作，某种程度上，也包括要确保总统权威和最高行政长官的决策过程在未经批准的情况下不受外界干涉。这份意见没能满足这一目标。

会议室顿时吵闹了起来。几分钟前的暂时性的一致意见现在已经彻底消失了。

怀特安静地坐着，但是布伦南认为他可能是下一个提出异议的人。鲍威尔的单独意见可能会激起他的抗议，他将不得不作出回应。

布伦南急切地呼吁众人达成一份一致意见。他表示，所有人对这份意见都不是完全的满意。他自己对判决意见也有一些想法。但是这是一份需要妥协的文件，这对最高法院以及整个国家而言都是必不可少的。他们或许无法想象这个案件会影响到什么，也无法预测他们的举动会带来什么后果。最高法院只能发出一个声音。他转向鲍威尔和道格拉斯，请求道：这份意见总体还不错，不要继续纠缠下去了。

布伦南没有表现出自己的真实感受——如果这份意见是由某位有能力的大法官撰写的，将不会出现现在这种局面。但是就像他曾在讨论会上做过的那样，他只是发出了恳切的请求。

首席大法官看到了这一切，他很高兴得到了布伦南的支持。在首席大法官看来，鲍威尔的举动就像是一个被宠坏了的小孩。

鲍威尔听到了布伦南的呼吁，他可以看到，和其他人一样，布伦南有些过度兴奋，甚至称得上疯狂了。布伦南的恳求中带着一丝颤抖。他不是在发表某个普通的意见，而是在传达一种信念。鲍威尔自己有一条几乎是不会更改的原则：如果可能的话，绝对不要让一份单独意见或者说协同意见影响到大法官之间的私人关系。布伦南可能是正确的。这份意见的一致性可能比一份完美的判决意见更加重要。当然这份意见本身并非完全不可取。合作的成果已经被广泛吸纳了，它也不会给最高法院带来任何难堪。鲍威尔可能是孤身一人地在和布伦南做抗争，但是布伦南背后有支持的力量。最重要的是首席大法官是支持布伦南的。

好吧，鲍威尔表示，他愿意加入。他爽快地撤回之前的表态。他将与多数派保持一致。

道格拉斯同样做出了让步，紧张的气氛平静了下来。

鲍威尔还有另外一个建议，至少推迟五天再正式公布本案。这样一来，众议院司法委员会对是否启动弹劾将已经完成了正式的投票。现在委员会的投票结果还不确定，鲍威尔担心支持尼克松的共和党会以获取更多录音带为借口拖延弹劾调查的投票。录音带从西莉卡法官的法庭上送到委员会成员手中可能需要花上数月的时间。同时，弹劾的反对者将可能主张在取得法院批准调取的录音带之前，委员会的任何举动都已经相当于对尼克松做出了审判。

布伦南、斯图尔特和道格拉斯强烈反对鲍威尔的建议。最高法院的许多判决，或许是全部判决，都具有某种政治影响力。他们告诉鲍威尔，最高法院一直坚持拒绝接受基于政治原因而做出的任何建议。最高法院不能也绝不应因考虑案件的波及影响力而作出任何选择，或者为此改变案件的时间安排。

布伦南非常震惊，鲍威尔竟然会考虑这样的政治动机，尽管他的考虑将会影响到任命他的尼克松的利益。事实上，布伦南相信，无论司法委员会如何投票，最高法院延迟公布案件都将成为尼克松拖延弹劾程序的借口。

鲍威尔的建议，如同它的突然出现一样，很快地就被驳回了。除了一些技术性问题，已经没有其他需要讨论的地方了。大陪审团的问题还没有决定现任总统可否被列为未受控告的共犯——他们将这一问题放在了脚注中，作为一个有待将来继续考虑的问题。

讨论会仍然持续着。这个案件太过重要，大法官们不断地对同一问题反复进行讨论，重复他们自己的观点。这些问题并不像看起来那么简单。直到首席大法官的判决意见已经复印好了，他们才终于决定休会。

这些判决意见最终在 5：30 被送到了各个办公室。

斯图尔特又浏览了一遍确认自己的修改是否都已经被保留。对语言风格和其他一些小问题需要作出的修改，他通过电话告知了首席大法官，他认为已经不需要另外召开一次讨论会了。

首席大法官得到了最后的一张投票。最后的结果是 8：0——他的意见得到了一致同意。

伯格命令一家媒体发布消息，只报道最高法院将在第二天上午十点至十一点之间正式公布此案。

当天晚上，道格拉斯决定会见一下他在下一庭期的新助理。

他差遣自己的侍者哈里·达勒，前去联络那些他还不熟悉的助理们。“他希望邀请你们参加一个酒会。”达勒告诉那三位年轻的律师。随后达勒带着酒水和杯子回到了道格拉斯的办公室。

道格拉斯喝了一杯开胃酒。他只能喝这种酒，他对其他酒类过敏。尼克松案将在明天公布，他告诉他们。尼克松输了，8：0。

其中一位助理想向道格拉斯了解一下他对最后这份草案的看法。

“我认为只有一份判决意见，且由首席大法官撰写，是一个不错的做法。”道格拉斯回答。总统不是多么特殊，这个案件本质上就是一个刑事传票案。所有人都有隐私权，但是总统所享有的隐私权与一般公民相比并无二致。

道格拉斯抿了一口酒。他没有沾沾自喜，但是他邀请助理们一同品尝美酒，可以明显看出他的好心情。

7月24日，第二天早晨，最高法院在11点召开会议。伦奎斯特没有出席。会议开始后，首席大法官先是表达了对厄尔·沃伦大法官的哀悼，自两周前沃伦逝世后最高法院一致没有召开任何公共会议。接着，伯格铿锵有力地宣读了案件判决，并尽可能地总结了意见中的主要观点。一致意见的其他大法官安静地坐在他的两侧。

结束后，记者们迅速地冲出法庭。

贾沃斯基，因为意志消沉曾私下表示要辞去特别检察官的职务。他出现在法庭上，为案件结果鼓掌祝贺。“如果我来撰写这份意见，”他表示，“我将不会做得更好。”

离开法席后，首席大法官在他的判决意见的两份副本上分别写下“感谢这么长时间的共同努力，沃伦·E.伯格”。随后他将两份副本递给了两位助理。“再次感谢。”他说。

斯图尔特告诉他的助理们，首席大法官最初的草案如果是法学院的作业，只能得到一个D，现在已经提高到B了。

身在加州圣克利门蒂岛的尼克松接到了电话。他的首席顾问，亚历山大·黑格告诉他最高法院已经公布了判决。尼克松曾认真地考虑过，如果输掉了本案，他将不会服从判决，或者只交出筛选过的录音带或者编辑后的录音文本。他曾经寄希望于涉及国家安全事项的录音带能免于提交，至少能得到某一位大法官的支持。他还曾希望判决意见中能有些“空气”让自己能继续呼吸。

“一致意见？”尼克松猜测。

“是一致意见。”黑格回答，“没有留下任何余地。”

“一点也没有？”尼克松追问。

“像鼓一样密闭。”[①]

在向助理们抱怨了数个小时后，尼克松决定，他无从选择，只能服从。

十七天后，尼克松辞职。

① 参见［美］尼查德·尼克松《尼克松回忆录》，第1051—1052页。

1974 TERM

1974 年庭期

福特继任总统

在公布底特律校车接送案后，首席大法官宣布最高法院休庭至十月的第一个星期一。他的心情非常愉悦。最高法院在两天内完成了最重要的两个判决，而且两份判决意见都是自己撰写的。但是报纸很快就开始了各种报道，暗示尼克松案的意见不是由首席大法官完成的，只是依照惯例以他的名义对外公布。这些报道没有提及任何细节，但是都暗示斯图尔特和怀特是判决意见的真正主笔人。首席大法官不希望自己的努力被低估。这些谣言完全是以讹传讹。

最高法院新闻发言人，巴雷特・麦格恩，于 8 月 5 日明确要求记者们撤回报道。他告诉记者们首席大法官为这份判决意见在最高法院付出了 41 天的努力。他每天从早晨 8 点开始工作，一直持续到深夜，只有在办公桌上就餐时才会停止工作。只有在所有文件和笔记被锁好之后，清洁工每周才能打扫一次首席大法官的办公室。在整个过程中，最高法院只召开过一次讨论会。因此很显然，首席大法官并没有像谣言暗示的那样，改变过自己的投票立场。

麦格恩为伯格所做的辩护被淹没在第二天的头条报道之中。第二天，一个长达四页的头条报道公布了尼克松新提交录音带的内容。这些内容更加清楚地显示出总统曾参与到掩盖水门丑闻的策划之中。

同一天，首席大法官和他的妻子，化名格兰特・坎农夫妇，前往欧洲开始度假。首席大法官不喜欢在夏季的时候前往欧洲旅行。那儿太热了，游客太多。但是夏季是他唯一能从最高法院的事务中抽身的时候。

伯格刚抵达荷兰几天，就接到了来自美国的越洋电话。电话是菲利普・布亨打来的，他是副总统杰尔拉德・福特的密友。尼克松总统准备辞职了，布亨告知首席大法官。福特希望首席大法官能在第二天返回美国，为福特主持宣誓就职仪式。

伯格告诉布亨他希望直接和副总统通话。福特随后致电伯格。事情已经非常确定，尼克松正在准备辞去总统职务。伯格能改变行程返回美国吗？

“哦，我必须得在场，”伯格表示，“我也希望能在场。”福特将是美国历史上第一位不是由选举产生的总统。作为合法性的象征，首席大法官必须出席主持他的宣誓仪式。

福特派遣一架波音 707 型号的空军飞机从安德鲁空军基地出发去接伯格和他的妻子。它于 8 月 9 日在华盛顿降落，伯格刚好来得及前往白宫主持中午的就职仪式。

政府领导人，福特总统的亲友都已经聚集在东方会议室。当福特和伯格入场时，爆发了一阵热烈的掌声。

“副总统先生，”伯格说，“你准备好宣誓成为美利坚合众国的总统了吗？”

“是的，我准备好了。”福特回答。

仪式在不到一分钟的时间内就完成了。

“祝贺你，总统先生。”伯格与福特握手。他是第一个用总统这个新职位称呼福特的人。

伯格留在了华盛顿，准备参加下周福特以总统身份对议会的第一次报告。他觉得自己必须到场。

8 月 12 日，他和妻子回到了荷兰。受美国驻海牙大使的邀请，伯格夫妇的行程已经被各种预约、晚宴和采访塞满了。在与荷兰首相的一次会谈中，伯格出言为录音带案辩护，他表示那份意见“没有削弱总统制，反而是加强总统制，因为这是最高法院首次在判决意见中提到了行政特权原则。有序的权力转移体现出了美国宪法体系的适应性。这些很大程度上应该归功于尼克松总统出色的、发言人式的辞职宣告”。

首席大法官在九月返回了最高法院。到了他继续工作的时间了，他需要赶上一些行政事务的进度，大致观察一下下一个庭期的总体情况。

肯尼斯·黎波，被其他助理们称为“小黎”，将连续两年担任首席大法官的首席助理。黎波严格执行着首席大法官应当处理的一些事项，文件格式、各类文件、繁文缛节、活动出席、安全以及其他一些官僚主义程序。其他人常将他的备忘录称作“黎波方案”。

黎波告诉新任助理们，无论谁将担任首席大法官的助理，都不得与记者进行交谈。如果发现有助理与记者会面，无论是何种原因，他都将会被开除，而且没有任何解释的机会。

黎波就像一个军事教官为加入了联合审查计划的五位大法官管理各类上诉申请。这些申请的审查备忘录很少会被直接交给首席大法官。他收到的将是由助理压缩后的备忘录副本。任何超过三页的备忘录将会被压缩到一页的内容。通过一页内容中的重要部分将会用黄色着重标出。

有一次，一份带有着重标记的备忘录总结的图片影印本被不小心送到了其他大法官办公室，首席大法官的助理们有些慌张。对总结的重要内容进行特别标记，应该是个秘密。助理们试图找回被误传的图片影印件，但是已经太晚了。最高法院的助理们看到了伯格的备忘录是如何准备的，他们纷纷表示抗议。这确认了他们长久以来的怀疑。首席大法官既没有能力，也没有兴趣对哪怕是最简单的审查备忘录亲自作出处理。

其他大法官仍然觉得伯格对行政事务的过度关注难以令人接受。当收到伯格关于安全问题的备忘录时，鲍威尔把文件拿起来，撕成了碎片，然后不发一言地将它扔进了垃圾筐中。

周五晚上，9 月 20 日，伯格试着骑了下他的新自行车，这是他的家人送给他的 67 岁的生日礼物。在车道上练习了几次 8 字形转弯后，他开始在弗吉尼亚州阿灵顿市黑暗的街道上骑行。在离家不远的地方，一辆车驶来，他不得不向路旁避让。车前轮撞上了一个高高凸起的障碍物，他摔倒在人行道上。他的眼睛上有一个缝了六针的深深的伤口，肩膀脱臼，还摔裂了五根肋骨，不得不在贝塞斯达海军医院接受了六天的治疗。

在九月末，首席大法官回到了最高法院，像往常一样在走廊里漫步，建议打扫下这儿，粉刷下那儿。但是他看起来还是有些虚弱。他消瘦了不少，眼睛还肿着，皮肤上的皱纹看起来也更多了。他现在看着已经像是一个 67 岁的老人了。

鲍威尔的助理

鲍威尔和他的妻子乔，劳动节刚过就返回了华盛顿。他在位于港湾广场的公寓中为下一庭期做着准备，在那儿他可以俯瞰波多马克河。乔已经劝说鲍威尔戒烟——对一个长期为烟草公司代理事务并且喜欢香烟味道的人来说，这一步并不容易。鲍威尔下定决心要保持好体型。他每天都选择在公寓附近两条标记有距离的一条道路上散步。第一条路线长达 1 英里，沿着河边向南通向佛特麦内，另外一条沿河长达 1.3 英里的路线向西北通向荷门海鲜餐厅。他曾经在驾车时仔细测量过两条路线。

鲍威尔到达办公室后，会把运动鞋换成更加舒适的胶底软鞋。他的办公室曾经属于最高法院的主任助理。在搬进来之前，他看了一眼重修计划，然后写了一封信给大厦的建筑师。他表示，与原方案装饰性的壁炉和烟囱相比，自己希望在南墙设置书架。

建筑师回答称，一般都会为每位大法官建造一个壁炉，无论是真的，还是装饰性的。

鲍威尔总是轻敲着木质烟囱，向来访者抱怨，最高法院的大法官在政府官僚主义面前是多么的无力。

九月的这些早晨，相当一部分都被用来回复信件了——寄给故友的，前任助理的，以及寄给定做新西服的裁缝的。还有一项工作是挑选一位新助理，现在每位大法官可以拥有四位助理了。这个选择对鲍威尔非常重要。他希望能像其他八位大法官一样，与自己的妻子有更多的相处时间。但实际上，他和助理们在一起的时间更长。他们更像是他的家人了。

鲍威尔认为助理是否能写出精练的判决意见是非常重要的，有才华的助理将帮助自己塑造最高法院另外一位约翰·哈伦的形象。和其他大法官不同，鲍威尔没有设立自己的助理遴选委员会。他亲自与二十余位优秀的申请者进行会谈。斯宾塞·坎贝尔负责在面谈时提供茶水。鲍威尔总是会向来访者介绍：“这是斯宾塞，他曾是雨果·布莱克的侍者。已经在最高法院工作将近四十年了——时间比任何人都要长。”

鲍威尔对聘用哪位助理已经有所打算了，但他还是想听一听助理们的意见。他们极力劝说他选择乔尔·克莱因，一位年轻的律师，去年担任过伯格在上诉法院时的老对手戴维·贝兹伦法官的助理。

克莱因，留着络腮胡，反制度主义者，以优异的成绩从哈佛大学法学院毕业，专业领域是精神病学和法学。在哈佛读书期间，他曾经在一家名叫麦克林的精神病院工作过。毕业后，他曾考虑过继续攻读医学院。但是他最终选择用一年的时间担任艾伦·德肖维茨教授的研究助手，在斯坦福行为科学研究中心从事科研工作。值得一提的是，艾伦教授此前也曾担任过贝兹伦的助理。在此期间，他曾编写过一本书，涉及民事承诺的法学理论，以及精神病患者的强制送医。他现在正在华盛顿开展一个由美国自由运动联盟资助的精神卫生法的项目。

鲍威尔很快就抓住了克莱因的特点，他的急躁、坦率的性格，与他故乡的南方独有的优雅气质形成鲜明对比。他为自己愿意聘用自由派助理而感到自豪。他将告诉助理们，自己是一名保守派。他们的工作就是将案件的另外一面展现给自己，向自己发出挑战。他宁愿在自己的办公室中就遇到所有可能的尖锐的反对观点，也不愿毫无防备地在讨论会上或者不同判决意见中遭到攻击。克莱因成了鲍威尔的第四位助理，鲍威尔很快就意识到这是一个明智的选择。他的这位新助理对社会问题怀有极大的热忱，这让他感到非常满意。克莱因的大嗓门和粗放的动作很快就成了鲍威尔办公室日常生活的一部分。

鲍威尔的助理们，感动于鲍威尔的温和。他似乎有数不清的朋友。助理们私下里总是深情地称他为“路”。

鲍威尔觉得自己与其他大法官之间的竞争非常激烈。即使是为了解决一个棘手的法律问题，不到万不得已，他都不愿意穿过走廊向其他办公室求助。他要么自己试图从文本中寻找答案，要么在助理们的协助下解决。

经过了在最高法院两年半的工作，鲍威尔对大法官的生活仍然有些矛盾的情绪。“在这里你不会有掌握权力的感觉。”他曾经向助理们吐露。他发现在最高法院体会不到情绪的大起大落，也不会有欣喜若狂的时刻。在最高法院，不会发生什么爆炸性的事件。即使是尼克松录音带案，如此具有里程碑意义的案件，也没有让他感受到完成伟大任务之后的激动。

还是一位研究历史的年轻学生时，鲍威尔就已经认识到军队和律师控制着这个世界。他无意于成为一名军人，于是选择成为一名律师。有一次，他邀请华盛顿红人队的明星球员赖利·布朗前往最高法院共进午餐。

布朗询问鲍威尔他是更希望当一名律师还是当一名法官。

“你是愿意当球员还是当裁判？”鲍威尔反问。

新的庭期即将开始，首席大法官安排了例行的迎新鸡尾酒会，和对新助理们的熟悉环节。最高法院这一庭期的女性助理比以往任何庭期都多——布伦南、布莱克门和鲍威尔均首次挑选了一位女性助理。贝兹伦法官去年的三位助理都出现在了最高法院；29 位助理中的 11 位都曾担任过哥伦比亚区联邦上诉法院的助理；大部分的助理都是自由派人士，是水门事件期间的反对派人士。他们中的许多人之前就已经相互认识，正在忙着打造自己的关系网。他们希望自己看起来更加激进，但是去年的助理们对待大法官们和最高法院的狂妄态度，他们中的许多人还是感到非常惊讶。

宴会让他们第一次有机会看到道格拉斯这个传奇人物。怀特看起来仍然像是一个橄榄球比赛的中卫。伦奎斯特年轻有活力，展示着自己的不拘小节。很快首席大法官开始讲话，对在场的所有人表示了欢迎，然后开始介绍最高法院的历史和一些惯例。尽管不愿意承认，助理们认为他总是令人印象深刻。

伯格之后是布伦南的发言，在很多助理眼中，布伦南是一位真正的英雄，一位绅士，一位伟大的自由主义者。布伦南面带微笑地开始讲话，他提到所有人——大法官们和助理们——都有一个共同的责任。那就是在任何情况下都要保守最高法院内部工作的秘密性。布伦南表示，大法官们相信他们与助理们谈话的私密内容将能得到应有的尊重。会场上安静了下来。

布伦南继续说道，自己永远不希望任何报道的新闻来源能追溯到某位助理身上。如果有任何的泄露行为，他与大法官之间信任的纽带将被打破。大法官将不会再与那位助理分享任何需要保密的内容。记住，他强调，记者们和助理们共用一个餐厅，他们经常偷听助理们的谈话。他已经通知了自己的助理们在任何情况下都不要与记者们交谈，即使只是回答“无可奉告”也有可能被记者们重新进行有深意的解读。“我从不会与记者进行任何场合、任何话题的交谈。”布伦南表示。最终，他走到了一边，宴会继续进行了半个小时。

一些助理感到惊讶。这位如此怀疑和轻视媒体的大法官是写出了诸多第一修正案意见的那位作者吗？助理们可以理解布伦南对保密性的严谨态度。但是为什么要把简单的规则问题变得像是一场训斥呢？

布伦南稍后告诉他的助理，上一庭期时，首席大法官的讲话太过严厉，因此讨论会坚持让他以资深法官的名义，对安全问题进行特别强调。布伦南表示他觉得自己有必要申明自己讲话的原因，但是助理们知道布伦南确实对媒体抱有一种怀疑的态度。

道格拉斯受伤了

道格拉斯在本庭期的开端还不错。他生命中的两个长期的对头——首席大法官和助理们——与自己的关系已经有了不小的改善。

早期的一个移民案（萨克斯比诉布斯朵）中，讨论会陷入了 4∶4 的僵局，首席大法官未做投票。道格拉斯起草了一份判决意见，允许增加来自加拿大和墨西哥的劳工移民数量。尽管不愿意去乞讨投票，他还是走进了伯格的办公室，不久后带着首席大法官同意加入的备忘录离开了。

道格拉斯的三位助理夜以继日地挑战着人类极限，争取对道格拉斯的要求尽快作出回应。他们还曾经把睡袋带到办公室，熬夜在截止时间前完成了道格拉斯吩咐的任务。

在最开始的几个月，道格拉斯没有解雇任何助理，尽管早秋时候他们中的一个人曾经对道格拉斯的草案进行过实质性的重大修改。道格拉斯看到那些修改后，召唤了那位助理。他静静地坐在桌子后面，只说了一句话：“我知道你为此做了非常多的工作，但是你的举动大错特错。如果你什么时候成为最高法院的大法官了，你可以随心所欲地撰写自己的判决意见。”

助理很惊讶，情况没有他预料的严重。

星期二，12月31日，道格拉斯抵达他的办公室，戴着一顶宽边的草帽。当天下午他动身前往拿骚，开始了他的新年假期。尽管非常喜欢旅行，这次道格拉斯却不是很想去南方度假。他喜欢比较寒冷的气候，此外他还患有支气管炎，医生建议他不要出门旅行。但是他的妻子凯茜对这次旅行非常期待。

道格拉斯致电他的助理们，接下来几天工作相对轻松一些。他告诉他们，如果他们愿意的话可以休息一段时间。

助理们大吃一惊。助理遴选委员会曾经提醒他们道格拉斯不会批准任何的假期。但是道格拉斯现在显然处于度假的愉快状态中。他打包好了行李，放进了一本畅销小说，詹姆斯·麦切纳的《漂流者》，向他的秘书们表达了新年祝福，然后见到了他的司机，动身前往国家机场。

他们在黄昏时分抵达了气候温和的拿骚。在酒店安顿好后，凯茜去到休息室购买了一些物品。几分钟后返回房间时，她发现自己76岁的丈夫摔倒在了地上。道格拉斯感到晕眩，但是还有意识，他发现自己的左腿和左胳膊动不了了。他被送往医院，美国驻拿骚的外事官员也接到了通知。

接到道格拉斯中风的消息时，首席大法官正在参加一个新年前夜聚会。他只了解到两个细节：道格拉斯可能是中风，情况非常严重。首席大法官在晚上10点时联系到了正在科罗拉多州的瓦尔享受年度滑雪假期的福特总统。在1个小时内，根据总统的直接指示，一架直升机已经做好了将道格拉斯的私人医生送到拿骚的准备。最后医生很快决定将道格拉斯送回华盛顿，在这里他能接受更好的治疗。

凯茜告诉道格拉斯，福特总统派遣的飞机正在准备将他接回华盛顿接受治疗。“哦，上帝啊，”道格拉斯虚弱地说，“你知道他们会把我们扔在哈瓦那的。”

道格拉斯最终抵达了沃尔特里德陆军医院，他立刻开始接受重病治疗。最高法院的工作人员对道格拉斯的病情知之甚少。前任大法官亚伯·福塔斯，同时也是道格拉斯的密友，前往医院看望了道格拉斯，并在周四时去到了道格拉斯的办公室。福塔斯告诉助理们他们的头儿将在三到四周后才能回到最高法院。

接下来的周一，凯茜致电道格拉斯的高级秘书马蒂·巴格比，她表示首席大法官一直呼唤“巴格比女士”。受暴风雪影响，交通状况非常糟糕，巴格比花了不少时间才抵达医院。她进到道格拉斯的房间时，他正坐在轮椅上，穿着他为拿骚之旅准备的衬衫。“怎么这么晚才到？”他询问。

星期一的早晨，1 月 6 日，其他八位大法官召开了一次特别讨论会，商讨道格拉斯缺席期间，将如何采取行动。

针对不能出席的大法官，最高法院没有正式的规则处理这种情形。严格来说，他可以对任何案件进行投票。大法官不是一定要参加口头辩论或者听取辩论录音。他甚至可以不参加讨论会。他可以通过备忘录的形式或者委托另外一位大法官将投票交给讨论会。但是一位生病的大法官可能会对案件的进展产生影响。那些真正棘手的案件中，最高法院可能会分裂为票数接近的两方意见。如果某位大法官无法进行投票，或者可能在判决公布之前辞职或逝世，最高法院将无法达成最后判决。布伦南曾说过，一位无法参与案件的大法官可能和持反对意见的大法官一样糟糕。

大法官们谨慎地探讨着当前的局面。没有比现在更复杂的情况了。每个人都有一些威胁感，他们中的一员的命运和权力将由他们中的其他人决定。最糟糕的是不确定性。道格拉斯可能很快就能恢复，并返回最高法院。他们同意对五个案件暂缓讨论，因为道格拉斯可能成为这些案件中关键的第五票。

1 月 27 日，道格拉斯从重症病房转到了普通病房，他的情况已经稳定。他的一位助理和一位秘书大部分时间都待在医院陪着他。至少是表面上，道格拉斯仍在坚持处理最高法院的事务。

但是 1 月末，当布伦南前往医院探望道格拉斯时，他的精力和热情已经消失了。道格拉斯的正常表达受到了严重影响，他很难发出某些单词的音。长时间待在病房中，他经常对时间产生混乱，经常把中午当作早晨。很显然短时间内道格拉斯是不可能回到最高法院的。

1 月 30 日，星期四，最高法院发布了二月的讨论计划。一些自一月被推迟的案件已经重新安排了讨论日程。布伦南有些不安，讨论会已经不能再等下去了。随后，2 月 11 日，道格拉斯生病的六个星期后，马歇尔因为肺炎被送入贝塞斯达医院接受治疗。布伦南的两位自由派同事同时住院，他的担忧越发严重。

道格拉斯的状况不容乐观，马歇尔的情况也不确定——一位 66 岁超重的老人，烟瘾极大，有时会过度饮酒，对工作总是感到厌倦。但是布伦南决定还是要保持乐观。他将道格拉斯和马歇尔的助理召集到自己的办公室中。他表现出一种鼓励、自信和开放的态度。布伦南表示，他们可以让工作保持正常运转。九位助理，团结在一起，自己能够随时保持对最高法院重要进展的掌控。他的助理们知道布伦南其实不是那么有信心。每当讨论会上首席大法官提出反对，更改投票，或者传阅一份看起来非常愚蠢的备忘录时，布伦南的怒火就会增长一些。助理们认为他每次看向伯格时，眼神中都传达着对沃伦的怀念。

有一天，布伦南将一份详细的讨论会报告交给了助理们。他开始审查一个案件中的投票情况。他描述了怀特的投票结果是什么。他竖起了大拇指算上了一票，然后用食指来表示鲍威尔的投票。略过中指，他继续计算票数。“然后是首席大法官……”他讽刺地笑着，竖起了中指。

布伦南觉得首席大法官分配给自己的案件都非常可怕。其中一个案件［安东尼诉华盛顿州案（Antoine v. Washington）］解决的是华盛顿州的印第安人是否可以在休渔期从事渔业和打猎活动。答案取决于如何解读尤利西斯·格兰特总统发布的一个行政命令。布伦南将必须撰写这个鸡毛小案的意见。布伦南的草案已经传阅了数个星期了，首席大法官还没有表示加入备忘录。

下午四点，布伦南正准备回家照顾生病的妻子时，电话响了。首席大法官希望能与布伦南会面讨论印第安人案。布伦南在办公室中等候着。首席大法官忙于其他事务无法脱身，他的秘书向布伦南解释。布伦南返回办公室中等待，1 个小时后才又接到电话。“笨蛋在找我。”布伦南厌恶地告诉助理，然后走了出去。

在伯格的办公室，伯格向布伦南表示自己希望在草案的某个很长的段落中加上几句话。布伦南应承着，说自己会考虑。随后，他怒气冲冲地回到了办公室。他召集了所有的助理，他们从未见过如此愤怒的布伦南。“这是他想要修改的地方，”布伦南说，“这个混蛋到底是什么意思？”

助理们和布伦南一道检查了那个段落。这些修改毫无意义。布伦南得出结论，这只是首席大法官又一次挑剔、随意地修改，只是为了证明他已经读过草案了。他还怀疑首席大法官是故意挑的时间，伯格知道自己会在 4:30 之前离开。伯格对布伦南生病的妻子的漠不关心，让他感到憎恶，但是他决心自己绝对不能像首席大法官一样斤斤计较。他平复了怒火，告诉助理们自己愿意增添首席大法官建议的内容。然后，他疑惑地离开了最高法院：他为什么还要把首席大法官放在心上？

道格拉斯在医院里渐渐开始失去耐心。每天他都要接受数个小时的物理治疗，麻痹的腿部有好转的迹象，但是左臂还是老样子。有一次他戴着腿部矫正器走了几步，他发现自己甚至无法独力走出理疗室。对道格拉斯而言，他总是凭借绝对的毅力攻克任何可能的难题，目前的状况让他深受折磨。小时候医生曾断言他将无法独立行走，但是最终他战胜了小儿麻痹症。1949 年庭期的大部分案件他都没有参与，那一年他从马上摔下来，摔断了 23 根肋骨，刺伤了肺部。后来他还曾开玩笑说，马死了，但是他活下来了。

道格拉斯的秘书和助理每天都来探望他，这时他会向他们口述各种事项。但是他的左臂无法移动，翻页的困难大大拖慢了他的速度。当他意识到自己的大脑已经控制不了身体时，他变得越发沮丧。他的思绪总是很发散，从一个话题迅速转向另外一个话题。现在，他开始认为医院而不是病情才是最大的障碍，他必须出院。

布莱克门前来拜访。道格拉斯半开玩笑地恳求布莱克门担任自己的护卫：“你愿意成为我最好的朋友，发誓想办法把我从这个地方救出去吗？”终于他向一位秘书和侍者达勒宣布，他将实施逃离计划。医生得知了他的计划，阻止了他。但是道格拉斯非常坚持，医生不得不同意允许他在家待一个晚上，时间定在了 3 月 19 日。

道格拉斯一出院，就立刻要求达勒将自己送到最高法院。他在下午5：30抵达，坐在轮椅上被推到了自己的办公桌前。他已经离开78天了，现在哪怕数个小时的工作都非常难得。他的妻子凯茜担忧地打电话过来。过夜许可是为了让他可以在家中待一天，不是用来工作的。道格拉斯的心情不错，他告诉凯茜自己很快就会回去。

第二天，道格拉斯拒绝返回医院接受检查。医生们猜到了这种状况，他们最终让道格拉斯同意每周至少到医院接受三次物理治疗。

记者们看到道格拉斯出现在最高法院，他们向巴雷特·麦格恩询问道格拉斯左臂上绷带的事。道格拉斯希望新闻办公室对外宣布自己的胳膊是因为"摔倒"而意外受伤。

麦格恩征求了首席大法官的意见。伯格不希望与道格拉斯发生争执，他告诉麦格恩以道格拉斯的名义向外公布"摔倒"一事，而不宜以最高法院的名义发表不实声明。首席大法官还要求，不要泄露道格拉斯的其他任何情况。为了让道格拉斯的工作更加方便，首席大法官命令最高法院的木匠建造了一个斜坡，这样道格拉斯可以省力地坐着轮椅在法席上就位。

3月24日，周一，道格拉斯脸色苍白虚弱，被推着参加了口头辩论。他的眼神开始飘忽不定。到了下午的会议时，左侧的疼痛让他不得不中途离席。第二天早晨，在10点的口头辩论即将开始之前，道格拉斯将记者召集到自己的办公室。他坐在堆满文件的办公桌旁，努力表现得和平时一样。

一位记者询问他有什么计划。

道格拉斯表示他将听取1月和2月案件的讨论会录音。他可以对每个案件进行投票。

他还被问到是否考虑过辞职。

"从未想过。"道格拉斯回答。

他被问到是不是为了坚持到下一任民主党总统出现取代现任福特总统，这样将不会由福特任命他的继任者？

"这从来不是我考虑问题的影响因素。"他费力地回答。

当被问到现在感觉如何时，道格拉斯表现得坦白得多："我正在经受非常痛苦的折磨，精力已经大不如前了。"

他发音模糊不清，承认自己只有在物理治疗时才会起身行走，但是他补充道："能否行走与最高法院的工作没有太大关系。"他坚称自己很快就能独自走动了，还邀请记者下个月一起徒步。

上周出院是否得到了医生的许可？一位记者发问。道格拉斯静静地坐着，只是盯着办公桌。有人提出另外一个问题，善意地打破了沉默的尴尬局面。

当首席大法官得知道格拉斯令人同情的状况后，他感到有些不安。道格拉斯的记者会没有让事情尘埃落定，反而引起了对他健康问题的更多讨论。

伯格觉得，道格拉斯正在和众多中风患者一样，变得越来越多疑。道格拉斯抱怨有人在计划刺杀自己，意图将自己从最高法院除去。有一次，他被推到首席大法官办公室，坚称这是自己的办公室。助理间开始有传言称道格拉斯一度认为自己是首席大法官。道格拉斯不能一个姿势坐太久，必须不停地更换坐姿，他还经常在口头辩论会上睡着。当最高法院的会议结束后，其他大法官很快就消失在红色的幕帘后。观众们站着，不由得注视着道格拉斯，他独自坐在那儿等着别人把他推出去。

在最高法院间断地工作了三个星期后，道格拉斯承认还不到自己回来工作的时候。4 月 10 日，他因为重感冒再次入院检查。最高法院还是面临着一位大法官缺席的状况，未来的情况还不明朗，唯一能确定的就是各种不确定性。

布莱克门的转变

有天下午布伦南坐在办公室里，接到了布莱克门的电话，布莱克门向他咨询了一个棘手的法律技术性问题。

"哈里，我这就过去。"布伦南放下了自己的工作，迅速穿过走廊前往布莱克门办公室。

稍后一位助理路过布莱克门办公室时，看到了两位大法官。布莱克门坐在桌子后，布伦南站在他旁边，一只胳膊搭在布莱克门肩上，另外一只伸长了去拿一份备忘录或者一本书。一位助理将之称为布伦南的“培养哈里计划”。

布伦南认为布莱克门的立场一直在发生变化，不仅渐渐远离了首席大法官的影响，也在渐渐改变原有的保守主义立场。他决定支持布莱克门的这些变化。他没有奢望布莱克门会彻底倒向自由派。但是至少布莱克门对所有案件的立场最为中正。布伦南注意到布莱克门总是担心自己在判决意见中的某些表述在未来可能成为攻击自己或者最高法院的工具，布伦南向他说明了如何在一些案件中尽量地限缩判决意旨。

首席大法官的助理们开玩笑说，每当布莱克门作出特定的判决时，布伦南总会邀请他共进午餐以示感激。有一次，首席大法官的助理们确定，布伦南在看到布莱克门的判决意见之前就做出了加入的决定。即使在布伦南厌恶的涉税案件中，他也愿意给予额外的关注，因为这是布莱克门的专业领域。“这是一个税务案，拒绝。”布伦南通常会以这种态度对待税务案的审查备忘录。但是如果布莱克门传阅了一份税务案的意见书，布伦南却会写一份语言华丽的信给布莱克门，赞扬他的工作和意见书的专业。在一个重要的安全案件［蓝色绩优股诉曼诺药房案（Blue Chip Stamps v. Manor Drug Stores）］中，布莱克门指控多数意见中的三个论点就像是在拿“钝刀刻石”，是“对公司命运的极度漠视”。这份不同意见的内容言过其实，但是布伦南已经准备好加入了。

在另外一个案件中，争议点是田纳西州的查特努加市是否有权禁止争议性很强的摇滚音乐剧《美发派》在市民礼堂进行演出（东南方销售公司诉康拉德案）。舞台上演员的裸露、四字台词、支持毒品和反战主题等 20 世纪 60 年代抗议的典型特征极具标志性。剧中对宗教和历史人物大肆嘲笑，对跨种族恋爱竭尽歌颂。

剧中的一名流浪汉叫作伯格。这个名字没有侮辱首席大法官的意思，因为 1967 年创作剧本时现任首席大法官还没有任职最高法院。然而，首席大法官觉得受到了严重的冒犯。

伯格希望维持禁止该剧在市属剧院演出的判决。他推测 1973 年猥亵案中持多数意见的五位大法官，其中包括布莱克门，将会支持自己的立场。

但是布伦南认为，该市在观看该剧、阅读该剧剧本之前就直接决定禁止演出，本案实际上不涉及猥亵案，关键争议是事前限制的问题。这个问题不属于地方社群对猥亵案的自主判断权的范畴，而是在某些事情还未作出之前就加以禁止。这和 1973 年猥亵案中布莱克门的观点恰好相反，布莱克门坚持要求被认定为猥亵之前，色情刊物的制售者有权要求举行听证会。

讨论会上，布莱克门最终决定加入布伦南，布伦南成了本案多数派中的资深大法官。布伦南将本案分派给了布莱克门，布莱克门接受了这项指派，前提是他坚持不会创设任何新的裁判根据。他撰写了一份非常古怪的判决意见，表示此类演出只有存在“明显、紧迫的危险”时，才能加以禁止。布伦南有些焦虑，他在与助理们讨论之前就争取布莱克门的投票。什么是“明显、紧迫的危险”？助理们询问。裸露？强奸？布伦南劝说布莱克门删掉这一表达。

伯格大为吃惊。他多次向助理们表示，自己完全不明白布莱克门想做什么。他一定是受到了斯图尔特和布伦南的影响。首席大法官不再欣赏布莱克门了。

鲍威尔的立场

伯格对鲍威尔的意见也越来越大。鲍威尔总是倒向最高法院的左派。很多时候，伯格都发现自己难以争取到鲍威尔的支持，虽然他总是愿意倾听但是无法理解自己的意思。讨论会在讨论佛罗里达州杰克逊维尔市的一部禁止在露天汽车电影院放映任何包含裸露画面的法律时，鲍威尔投票支持维持这一禁令［爱尔诺尼克诉杰克逊维尔市（Erznoznik v. City of Jacksonville）］。尽管电影中有裸露画面，鲍威尔认为，定级为 R 级的《74 年的层级》的那部电影完全不属于猥亵制品，但是当地法律对此类电影放映的规制属于合理、合法地行使警察权的行为。影院的露天银幕不仅在附近的高速公路上可以看到，在附近教堂的停车场中同样可以看到。

道格拉斯的入院让讨论会再次陷入 4 : 4 的僵局。讨论会后，鲍威尔的助理围住了他。即使是立场最为保守的助理都认为，既然电影不属于猥亵，他在汽车影院的放映就是受到第一修正案保护的。通常情况下，鲍威尔的投票会终结各位大法官之间的争执，但是这次反而是他的投票激起了激烈的争议，尽管他的投票已成定局。助理们知道应该如何说服鲍威尔。这实际上是一个平衡的问题，如何平衡隐私权受到冒犯的非自愿观看者的利益和受第一修正案保护的剧院所有人和前来观看电影的顾客的利益，是本案的关键争点。路过的人难道不能避开视线吗？

鲍威尔不同意助理们的主张。此外，他认为本案不是那么重要。

但是本案的裁判原则非常重要，助理们坚持。显然政府不能仅仅因为它对大多数人而言可能是冒犯性的，就粗暴地禁止表达的自由。

助理们还提到了对经济可能产生的影响。随着对鲍威尔了解的不断加深，他们意识到，他对商业的偏向甚至比最终判决意见呈现出来的还要严重。助理们将之称为“路的企业至上原则”。他看起来被说服了，案中的商业行为没有任何不当之处。他们开玩笑称，商业案件的上诉申请直接在开头写上“亲爱的路”就行了。

现在本案中，他们指出剧院的所有人将必须额外支出 25 万美元建造能遮挡周围视线的围栏。这一结果对剧院老板来说是一种不公平的负担，几乎相当于额外征税的效果，毕竟他放映 R 级电影的行为是受到宪法保护的。这不仅不符合企业至上的理念，还可能影响到一家企业的生存。

助理们最终用这一剑走偏锋且有些吹毛求疵的主张唤起了鲍威尔秉持的律师精神和对法律一丝不苟的追求。杰克逊维尔市禁止出现任何裸露臀部的画面的法令，根据布莱克门在口头辩论时提出的观点，相当于禁止任何人露出身体后侧，甚至包括新生儿。这显然是极其荒谬的。

至此为止，即使是鲍威尔最忠诚的秘书莎莉·史密斯，也加入了讨论中。鲍威尔发现史密斯就像是一个直觉灵敏的晴雨表。他们总是询问她的意见。她认为，户外银幕上出现婴儿的后背，这没什么不对的。

基于进一步的反馈，鲍威尔决定改变原有的投票。案中禁令违反了宪法第一修正案，应该被推翻。他对自己立场的转换，感觉非常良好。这就像是一场家庭会议。所有人都已经发表了意见，而他——就像是父系家长、高级合伙人、公司总裁、学校委员会主任——做出了最后的决定。

伯格对鲍威尔改变立场的行动有些惊讶，但是他在看到鲍威尔的第一稿草案后就更加警惕起来。这是一份极具说服力的判决意见，重申了禁止政府对审美、政治和道德言论表达进行管制。在伯格知道之前，布莱克门，当然还有道格拉斯，就已经加入了这份判决意见，结果已经变成了 6∶3。

"鲍威尔办公室到底在做什么？"首席大法官抱怨。

伯格宣布自己将撰写一份反对意见，但是几周过去了他还没能传阅一份草案。尽管鲍威尔对伯格仅因为对结果不满意就提出反对意见的行为非常生气，他无法避免与首席大法官的冲突，虽然他还没有做好准备。实际上，鲍威尔已经决定，为了和其他大法官保持良好的关系，他愿意在必要时候有所退让。伯格最后还是决定公布此案了。

在庭期刚开始时，道格拉斯写了一份备忘录给怀特，建议大法官们在表达希望得到投票的愿望时，在结尾统一使用一句简单的、传统的用语——"请加入我"。道格拉斯最近一些备忘录中的用语过于奉承，显得很没有品位。但是鲍威尔知道他们都有自己的骄傲。12 月 4 日，为表示加入布伦南撰写的地区铁路公司充足法案的系列案件的意见，鲍威尔在备忘录中写道：

> 亲爱的比尔，尽管比尔·道格拉斯大法官在写给拜伦的信中提出了一些合理的建议，但是不愿仅用"请加入我"来表达对你的这份优秀意见的赞扬。或许比尔不会介意，我在此同样表示对他撰写的不同意见的欣赏。路易斯敬上。

鲍威尔的助理们推测，"路"希望两不得罪：多数意见和不同意见都非常优秀。这似乎是他表达自己观点不针对个人，仅就事论事的方式。

鲍威尔试图和其他大法官建立良好关系的努力似乎奏效了。他被分配撰写一组边境搜查案件的意见［美国政府诉布赖浓尼案，美国政府诉奥特兹案，波威诉美国政府案（U.S. v. Brignoni-Ponce; U.S. v. Oritiz; and Brown v. U.S.）］。在和伦奎斯特共进午餐时，两人交谈了许久，鲍威尔已经充分意识到伦奎斯特原本的立场与自己的判决意见并不相符，但是伦奎斯特决定接受鲍威尔的意见，让他能得到绝对多数派的支持。鲍威尔非常欣赏这种“团队合作”的精神。他经常赞扬伦奎斯特的灵活处事方式。

布伦南感到有些困扰，鲍威尔似乎对沃伦法院保护低收入人群和少数群体的传统并不热衷。过去十年间，行动主义派律师一直在通过联邦法院与社会不公进行抗争，这些不公很难通过州法院或者某种政治手段加以解决。穷人几乎不可能在联邦法院证明自己的特定损失是由州或者地方政府的行为造成的。因此，基于这种现象，最高法院允许律师提起集体诉讼，只需证明政府行为侵犯了某个群体的利益，个人的特别损失不是必需的证明要件，整个群体的成员都可主张损害赔偿。

在一个案件［沃斯诉塞尔登案（Warth v. Seldin）］中，纽约州罗切斯特市的民权运动人士向一部郊区区划法令提出了异议。该法令要求在较大面积区域里，所有住宅必须满足一家一户的要求，实际上禁止了低收入群体入住的可能。异议者提起诉讼，主张该法令属于歧视性法令，应当予以推翻。两个下级法院都驳回了他们的诉讼请求，并且拒绝了他们提出的听证申请。鲍威尔负责撰写本案的多数意见，尼克松的四位任命者以及斯图尔特等五位大法官同意下级法院认定的不属于联邦法院管辖范围。他在多数意见中指出异议者没能证明自己无法购买到本地区的住宅；本案的主张是建立在假设性的基础上；他们所声称的损失是无形的、臆测的。

鲍威尔的助理们感到不安。他们相信本案与原告资格无关，涉及的是一些更加基本的问题。“我的女儿甚至无法在里士满找到一处还算不错的住宅了。”鲍威尔回应助理们的主张。他的直觉是要保护社区居住环境，而进行划区是最传统的方法。

斯图尔特向助理们解释，本案不仅需要法律分析，更需要进行一种价值判断。异议者向法院提出的主张，事实上是要求法院就经济差异作出最后裁决，这些经济差异使得穷人无法居住在富裕的白人社区中。“他们请求的本质是让我们废除整个资本主义制度。”斯图尔特表示。

鲍威尔和斯图尔特的助理们仍在试图说服他们的大法官打破如一位助理所称的，斯图尔特和四位尼克松任命者的“狭隘的多数意见”，这些多数派大法官似乎过于痴迷对财产权的保护。两人都不愿屈服。鲍威尔的助理们尤其感到沮丧。他们曾设想过伦奎斯特会拒绝联邦法院受理处于不利地位的少数族群提起的诉讼，从未想过鲍威尔也持同样立场。他们同意布伦南的不同意见，原告资格的问题——使得该案无法在法院中得到解决——实际上只是保守派避免表达他们真实立场的一个挡箭牌。鲍威尔曾经写过，那些贫穷者不是区划法的受害者，而是房产经济的受害者，这不是法院能解决的问题。

布伦南在不同意见中提出，鲍威尔在利用法律技术性问题阻止这些弱势群体表达他们的合法诉求。此外，该主张在逻辑上也无法成立。为了具备原告资格，必须首先有资金启动一个针对低收入群体的开发项目，并且愿意忍受不便向当地区划主管机关提出项目申请，在被拒绝后才能具备原告资格。贫困者为了取得诉权，必须先变得富有。布伦南认为整个论证是非常荒谬、具有欺骗性的。存在争议的是区划法令——不是中立的经济因素——这部法令确保了房产市场永远不会发生变化。更糟糕的是，鲍威尔的意见实质上禁止了任何人代表贫困者向法院提起诉讼。但是布伦南无法从多数派中争取到任何一张投票。

布伦南认为这种灾难性趋势的扩张已经不可避免。下级法院将接收到本案意见传达出的信息，即贫困者必须能准确证明他们是如何受到影响的，然后才能具备向联邦法院提起诉讼的原告资格。最高法院已经不再是权力的最后护卫者和公正的守护者。

道格拉斯的去留

道格拉斯频繁地住院，本庭期的主要案件仍然悬而未决。讨论会上对该如何处理这一状况有不少议论。讨论会最后决定，大法官对案件将如常进行讨论并对其作出判决，如果道格拉斯身体允许的话，将参与案件讨论并做出投票[①]。但是存在一个问题，最高法院的名声和权威可能会受到一些影响。道格拉斯身体和精神状态的恶化，显然已经不宜继续工作，最高法院内部逐渐形成一致意见。他们决定暂时不对投票结果为 5∶4 的案件作出判决，而是等待少数派大法官中是否有人改变立场，将结果变成 6∶3。

这个策略实际上起到的效果是道格拉斯的投票不再重要。只有在不影响最终结果的情况下，他的投票才会被计算进去。但是尽管采取这一策略非常不易，大法官们觉得他们必须优先考虑最高法院的长期利益。道格拉斯无法继续履职基本上已成定局，而且福特总统不太可能任命另外一位自由派大法官来代替道格拉斯的位置。如果新任大法官属于保守派，近期所有投票结果为 5∶4 的案件都有可能发生逆转。他们都非常担心一年以内有五个以上的重要案件结果可能会被推翻。最高法院看起来将会像是一个政治机构，人们将认为它的判决不是基于法律，而是基于大法官个人的性格和政治取向。

大法官们决定他们将不再允许道格拉斯成为批准上诉申请的第四票。将道格拉斯排除在外的决定是非正式的，就像一个深埋的家庭秘密一样对外没有任何提及。但是伯格担心如果消息走漏，自己将因为允许讨论会拿走一位病中大法官的投票权而受到指责。为了减少麻烦，很多时候如果道格拉斯表示希望最高法院对某个案件进行审查，布伦南就投出表示支持的第五票（除非自己已经是四票中的一员）。伯格专门抽时间与布伦南讨论了目前的状况。“你是道格拉斯最好的朋友，”伯格询问，“为了他的健康和最高法院的利益，你能否与他讨论下辞职的问题？”

布伦南感到惊讶。他向首席大法官表示，道格拉斯在这个问题上不会听取任何人的意见，包括他自己。如果自己真的那么做了，道格拉斯将会从床上把自己踢出房间。

但是，首席大法官表示，必须有人来做这件事，必须采取一些行动。

---

① 通常，若大法官患病且痊愈时间不确定，他将不参与在其患病缺席期间进行言辞审理的案件。道格拉斯自己没有参与 1949 年庭期审理的许多案件，那段时间他因从马背上摔下来饱受折磨。

布伦南解释他和道格拉斯的关系不是首席大法官设想的那样。道格拉斯更像是他的上司。布伦南就任大法官时，道格拉斯已经在最高法院工作 18 年了。如果有任何人可能影响道格拉斯的决定——没有任何迹象显示有人能做到这一点——那将会是亚伯·福塔斯或者克拉克·克利福德。或许首席大法官应该和这两位谈谈。

随后，布伦南向助理们提到了伯格的这次拜访，他认为这更证明了首席大法官的愚蠢和迟钝。首席大法官已经和道格拉斯共事过将近六个庭期了。他应该知道没有人能影响到道格拉斯。任何鼓励或者建议都可能会产生相反的效果。道格拉斯的病情让他变得更加固执。此外，让最高法院进展缓慢的原因是首席大法官迟迟不能做出的投票、总是迟到的传阅和加入决定。

布伦南发现去医院拜访道格拉斯是一件痛苦的事。有一次，布伦南问及道格拉斯的拜访者。

道格拉斯无法清楚地发出他们的名字，但是他提到一位黑人曾经来探望过他。

是谁？布伦南问道。

一个黑人，道格拉斯回答，他吃力地让发音显得清楚。这位黑人男士曾和他们在最高法院共事过。

上帝啊，布伦南想知道，道格拉斯是不是已经忘记了马歇尔的名字。他继续问道："你是说 T.M. 吗？"

不是，道格拉斯不耐烦地回答，一个"黑人"，然后拼写他的名字，中间一个字母"U"（黑人 black man 与布莱克门 Blackmun 发音接近，只有字母 u 是不同的）。

布伦南意识到是布莱克门。你说的是哈里·布莱克门吗？

是的，道格拉斯回答。

布伦南难过地离开了。

在医院接受数月的治疗后，道格拉斯意识到自己的情况并没有好转。他决定接受特别治疗。在调查了几家医院后，他决定进入纽约大学医疗中心和附属的腊斯克复检机构接受治疗，它因中风患者的成功复健而闻名。

但是在完成最高法院的最后一项事务之前，他不会前去接受治疗。

4 月 21 日，星期一，道格拉斯被推到法席上听取口头辩论。当天讨论的案件是 [富勒诉北卡罗来纳州案（fowler v. North Carolina）]，这是本庭期最高法院接受的唯一一个死刑案件。他离开医院后，直接赶到最高法院参加本案的讨论，更加剧了本来就已经非常紧张的氛围。最高法院自由派的领袖人物将自己从病床上拽起参加本案的讨论，这对死刑的反对者而言有着巨大的象征意义。在 1972 年判决后的近三年时间里，共有 31 个州通过了新的死刑法律。23 个州共有 53 人被判处死刑，他们的命运取决于最高法院的判决。

道格拉斯坐着听完了长达 90 分钟的讨论，没有提出任何问题。随后，他返回瓦特利德医院，并于第二天早晨动身前往腊斯克继续接受治疗。他错过了死刑案的讨论会，其他大法官还未进行正式投票。案件再次陷入了僵局。他们最终决定将本案的审理推迟到下一庭期。

奥康纳诉唐纳森案

5 月 11 日，距本庭期结束还有两个月，最高法院只完成了一半案件的判决。道格拉斯仍然阻碍着最高法院的工作进展。但是有一个案件 [奥康纳诉唐纳森案（O’Connor v. Donaldson）]，最高法院可以即刻作出判决。伯格认为，这是最高法院本庭期最重要的案件。这个案件为他提供了一个机会，解决他与宿敌戴维 · 贝兹伦长久以来的一个争执。20 世纪 60 年代期间，伯格和贝兹伦在上诉法院最对立的矛盾就是精神病学在刑事法律中的运用。数年间，两人对刑事案件中精神障碍的抗辩这一问题的斗争从未停止，通常是伯格对贝兹伦的备忘录和多数意见提出各种不同意见。

贝兹伦最初广泛接受各种刑事案件中以精神疾病为由的抗辩，随后他改变了部分原有观点。但是伯格的胜利也仅到此为止了。贝兹伦仍然坚持将非自愿被监禁的精神疾病患者（伯格私下称他们为“那些疯子”）解放出来①。

在伯格看来，贝兹伦最恶劣的一份意见是关于 1966 年的一个案件［罗斯诉卡梅伦案（Rouse v. Comeron）］，贝兹伦是第一位主张被判处民事监禁的精神病患者有接受治疗权利的上诉法官，他认为政府如果对非自愿的病人实施关押，那么它就有义务为这些人提供精神治疗。伯格认为这种毫无根据的主张是极其危险的，最可能的后果是导致司法积极主义。但是贝兹伦的判决刺激了更多人努力推动治疗权的创设。最高法院还没有就此作出任何裁判。但是 1974 年的秋天，首席大法官和他的一位助理注意到了一个上诉申请，案件争点正是这个问题。

肯尼思·唐纳森，曾经是一位木工，被佛罗里达州的一家精神病院强制监禁了 15 年，直到 1971 年才被释放。他宣称自己的宪法权利受到了侵犯，根据民事法律起诉了医生，并得到了 3800 美元的损害赔偿。最令首席大法官感到难以置信的是，第五巡回上诉法院不仅对损害赔偿进行判决，还撰写了一份全面彻底的判决意见，支持治疗权并表示这一权利具有宪法上的依据。第五巡回法院的意见，大量引用了贝兹伦的判决意见，设立了另外一个首席大法官从宪法文本中无法找到的新权利。这是对第十四修正案的又一种臆造。

对支持唐纳森主张的群体而言——精神健康法计划领导下的一群公益组织——首席大法官的意见毫无帮助。他希望推翻第五巡回法院的判决。这将是他对多位老对手的重大胜利。

从最高法院决定接受唐纳森案开始，鲍威尔的一位助理，曾参与精神健康法立法计划的乔尔·唐纳森，成了一个肩负重担的人。克莱因认为最高法院应当支持唐纳森的主张。克莱因搜集了与治疗权有关的学术、医学

---

① 在 1966 年的一起上诉法院案件中［莱克诉卡梅伦（Lake v. Cameron）］，贝兹伦建议将一名 60 岁高龄的妇女从声名狼藉的华盛顿特区圣伊丽莎白精神病医院释放出来。他写道，可以给这名妇女一张身份标签，这样一来，如果她在华盛顿的大街上迷路了，就可以被送回家。

伯格在其措辞严厉的反对意见中嘲弄了贝兹伦的多数派判决意见。他反驳道：“这个城市对一个健全人而言也不是一个安全的所在，如果她竟然能再次迷路，那么她所有的问题都不值一提了，或者听天由命，或者因为暴力。”

和法律方面的论述，包括 30 篇法律评论，然后确保这些材料在最高法院被广泛传阅。他抓住一切机会激起人们对唐纳森的同情——他告诉其他助理们自己认识唐纳森——乃至对整个患有精神疾病的人群。唐纳森是这个社会的受害者。整个民事监禁体系的荒诞在本案中可见一斑。这是强制监禁那些所谓的患有精神疾病者的经典案例。

1957 年，唐纳森 48 岁时，他的父母申请宣布他为无行为能力人，因为他们认为他患有迫害妄想症，还表现出偏执症的症状。法官表示“数周内”唐纳森即可从精神病院中返回。但是，他作为该州的囚犯，一直被关在那里将近十五年。尽管他对自己和其他人都没有人身威胁性，唐纳森仍被关在一个病房里，病房里三分之一的人都是罪犯。在被监禁的前十年，他不断要求保障自己的基本权利和接受专业治疗，但是两个要求都被拒绝了。

唐纳森的主治医师正是奥康纳医生，同时也是最令他饱受折磨的人。唐纳森被监禁期间，奥康纳先是当上了主任医师，随后成了位于查特努加市的佛罗里达州立医院的主管医师。奥康纳曾经阻止了明尼苏达州的一家重返社会训练所和唐纳森的一些大学同学的努力，拒绝释放唐纳森。最高法院已经决定不审查唐纳森在 1960 年、1962 年、1968 年和 1970 年提出的数次释放请求。

布鲁斯·安尼斯，美国自由运动联盟为唐纳森提供的律师，对本案并未抱太大希望。但是，安尼斯的上诉申请得到了本杰明·海涅曼的支持，后者曾经在 1971—1972 年间担任过最高法院的助理，现在是精神健康法计划的一员。海涅曼帮助安尼斯制定了相关策略。看起来首席大法官、伦奎斯特，可能还有怀特将表示反对，他们是最不愿限制州权或者以个人权利为由侵犯州权的一群人。布伦南、马歇尔和道格拉斯肯定会表示支持。布莱克门，曾经撰写过一份同情精神病患者的判决意见（杰克逊诉印第安纳州案），很有可能将会投出支持的一票。

安尼斯推测克莱因正在为鲍威尔工作，但是鲍威尔的立场仍然不能确定。这样就只剩下斯图尔特了。海涅曼，是斯图尔特最欣赏的其中一位助理，他能对斯图尔特的想法作出一些推测。他们可以主张唐纳森遭受了残忍且罕见的刑罚，但是海涅曼表示斯图尔特可能会更愿意支持唐纳森的基本人权或者人身自由受到侵犯的主张。在持续 10 天的马拉松式的案件准备过程中，海涅曼根据斯图尔特的习惯和立场，对安尼斯起草的内容进行修改。准备书状于 1975 年 1 月 4 日递交给了最高法院。

安尼斯带着海涅曼一起参加了 1 月 15 日的口头辩论。安尼斯希望斯图尔特知道这个案件对他这位前任助理的意义。随后，安尼斯走上发言席，开始强调本案提出的是一个“限缩”的问题。首席大法官立刻打断了他。伯格表示安尼斯是错的，本案的关键争点是治疗权的问题。审判法院的法官在指导陪审团时已经声称存在治疗权，而陪审团是在治疗权的基础上决定支持唐纳森损害赔偿的请求。第五巡回上诉法院维持了这一判决。安尼斯是在请求最高法院继续确认第五巡回法院的判决吗？

是的，安尼斯回答。但是他表示最高法院不需要走得太远。唐纳森并没有任何犯罪行为，但是他被不必要地剥夺了基本的自由权。如果最高法院能认定这一事实，那么他们将不需要继续讨论波及广泛的治疗权的问题了。

但是，记录已经无可否认地显示是唐纳森本人拒绝接受治疗，伯格再次出言打断了安尼斯。

恰恰相反，安尼斯回答。他的客户，一位信奉基督教的科学家，曾经提出他不希望接受电击治疗，但是他接受过药物治疗，直到一位医生停了他的药。“我们试图证明这是一个限缩性的案件，如果能得到各位大法官的理解，将不会涉及创设任何新权利的问题。”安尼斯最后总结道。

在本周稍晚召开的讨论会上，首席大法官声称最高法院必须就治疗权的问题作出决定。第五巡回法院的意见必须被明确驳回，最高法院不应允许这种毫无根据的意见持续对下级法院产生影响。

道格拉斯缺席，接下来是布伦南发言。主要的问题是损害赔偿，唐纳森在这一问题上当然应该得到支持。被关起来十五年，是卡夫卡式的噩梦。布伦南并不关注支持损害赔偿的理论依据是什么。

斯图尔特同样对唐纳森抱有同情。但是责任不一定是要由医生来承担。他希望改变由医生赔偿唐纳森的判决。

怀特和首席大法官立场一致，精神病患者的治疗权是本案的关键议题。怀特表示，他同样认为不存在治疗权。此外，即使这样一种权利确实存在，本案的医生对其存在也没有任何的认知可能。他非常同情唐纳森，但是不认为他针对医生提出的诉讼请求有任何的依据。然而，怀特希望限制各州对不具有危险性的患者实施监禁的权力。这种监禁是违宪的。最高法院要做的不是为病人创设权利，而是要让各州知道他们无权限制任何不具有危险性的公民的人身自由。

马歇尔同意布伦南的观点，唐纳森受到了不公正待遇，有权得到损害赔偿。布莱克门同样支持损害赔偿，但是决不会接受所谓的治疗权。鲍威尔倾向于支持损害赔偿，但是他们必须找到受到侵害的宪法权利是什么。他不认为存在某种治疗权，但是他们还是需要一个判决基础，目前他还没有找到。伦奎斯特支持损害赔偿，反对治疗权。

到了分派案件的时候，伯格认为案件的本质是治疗权的问题。他的投票情况表显示有五票——怀特、鲍威尔、伦奎斯特，还未完全确定的布莱克门和他自己——反对确认治疗权的存在。支持损害赔偿的同样占多数——除了斯图尔特、怀特和他自己的其他大法官都表示支持——但是首席大法官可以通过某种技术性的方式解决这一问题。伯格认为，损害赔偿不是本案的关键，因此将本案分配给了自己。他确定自己能写出一份满足布伦南和马歇尔之外的所有人的判决意见。

布伦南感到惊讶，看起来首席大法官没有领悟到讨论会上众人的投票情况。多数派支持对唐纳森作出损害赔偿。首席大法官的目的，显而易见，是为了彻底击败治疗权这一概念。讨论会上没有人支持这一概念。这次讨论会的状况太令人困惑，布伦南觉得没什么自己要做的事。他感觉自己被束缚住了手脚，直到首席大法官传阅了他的判决意见。

首席大法官指定一位助理为草案做准备工作。检索应当特别详细全面。每一个可能的主张，引用的每一个案件都应当服务于彻底推翻治疗权。医生方的律师提出了一个很好的抗辩理由。如果最高法院确认了治疗权，将由谁来决定什么才是治疗呢？或者说什么才是充分的治疗呢？这些问题将会困扰最高法院数年。法院很快将要开始管理精神病院，就像现在它们不得不考虑学区的问题一样。

首席大法官的助理为本案工作了将近三个半月的时间，伯格同样花费了许多时间进行打磨。最终，在 5 月中旬，他传阅了一份长达 20 页的草案，整个最高法院都对这份草案表现出了高度的关注。草案的引言部分写道，最高法院已经接受了"确认是否存在一种宪法上的治疗权"的上诉申请。伯格拒绝了唐纳森请求确认自己受到了违宪的监禁的主张——"我们不需要，也不会对唐纳森的拘禁是否符合宪法这一问题作出判决。"

随后伯格迅速开始了对治疗权的攻击。依据惯例，各州有权决定如何照顾本州的有精神障碍的居民。最初的精神病医院的设立正是为了"提供一个更加人性化的监禁场所"。这是非常必要的，因为

> 许多种类的精神疾病目前还没有有效的治愈方法。
>
> 不得不承认的事实是，现在还有很多我们尚无法了解的精神疾病，其中一些是无法治疗的，因为有效的疗法还没有被发现，且治愈的概率非常低。
>
> 一州在行使警察权时，只有为了保护社会免受反社会行为或者传染性疾病的威胁时，才能对个人实施监禁。

伯格引用了英国法律史专家威廉·布莱克斯通的经典论述，认为各州有权行使公权，担任"所有婴儿、笨蛋和疯子"的监护人。限制这种州权，相当于将公共政策或者公共健康的私人理念代入了宪法之中。

伯格专门撰写了一部分内容以满足多数派支持损害赔偿的要求，同时又不会形成类似案件的先例。在对陪审团作出指导时，审判法院的法官曾表示唐纳森享有宪法上的治疗权，如果不能接受治疗，那么持续的监禁将失去依据。这显然是一个错误的指导，但是医生方的律师没能针对这一错误提出抗议。根据《美国联邦民事诉讼规则》的第 51 条，庭审期间没有表示抗议是无法事后进行补救的。因此，法官不恰当的指导在本案中有效。唐纳森将获得 38500 美元的赔偿，但是本意见将明确不存在任何治疗权，本案支持的损害赔偿将不会作为类似案件的审判先例。

在读到首席大法官这部分内容时，最高法院的大部分人都不由产生一

种混杂着可笑和沮丧的心情。谁曾听过最高法院依据第 51 条对一个重要的宪法案件作出判决？此外，损害赔偿必须存在某种宪法上的基础，才有可能被法院支持。

斯图尔特当天不在，几位助理聚在他的办公室中讨论这个案件。不到一个小时，除了首席大法官和伦奎斯特办公室，其他大法官办公室都提出了异议。首席大法官想要把这个问题彻底摧毁，助理们更担心的是，他有可能会成功。距庭期结束还有六个星期，最高法院仍然有 50 个左右待解决的案件。伯格可能会推动本案在最后忙碌时刻中迅速解决。

乔尔·克莱因强烈反对这份草案，他将之称为法西斯式的意见。首席大法官已经失控了——他可能作出任何保护社会、伤害个人权利的判决。首席大法官声明，人们可以因为“反社会行为”被合法监禁，他已经走向了邪恶的边缘。其他人没有全部接受克莱因的主张，但是他们同意必须采取一些行动。他们将联合起来。其他大法官们对核心问题观点一致，首席大法官的草案没有反映出讨论会上的讨论内容，以及大法官们作出的投票。

首要的事情是确保所有大法官都不会在冲动之下签署了首席大法官的意见，必须打消伯格激进的势头。一个人加入，可能会导致另外一个人的盲目追随。接下来，必须有一位大法官出面撰写一份不同判决意见来扭转最高法院现在的局面，并为另一种观点凝聚起多数派意见。助理们强烈觉得最高法院的最终意见必须为精神障碍者提供某种宪法权利的保护。最高法院很少遇到此类案件，因此本案判决的意义决不限于一个单独的个案。最理想的结果是由某位中间派的大法官——鲍威尔、斯图尔特或者怀特——撰写本案意见。布莱克门也是一个可考虑的人选。

由于怀特和布莱克门不支持创设这样一种权利，助理们希望鲍威尔或者斯图尔特愿意撰写一份不同意见。但是鲍威尔已经和首席大法官发生过多次激烈的交锋。克莱因觉得他可能会加入不同意见，但是不会愿意引导这场斗争。另外一方面，斯图尔特正忍受着首席大法官分配的一系列案件，最近一直在发出各种反对首席大法官的声音。他的助理们认为他已经做好了战斗准备。

斯图尔特的助理们同意将全力协助斯图尔特撰写一份扭转局势的判决

意见。

克莱因试着将助理们的策略用在布伦南身上，确保他不会急于提出一份言辞激烈的不同意见。布伦南过去撰写的不同意见很少能赢得中间派大法官们的支持，助理们将之称为“左派杀手”。布伦南同意助理们的策略，表示自己不会撰写任何东西。他还会试着劝说马歇尔和道格拉斯不要就这一问题撰写不同意见。

斯图尔特返回办公室时，助理们正等着通知他首席大法官已经传阅了唐纳森案的草案。

看起来如何？斯图尔特问。

“灾难。”一位助理回答。它看起来比预想的还要糟糕。

斯图尔特拿起了一份副本。读完后他感到非常厌倦。这份草案和往常一样，又是一份质量低下的作品。伯格竭力想要解决的是本案不需要解决的问题，他的目的是借本案撰写一份法律和精神科学之间的协议，预先排除了法院在保护受监禁的精神病患者方面能发挥的作用。首席大法官要么是存在误解，要么是故意无视讨论会上的多数意见。和第五巡回法院的判决一致，多数法官反对创设某种具有广泛性的治疗权，但是不存在支持彻底拒绝为精神病患者提供任何保护措施的多数意见。

斯图尔特告诉助理们，他赞同他们的看法，对这份草案做出一些回应是非常必要的。

“您必须出面。”一位助理表示。他的助理们告诉他首席大法官的草案目前没有得到任何的支持。斯图尔特的助理们表示自己是他的第一批支持者。他们对他的地位和影响力的呼唤，比法律问题更加打动斯图尔特。他表示自己愿意一试。

斯图尔特知道关键在谁。三位自由派大法官肯定会支持自己。斯图尔特最先拜访了怀特，他询问怀特是否看到了首席大法官的草案。

“没有。”怀特回答。

“那么，阅读前你最好先坐下。”斯图尔特表示。

怀特同意首席大法官的草案令人无法接受。怀特是除首席大法官和斯图尔特之外唯一一位反对损害赔偿的大法官。他和首席大法官一样不信赖精神病学，但是把唐纳森这样的患者关起来需要一个令人满意的理由，最高法院应该明确这一要求。

斯图尔特告诉怀特自己将撰写一份不同意见。

怀特不置可否，但是他强调自己不希望维持损害赔偿的部分。

和往常一样，斯图尔特向其他大法官发送了一份备忘录，表示自己很快将会传阅一份不同意见。斯图尔特将这份备忘录视为礼节，但是同样会起到暂缓其他大法官签署首席大法官草案的效果。

首席大法官很惊讶收到斯图尔特的备忘录。他不认为自己的观点是不可协商的。为什么斯图尔特不先尝试着向自己提出建议，而是直接决定撰写一份不同意见？这说不通。

斯图尔特告诉助理们他希望自己的草案简洁有力。由于他不希望提出任何新的规则，他几乎是立刻就想到了一种可能性。首席大法官仅在草案中提到了“治疗权”。但是唐纳森的律师还提出他享有“要么通过治疗，要么被释放才能实现的自由权”。这个主张的焦点问题很简单：不是治疗权，而是更加基本的自由权。

最高法院可以做出一份限缩性的判决，仅适用于唐纳森以及类似的精神病患者，他们对其他人和自己都不具有人身危险性，有能力独自或者在家人朋友的帮助下在社会中生存。这样一个人享有某种权利——不是接受治疗，而是自由。此外，保护自由权不受侵犯是最高法院的传统事务。

斯图尔特的助理们愉快地开始工作，寻找任何能支持唐纳森的意见。大部分都已经被唐纳森的律师安尼斯和海涅曼提出来了。不同意见将向最高法院提出一个限缩性的问题。它的关注将是“释放”，这属于自由的问题，对治疗权仅在脚注中有所提及。“精神障碍的认定，”草案中写道，“无法为禁止个人自由提供合法性依据。”

首席大法官在草案中对那些“重大的反社会行为”表示担忧，斯图尔特的助理们在意见中同样予以回应。他们最后一部分内容中写道：

许多州为精神障碍者设立的壁垒只是为了不要让它的公民接触到

那些行为方式与众不同的人。我们或许可以提出疑问，为了避免公众的不适，州政府是否有权监禁那些身体有残疾或者行为古怪的人？仅仅因为公众无法容忍或者公众的憎恶，就剥夺一个人的身体自由，显然不具有合理的宪法依据。

判决意见没有确认治疗权的存在，但是使用的语言能唤起最高法院对被关在精神病院的人群利益的敏感。虽然无法对精神健康领域提供太大的帮助，但是却会产生某种积极的影响。现在就只剩下损害赔偿的问题了。

斯图尔特认为最好的解决方法是将本案发回下级法院，由下级法院对损害赔偿的问题进行重审。助理们认为下级法院很可能会再次支持唐纳森损害赔偿的请求，但是至少不会导致一个全面彻底的先例。这个解决方法可以满足怀特和斯图尔特的立场——两人不支持损害赔偿——同时对那些支持损害赔偿的大法官而言也是一个令人满意的结果。

斯图尔特的助理们完成了草案，克莱因帮忙进行审查，以确保其中没有任何会引起鲍威尔抵触的内容。斯图尔特的助理们试着对精神障碍作出一个概括定义。克莱因非常确信鲍威尔不会支持任何试图对这一复杂术语作出定义的行为，最终助理们还是放弃了作此尝试。

斯图尔特对草案进行编辑时，他将打印本的影印件传给了布伦南、马歇尔、道格拉斯和布莱克门。怀特、鲍威尔和伦奎斯特的助理们也看到了这份暂时性草案的部分内容。由于斯图尔特的意见——只有 10 页，其中 7 页是对事实的阐述——没有突破任何原有的规则，因此可能会受到广泛的支持。

鲍威尔有些困扰。他不欣赏首席大法官对唐纳森案的意见。但是，他似乎整个庭期都在与伯格作对。首席大法官的反应已经转向了不友好的方向。二月时，鲍威尔传阅了一份重要的劳工案意见［康奈尔建设公司诉铅管工及汽车装配工工会案（Connell Construction Company v. Plumbers & Steamfitters Local Union #100）］，他和首席大法官同属于本案的五人多数派。鲍威尔的草案扩大了政府将联邦反托拉斯法中的限制规定用于工会组织的权力，其他多数派大法官很快表示加入，除了伯格。由于斯图尔特的不同意见已经得到了四票的支持，鲍威尔急切地希望收到首席大法官正式加入的备忘录，他的第五票至关重要。伯格当然会加入，鲍威尔认为，毕竟这是一份反工会的意见。在四月的讨论会上，鲍威尔试图让伯格采取行动。“康奈尔案只有您还没有投票了，首席大法官。”鲍威尔表示。

首席大法官盯着鲍威尔，然后继续进行下一项议程。

协助鲍威尔处理此案的助理对草案做了一些印刷上的修正，重新打印并传阅。通过这种方式重新传阅一份新的草案，他们希望能够提醒伯格这个案件还在等待他的投票。

首席大法官发回一份备忘录，要求将一个脚注中的内容放到正文中。

鲍威尔立刻进行了修改，他相信首席大法官很快就会做出投票了。又过去了一周，在另外一个讨论会上，鲍威尔再次提及康奈尔案，提醒首席大法官只有他还没有进行投票。

伯格表现得就像是没听到一样。

鲍威尔悲观地认为首席大法官是在用这种方式向自己施加压力。伯格知道鲍威尔的投票在许多案件中都是关键性的，其中就包括唐纳森案。这无异于是一种敲诈。但是鲍威尔又觉得自己可能反应过度了。在接下来的又一次讨论会上，他继续提起了康奈尔案。

“我在考虑。”伯格回答。

鲍威尔很少面对如此困难的局面。有些事情是非常确定的，首席大法官对待工会的消极态度毋庸置疑。鲍威尔的助理开玩笑地建议再送一份草案副本给伯格，在后面注明：“另，首席大法官，工会输了。”鲍威尔仍然保持乐观，他认为伯格并非真的反对自己草案中的内容。但是距他传阅这份草案已经又过去了五六次讨论会了。

在五月末，首席大法官终于表示加入。鲍威尔松了一口气，但是这次的经历仍然令人作呕。或许他是错的，但是他无法找到消除疑虑的方法。

现在，鲍威尔感到轻松，唐纳森案中将由斯图尔特与首席大法官正面对抗。他显然更加欣赏斯图尔特的草案，它更加具体、简洁、直接。但是他希望等等看其他大法官会如何反应。

在首席大法官的草案和斯图尔特的不同意见传阅后，克莱因发起了抗议首席大法官意见的活动，对他意见中的每句话、每个用词做最恶意的揣测，尤其是其中的“反社会行为”的表述。辩论的焦点不在于首席大法官说了什么或者想表达的是什么，而是克莱因和其他一些助理们所理解的草案表达的意思。首席大法官和他的助理们被隔绝在这些议论之外，对该草案的负面理解变得无可辩驳，但尽管如此，克莱因仍然没能说服鲍威尔投票支持斯图尔特的草案。

与此同时，伯格感到有些沮丧。他的草案已经传阅了两周了，但是他还没有收到任何表示加入的备忘录。首席大法官试图说服布莱克门。“我认为我能赢得最高法院的多数意见。”首席大法官告诉布莱克门。布莱克门知道事情的真实状况。首席大法官还试着争取怀特和鲍威尔，仍然没能成功。他预测最起码伦奎斯特会立刻加入自己的意见，或许他决定加入的备忘录被办公室之间的各种往来邮件淹没了。一位助理检查了一遍，没有找到。首席大法官试探了伦奎斯特的真正意向，后者回复称他对首席大法官的唐纳森案意见持有异议。

现在，首席大法官收到了斯图尔特的不同判决意见。这不是一份普通的不同意见。这份十页草案的七页都是在阐述事实，很显然斯图尔特试图窃取本案的多数意见。他的做法非常聪明，避开了棘手的治疗权问题。首席大法官担心这样一份针对性极强的判决意见将会赢得布莱克门和鲍威尔的支持。

伯格认为，上诉至最高法院的这个案件此前的案件审理情况对自己非常不利。医生方的律师没能提出有力的辩护。首席大法官希望对斯图尔特的不同意见进行回应，但是他必须参加在弗吉尼亚州威廉斯堡举行的一场司法会议。他认为一些在最高法院进行答辩的律师，“完全不符合律师应有的水平”，他在一个讨论小组中抱怨道。贝兹伦也在这个小组中，他赞扬了首席大法官对律师能力的评价。贝兹伦同意“能力不足的律师是司法体系最大的威胁”。但是私下里，贝兹伦认为最大的威胁可能是伯格本人。

第二天，6 月 4 日，首席大法官在办公室中试着找到能赢得投票的方法。他能做的只有重新提起辩论，让众人知道自己仍在等待他们的投票。在一份简短的备忘录中，他提出在自己的草案中加上一个新的脚注，言明自己对讨论会的意图的理解，其中写道："我相信多数大法官支持不存在治疗权的观点。"

到了第二天，仍然没有任何反馈。伯格变得有些生气。治疗权的问题不能被搁置。他决定撰写一份言辞犀利的备忘录。任何判决意见，如果没有明确表明不存在所谓的治疗权，都将是一份严重失误的判决意见。否则，"将会给最高法院带来大量的案件负担，'恶讼棍'们将会抓住一切机会去征服这一新领域。宪法问题在本案中已经有充分展示，对此我们必须予以解决。"

斯图尔特认为伯格的这份"恶讼棍"备忘录刷新了新的下限。他猜测，恶讼棍这个古语表达，可能是寡廉鲜耻的意思，针对的是他的前任助理海涅曼。斯图尔特决定，不直接回应这份备忘录。他传阅了一些对自己草案的进一步修改，以及一份备忘录。他在备忘录中言明，在精神疾病这个问题上，"最高法院应当谨慎前行……上诉法院借本案表达了针对民事监禁的宪法规定的一系列广泛问题。这不是必要的，或许我们应该在草案中明确这一点。但是我们当然不能犯同样的错误"。

6 月 9 日，星期一，伯格传阅了一份新的长达三页的备忘录。他希望确保第五巡回法院的意见已经被"洗干净"了。"我完全同意考虑其他判决意见，只要能够明确上诉法院的意见不会被确定为先例或者本案的裁判规则。"伯格表示。

斯图尔特从最后一句话中听到了伯格绝望无力的呼唤。首席大法官已经快要被打败了。他已经从强硬地声明反对治疗权变成愿意接受替代方案。这让斯图尔特想起了录音带案。但是，这次首席大法官不能将再自己的工作据为己有了。斯图尔特认为自己已经赢得了本案的多数意见了。

斯图尔特非常希望明确表示第五巡回法院的意见不是本案的裁判规则。他起草了一份简短的备忘录，为自己的意见加上了另外一个脚注。

6 月 10 日，怀特撰写了一份篇幅很长的备忘录，宣布自己投票支持斯图尔特的不同意见。第一，他对首席大法官的草案释放了一些善意；首席大法官的担忧并不是完全没有任何合理性的，他希望斯图尔特的草案能走得更远点。"因此我倾向于不对波特提及的一个问题做出决定，即各州是否有权仅基于医疗目的监禁一名不具有人身危险性的公民。我在讨论会上的意见是各州不具有类似权力。除此之外，我同意斯图尔特草案中的其他观点。B.R.W.”

怀特已经表态，再加上肯定会加入的布伦南和马歇尔，助理们开始转向仅有的一个问题：如何让鲍威尔加入，而又不会使他成为决定性的第五票呢？克莱因最终得出结论，鲍威尔不希望成为打破平衡的那个人。否则，本庭期他与首席大法官的冲突太多。他们给予投票的计算高度的关注，但是最后解决方式非常简单。怀特、道格拉斯和布莱克门表示加入的备忘录几乎和鲍威尔的备忘录同时抵达各办公室之间的共享邮件系统。因此，没有人的投票是关键的第五票。斯图尔特的草案现在已经得到了七票的支持，只有伦奎斯特尚未表态。

鲍威尔的办公室里，助理们打开了一瓶酒来庆祝。本案已经完全脱离了首席大法官的掌控了。斯图尔特的不同意见势必会成为最高法院的多数意见。

但是，布伦南仍然保持着警惕。斯图尔特已经得到了多数投票，但是没人知道首席大法官还会尝试什么其他方法。他可能耍手段将本案分派给其他人撰写。甚至，他可能会孤注一掷，暂缓本案的审理直至下一庭期重开辩论。谨慎的做法是尽快推动本案的进展。道格拉斯现在是多数意见的资深大法官，布伦南认为应当由道格拉斯重新分派此案。布伦南致电在纽约腊斯克进行复健的道格拉斯，道格拉斯很快表示同意，案件最终被分配给斯图尔特撰写。

道格拉斯的助理们希望确定他的这一举动不会受到质疑。几天前在和斯图尔特共进午餐时，斯图尔特曾谈起过威尔逊总统最后一年任职期间的事情。斯图尔特表示，威尔逊在精神上和身体上都已经无法胜任总统的工作，威尔逊的妻子实际上成了代理总统。她常拜访总统，随身带着一系列的命令。“总统先生想要这样做，总统先生想要那样做。”没有人能确定这些命令是来自总统本人还是威尔逊夫人。

道格拉斯的助理们仔细考虑了斯图尔特想要表达的信息。他是否怀疑他们篡夺道格拉斯的权力？他是不是向他们发出警告？这些提醒都是出自善意。他们决定谨慎对待重新分派唐纳森案的备忘录。他们将备忘录打印出来，一位助理签字后送给了各位大法官。随后他们立刻向道格拉斯发出了一份备忘录，以确认得到了他的授权。

与此同时，首席大法官回到了办公室。他已经别无选择了。只有一件事还能为他保留住最后的尊严。伯格拿起电话，打给了斯图尔特。“波特，看来你已经得到了需要的投票。”他大方地表示祝贺。当然，斯图尔特应该继续修改，将不同意见改成多数意见。

伯格立刻发出了一份备忘录，通知讨论会斯图尔特已经开始撰写多数意见。伯格和道格拉斯的重新指派在邮件系统中重叠了。这一问题已经不存在任何争议了。

对首席大法官而言，战争已经结束，自己失败了。他看起来还很平静，这时一位助理进来了。发生什么了？他问道。刚刚到底发生了什么？在一个重要的案件中如此惨淡的收场，而且还是输给了波特·斯图尔特？

助理们同意首席大法官，他的判决意见写得相当不错，无论从哪方面看都是非常出色的。

这没有意义。伯格愤怒地说，他的同事们只是为了羞辱自己。他们希望伤害他作为首席大法官的尊严。那位助理从未见过首席大法官如此生气。

他的意见，首席大法官表示，是一项完整的法律制度中的一份重要意见。他刚开始着手这份判决意见时，此时距自己传阅第一份草案还有 1 个月，他们就已经开始了反对自己的运动。他的草案或许不能迎合主流观点，但是表达了应该表达的东西。斯图尔特的草案不能说是糟糕，但是完全没有做到彻底的定纷止争。现在的问题是如何尽可能挽救这一糟糕的局面。是否可以撰写一份不同意见？

首席大法官再次浏览了自己撰写的 21 页的草案。它的背后包含着自己太多的努力，如果他可以继续使用它，他还有机会在法律上留下对治疗权讨论的痕迹。首席大法官反复仔细地阅读斯图尔特的多数意见，他认为自己的机会很大。为了赢得多数意见，斯图尔特的判决意见等于什么都没有讨论，其中的内容大多是乏味无意义的内容。

如果是不同判决意见，可能很快就会被遗忘。但是如果是一份强有力的协同意见，对斯图尔特回避的问题进行阐述，可以对下级法院产生明显的实际效果。治疗权的概念需要被彻底清除。如果处理得当，协同判决意见虽然没有讨论多数意见中的争议，但是从技术层面来看，作为多数派大法官撰写的判决意见，相当于赢得了其他人的支持。

首席大法官开始这个计划。“尽管我加入了最高法院的意见以及对本案作出的判决。但是我认为有些问题值得我们作出比判决意见中更加深入的探讨。”他修改了自己撰写的草案，加重了对第五巡回法院意见的攻击，并保留了“重大反社会行为”这一部分的内容。

首席大法官的最终版本只有原版本篇幅的一半。在他看来，这能有效地阻碍主张精神病人享有某种新权利的主张。他的助理指出，如果没有人加入这份协同意见，它看起来会更好。如果伦奎斯特同意加入，这份意见看起来会像是一份右派大法官不安好心的攻击。如果单独出现，这份协同意见呈现出的将是来自首席大法官的重要信息。首席大法官的愿望实现了，伦奎斯特非常关心唐纳森的命运，最终决定加入斯图尔特，给唐纳森损害赔偿的诉求一个公平的机会。他是最后一位加入斯图尔特意见的大法官。

讨论会决定于 6 月 26 日宣布本案判决，这已经是最高法院夏季休庭前的最后一批判决了。伯格在法庭上表示将由斯图尔特宣读本案判决。斯图尔特看向首席大法官，有那么一刻气氛有些凝滞，两人越过道格拉斯空荡的座位相互对视着。随后斯图尔特看向面前的文本。和往常一样，斯图尔特戴着眼镜，弯着腰，宣读了奥康纳诉唐纳森一案判决。首席大法官漫不经心地环视着法庭，不停地拨弄着手中的眼镜。

对斯图尔特而言，他的喜悦中还夹杂着一些苦涩。这是一场胜利，但不是他 17 年前来到最高法院时想象的那一种。他只是扑灭了一场小火。

斯图尔特意识到自己将本案从首席大法官手中夺走的风险。数天前，首席大法官的一个举动揭示了他愤怒的程度。

在美国政府诉美国建筑维修工业案（U.S. v. American Building Maintenance Industries）中，斯图尔特传阅了一份支持企业的多数意见的草案，限制联邦反垄断法的适用。讨论会上，他收到了五票支持，包括首席大法官。随后伯格将本案分派给了斯图尔特。但是斯图尔特的草案传阅后，只收到了其余大法官的加入备忘录，首席大法官迟迟不作出表态。

怀特传阅了一份只有一句话的声明，表示他同意这个结果，并部分支持斯图尔特的草案，但是他对草案的最后一部分内容持有异议。接着，就在斯图尔特赢得唐纳森案的多数意见已成定局后，伯格传阅了一份备忘录，表示自己重新考虑了美国建筑维修工业案，决定加入怀特。其他大法官都觉得不可思议。怀特的不同意见只有一句话，实在没有什么可以加入的实际内容。此外，怀特和首席大法官很少会在反垄断案件中持有相同的观点。

怀特大肆嘲笑了首席大法官的备忘录。斯图尔特和他都认为，这是首席大法官对斯图尔特的报复。首席大法官的投票是基本立场的改变。但是尽管非常可笑，怀特受到了提醒，觉得自己最好还是扩展下那份只有一句话的声明。如果首席大法官是认真的，这不失为一个好机会，将首席大法官对反垄断法实施的意见记录在案。怀特另外补充了三句话。

最后是伦奎斯特解救了斯图尔特，他拜访了首席大法官，并劝说他保持原有立场，加入斯图尔特的多数意见。伯格发送了一份备忘录，表示自己反复考虑后，仍然决定加入斯图尔特的多数意见。

伦奎斯特企图改变证据排除规则

本庭期已近尾声，最后数个重要案件的多数意见已经在传阅中。鲍威尔撰写了四个关于边境搜查系列案件中的三个案件的多数意见。尽管伦奎斯特不完全同意鲍威尔的分析方法，他仍然投出了第五票，鲍威尔最终赢得多数派的支持。

首席大法官将第四个案件［美国政府诉贝尔特案（U.S. v. Peltier）］分配给了伦奎斯特。本案的争议焦点非常简单，仅涉及最高法院两年前的一个判决是否具有溯及力的问题［雅曼达－辛杰士诉美国政府案（Almeida-Sanchez v. U.S.）］。该判决禁止了边境巡检队在没有许可的情况下对非法入境者的搜查。

讨论会的投票结果是 5∶4，支持边境巡检机构不需为尚未生效的标准而为搜查行为承担责任。多数意见认为如果仅因为稍后才生效的一个规则，而宣布搜查行为违法，并排除搜查到的 270 磅大麻作为证据的效力，是非常可笑的。

伦奎斯特的草案传阅后，众人对溯及力的问题少有评论或者其他反映。接着道格拉斯的一位助理注意到一个逻辑上的问题，以及一些看来不太恰当的引用。读完那些引用的案件后，他意识到一个令人震惊的问题。尽管没有在判决意见中明确提及，但实际上伦奎斯特改变了整个证据排除规则。伦奎斯特认为只有警察故意使用违法手段取得的证据才能从刑事程序中排除。

由于道格拉斯还在住院，这位助理带着自己的发现找到了布伦南。布伦南对他的发现表示怀疑。讨论会已经一致决定，本案只考虑溯及力的问题。试图在多数意见中悄悄插入未经讨论的观点是非常卑劣的做法。当听到助理从小道消息得知怀特也是参与者时，布伦南更加感到难以置信了。

布伦南被这份狡诈的判决意见触怒了，他指示一位助理准备一份态度强硬的不同意见，明确指出判决意见的欺骗性。

鲍威尔和布莱克门立刻暂缓表示加入。为了让事情重回正轨，伯格写了多封信劝说他们加入。

伦奎斯特最终同意删除对数个案件的引用，但是保留了其他一些可能会损害证据排除规则效力的论述。

布伦南相应地删掉了自己判决意见中指责伦奎斯特欺诈的部分内容。但是，他保留了部分表述："如果我们允许判决意见中保留那些具有模糊性的论述，我担心，伦奎斯特的判决意见可能会预示着整个证据排除规则将彻底消亡。"他还在不同意见中继续写道："这些论述会逐渐削弱证据排除规则的效力，也没有为那些利益受到影响的群体提供听审的机会，在任何情况下都是站不住脚的。但是试图秘密地破坏这一有 61 年历史的重要原则，显然会削弱司法的修正功能，影响最高法院公正的形象。"

布伦南吩咐自己的以及道格拉斯和马歇尔办公室的助理，重新检查伦奎斯特的其他判决意见是否也有类似的诡计。他们没有发现。布伦南决定以后要更加警惕。

最高法院于 7 月 30 日宣布了本庭期的最后几个案件判决，然后进入休庭期。

最高法院本庭期尚未解决的最重要的事情是还在腊斯克进行复健的道格拉斯的健康问题。他每天都接受四个小时高强度的复健训练，锻炼左半侧身体的灵活性，两个月后道格拉斯已经可以行走数米了。但是，他的左臂恢复状况仍然不理想。

医生要求道格拉斯不要离开复健中心，他们的要求并没有起到什么作用。他前往阿伯克龙比商场购物，在德雷克萨迪和阿尔贡金餐厅就餐。他还参加了哥伦比亚大学法学院的五十年班级聚会，接受了显要和记者的访问，并完成了自传的第一卷内容。他的房间里贴着一个环保组织赠与他的“拯救白鲸”的海报。他接受了山岭俱乐部颁发的一项荣誉后，并不顾身体的虚弱发表了一个 15 分钟的演讲，然后又领着众人向酒吧走去。道格拉斯还在菜单上加上了自制面包和首席大法官送来的桃子酱。伯格在果酱罐上贴了写有“加强版”的标签，意思是其中添加了白兰地酒。

医生不久就意识到，这位难以控制的大法官不可能只是安静地坐着而不做任何事情。他对医院的员工态度不算友好。他借用了医学院一位教授的办公室，其他时间会在位于佛利广场的法院办公。尽管他安排自己的秘书定期飞往纽约，向自己汇报最高法院各项事务的最新进展，但是他每天只能工作几个小时，因为高强度的复健已经让他筋疲力尽。每天的药物治疗也让他变得嗜睡。

7 月 11 日，道格拉斯迎来了一位拜访者，作家西德尼·塞恩，他询问道格拉斯的腿是否有所好转。

“我已经在复健室中踢 40 码的比赛了，”道格拉斯开玩笑说。“腊斯克医生希望我给乔治·阿伦打电话，申请加入红人队。他们可以签下一位射门选手，如果乔治·布兰达可以参赛，为什么我不行？”

塞恩露出惊讶的表情。尽管布兰达已经是联盟最年长的专业球员，他还是比道格拉斯年轻了将近 30 岁。

“是的，但是你应该看看我是怎么击败他们的。”道格拉斯大笑着回答。

将来是怎么打算的呢？话题变得严肃起来。

“我绝不会辞职的，”道格拉斯承诺，“10 月份我肯定能回到最高法院。”

1975 TERM

1975 年庭期

道格拉斯的离开

7 月 24 日，星期四，首席大法官前往纽约拜访道格拉斯。医院的发言人发表了一份声明，伯格表示他非常高兴听到道格拉斯大法官的恢复状况。

伯格实际上已经得出了一个非常不同的结论：道格拉斯必须退出。首席大法官告诉他在华盛顿的朋友，也曾在律师协会的一次会议上表示，最高法院因为道格拉斯的病情已经无力应对积压下来的众多案件了。上一庭期被暂缓审理的案件对本庭期的工作将会造成巨大压力。

8 月 7 日，道格拉斯和凯茜不顾朋友的建议，动身前往古斯普雷里。他们在那儿度过了八月和九月上旬。房间里已经安装了一部无线电话。在九月初，道格拉斯决定开始参加在亚基马的老旧的最高法院大楼举行的针对一个紧急申请的口头辩论，该申请请求阻止揭露大陪审团的讨论记录。根据他的指示，道格拉斯的儿子与当地一家报纸通电话，告诉该媒体道格拉斯大法官将于第二天早晨抵达。这次的出席是为了证明自己仍然可以履行大法官的职责。

当 9 月 11 日周四早晨道格拉斯抵达亚基马时，他已经感到虚弱疲惫了。他被扶到法席上之后，律师们辩论了一个小时。道格拉斯随后宣布最高法院于 12：30 休庭，已经到了午餐时间。但是当时时间已经是下午 1 点了。

午餐后，律师们结束了辩论。道格拉斯似乎理解了，但是没有做出任何表示。听众等待着，感到疑惑，开始交头接耳起来。道格拉斯不时地拨弄着他面前的文件，拿起水杯，盯着天花板。五分钟过去了，然后十分钟过去了。十三分钟后，他打破了沉默。他感谢律师们各种敬业的、有益的观点。道格拉斯终于开始说话了，听众和律师们都松了口气，他们继续等待道格拉斯作出判决。但是道格拉斯开始谈论联邦主义。他漫无目的地发表着讲话，将美国的政府架构与澳大利亚作比较。法庭中的气氛又变得紧张起来。终于，他停了下来，表示自己将批准申请的紧急禁令。他转向早晨将自己送到法庭的获胜方律师说："我希望你能到古斯普雷里拜放我们。"道格拉斯表示："那是一个美丽的地方，气候非常宜人。有些人希望对那儿做一些改变，但是我们大部分人都非常反对这种想法。"

道格拉斯接着宣布结束本次听审。他的这次公开露面产生了事与愿违的效果。新闻报道将他描述为显然不能继续履职的大法官。

凯茜·道格拉斯终于决定向查尔斯·瑞求助，他曾在耶鲁大学执教，担任过雨果·布莱克的助理，还是畅销书《绿化美国》的作者。瑞是一位口才极佳的自由主义者，同时也是道格拉斯的一位老朋友，凯茜希望他能说服道格拉斯辞职。瑞表示自己不敢主动前往古斯普雷里，除非接到道格拉斯的邀请。

当天稍晚，瑞接到了道格拉斯打来的电话。"查理，你今天下午可以来我这里吗？"他询问。

瑞表示他将尽快赶到。他抵达道格拉斯的小屋时，时间刚过八点。凯茜跟他打招呼，然后告诉他："比尔正在卧室里躺着。"

瑞犹豫了一下。道格拉斯从不在卧室里与来访者会面。但是凯茜告诉瑞可以进去。他进入了昏暗的卧房，看到道格拉斯的样子后，他感到非常惊讶。道格拉斯的脸色看起来非常疲惫、憔悴。道格拉斯的儿子将他扶着坐了起来。道格拉斯的声音非常虚弱，瑞几乎听不清他的讲话。他们开始交谈。有那么一会，道格拉斯变回了那个敏锐、智慧、喜欢讽刺的道格拉斯。接着，毫无征兆地，他又会在讲话讲到一半时突然停下，眼神也变得迷茫起来。他的手也开始不受控制地颤抖。

凯茜或小比尔每个小时都要把道格拉斯扶出来几次，因为他现在已经出现了失禁的情况。道格拉斯像使唤仆人一样，用眼神或者手势使唤他们。每半个小时他都需要从床上移动到椅子上，过半个小时再回到床上。

"比尔，你必须辞职。"瑞告诉道格拉斯。

"不，"道格拉斯回答，"如果我辞职了，最高法院将不会再有人关心黑人、墨西哥裔、辩方的利益，也不会再有人对环境问题保持足够的关注。”即使只发挥一半的功能，他表示，总比没有好。如果他辞职，福特总统将会提名他的继任者。那个人显然不会站在正确的立场上。他表示，最好再坚持一下。“即使我已经是将死之人，或许能让某个人接受一些教育也是好的。”

瑞做出了温和的回应，然后继续问道：“为什么你还要继续和那些你轻视的人一同共事呢？”坚持可能会引来更多的“走狗”。“你有太多的敌人排队等着看你出丑，”瑞劝说他，“为什么要冒险毁掉目前为止都很完美的记录呢？三十六年还不够吗？”

道格拉斯没有回答他。

瑞询问他是否要坚持到一位民主党总统上任为他指定继任者？

道格拉斯表示，重要的不是谁是总统，或者总统是来自哪个党派。无论是谁都不会像自己一样关心社会福祉。代替布莱克的鲍威尔属于民主党派。他是一个令人失望的人选，一个乡村俱乐部的律师代替了一个民粹主义者。道格拉斯确信伯格希望自己离开最高法院。但是他是不会离开的。如果他真的离开了，最高法院里再也不会有能够阻止伯格的人。

他们一直在来回地交谈。道格拉斯有技巧地避开了任何可能的争执，尽管他走神了好几次，大声地表示想知道退休后自己会做什么，是不是可以从事环保工作。

瑞停住了。他表达得更加直接。布莱克被认为是一个非常固执的人，但是他知道什么是该放手的时候。“你甚至不能坐在法席上。”他表示。如果口头辩论时身体感到疼痛，该怎么办呢？

“我可以暂时退场。我愿意尝试看看，”道格拉斯回答，“最高法院是我的生命。如果离开我该做些什么呢？”他停了一下，“我可能会自杀。”

瑞有些生气，他的语气变得强硬起来：“你甚至无法进行阅读。你要怎么做出案件判决呢？”

“我可以听，根据首席大法官的投票，只要做出相反选择就行了。”道格拉斯断然回答。

瑞离开时已经将近午夜了。他第二天再次拜访道格拉斯，继续对他进行劝说。凯茜也加入进来。他的木屋里已经放了几麻袋的关于上诉申请的信件。“你甚至都没有读过这些信。”凯茜说。道格拉斯反驳称自己看了。“这些信甚至都没有打开。”凯茜再次指出。道格拉斯不置可否。

9月27日，星期六，道格拉斯声称自己将返回华盛顿，看看自己能否处理工作上的事情。他们不奢望道格拉斯现在就能作出决定。他向瑞表示：“我现在还不是很想自杀。”

道格拉斯的新助理们不知道他回到最高法院会发生什么事情。来自亚基马的报道表明局势不是很乐观。

9月29日，星期一，上午很晚的时候，道格拉斯才来到最高法院，还有几分钟即将持续一周的申请审查讨论会就要开始了。他们将集中讨论夏季休庭期间交到最高法院的数百个上诉申请。道格拉斯没有任何准备，他要求拿到所有案件的相关资料，甚至包括那些不会被讨论的案件。他的助理们准备的资料装满了十个手推车。他们带着这些资料跟在道格拉斯的身后。道格拉斯坐在轮椅上，他的秘书推着他，还要向轮子上喷洒空气清新剂，以掩盖尿袋中散发出来的异味。

其他大法官已经在会议室中等候一段时间了。看到道格拉斯身后推着的十车资料，布莱克门惊讶得下巴都快掉下来了。令人不悦的异味充斥着整个房间。道格拉斯被推到了他的位置上。他的一位助理找出了记录着第一个要讨论的案件备忘录的笔记本。

“我们不是从这儿开始。”布伦南说，并指出了第一个案件。

助理们花了一会时间才找到正确的备忘录。

怀特有些不耐烦，他本以为道格拉斯会辞职。道格拉斯的助理们根本不应该出现在讨论会上。终于他们找到那个案件，然后离开了。

伯格表现得很有礼貌，并主动提出帮助。布伦南坐在道格拉斯身旁，协助他整理各种案卷和文件。讨论会到3：45就结束了，比往常要早一些。

这周剩下的时间对其他大法官们来说都是一种折磨。道格拉斯不时地陷入疼痛时，他发出的声音太过微弱其他人很难听清他的讲话。他被推着不停地进出会议室，从来没能坚持完一个完整的会议环节。他把投票交由布伦南替他投出。鲍威尔计算着道格拉斯睡过去的次数。在开始投票时，布伦南才会轻轻地把他推醒。

和往常一样，道格拉斯要求最高法院接受超出负荷范围三倍的案件数量。气氛变得越来越紧张。怀特曾告诉前来把睡着的道格拉斯推走的达勒："赶紧把他推出去。"达勒现在更像是护士，而不是侍者。

10 月 6 日，星期一，新庭期召开言辞辩论的第一天，所有人都很好奇道格拉斯将如何应对。律师们正在讨论着第一个案件时，道格拉斯的头垂到了胸口。因为左手不能动，他很难翻开垫板上的文件。他用右手拍打着垫板。最终一位侍者上前帮他把垫板举起，方便他把上面的便条撕开。

午餐休息时间结束后，道格拉斯的精神恢复了一些，他和斯图尔特交谈，用右手比画着，侍者们在一旁忙着帮他取回他要用的书。第二天他又开始不停地陷入睡眠中。他的规律非常明显。片刻的清醒和精神后紧接着的就是各种离题和睡眠。他缺席的次数逐渐增多。他已经很难坐在法席上了，需要帮助才能把放在法袍里面的外套衣兜里的眼镜拿出来。他吃的药物让他更加疲惫。他经常因为难以忍受的痛苦而不得不中途离开言辞辩论会。

其他大法官已经开始无视道格拉斯不停地进出。但是，马歇尔每次看到道格拉斯睡着的时候，都会让侍者上前喊醒他。

一位担忧的侍者曾经询问伯格该怎么办。"最好的方法是，"伯格回答，"什么也不做。"

早晨的辩论结束后，道格拉斯总会躺在办公室中，以平复身体的疼痛。他有时会睡上几个小时。最终一张小床从库房被搬到了他的办公室。有时候，道格拉斯的疼痛难以忍耐，凯茜会让他待在家中。其他时间，他会头发蓬乱地来到办公室。助理们询问凯茜发生了什么。"他还好。"这是她会给出的全部回答。道格拉斯仍然声称自己只是轻轻地摔了一下。有一次，他读到一位助理准备的不同判决意见草案［马修斯诉埃尔德里奇案（Matthews v. Eldridge）］时，他变得非常生气。"他知道自己在做什么吗？羞辱最高法院？"道格拉斯问。这位助理吓得目瞪口呆。他前去找布伦南，布伦南向他确认草案没有什么问题。最后，这位助理才意识到发生了什么。中风影响了道格拉斯的视力，他在阅读草案时容易漏看部分内容。

助理又带着判决意见找到了道格拉斯，并大声地朗读了一遍。

“这才是我想要的草案。”道格拉斯说。

10月末，伯格传阅了本庭期的第一份案件分配情况表。通常情况下，首席大法官会给每位大法官至少分配一两个案件的多数意见。这次，道格拉斯一个案件都没有。道格拉斯理论上享有三个案件的分案权，布伦南和伯格就如何处理这一问题进行了探讨。布伦南、怀特和马歇尔将分别负责撰写一个案件。布伦南痛苦地发现自己成了伯格的同谋。其他人将之视为一个明显的讯号：道格拉斯已经形同虚设了。

10月28日，星期三，瓦特利德医院的医生告诉道格拉斯他的身体将无法彻底恢复了。他的左侧身体将一直处于麻痹状态，不能正常地讲话，还必须忍受不间断的疼痛。

接下来11月5日，星期五，道格拉斯再次回到言辞辩论的法席上。在上午10：45左右，他传给了侍者一个字条——“告诉达勒我需要回办公室”。

道格拉斯从座位上离开后，伯格也传给了侍者一个字条——“小心地打探一下道格拉斯什么时候回来”，并用斜体强调了“小心”二字。十五分钟后，侍者回来报告称道格拉斯正在休息，最早下午时才会回来。伯格打断了正在进行发言的律师，决定暂停辩论直至道格拉斯返回。

午餐后，道格拉斯回到了法席。他让一位侍者找来了包含联邦法官退休内容的法令。接着，他又开始感到困倦，让人给他拿来了茶水和止痛药。马歇尔示意警卫把道格拉斯抬出去。

第二天，道格拉斯和凯茜前往纽约的腊斯克中心。道格拉斯希望能得到另外一位医生的意见。腊斯克的医生同意瓦特利德医院的诊断，但是表示充分的休息可能对病情有所帮助。道格拉斯仍然继续坚持着，匆匆地赶回华盛顿参加周五的讨论会。疼痛再次袭来，他不得不被推回办公室休息。第二天星期一的晚上，他告诉凯茜自己决定放弃了。

星期二，道格拉斯约见了好友克拉克·克利福德和亚伯·福塔斯。他们帮他准备了一封辞职信，寄给了福特总统。当天下午，道格拉斯回到最高法院，法袍下的衣兜里装着一封叠好的辞职信。

第二天午餐前，他将自己的决定告知了伯格。中午时，大法官们聚在私人餐厅庆祝布莱克门的生日。他们唱完生日歌后，伯格告知了道格拉斯辞职的消息："比尔希望我告诉大家他已经给总统写了辞职信了。"

首席大法官身旁的道格拉斯静静地坐在轮椅上。他们眼含泪水，一一与道格拉斯握手。

布莱克门含着泪水，拿着辞职信回到了办公室。他坐下写了一封向道格拉斯致敬的信："他很有远见，就像是一只孤鹰，自由而强壮，翱翔在天空……法官生涯永远不会枯燥，只要有威廉·道格拉斯在。像他一样的人在未来很长时间里将不会再出现了。"

道格拉斯向全体大法官写了一封信，回应他们的赞扬。

> 我亲爱的兄弟们，你们的信息……让我难以自抑……我回想起一生中无数次的独木舟之旅。在水道的起点我们或许都是陌生人，但在旅途的终点终会变成忠实的朋友……我最伟大的旅途是和你们一起经过的，我的兄弟们，你们从陌生人变成温暖坚定的朋友……我们的成就将由他人评判。其他的旅程将由我们的追随者继续完成，我们相信这些未被驯服的水道像我们来时一样纯净，没有受到一丝的污染。

道格拉斯辞职后不久，首席大法官邀请他的助理们一同饮茶，讨论他们未来的工作。作为一名已经退休的大法官，道格拉斯在最高法院还留有一个办公室，只能有一名助理。他的助理们希望能发挥更加积极的作用，伯格同意将他们重新分到其他办公室——分别分给了斯图尔特、布伦南和怀特。还有一位留下了，以防万一正在俄勒冈州波特兰住院的退休大法官重返最高法院。

11 月 17 日，星期一，七位陪席大法官按照资历重新更换了法席上的座次。布伦南换到了伯格右侧道格拉斯的位置上。布莱克门第一次发现自己的位置如此靠近媒体席。"上帝啊，这下我可不敢再睡觉了。"他开着玩笑。

最高法院开庭时，伯格朗读了其他大法官写给道格拉斯的信："你真的决定离开了，我们才充分感受到你对我们，对最高法院的重要意义。毋庸置疑，我们希望你能和往常一样坐在这儿，你永远是我们尊敬的资深大法官。"

当天下午，大法官们举行了讨论会。通常，他们不会在周一举行正式会议，但是道格拉斯的退休留下了许多需要处理的行政事宜以及上周积压的案件。

大法官们围着会议桌就座。首席大法官对面有张反放着的椅子，那儿曾是放置道格拉斯轮椅的地方。作为资深陪席大法官，布伦南现在坐在了那个位置。

气氛仍然有些紧张。

伦奎斯特，作为只有四年资历的大法官，因此成了讨论会上大家差遣的对象，但是很快他就不用继续扮演侍者的角色了。

大法官们都读到了新闻的报道，福特总统的妻子贝蒂正在劝说他任命一位女性大法官。福特的秘书卡拉·希尔的名字被频繁地提及。

"比尔，"一位大法官向伦奎斯特开玩笑，"如果来的是卡拉，你应该像位绅士一样，继续负责开门。"

"没门，"伦奎斯特反击，加重了语气说了一句带有猥亵意味的话，"卡拉可以帮自己开门。"

他们全都笑了，紧张的气氛已经缓和了下来。

他们接着开始按计划讨论案件，第一个案件是道格拉斯退休当天上午讨论过的一个税务案［福斯特木材公司诉美国政府案（Foster Lumber Co. v. United States）］。伯格发言后，一位大法官告诉布伦南，他现在已经取代了道格拉斯的位置，他必须像道格拉斯一样做出支持纳税者的投票。布伦南微笑着，投票支持纳税人。

另外一个需要解决的案件［巴克利诉瓦莱欧案（Buckley v. Valeo）］，挑战的是《联邦竞选法》。该法于 1974 年颁布，目的是为了减少数额巨大的政治献金。该法有四个主要条款：禁止将联邦税收用作资助总统选举；公布资金来源和支出情况，其中包括捐助者的名字；限制个人捐赠的上限是 1000 美金；对候选人如何使用这些资金作出严格限制。

詹姆斯·巴克利，来自纽约州的一位保守派共和党议员，以及尤金·麦卡锡，来自明尼苏达州的一位自由派民主党议员，领导着本案，他们认为法律中的限制损害了言论自由。案件反映出了超过二十个宪法问题。

在讨论会上，伯格接受了异议者的主张，认为该法假借改革之名，重重地击中了第一修正案所保护的各项权利。限制政治献金的来源和支出，实际上限制的是政治活动和政治言论的自由。强迫公开捐献者的名字，侵犯了他们的隐私权和参加政治组织的权利。公开总统竞选的财政情况将为政府干涉政治进程大开方便之门。伯格表示他将投票支持废除整部法律。

其他七位大法官总的来说，似乎是支持法律中的大部分内容的，尽管每个人都对其中某一个或者两个条款有所保留。但是多数人都同意维持法律的大部分内容，其中就包括要求公开总统竞选的资金使用情况。

本案的复杂性将一个重大问题摆在了最高法院面前。总额为六百万左右美金的第一批公众捐款将于 1 月 2 日公布，距今只有不到六周的时间了。如果最高法院不能在此之前采取行动，多位候选人，包括吉米·卡特，可能将不得不退出竞选。

考虑到本案的紧急性，斯图尔特建议成立一个大法官委员会来起草法庭共同决议。伯格最初有些犹豫，但还是同意了斯图尔特的建议，将本案意见分派给了斯图尔特、鲍威尔和怀特共同负责，只要他们觉得合适，他们可以将某些部分的内容再分给其他人撰写。

斯图尔特喜欢以团队的方式共同完成一份案件的感觉。他认为，最高法院本来就应该通过这种方式对各个案件进行审查。但是很快怀特，一个独行者，就明显表现出对委员会形式的不适应。怀特提出异议，然后退出了委员会。伯格随后取代他的位置加入了委员会。

斯图尔特、鲍威尔和布伦南对工作进行了分配。斯图尔特将撰写判决意见中两部分最长的内容，维持对个人献金的限制，但是反对对候选人如何使用献金进行限制。鲍威尔负责的内容是维持法律中对信息披露和报告所做的规定。布伦南负责撰写维持要求披露总统竞选献金的资金状况的部分内容。尽管伦奎斯特正在独自撰写自己的意见，他还是同意执法委员会的部分。而伯格虽然支持废除整部法律，仍然为本案撰写了前言和事实部分的内容。

道格拉斯在 11 月末返回华盛顿。他到办公室后，按铃召集他的助理。但是没有人出现。他再次按铃，仍然没有人。他感到有些奇怪，他们通常会跑着过来。他持续用力地按着响铃。

玛西·贝格比，他的资深秘书，终于出现在门边。

“助理们都去哪儿了？”道格拉斯生气地发问。

“已经没有助理了。”她磕磕巴巴地回答。他不在的这段时间，首席大法官已经把他的助理重新分给其他大法官。

道格拉斯盯着她。没有助理？他是一位大法官。他还有工作要做。

当他知道其中一位助理的去处后，他立刻让他回到自己的办公室。他要求这位助理立刻开始为自己工作。

道格拉斯开始几乎每天都到最高法院报到。他传阅了许多备忘录，希望仍然参与到最高法院的各种事务中。他知道法律中有条文规定，退休法官仍然可以继续下级法院的工作。汤姆·克拉克已经于 1967 年退休，他的工作对最高法院非常有帮助，他同时还是地区法院和上诉法院的替补法官。

道格拉斯曾经参与了最高法院为竞选资金法举行的听审中全部的口头辩论环节。他认为自己的继任者还未就任，自己没有理由不参加本案的审理。他决定撰写一份判决意见。

其他的大法官对道格拉斯试图全面参与最高法院的工作感到非常尴尬。布莱克门路过道格拉斯敞开着的办公室时似乎总是刻意避开道格拉斯的视线。其他大法官偶尔前来拜访道格拉斯时，他总会询问竞选资金案的近况有什么进展吗。

有时候道格拉斯的神志已经开始有些糊涂。有次他坐在轮椅上，达勒将他留在了走廊的中央。他独自地坐着，安静、无助。怀特经过，向他打招呼。“是我，拜伦。”怀特说着将上身靠近道格拉斯，道格拉斯没有做出任何回应。

伯格在一份备忘录中建议道格拉斯，他会发现厄尔·沃伦的旧办公室比他自己的更加舒适宽敞。但是在道格拉斯眼中，沃伦的办公室具有很强的纪念意义。两个小房间连着主办公室，不够装下所有的工作人员。道格拉斯回复了一份备忘录，表示自己现在的办公室已经足够宽敞，并重复了多遍“宽敞”这个词。他告诉一位助理：“这能提醒他我还在最高法院办公。”

道格拉斯对退休法官的相关法律规定做过研究。富兰克林·罗斯福曾试图打压最高法院，他在 1937 年倡议制定一部法律，允许总统任命新的大法官代替年满 70 岁的大法官。他的计划失败了，但是议会确实通过了一部法案规定了大法官的退休问题。法案中写明任何大法官，如果工作满 10 年并年龄超过了 70 岁，可以“保留自己的办公室但是退出日常的审查事务”。最高法院将继续支付退休大法官的薪水，根据该法案，还可以处理首席大法官“制定或分配的”司法事项。

道格拉斯决定为自己指定和分配工作。

在 12 月末，委员会的法庭共同决议判决意见已经快要收尾了，但是伯格仍然没能完成前言部分的撰写。

鲍威尔担心可能会拖延案件的进度。《纽约时报》和《华盛顿邮报》，鲍威尔密切关注的两家媒体，发表社论指出，在 600 万美元支付期限来临前作出判决的必要性。伯格同样感到不悦。委员会的共同决议意见非常糟糕。首席大法官传阅了一份备忘录表示，如果维持该法案四分之三的内容，最高法院将会为这份判决意见后悔。最终，他的这份备忘录看起来更像是一份不同意见。然而，他还是为委员会撰写了前言部分的内容，尽管其中大部分的讨论围绕着他对该法案的否定意见。

布伦南收到了前言部分的内容，他吩咐一位助理对这部分进行大幅修改。时间所剩不多，但是布伦南认识到，他不能将带有助理手写编辑痕迹的修订后版本交给伯格。因此，他重新亲自手写了需要进行修正的地方。

尽管道格拉斯也在继续为竞选资金案忙碌着，但是他很快发现自己被忽视了。在过去，其他大法官总是会对他的备忘录和草案保持足够的尊重，并且会将他们的备忘录和草案送给他查看。现在他们表现得就像自己不存在一样。他撰写了一份备忘录给讨论会，落款是“道格拉斯大法官”。他在开头写道：“我在这份备忘录中讨论的是联邦竞选法的相关案件，此外也会谈及退休大法官的地位问题。”

道格拉斯追溯了规定退休大法官相关事项的法律，并指控试图将自己排除出去的行为“比罗斯福的计划还要狡诈，目的是为了打压已经退休的大法官”。“背后的真相是试图使用诡计为一位大法官挑选他能参与的案件。”他将排除自己的行为称为“一个带有政治目的的举动”，道格拉斯表示：“最高法院绝不是使用政治阴谋的地方。”

他宣称自己对竞选资金案的参与，只是在完成自己的工作，并不是任何新鲜或者极端的事儿。“如果基于某些原因，一位大法官参与了申请审查和案件审理，包括口头辩论环节，可以被最后判决排除在外，最高法院的传统将会被打破。”

回归到本案，道格拉斯认为竞选资金法的规定对执政党更加有利。该法对资金使用和捐赠的上限进行限制性规定，他对此抱有深深的疑虑。

> 历史表明财政权和政治圈最终会融合在一起共同发挥作用……联邦的政治体系目前还是受企业和国家经济利益的支配。一个新形成的政党试图打破现有的大企业的财团的控制，但是根据本法规定他们不可能得到任何一分钱的支持。

这份备忘录有 13 页。道格拉斯告诉他的临时助理，他打算在本案判决公布时将它作为不同意见公开发表。这位助理提醒了斯图尔特、怀特和布伦南。最终布伦南同意与道格拉斯谈谈。福塔斯同样参加了他们的会谈。稍后，福塔斯告诉一位助理，如果他是首席大法官，道格拉斯想回来重新参与某个案件，他将会写给道格拉斯一份备忘录：“亲爱的比尔，你已经离开最高法院了，所以忘了这些事吧。”

但是道格拉斯不会听从任何人的劝说。他命令助理把判决意见草案拿去打印，并传阅给其他大法官。助理没有即刻去办，但是道格拉斯非常坚持，最终这份草案还是被打印出来了。

助理稍后将副本送到了各个办公室。

斯图尔特阅读了道格拉斯的备忘录。这是典型的道格拉斯风格——反对同事们所谓的“狡诈”以及“公司的和金钱方面的利益”。但是它没有体现出道格拉斯过去判决意见中的“优雅和力度”，留下的只有“疯狂”。

“比尔就像是一只衰老的消防犬，”伯格告诉一位助理，“年老体衰已经追不上消防车的速度，但是耳朵总会竖起像往常一样警惕。”

讨论会最终决定于 1 月 30 日公布本案判决。得知日期后，道格拉斯传唤了他的助理，告诉他将自己的意见公布出去。

“我不会这么做。”助理回答。

道格拉斯脸色通红，盯着他。“你是个叛徒，”他的蓝色的眼睛中充满着冷酷，“这件事我自己做。”

助理离开了办公室，并写了一个便条给怀特：“最高法院的第十位大法官想要公开发表他的判决意见。”

讨论会尽管不情愿，但是知道必须立刻采取行动。最高法院的所有职员被告知不用理会道格拉斯寻求帮助的要求。

处处受挫之后，道格拉斯终于决定放弃。

最高法院的意见足有 237 页长，厚得像是一本书，除了布伦南、斯图尔特和鲍威尔，所有的大法官都撰写了单独的协同意见或者不同意见。布伦南想不到其他任何一个更长或者更重的判决意见了，在更衣室里他与伯格开玩笑说，不知道该由谁把它搬出去。官方发布的案件总结中称本案意见是八位大法官共同努力的成果。

判决宣布后，怀特接到了一通电话，是已故议员罗伯特·肯尼迪的遗孀埃塞尔·肯尼迪打来的。她对本案判决感到非常不安，认为这份判决将会摧毁各个政党，摧毁改革成果，最终摧毁一切。

“但是埃塞尔，”怀特表示，“你不理解它的真正意义。”他开玩笑称，多数意见中的内容正是想要达成的内容，如果本案意见由自己撰写，自己同样会维持该法令对支出作出的限制。最终结果将是像肯尼迪家族一样的富人或者富庶的家族将无法再像过去一样，无限制地把钱捐赠给他们支持的阵营。

史蒂文斯的继任

考虑到福特曾在六年前发起过一次针对道格拉斯的失败的弹劾调查，福特总统和白宫顾问们意识到如何挑选道格拉斯的继任者是一件非常微妙的任务。此外，由于他是美国历史上第一位不是由选举产生的总统，参议院司法委员会的民主党人士对福特的任何提名都将可能是基于政治考虑。他必须迅速找到一位合适的继任者，并在1976年总统竞选开始前确定下来。

作为道格拉斯这位最高法院最伟大的自由派大法官的继任者，福特知道自己不可能挑选一个彻底的保守派人士或者自己的政治密友作为提名人选。但是尽管已经对卡拉·希尔进行了考察，福特的备选名单上还有九个名字——除了卡拉之外都是男性——包括检察总长罗伯特·伯克和福特在密歇根州的一位老朋友、共和党参议员罗伯特·格里芬。伯格向白宫推荐了一个人选——克利福德·华莱士，他是一位来自西部海岸的著名的保守派法官。

福特排除了参议员格里芬。他不允许自己受到可能的徇私的指控。同样地，希尔是他在房产和城市发展局的秘书，希尔的提名看起来将更像是一个政治策略。伯克是理想人选，但是在1973年开除水门案特别检察官阿奇巴·考克斯的事件中他发挥了重要作用，因此他的提名势必会引发诸多争议。

最终福特得出结论，最好的选择是找到一位现任法官，一为曾在联邦法院兢兢业业地工作了多年时间的不知名人士。名单上的名字就只剩下两个了。

亚林·亚当斯，是费城第三巡回上诉法院的法官，在1971年的时候差点被提名为伦奎斯特现在的位置。尼克松实际上向他承诺过任命他为最高法院的大法官，但是考虑到他对天主教反战分子丹尼尔·佩利根一案的处理方式，当时的司法部长米歇尔否决了尼克松的建议。

另外的一个人选是55岁的约翰·保罗·史蒂文斯，他是芝加哥第七巡回上诉法院的法官。福特的司法部长爱德华·利瓦伊，曾经担任过芝加哥大学法学院的院长，他非常支持史蒂文斯。律师协会的委员同样强烈支持推荐两人。在最近的白宫招待会上，福特与两人都进行了交谈，并且阅读了两人撰写的部分意见。亚当斯可能更有能力，他表现得非常自信，有时会显得有些夸张。史蒂文斯个头不高，个性温和，看起来非常踏实可靠，是一个有幽默感的人。

史蒂文斯在 1970 年进入上诉法院工作之前，是一名私人律师。他的一个对手注意到史蒂文斯习惯佩戴领结，然后暗示佩戴按扣式蝴蝶领结的律师都是不可靠的。史蒂文斯未发一言地起身，把领结解开，然后又静静地重新戴上。

他在律所时的合伙人认为史蒂文斯是律师的律师，在上诉法院里史蒂文斯也一直被看作法官的法官。他的思虑周全和复杂精妙的法律辩论都非常有名。

根据几次交谈，福特更加倾向于史蒂文斯。他似乎没有参与任何政党政治，也没有极端的意识形态。他的默默无闻将使他的提名能迅速得到确认。

史蒂文斯正在他位于联邦法院大楼 26 层的办公室中忙碌着，这时电话响了。他告诉过助理不要接任何电话。他希望能专心考虑一个复杂的专利案。“你或许会想要接这个电话，”助理说，“是白宫打来的。”

史蒂文斯接起电话。福特总统向他亲切地打招呼。

“你好吗？”史蒂文斯问。

福特说他很好，他也向史蒂文斯问好。

“坦白地说，跟你谈话有点紧张。”

福特提到了他们在白宫招待会上的会面。“如果你没有异议，我打算提名你为最高法院大法官。”

史蒂文斯感到不可思议。他向福特表达了感谢。他希望不要表现得太过急切、不谨慎，随后他表示愿意接受。

福特告诉史蒂文斯自己下午将在白宫宣布这一提名。

在道过再见之后，史蒂文斯独自散步，然后前去探望他的母亲。他非常高兴被提名为道格拉斯的继任者。从西北大学法学院以第一名的成绩毕业后，史蒂文斯曾经在1947年担任过威利·拉特利奇大法官的助理。道格拉斯在那时已经担任大法官八年时间了。史蒂文斯非常欣赏道格拉斯。

华盛顿对史蒂文斯的提名的接受度很高。参议院司法委员会很快就要求审查他的相关信息，包括基本信息、经济状况、学术成就，以及法律和司法方面的相关背景。“我有过审查反垄断案的经历，”史蒂文斯表示，“但从未经历过现在这种情况。”

他的净资产是171000美元，包括市值为125000美元的一处房产，两辆车和一架飞机。

针对提名召开的听审会将于12月8日举行。委员会一致同意史蒂文斯是一位不为世人所知的，博学、有思想深度的律师和法官。两天后，他得到了参议院的全票通过，结果是98∶0。

在最高法院，伯格开始为史蒂文斯的到来准备各项事宜。福特总统表示他将参加史蒂文斯的宣誓就职仪式。首席大法官希望一切都能准备得非常完美。当最高法院的木匠告诉伯格新大法官的椅子无法按时制作完，伯格表示：“我已经作出决定，椅子能按时做好。”

12月19日，福特站在法庭里宣布任命史蒂文斯为最高法院大法官。他正在发言时，道格拉斯坐着轮椅出现了，引起了一些骚动。他前来观看他的继任者的宣誓仪式。仪式结束后，福特走向坐在轮椅上的道格拉斯，“很高兴看到你，大法官先生。”福特开始与他的这位老对手进行交谈。

“是的，见到你真的很高兴，”道格拉斯讽刺地说，“我们应该多见面。”

道格拉斯边说边示意达勒，把自己推离法庭。

史蒂文斯作为大法官第一次参加最高法院的言辞辩论会，正在进行的案件是上一庭期暂缓审理的一个案件［汉普顿诉王牟尚案（Hampton v. Mow Sun Wong）］。本案涉及一部文官任用条例是否合宪的问题，该条例禁止外国居民从事大部分联邦政府机构的工作。在讨论会上，法院发生了和上一庭期审理本案时一样的情况，再次分裂成4∶4的局面。决定权掌握在史蒂文斯手中，结果是他的观点与两派都不相同。他认为如果仅基于一部文官任用条例，导致的对外国人的歧视是违宪的，本案正是这种情况。但是，如果由总统或者国会决定禁止外国人从事联邦政府机构的工作，这种禁止是合宪的。这意味着投票结果将是 5 : 4 支持宣布本案中的这部条例违宪。尽管严格来说，没有人和史蒂文斯的观点完全一致，布伦南仍然将本案的多数意见交由他来撰写。史蒂文斯得到了自己的第一个多数意见。

史蒂文斯迅速地投身于其他许多案件。在一个案件中［亚历山大废物处理公司诉休斯（Alexandria Scrap Co. V. Hughes）]，他属于少数派的三位大法官中的一员。该案多数意见要求主笔人在州际贸易法律方面有非常高的造诣，随后被分配给了鲍威尔撰写。史蒂文斯给鲍威尔写了一封私人信件，并附上了一份阐明自己意见的法律备忘录。鲍威尔被史蒂文斯的备忘录说服了，改变了自己的投票。另外两位大法官，包括首席大法官，也改变了立场，结果变成了相反的 6 : 3。在布伦南的办公室里，该案成了“鲍威尔，即史蒂文斯，意见”。

到了下个月，伯格将一个刑事案件［亨德森诉摩根案（Henderson v. Morgan）］分配给了史蒂文斯。多数意见决定维持该案中认定被告二级谋杀的判决，尽管辩方坚称被告人没有意识到认罪针对的是可能导致被判处长期有期徒刑的故意杀人。在对本案进行研究后，史蒂文斯发现自己加入了错误一方的意见。被告未能充分理解辩诉交易的本质是放弃了正当程序。他改变了原有的投票，他起草的新意见最终赢得了七张投票，除了伯格和伦奎斯特。

在一个猥亵案中［莱利诉俄勒冈州案（Liles v. Oregon)]，布伦南、马歇尔和斯图尔特对拒绝接受本案的备忘录提出了一份标准典型的不同意见，反对拒绝听审本案并推翻猥亵定罪的下级法院发布的多数意见。尽管史蒂文斯倾向于加入布伦南、马歇尔和斯图尔特，但是他还是撰写了一份简短的协同意见支持拒绝受理该案的决定，而通常拒绝受理某个案件的决定收到的都是大法官提出的不同意见。他表示，在 1973 年的米勒案中，维持了猥亵定罪的五人多数意见仍然是牢不可破的，因此接受本案申请只能让多数意见对已经众所周知的结论再次进行确认，这种结果没有任何意义。他不会——三位持有不同意见的大法官也不会希望——让自己成为批准申请的第四张投票。他表示反对布伦南一贯的不同意见策略：“为了节约法律图书馆里宝贵的空间，我将不会再为类似的投票做出重新解释。”

令自由派担忧的民权案件

布伦南对数个尚未解决的民权案件感到非常担心。这些案件涉及基于与公民权利有关的联邦法律提起的诉讼，案中原告主张，州政府“不经正当程序，无权剥夺任何人的生命、自由，或者财产”，并请求判决涉嫌违反正当程序的州公职人员对自己进行损害赔偿。

对布伦南而言，宪法对正当程序的规定是对基本权利的保障。他支持对正当程序条款进行扩张性解读。他解释道，“生命、自由或财产”这一概念的内涵非常丰富。州权在未经正当程序、未经听审或者其他保障公正的程序的情况下，不能用于对抗个人的权利。在布伦南看来，它包括保护公民的名誉权不受侵害。

[保罗诉戴维案（Paul v. Davis）]反映的正是这个问题。该案涉及肯塔基州路易斯维尔市的一位摄影记者爱德华·戴维。戴维因为盗窃被逮捕。在定罪之前，地方警察局公开了一份五页的名字目录，称他们是“已知的活跃的”盗窃犯。戴维的名字和照片也被印在了传单上。

在传单分发之后不久，对戴维的指控就被撤销了。但是传单已经引起了戴维雇主的注意，并警告戴维“以后不要再发生类似情况”。戴维向联邦法院起诉了警察局长，要求对自己进行赔偿，并赢得了上诉法院的支持。

第六巡回法院引用了 1971 年道格拉斯撰写的一个意见[威斯康星州诉康坦斯丁案（Wisconsin v. Constantineau）]，意见认定“名誉”是受第十四修正案保护的一项利益。布伦南同意上诉法院的判决，但是他担心他的同事们会质疑判决所引用的先例的正确性。

斯图尔特认为对正当程序条款的适用已经开始泛滥了，涌现出各种主张属于“自由”或“财产”保护伞下的所谓的“利益”。不是所有受到州公职人员行为侵犯的利益，都可以成为向联邦法院提起权利诉讼的基础。警察将戴维的名字和照片作为“盗窃犯”公布的行为让人震惊，但是戴维并没有因此而丢掉工作。斯图尔特认为比较妥当的救济方法是戴维根据州法向地方法院起诉警察诽谤。肯塔基州没有类似的法律，他不太走运。但是这个问题并不因此属于联邦法院的管辖范围。

此外，伦奎斯特曾劝说他在 1972 年的一个意见[校董事会诉罗斯(Bd. of Regents v. Roth)] 中加上一句话，现在斯图尔特深陷于这句话而无法脱身。这句话原话是“只有政府创设的财产利益，才适用正当程序条款”，当时斯图尔特不认为这句表述会造成什么危害。最高法院不应介入政府创设新利益的过程中。斯图尔特被自己的先例束缚住了手脚。

在讨论会上，斯图尔特加入了伯格、布莱克门、伦奎斯特和鲍威尔反对戴维的主张。通过一个案件，他们同时可以达到限制民权诉讼，收缩第十四修正案保护的范围，减少联邦法院的案负，并支持州权的目的。

布伦南、马歇尔和怀特持少数意见。史蒂文斯没能赶上口头辩论，退出了此案。

布伦南觉得难以接受。这样一份意见意味着不论最终是否被法院定罪，警察都可以自由地将被逮捕的公民贴上“罪犯”的标签。这意味着宪法不保护个人不受污蔑的权利。布伦南难以相信多数派的五位大法官坚持作出这样一份明显不恰当的判决。

伯格将本案分给了伦奎斯特。伦奎斯特认为，上诉法院作为先例引用的 1971 年的威斯康星案，是他需要清除的主要障碍。该案中，威斯康星州法律禁止将酒卖给任何被认定为因为饮酒过量将对自己、家庭或者社会造成伤害的人。结果一位女性被认定为惯性酗酒者，她的名字被公开地张贴在当地所有销售酒类的商店里。道格拉斯撰写的多数意见指出未经任何程序，如告知或者举行庭审会，就将这位女性的名字公开的行为侵犯了正当程序原则。

伦奎斯特相信自己已经找到了可以规避威斯康星州案先例的方法。张贴那位女性的名字，他认为，不仅损及她的名誉，而且剥夺了她所享有的一项州权——购买和取得酒类商品的权利。案中女子失去的不仅仅是她的名誉，还要加上买酒的权利。后者是州法中明确规定的权利，名誉权不是。本案中，戴维没有丢掉工作，名誉权是唯一的问题。伦奎斯特因而得出结论，戴维的状况不足以支持一场额外的听审，以达到正当程序的要求。

在庭期初，布伦南告诉助理们工作务必要谨慎对待伦奎斯特或者伯格传阅的草案，不要漏掉任何一个词。没有人知道伯格的文件会写成什么样，能确定的是它一般都不是一份合格的作品，因此必须进行仔细阅读。伦奎斯特，布伦南解释道，经常扭曲先例的判旨，或者无视支持相反观点的那些先例。

布伦南收到伦奎斯特戴维案的草案后，很快就发现了他的诡计。伦奎斯特解释称，正当程序只有在“名誉”以及另外一种权利受侵犯时才存在。这种解释极具欺骗性。在威斯康星州案意见中，道格拉斯表达得非常明确，名誉权问题是“本案唯一的议题”。伦奎斯特的一位助理承认戴维案草案是伦奎斯特写得最差的一份意见。一位伯格的助理也认为这份草案“非常糟糕”。

布伦南撰写了一份严厉的不同意见，指责伦奎斯特“故意规避”并“试图减损我们伟大的权利法案”。但是伯格、鲍威尔、斯图尔特以及布莱克门都加入了伦奎斯特的意见。讨论会的投票已经有了结果。布伦南最担心的事情发生了。

伦奎斯特没有停止削减民权案件和限缩对第十四修正案的广泛性解释的努力。在另外一个案件［贝尔彻诉史坦格案（Belcher v. Stengel）］中，一个警察开枪并杀死了两个人。伦奎斯特宣称本案不涉及公民权利问题，只是一个意外死亡案件。因此本案与第十四修正案保护的利益——生命、自由或财产——无关。史蒂文斯迅速起草了一份备忘录给讨论会谴责伦奎斯特的观点。两名公民被杀害，认为本案不涉及剥夺“生命权”问题的这种主张是非常荒谬的。他在备忘录中对“生命、自由或财产”的内涵进行了复杂而精妙的讨论，这份备忘录给自由派带来了一阵清风。最终，讨论会决定不对此案进行判决，同样没有发表任何的判决意见。

伦奎斯特还深信最高法院帮助联邦政府从各州手中拿走了太多权力。令他不快的是，对此他能做的事情很少，因为最高法院的那些案件都已经是上世纪或者数十年前的旧案了。如果想要限制联邦政府权力不断扩大，必须克服的一个障碍是 1968 年最高法院的一个判决［马里兰州诉怀兹案（Maryland v. Wirtz）］，判决维持了一个最低工资标准，这个标准将适用于将近三百万人的州医院和学校的职工。在上个庭期的一个案件［弗里诉美国政府案（Fry v. U.S.）］中，伦奎斯特是本案唯一的少数意见，他在自己的不同意见中曾经主张，最高法院应该考虑推翻怀兹案的判决。现在，他认为已经遇到了另外一个机会。最高法院正在处理的是一个更加重要的案件［国家城市联盟诉尤瑟里案（National League of Cities v. Usery）］。21 个州对一部 1974 年的联邦法律提出异议，该法律将最低工资标准的适用范围扩大到了另外 340 万的警察、消防员和其他公立机构的职工。讨论会在上一庭期僵持在 4∶4 的投票中，道格拉斯的投票未被计入。该案在本庭期将被重新讨论。

伦奎斯特认为如果自己能在这个案件中获胜，将会彻底打破那个 40 年来形成的判决体系，这些判决几乎是允许国会以调整州际贸易为由做任何事情。这种权力是宪法明确授予国会的，对这一条款的不断扩大解读已经导致了日益庞大的联邦公共机构的数量达到了一个惊人的程度。在过去 20 年，最高法院一直坚持遵循这一条款。联邦针对劳工关系、公民权利以及环保问题颁布的大部分法令都是合宪的。

尽管他反对 1968 年马里兰州诉怀兹案判决，斯图尔特认为该案作为先例的效力不容置疑。此外，他不希望违背自己对沃伦法院先例不会投出第五票的原则。先例就是先例。像怀兹案一样的案件，一旦被作出判决进行公布，其本身就组成了法律的一部分。此外，斯图尔特认为自己不应成为推翻沃伦法院先例的第五票，尤其加入的还是四位尼克松大法官。

因此，在尼克松任命的四位大法官已经做好准备的情况下，新任大法官史蒂文斯成了本案的关键。

在 3 月 5 日星期五的讨论会上，首席大法官将话题转到了国家城市联盟案。他表示，自己暂时放弃投票。布伦南坚持自己在上一庭期的意见。本案很显然受限于怀兹案判例，两个案件涉及的几乎是同一个问题。

斯图尔特宣布他同样会坚持自己上一庭期的投票，维持怀兹案判决。他表示不再坚持自己在 1968 年提出的反对意见。“但是如果我是第五票，我将必须改变投票……”如果史蒂文斯支持推翻怀兹案判决，斯图尔特愿意成为第六位多数派大法官。怀特和马歇尔同意怀兹案是本案的判决依据。

这样已经有了四票。布莱克门想知道是不是有什么办法可以将本案与怀兹案区分开来，这样他们就可以避开怀兹案。鲍威尔和伦奎斯特同意布莱克门的观点。他们如果能避开是否推翻怀兹案这个问题，可以防止冒犯到斯图尔特对先例的忠诚，从而达到推翻本案涉及的某部特定法律的目的。

但是，史蒂文斯表示，自己必须投票维持怀兹案先例。两个案件唯一的区别是最低工资标准的适用对象：在怀兹案中是医院和学校员工，在国家城市联盟中是警察和消防员。他不认为医院员工和消防员在宪法上有什么区别。由于史蒂文斯不是推翻怀兹案先例的第五票，斯图尔特也不会投票加入。这样一来已经有五位大法官投票支持维持怀兹案判决。

伯格告诉布伦南，他作为多数派大法官中的资深大法官，将由他分配本案。突然，怀特出言打断了伯格。他属于获胜一方，但是他感到并不满意。他表示，他认为有五票——包括斯图尔特——支持推翻本案中的那部法律。

“波特，我理解你为什么这么投票，”怀特开始时声音非常小，“但是我认为，你的投票不够勇敢。结果是最高法院的决定不得不受限于某些不能公开的原因。”

斯图尔特脸色通红，感到非常生气，回应称：“我认为你是对的，我将改变投票。”但是他反对通过某种迂回隐晦的方式推翻怀兹案，如果要推翻，必须在判决中言明。

伦奎斯特没有什么异议。鲍威尔和首席大法官也表示同意。布莱克门有些犹豫，但他还是表示视乎判决意见的撰写质量，他有可能会支持推翻怀兹案判决。

投票结果已经发生了逆转，伯格从布伦南手中拿回了案件分配权，他将本案分配给了伦奎斯特。

布伦南情绪激动。就在他眼前，两个法律巨匠因为个人冲突竟然导致了如此重要的一部有 35 年历史的法律的命运发生了逆转。布伦南想知道怀特想要做什么？斯图尔特怎么会如此轻易地就受到了别人的影响？布伦南愤怒地离开了讨论会。“怀特应该把他的嘴巴闭上！”他怒气冲冲地对着助理说。

三月末时，伦奎斯特传阅了他的第一份草案，他发现弗里案的多数意见中有一个脚注写着“国会行使其权力不能损及州政府权力的完整或者它们有效运转的能力……”

伦奎斯特引用了这个脚注，在草案中写道，对 340 万的雇员支付符合最低标准的工资给各州造成了日益增长的负担，这种负担可能会威胁到各州的生存或者主权。例如，伦奎斯特的故乡亚利桑那州，就估测将会额外增加 250 万美元的支出。其他州，也宣称财政很难负荷额外增加的支出，表示将削减针对少数族群的优惠性措施，以及暑期的青年兼职生。

史蒂文斯收到伦奎斯特的副本后，带回家中仔细进行了阅读，在上诉法院工作的五年中他很少会见到如此乱用先例的情况。伦奎斯特“不能胜任”，第二天早晨他告诉了一位助理。

史蒂文斯喜欢伦奎斯特这个人，但是他认为自己必须对伦奎斯特不合格的学术能力提出异议。他起草了一份篇幅很长的备忘录“致亲爱的比尔”，摆在了桌子上。他不确定这份备忘录应该作为一份公开的不同意见提出，还是作为一封私人信件寄给伦奎斯特，史蒂文斯最终决定在讨论会上将之传阅。他没有事先与身为资深不同意见大法官的布伦南进行协商，而且他对自己的备忘录是否足够成熟有些不确定。但是布伦南非常高兴收到这份备忘录。它充分地证明了史蒂文斯不是一个愚笨的人。他提出的问题比布伦南最多疑的助理提出的还要多。然而，布伦南仍然决定撰写一份自己的不同意见。三位助理都非常渴望撰写草案的第一稿，他们抽签决定将由谁来撰写。

斯图尔特的助理们因为他反转式的投票感到沮丧，他的这一决定看起来像是受到怀特的挑衅才做出的。收到史蒂文斯的备忘录后，四人一同走进了斯图尔特的办公室。如果需要解决联邦和州之间的管辖冲突，他们表示，肯定不是通过本案。这类对州权的主张已经在多年前就被彻底推翻了。

斯图尔特不赞同。

助理们回到他们的办公室，逐行解剖伦奎斯特的草案。他们再次找到斯图尔特。斯图尔特赞赏他们的工作，他们的论据非常有力，并且表述得当。但是他不会改变自己的想法，他表示“我仍然会投票支持伦奎斯特”。

但是，伦奎斯特担心史蒂文斯的备忘录会对其他办公室造成影响。现在还没有任何一位大法官表示加入他的草案。最令人不安的是，似乎布莱克门已经在考虑改变自己的投票了。伦奎斯特传阅了另外一份稍作修改的草案。尽管他拒绝在任何一个重要的问题上做出让步，但他还是对原有引用先例的部分进行了调整。

布伦南认为这个案件能测试出伦奎斯特在最高法院的影响力。如果最高法院开始限制联邦权力，将会是对自由主义的一个打击。对州权的主张基本上毫无例外地都属于保守派观点。

布伦南对最不坚定的两个投票，布莱克门和斯图尔特，保持着密切的关注。他和斯图尔特的助理们有过交谈，他们仍在试图说服斯图尔特。他们又一次地劝说斯图尔特，他长久以来避免成为推翻先例的第五票的坚持是非常妥当的。他不应牺牲自己的这一原则，他们称这是斯图尔特对最高法院的重要影响之一。但是，斯图尔特似乎已经不再担心自己可能成为推翻先例的第五票。他宣称，目前的情况实际上对自己更加有利。伦奎斯特若要扩张州权，必须要得到斯图尔特的支持。助理们放弃了。他们觉得，斯图尔特看起来像是某个一人国会的唯一成员。

布伦南还没有放弃。他让态度最尖锐的一位助理重新修改自己撰写的不同意见，指责伦奎斯特的草案是对“国会权力的公然篡夺”。作者臆造了一个“抽象概念”，导致的结果是极其有害的。草案中的法律推理和专业论述，非常古怪，存在“断章取义”的嫌疑。这份草案，内容毫无意义，是“惊人的”，“令人触目惊心的”，“灾难性的”，“不祥的”，而且非常狡诈，将会导致司法权抑制国会权力的“灾难性”局面。他还补充道：“我无法想起最高法院历史上曾发生过一次性放弃跨度长达数十年的众多先例的情况。”

布伦南又仔细阅读了一遍后，将这份不同意见送往其他办公室进行传阅。在送给布莱克门的副本上，斯图尔特还附上了一封私人信件，询问布莱克门有没有什么方法能争取到他的投票。

史蒂文斯对布伦南意见中严厉的语气感到惊讶。它从法律角度攻击了伦奎斯特的草案，还从个人角度对他进行了抨击，这些合在一起让史蒂文斯有些难以接受。他不可能会加入一份这样的不同意见，尤其是自己只是刚到最高法院不久的一位新人大法官。史蒂文斯希望和所有办公室都建立一个良好的关系，而不是彻底地激怒他们。更进一步来看，布伦南将众人的注意过多地引向了本来可能不会那么引人关注的一个案件。伦奎斯特并没有做出任何将引发地震的主张。为什么要帮他达成那种惊人的效果呢？

史蒂文斯给布伦南写了一个私人便条，用祝贺的语气向他解释，他的草案“充满力量”——用斜体标出了这个词——但是他不能加入。他没有说明原因，认为布伦南能够理解。

马歇尔和怀特加入了布伦南的不同意见。

到了六月，伦奎斯特的意见已经得到另外三位大法官的支持，布莱克门的决定还是个疑问。布莱克门读了伦奎斯特和布伦南撰写的意见。他一般不愿意加入含有过分讽刺内容的意见。在他看来，布伦南的意见有些言过其实。布莱克门不认为这份意见将会对国会权力造成重大伤害。但是他对推翻怀兹案判决的做法有些不满。6 月 10 日，在总结案件进展的讨论会上，布莱克门宣布自己因为这个案件“深受困扰”。他准备参加女儿的毕业典礼，在返回之前不会再考虑本案。一周后，6 月 17 日，他告诉助理自己还没有作出决定。“要做的事情太多了，我还没能深入地思考这个问题。”

经过反复的思考后，布莱克门仍然没能想出一个满意的解决办法，他甚至考虑过是否可以只加入判决意见的结论部分，这样一来伦奎斯特就无法得到第五票，本案也将不会成为具有约束力的先例。最终他还是决定加入伦奎斯特的意见，但是为了限制它的作用，他还决定另外撰写一份判决意见。他的这份协同意见最后只有一段话：“尽管我对最高法院的这份意见仍然抱有一些疑惑——其中一些在不同意见中已有提及——我并不像我的兄弟布伦南一样对它持有完全悲观的看法。”尽管伦奎斯特的意见明确地禁止了联邦的所有干涉行为，布莱克表示，在未来的案件中，如环保问题上，如果联邦享有更大的利益，那么它的介入行为仍然是合宪的。但是由于布莱克门的阐述只有一段话，伦奎斯特的意见将具有完全的先例效力，这对所有持不同意见的大法官而言，都是一个极其令人失望的结果。

史蒂文斯，将这一结果部分地归咎于布伦南，布伦南那份语气尖锐的不同意见，反而将布莱克门推向了多数意见。布伦南和马歇尔责备怀特，是他对斯图尔特的挑衅导致了案件的逆转，他对最后的惨败难辞其咎。

伦奎斯特逐渐占了上风

随着庭期的进展，伦奎斯特和斯图尔特的关系，无论是工作上还是私下里，都逐渐变得紧密起来。他们的关系影响着最高法院的内部联盟。“非常好。”斯图尔特经常如此评价伦奎斯特。斯图尔特深信精英主义，伦奎斯特显然已经证明了他自己的能力足以胜任最高法院的工作。

在本庭期里，伦奎斯特似乎终于找到了最适合自己的工作节奏。他今年 50 岁，仍然是最高法院最年轻的大法官，他的精力处于巅峰状态。在前几年的时间里，伦奎斯特承担了超出自己责任的日常工作和讨论会的研究准备工作，总是主动接受额外的工作任务，完成了将近一打不署名的法庭共同决议。但是更重要的是，在几位助理看来，伦奎斯特已经有意识地在向成为一位更有效率的大法官的方向努力。他不再是一个独行者，而是渐渐显示出对鲍威尔、怀特和斯图尔特的影响力。

斯图尔特认为伦奎斯特是一个“有团队精神的人”，尽管与保守派关系密切，他仍然属于最高法院中间派大法官的一员。中间派大法官更加看重的不是伦奎斯特的投票结果，而是他的法律分析。他的分析有时是非常重要的，其中的推理部分非常具有说服力且富有层次。他的不同意见有时会迫使多数派解决某些问题，或者限缩原有的争论点。

斯图尔特知道伦奎斯特是一个聪明的谋略家。他经常起草出一些非常极端夸张的意见，然后又愿意做出妥协将其中的许多内容删除，只保留他立场中最核心的部分。通过这种方式，伦奎斯特让其他大法官产生一种他们得到的比失去的要多的错觉。在一个就业歧视案件［福茨帕特里克诉比泽案（Fitzpatrick v. Bitzer）］中，几乎所有大法官都同意将本案交由伦奎斯特撰写。他的第一份草案表明了他对第十四修正案最极端的观点。他表示，第十四修正案只是为了解决奴隶制的问题，不是最高法院改正任何错误的通行证。

斯图尔特的一位助理评价称，伦奎斯特想要打出“全垒打”。

斯图尔特前去拜访伦奎斯特。他告诉伦奎斯特：“这是个不错的尝试，但是第十四修正案的范围在 50 年前就已经确立下来了。”

伦奎斯特随后将判决意见中过于激进的内容删除，并得到了所有人的支持。

斯图尔特的助理们不是非常高兴，他们认为斯图尔特已经陷入了伦奎斯特的魔咒。在一个 [格里尔诉史伯克案（Greer v. Spock）] 维持了禁止在军事基地开展政治活动的命令的案件中，斯图尔特推翻了自己在 1972 年作出的一个判例 [弗劳尔诉美国政府案（Flower v. U.S.）]，并提出：“弗劳尔……看起来是在完全不同的方向上。”

声明两个类似案件有所不同，是典型的伦奎斯特式诡辩。此后，每当伦奎斯特做出一个让人不可思议的判决时，斯图尔特的助理都会讽刺道：“弗劳尔看起来不是这样。”

伦奎斯特则有些看不起布伦南的意见。“布伦南又在做饼干了”，在读完布伦南撰写的又一份具有他强烈个人风格的意见后，伦奎斯特评价道，布伦南总是会扭曲事实或者法律以达到他自己的目的。在一个监狱案 [克尔诉美国北加州地区法院案（Kerr v. United States District Court for the Northern District of California）] 中，伯格要求马歇尔和伦奎斯特就两人的立场进行协商。严格来说，马歇尔应该撰写该案意见，但是伦奎斯特得到了伯格的协商授权。马歇尔拒绝伦奎斯特的建议时，伦奎斯特直率地向马歇尔的一位助理说出了事实的真相：“告诉瑟古德，这是我的意见，不是他的，只不过署着他的名字罢了。”

伦奎斯特意识到他和伯格关系的重要性。尽管他们在基本原则问题上意见一致，伦奎斯特还采取了一些措施来确保首席大法官对自己的好感。他加入了伯格在本庭期撰写的除了一个案件以外的所有多数意见，尽管他对其中数个案件并不非常赞同。

伦奎斯特注意到了伯格的失误、草率和经常出现的错误。在重要案件中，伦奎斯特会试着进行修正。这项任务非常微妙。他通常会私下致电或者拜访伯格，将自己修改的部分以新脚注、作为例外的添加或者排除等形式放入伯格的意见中。“嗨，首席大法官，你不认为这样更能说得通吗？如果可以……”伦奎斯特会用这种句式询问伯格，表现得好像伯格原来的版本就已经非常令人信服一样，尽管事实并不总是如此。这已经是伦奎斯特所能接受的最大程度的冲突了。

由此，伦奎斯特的一位助理带回了一份伯格撰写的非常粗糙的意见。“看看他都写了些什么。”助理讽刺地评价这份意见。伦奎斯特读后，摇了摇头，皱眉叹息。他小心地选择着不得不修改的地方，他非常不愿意再次对伯格的又一份意见提出建议。

伦奎斯特不是一个古板的人。哈佛大学法学院有一个伦奎斯特俱乐部，创立者被称为“伟大的伦奎斯特大帝”，他们每周的聚会叫做“伦奎斯特会议”，伦奎斯特得知后觉得非常有趣。上半个庭期时，他还是最高法院资历最浅的大法官，因此是最高法院年度圣诞宴会的负责人。他同意助理们表演为宴会准备的一个小型喜剧，名字是“1976 大法官的组成”。表演的内容本应是展现福特总统挑选道格拉斯继任者时面临的两难局面。一位戴着橄榄球头盔的助理扮演的是福特听取代表各种利益的政治组织向他推荐提名人选的场景。五名助理组成的陪审团唱出各个组织的台词。

> 政客：将最高法院塞满听话的人和熟悉的人
>
> 保守派：除去一切自由派伪君子
>
> 自由派：拯救米兰达，拯救米兰达，从尼克松四位大法官的手中拯救米兰达

伯格并不觉得好笑。

第二天，12 月 16 日，伯格写了个便条送给了伦奎斯特：“‘最高法院合唱团’在宴会上的表演非常精彩，我代表其他大法官向你表示感谢。新年快乐。”

他没有提到那个短剧。但是到了 1 月，当第二张分案表公布后，伦奎斯特发现自己只被伯格分配了一个案件——一个不重要的蒙大拿州印第安人纳税争议案［莫伊诉印第安平头族保留地案（Moe v. Tribes of the Flathead Reservation）］。

伦奎斯特对涉及印第安人的案件除了轻视没有任何其他的感觉。通常情况下，道格拉斯会承担这部分的工作，他是最高法院的专家。考虑到伦奎斯特亚利桑那州的背景，他接替道格拉斯继续这方面的工作顺理成章。但是，他怀疑这个案件的分配只是伯格再告诉自己他对圣诞宴会的真实观感。伦奎斯特不会浪费任何一个机会，他将支持印第安人的意见改成了一份相反的意见，根据新意见，大多数情况下印第安人一方都会输。这实际上推翻了道格拉斯数十年来撰写的有关印第安人案件的意见。

斯图尔特欣赏伦奎斯特的幽默感。在讨论会上一个非常无趣时刻，伯格和布莱克门的表现没有什么出人意料的地方，斯图尔特传给了伦奎斯特一个便条，上面画着两个墓碑。伯格的墓碑上刻着“我暂时不表态”，布莱克门的上面刻着“我希望本案意见能更加具体”。伦奎斯特大笑出声。

伦奎斯特无视最高法院的传统，有一次穿着最高法院垒球队的队服就参加了讨论会。同时他也不担心别人会误以为摆在面前的是威士忌酒，尽管实际上杯子里装的是他最爱喝的苹果汁。

伦奎斯特的随和也体现在他与同事们的交往中。他注意最高法院的所有工作人员，能喊出最不起眼的人的名字。最高法院警卫工作区的椅子被撤走，作为对他们放任游客在禁区闲逛的惩罚，他们的一位代表找到伦奎斯特寻求帮助。很快椅子又被放回工作区了。

他和助理们的关系也非常融洽。在庭期末，伦奎斯特的助理们已经觉得可以放松地与伦奎斯特谈论伯格的失误了。伦奎斯特听着，偶尔会出言为首席大法官辩护。他将辛辣的言语攻击成为“助理们的一项运动”，但是很明显这些话题不是没有限制的。他曾经询问一些助理们，最高法院里发生的最令他们吃惊的事情是什么。

“首席大法官愚蠢的备忘录。”一位助理回答。

伦奎斯特放声大笑。

堕胎案的后续

1973 年布莱克门的堕胎案判决公布后，生命权的倡议运动已经发展得如火如荼。反堕胎示威者定期在最高法院举行集会，一些人还会在该判决的纪念日那天，送玫瑰给布莱克门。布莱克门感到困惑、紧张和沮丧，他站在办公室的窗边，看着窗外的示威者们。他觉得大部分的反对源自对最高法院判决和意图的误解。

布莱克门公开为堕胎案辩护，告诉一位观众："法院只依据宪法原则办事。我们的判决只考虑合宪性问题，而非哲学问题……很多人将这个问题个人化了，认为这是魔鬼，也就是我，作出的判决——他们忘记了本案意见还得到了其他六位大法官的支持。"

但是，布莱克门知道最高法院内部对堕胎案意见也有许多不满的声音。最初持不同意见的伦奎斯特和怀特，持续对这一问题施压。怀特的一位助理准备的一份联合申请审查备忘录中，将其中一个案件的医生称为"杀死胎儿的凶手"。布莱克门非常愤怒。伦奎斯特告诉他在大学演讲的听众，或许有天最高法院会推翻这份判决。

在 1973 年判决之后，伯格又回归了他反堕胎的立场，鲍威尔看起来也有些动摇。道格拉斯还在最高法院时，布莱克门非常确定新的堕胎案至少会得到五张支持 1973 年判决的投票。布莱克门不认为该案会被推翻。但是 1973 年对许多问题未下定论。很多州都颁布了实际上起到限制堕胎作用的新法律。

1974 年密苏里州颁布的一部法律对堕胎设置了很多限制，包括：

- 18 岁以下的未婚女性进行堕胎必须取得父母双方的同意。
- 已婚女性需要得到丈夫的书面同意。
- 怀孕十二周以上的女性不得接受羊膜腔内注射的堕胎手术（最

常见的堕胎方法)。[①]

上一庭期时，最高法院曾经考虑过一个对密苏里州颁布的这些限制条款提起异议的案件[家庭计划指导协会诉丹佛斯案(Planned Parenthood v. Danforth)]。最初，布莱克门坚持最高法院——无须经过口头辩论——径行推翻下级法院维持密苏里州法律的判决。简易撤销程序是最快、最明确的方式，让下级法院知道自己的判决是错误的，先例已经明确预示了相反的结果。简易撤销的目的是为了告诉下级法院它对最高法院的意见明显存在误读。这种方式的作用仅在于提醒下级法院注意最高法院作出的有约束力的先例。

布莱克门撰写了一份长达三十页的法庭共同决议的简易撤销决定，其中写到各州对堕胎的调整只有极为有限的权力。但是他将这份草案传阅后，伯格、鲍威尔、伦奎斯特和怀特都拒绝加入。考虑到道格拉斯的病情，讨论会已经通过了非正式的意见，如果道格拉斯的投票是第五票，他的投票将不被计算在内。因此，布莱克门实际上只得到四票支持。这意味着最高法院将于 1975—1976 庭期对这些新案进行审理。但是一旦最高法院宣布将听取该案的口头辩论，反堕胎的各种力量势必会采取各种行动。布莱克门和布伦南尤其不希望这些组织有整个夏季的时间为接下来的攻击做足准备。他们设计了一个方案。在下庭期到来之前，最高法院将不会宣布对该案进行审理的计划。最高法院最后决定于 1975 年 10 月 6 日宣布将对该案进行审理。

在年底针对该案的一次讨论会上，布莱克门得到了五票，支持废除密苏里州法律中所有那些有争议性的条款的五票。[②] 斯图尔特对加入布莱

① 这种方法就是将一根针刺入子宫，同时向子宫注射一种导致分娩或流产的盐溶液。

② 鲍威尔投票支持布莱克门、布伦南、马歇尔和斯图尔特，认为应强调要求父母同意，同时禁止采取羊膜腔内注射的堕胎手术。史蒂文斯加入了伦奎斯特，怀特和伯格对这些问题持不同意见。但史蒂文斯投了第六张票，加入了自由派，认为应强调征求丈夫同意的规定。

克门感到不安，他觉得自己在错误的分析上越走越远了，但是由于他在1973年的判决中投了支持票，他认为自己没有其他选择。“这是一个我必须捏住鼻子跳下去的案件。”他向助理们表示。

讨论会还在考虑另外一个堕胎案［辛格尔顿诉瓦弗案（Singleton v. Wulff）］，该案提出了一个与原告资格有关的问题，即医生是否有权起诉密苏里州颁布的一部阻止贫穷妇女获得联邦堕胎补助的法律。讨论会最初投票结果为5∶4，支持医生的诉讼资格。多数派大法官是一个不常见的组合，由布伦南、马歇尔、怀特、史蒂文斯和让人意外的伯格组成。但是另外一个令人意外的投票来自布莱克门，他反对医生的原告资格。他告诉其他人他已经因为法律评论文章批判1973年判决的事情而饱受折磨，那些文章指出1973年判决赋予了医生实施堕胎手术的权利，而不是妇女选择堕胎的权利。伯格随后决定改变自己的投票，结果又变成了以5∶4否定医生具有原告资格。

斯图尔特最初反对医生的原告资格，表示自己也决定改变原有的投票。结果又变回了5∶4支持医生的原告资格。

这时，伯格又站出来表示自己还没有确定最后的立场。但是，他告诉布伦南，将由最新的多数意见的资深大法官进行案件分配。此外，布伦南还将对第三个堕胎案［贝尔蒂诉拜尔德案（Belloti v. Baird）］进行分配，该案设计的是将下级法院的判决发回重审的问题。这样共有三个堕胎案等着布伦南的分配，对布伦南而言，这是本庭期最重要的分案机会。他的助理们劝说他将三个案件都分给马歇尔撰写。布伦南有些犹豫。他必须搭建一座与布莱克门进行良好沟通的桥梁，而能否成功更多地取决于堕胎案。布莱克门必然希望能由他来撰写他是多数派大法官的两个案件。但问题是在第三个医生原告资格案中布莱克门属于少数派大法官。布伦南致电布莱克门向他解释了自己本打算将三个案件都分配给他来撰写，但是他少数派大法官的立场使得他不可能成为医生资格案的主笔。

“我可以投票支持多数派意见。”布莱克门回答。

布伦南非常惊讶，但是他不打算质疑布莱克门改变立场的决定。布伦南毫不犹豫地将三个案件都交给了布莱克门，希望他能够在未来的战斗中坚定立场。

布莱克门花费了数月时间撰写三个案件的第一稿草案。布伦南仔细地阅读了三个草案的全部内容，并让助理列出了数十条修改建议。但是，在他提出这些建议之前，他就决定加入布莱克门的草案。

怀特认为布莱克门的草案非常可怕。布莱克门撰写的 1973 年堕胎案意见，将最高法院置于非常滑稽的境地。布莱克门在那份意见中处理医疗问题的方法就好像自己制定了一条宪法原则。怀特将它戏称为布莱克门的“医学问题原则”。判决意见似乎想说明根据宪法，医生，而不是最高法院，对医疗相关的法律问题拥有最后决定权。怀特认为这种观念非常荒唐，布莱克门还创设了另外一个“政治问题”解决原则。他的这一原则的核心理念是最高法院不应介入政府各部门之间的内部事务，包括医疗专业问题。

草案中对羊膜腔内注射手术这一问题的论述让怀特尤为愤怒。布莱克门没有证据显示这一手术方式是不安全的。怀特认为，布莱克门的意思是他没有发现任何“医疗上的证据”，他的根据是他个人对医学文献的研究。但是，下级法院认定的“证据”显示，与其他堕胎方式相比，羊膜腔内注射手术的安全性更低。怀特认为，这才是最高法院应当采纳的“证据”。

布莱克门似乎将自己——然后是最高法院——当成了非正式医疗委员会。对怀特而言，这种做法非常可笑，是对法律规则和程序的抛弃。最高法院不能基于医疗“事实”作出判决，更不能用这些事实取代下级法院在审判过程中合法认定的事实。随后怀特撰写了一份态度坚决的不同意见。

布莱克门本人对堕胎案抱有极大的热情。有天他把厚厚一摞书扔在了桌子上，然后大喊出声：“胎儿！”尽管最终他的每份多数意见都得到了五票的支持，但是只有布伦南和马歇尔加入了他所有的判决意见。

然而，布莱克门的自信仍在通过其他方式不断增长。在一个针对费城警察局提出的民权案件［离索诉古德案（Rizzo v. Goode）］中，当事人对警察的暴行进行了控诉。伦奎斯特聚集了五位大法官的投票，斯图尔特、怀特、鲍威尔和伯格。他在多数意见中写道，下级法院不恰当地介入了示威公民与暴力警察之间的冲突。但是，布莱克门通常是支持州权的中坚力量，对诉讼材料中记录的警察权力滥用的情形感到大为震惊，因此投票加入了布伦南和马歇尔。布伦南非常高兴，将不同意见分配给布莱克门撰写。当布莱克门将草案交给布伦南时，布伦南称赞它“非常出色”。

此后不久，有一次布莱克门发现自己和威廉·库斯特勒乘坐了同一个航班，库斯特勒是一个具有号召力的激进的社会运动律师。库斯特勒伸出双臂拥抱了大法官，并欢迎他加入“自由与启蒙”的队伍。尽管布莱克门只是离索案的少数派大法官，库勒斯特仍向他表示了祝贺，并表示自己希望布莱克门能经常摆脱伯格的影响。

布莱克门回答他，自己希望在未来能更多地加入布伦南和马歇尔的意见。

布莱克门稍后向助理们提到了库勒斯特用力的“熊抱”，并回想起当时也在场的一位保守派女法官。“我不知道她怎么想。”他沉思地说。助理们非常惊讶布莱克门竟然会因为一位激进左派人士的赞扬而感到如此高兴。

伯格的操控

在布伦南看来，本庭期的开端非常不利，并一直处于滑坡状态。在第一个周五的例行讨论会上，伯格展示了一个相对不那么重要的案件［瑟曼通公司诉赫尔曼斯多弗案（Thermtron Products Inc. v. Hermansdorfer）］，案中一位不堪案件重负的联邦法官将其中一个案件发回了州法院审判，给出的原因是自己没有时间。伯格同意这位法官的举动，但是只有斯图尔特和伦奎斯特加入了他的意见。作为多数意见的资深大法官，布伦南将本案交给了怀特撰写，怀特对本案表现出了特别的兴趣。“拜伦，你负责这个案件怎么样？”布伦南问。

“不，”伯格打断了布伦南，“我没有投票，我说的是‘我将投票支持’。”怀特向他提出异议。伯格已经做出了投票，但是伯格表示那不是他最终的正式投票。他指出讨论会的程序是按照资历，从资深大法官开始发言，然后按照相反的顺序开始投票。他表示，投票记录能证明自己的观点，因为大法官的名字是按照资历从资历最浅的大法官开始排起。他的名字被列在最后，因此他应当是最后一个进行投票的大法官。

布伦南意识到首席大法官是正确的。最高法院的传统确实如此。但是这种严格的投票顺序已经被抛弃很多年了。每位法官陈述自己的意见及立场，并在结束时明确表示“我将投票支持 / 反对……”，以避免还要专门进行另一轮投票环节。

其他大法官表示同意，所谓的传统程序已经被抛弃多年了，本案中伯格已经做出了投票。

“好吧。”首席大法官退了一步，但是他坚持自己可以改变自己的立场。

其他大法官对此没有异议。一般情况下，大法官甚至可以在判决就要宣布之前改变立场。因此，伯格改变了自己的投票，成了多数意见的大法官，但是他同样把本案分配给了怀特。但是，最后他又改回了原来的立场，加入了伦奎斯特的不同意见。

布伦南对伯格的诡计多端感到非常愤怒。作为最资深的陪席大法官，布伦南的分案权受伯格影响最大。他猜测伯格可能会试图在所有的讨论会中操纵案件的分配。首席大法官的经常性做法是放弃投票，他将之称为“暂时保留”自己的投票权，或者在多数意见形成后改变自己的立场。布伦南将伯格的这种策略称为“虚假投票”。有时伯格甚至会保留自己的投票，随后加入多数意见并对案件进行分配。

布伦南告诉他的助理，厄尔·沃伦担任首席大法官期间，很少会试图主导案件的讨论方向，并且通常会将分案权交给除自己以外的资深大法官。布伦南表示，沃伦的做法才是真正的公平竞争。

布伦南对伯格及最高法院判决的总体方向感到越发不安，他的助理们必须自力更生。布伦南的猜疑影响到了助理们的看法，他们和布伦南一样也开始不信任首席大法官。道格拉斯的离职，让他们相信布伦南应该成为阻止首席大法官各种卑劣手段的领导者。他们和其他办公室的助理们共同组成了坚定反抗首席大法官的地下同盟。他们经常取笑伯格，甚至是在早晨布伦南也在场时。他们称伯格是“主教”，或者“甜甜圈”，这个外号来自上一庭期：上面是白的，中间是空的是什么东西？布伦南的助理们穿着蓝色牛仔裤工作，他们知道伯格希望他们能身穿西装、打着领结。他们还让大厅里充满了烟味，希望能飘进伯格的办公室里。他们嘲笑伯格撰写的备忘录，取笑他的风格，将伯格备忘录中令人震惊的内容制作成硬纸板上的标语，放在自己的桌子上，并希望伯格哪天拜访布伦南时能注意到它们。

有一次，伯格的判决意见草案中不小心将自己的宿敌——上诉法院首席大法官戴维·贝兹伦——写成了首席大法官。伯格办公室立刻发出声明将错误归咎于印刷工身上。随后，每当收到伯格的判决意见后，发现其中有令人难以接受的内容时，布伦南的助理们都会致电伯格办公室询问是否又是印刷错误。

在布伦南的助理看来，输掉的每一个案件都意味着又一处的要塞失守，结果将是灾难性的。布伦南经常指示他的一位助理用他辛辣的笔头撰写一份语气激烈的意见或者备忘录。结果布伦南的不同意见呈现出来的经常是讽刺严苛的语气。很多大法官认为他的判决意见中的内容有过分夸张之嫌。他们越来越相信布伦南的目的不是发表不同意见，而是为了激怒伯格。布伦南似乎已经不再尝试细致且专业的工作了。

本庭期即将结束前，最高法院审理了一个案件［沙卡利达诉农业公司案（Sakraida v. Ag Pro, Inc.）］，涉及的是移除牛粪的一个自动冲水系统的专利问题。本案不是一个重要的案件，甚至没有提出任何与专利法相关的有趣的问题。讨论会一致认为本案不涉及专利侵权问题。这类案件一般会交给资历最浅的史蒂文斯。但是，恰恰相反，伯格将“牛屎案”分配给了资历最深的布伦南。

布伦南感觉受到了侮辱，他拒绝将这种羞辱继续传递给助理们。最终他独自撰写了一份五页长的判决意见。

稍后，讨论会讨论了另外一个不重要的案件［美国政府诉霍普金案（United States v. Hopkins）］，布伦南决定一定要留在少数派中。“这样那个混蛋就不能再把类似的案件分给我了。”

3 月 5 日星期五的讨论会上，伯格对［钱德勒诉朗德布什案（Chandler v. Roudebush）］的基本事实进行了简要概述，本案涉及的朱厄尔·钱德勒是一名 17 岁的黑人女性，受雇于退伍军人管理机构。她声称自己受到了种族和性别歧视的不公正待遇，无法享受正常的升迁。她分别向退伍军人管理机构和文官委员会提出申诉，但她的努力都失败了。随后，她向联邦法院提起诉讼。下级联邦法院根据之前申诉听证会的内容，驳回了她的请求。钱德勒继续上诉，要求法庭允许自己提交新证据。

伯格认为四个上诉法院都曾判决类似诉讼中联邦雇员有权要求法院适用普通审判程序，但是另外三个上诉法院不认为他们享有这种权利。伯格对自己的立场还不确定，因此暂时放弃投票。

布伦南支持钱德勒。联邦雇员和来自其他机构的员工在本质上并没有什么区别，因此应当和他们享受同样的诉讼权利。另外三位大法官表示加入他的意见。

鲍威尔不确定国会是否曾经打算赋予这些雇员相同的审判权利。他和其他三位大法官投票反对钱德勒的要求。本案结果变成了 4∶4。

首席大法官最终决定加入鲍威尔，结果变成了 5∶4 拒绝钱德勒的请求。第二天早晨，鲍威尔的助理们正在办公室中检查本案的相关记录。他们翻到了立法史的部分，上面清楚地显示国会从未否定过钱德勒或者任何联邦政府雇员在联邦法院享有的诉讼权利。布伦南将这部分内容展示给鲍威尔，鲍威尔决定改变自己的投票。他希望能立刻通知伯格，因为这将导致案件结果的逆转。因此，当天早晨他就致电首席大法官告知了自己的决定。星期一，他又将自己的新立场告诉了其他大法官，并附上了助理准备的备忘录。

伯格得知鲍威尔的投票改变后，他开始重新考虑自己的立场。因为鲍威尔的决定将使他成为少数派大法官，他将失去本案的分配权。为了重新拿回分案权，他决定改变自己的投票。在接到鲍威尔的备忘录几个小时后，他也传阅了一份备忘录，上面写着"路易斯的备忘录说服了我。无论多么不合理，毕竟国会提供了此类案件进入联邦法院的可能"。现在新形成的 6∶3 的多数意见是支持钱德勒的请求。首席大法官很快就将本案分给了斯图尔特。

第二天，首席大法官传阅了另外一份备忘录。他又一次改变了立场。他发现了一些让他回归原有立场的新依据。布伦南可以对本案进行分配。

但是布伦南认为此前首席大法官已经将本案分配给了斯图尔特，自己不能再重新分给其他人。

鲍威尔阅读了首席大法官发出的最新的备忘录，想知道首席大法官为何总是频繁地改变立场。他摇着头表示："我不能理解。"

数周内，其他所有的大法官，除了伯格，都被斯图尔特的草案说服了，并加入了他的多数意见。现在结果已经变成了 8∶1 支持钱德勒。伯格是唯一的少数派大法官。在本案宣布前，他又改变了投票，加入了斯图尔特的意见。6 月 1 日，最高法院宣布了本案一致同意的判决，支持了钱德勒的请求。伯格总共投了五次票——一次弃权，两次反对，两次支持。

布伦南非常担心最高法院将如何处理具有很高公众关注度的 [内布拉斯加州诉斯图尔特案（Nebraska Press Association v. Stuart）]。案中一位内布拉斯加州州法院的法官发布了一个"钳制"命令，限制媒体对一个轰动性极大的凶杀案的审理情况进行报道。布伦南认为这个命令属于不被允许的事先限制，和五角大楼文件案的案情非常类似。本案中，不是国家安全，而是神圣的司法权的命运岌岌可危。法官颁布的命令是为了确保辩方能够得到一场受第六修正案保护的公正的审判。

被告人是一个失业的勤杂工，他被指控强奸并杀害了一名十岁的幼女，以及杀害了她的五名其他家庭成员，并对死去的儿童的尸体实施了强奸。这在任何地方都会是一个臭名昭著的案件，但是该案法官认为，在内布拉斯加州人口只有 850 人的苏特兰小镇，只有通过"钳制命令"才可能找到一个没有任何偏见的陪审团。

媒体认为本案将是第一修正案和第六修正案之间的对决。尽管同情那位法官，布伦南认为还有更好的方式可以减少案件审前公开的风险：可以通过延期审理；对可能的陪审员进行更加严格的筛选，过滤掉那些因媒体报道而存在偏见的人；以及更极端的措施是可以改变审判地点。布伦南认为这些方法可以确保审判的公正性，同时无须通过司法命令约束媒体的言论自由。他认为在战争期间涉及国家安全的极端案件中，事先限制可能是可以被允许的，但是在对司法过程或者犯罪行为的报道中，是不被允许的。

这个案件中的情况不是第一修正案的适用例外。内布拉斯加州法官的命令禁止记者对案件进行公开报道，甚至包括法庭公开的预审会上的陈述也在被禁止之列。这是非常荒谬的。法庭里的观众可以讨论听审会上说了些什么，但是却不允许媒体进行报道。

最高法院在 4 月末对本案进行了讨论。在讨论会上，伯格表示他希望投票推翻内布拉斯加州法官发布的命令，因为本案法官没能证明无法通过其他方式保障审判的公正性。但是他能想象某些情况下钳制言论的命令是可以被允许的，因此他不会彻底禁止钳制命令。

布伦南表示自己愿意更进一步。最高法院不应只认定本案的钳制命令是不被允许的，而应该明确排除这一命令在任何刑事案件中的使用。为了杜绝钳制命令的使用，最高法院应该做出一份严格的判决。

只有伦奎斯特不同意最高法院推翻这一特定的命令。但是布伦南认为已经有五票支持彻底禁止所有的钳制命令——马歇尔、斯图尔特和他自己，这是他预料到的，再加上意料之外的史蒂文斯和怀特。后两人曾表示他们想象不出什么情况下钳制命令是保障公正审判的唯一途径。怀特希望现在就彻底解决这个问题，而不是等着一个接着一个的案件继续上诉到最高法院。但是，伯格认为在推翻本案特定的钳制命令方面，自己属于多数派大法官，他将本案分配给了自己撰写。

当首席大法官的分案表传阅之后，布伦南的情绪爆发了。本案应该交给持有主流意见、支持彻底禁止钳制命令的五位大法官中的一位。

布伦南的助理们同样感到非常失望。他们希望至少能得到本庭期的一个重要案件。内布拉斯加州案，是近年内最重要的媒体案件，也是他们最后的希望。他将能完美地嵌入布伦南长久以来撰写出的一系列的第一修正案意见中。助理们推动布伦南起草一份替代意见，阐明真正的多数派意见。由于时间已经将近庭期末，他们应该在伯格传阅他的意见之后立刻做好传阅意见的准备。伯格将没有时间对自己的草案进行修改以适应多数派大法官们的要求，而布伦南将会赢得投票。尽管布伦南对助理们的提议并不热衷，但他告诉助理们如果有时间的话就放手去做。一位助理立刻开始工作。助理们对替代草案保密，其他大法官办公室都不知道它的存在。

伯格在这个案件之前没有撰写过任何重要案件的多数意见。他努力地准备着本案意见，比其他任何意见的投入都多。他读到了此前的案例后，越发相信自己在讨论会上发表的立场是正确的。内布拉斯加州的那位法官没有尝试其他方法，他的钳制命令没有任何正当化的依据。但是同样没有理由作出更进一步的判决，这是最高法院接受的这个类别中的第一个案件。情况可能发生变化，从而影响到最高法院对这类事先限制的基本处理方法。谨慎的做法是根据一个一个的案件，慢慢地发展出适用于此类情形的法律。毕竟最高法院从未认定第一修正案是毫无例外的，在和五角大楼文件案类似的案件中保留了事先限制的可能性。

伯格预料到了布伦南的反应。在一次讨论会上，他把布伦南拉到一边讨论一些尚未解决的案件，并坦言："比尔，你不会喜欢我撰写的内布拉斯加州案的意见的。"

布伦南没有做出任何回应。他的助理们一直极力劝说他在首席大法官之前传阅那份替代草案，布伦南让他们再等等。他不会如此公然地践踏他们的协议。"我明年还要和他一起共事，"他表示，"你们不需要。"但是，他确实批准了助理们将替代草案先印刷出来，这样伯格传阅他的意见时，一切都已经准备妥当。

稍后，6月7日，星期一，伯格传阅了他的草案并附上了一份简短的备忘录，表示他希望能适应所有人的要求，但是在这一问题上将不会做出任何退让：这份意见将不会彻底禁止所有钳制命令的适用。

当天布伦南离开最高法院后，他接到了助理们的电话告诉他伯格的草案已经到了，内容和他们猜测的一模一样。他们能否传阅已经准备好的替代意见？担心伯格的意见能赢得多数大法官的支持，布伦南同意了助理们的要求。毕竟，伯格的判决意见是站在反对钳制命令这一方的，在这个问题上最高法院内部分歧是最小的。布伦南知道他必须提醒其他人他们已经同意更加彻底的禁止。第二天，布伦南准备了一份备忘录，解释和讨论会的多数意见一致，自己的草案禁止所有的钳制命令。

伯格感觉受到了侮辱，并被备忘录中的内容激怒了。布伦南的草案内容丰富而精练，显然经过了长时间的精心准备，是故意试图夺取多数意见的有计划的阴谋。备忘录对他提出的最直接的质疑——质疑他的意见不能代表多数派大法官——显然是针对他个人的公然挑衅。伯格撰写了一份简短的备忘录予以还击。他表示，如果彻底的禁令是讨论会上形成的多数意见，自己绝不可能在判决意见中得出相反结论。

马歇尔和斯图尔特很快就表示加入布伦南的草案。伦奎斯特、布莱克门和鲍威尔决定加入伯格，伯格的意见已经有了四票支持。但是，布伦南还有希望，剩下的两位大法官史蒂文斯和怀特都曾在讨论会上明确表示支持对钳制命令的彻底禁止。

怀特知道本案对伯格的意义，他最终决定加入伯格，成为决定多数意见的第五票。他相信，即使没有对钳制言论进行彻底的禁止，其余的内容本身已经足以捍卫第一修正案的神圣。伯格在草案中写道："对言论和出版进行事先限制，难以令人忍受，因为它严重地侵犯了宪法第一修正案中明确规定的自由。"但是，怀特还是附上了一段协同意见，表示自己质疑这种钳制命令是否还有可能被证明具有正当性。

史蒂文斯不希望冒犯伯格或者布伦南中的任何一人。他决定不加入任何一份意见，而是提出了一份单独的协同意见。在自己的意见中，他提到布伦南的意见具有"说服力"，但是自己不会加入。"不过，我同意布伦南大法官判决意见中的大部分内容，如果到了必须抉择的时候，我很可能会接受他的具有彻底性的结论。"

布伦南得出结论，原则上自己是得到了多数派大法官们的支持的。怀特和史蒂文斯在各自的判决意见中实际上都承认了他们是支持自己的观点的。但是，大法官的那份违背多数大法官意愿的草案却最终赢得了多数人支持。

布伦南指示助理，对判决意见中描述本案事实的内容予以保留，并暗示自己的这份意见曾经代表着多数意见的观点。"留给人们自己思考。"他告诉助理，随后将完整的草案作为协同意见予以发布。

4 月 30 日，星期五，讨论会开始考虑那些在最后一周举行了言辞辩论的案件。在［布瑞尔诉麦克雷案（Burrell v. McCray）］中，第四巡回法院作出裁定，刑事案件中，被告人可以主张宪法权利被侵犯，向联邦法院提起诉讼，而无须穷尽所有的州救济手段。

伯格、鲍威尔和伦奎斯特投票决定接受本案申请，希望撤销上诉法院的判决，否定被告直接向联邦法院起诉的权利，除非已经穷尽了所有的州救济程序。1970 年的一系列案件中，保守派曾经成功地通过多数意见限制了联邦法院对州事务的干涉。现在，伯格等三人希望能进一步缩减联邦法院对各州诉讼程序的介入范围。但是为了达到这一目的，他们将必须越过 1961 年的一个先例案件。

怀特同意了本案的申请，但是他的目的完全相反，他认为本案涉及重要的公民权利，最高法院希望维持第四上诉法院的判决。

在讨论会上，伯格、鲍威尔和伦奎斯特没能争取到其他大法官的支持。

就在布伦南准备分配本案时，伯格表示自己将改变投票支持多数意见。

“天啊，又来了。”怀特大声说着，将铅笔往桌子上一丢，身子向后靠去，以示自己对伯格这一举动的厌恶。

斯图尔特出言打断，提出了一个建议。他觉得最高法院可以只裁定支持本案被告，但是不对上级法院判决的问题进行审理。除了联邦法院的管辖问题之外，还有另外一个问题，即侵犯被告权利的行为是否构成了残酷罕见的刑罚。斯图尔特认为，其他类似案件可能为证明残酷且罕见的刑罚提供了更充分的证据。本案在证据方面明显不足，不是解决这一问题的最佳案件。他建议，这一问题应当留待将来继续研究——“以无受理理由为由驳回本案上诉申请”——对本案不作出任何判决。这样一来，第四巡回上诉法院做出的对被告有利的判决仍然有效。鲍威尔同意斯图尔特的观点，伯格建议由斯图尔特继续对这一问题进行研究。

布伦南被彻底激怒了。斯图尔特或许对本案证明“残忍且罕见的刑罚”的证据方面的观点是正确的，但是与彻底的失败相比，所谓的继续研究的提议只是稍微不让人那么失望而已。如果以无受理理由为由驳回本案申请，本案判决虽然仍然有效，但是充其量只能成为第四巡回上诉法院的判例，无法产生全国性的效力，从效果上看显然不如由最高法院明确予以确认要好。

投票接受本案申请并进行审理的一个风险是自己可能会输掉本案，这种情况已经发生过多次。大法官不应因为讨论会的决定与自己的立场相反，就撤销原有的接受上诉申请的投票。斯图尔特正在做的就是这个事情。最高法院规定，发送案卷移送命令之后，只有发现明确的技术性问题，才能撤销原有的受理决定。

鲍威尔不希望自己看起来是因为要输掉本案才撤销受理决定。因此，他决定不加入“继续研究”的建议，除非还有其他四位大法官也表示支持。他承诺伯格如果到 5 月 20 日，有四人表示支持，他将作为第五票加入。同时，斯图尔特已经争取到了第四票——他自己、伯格、伦奎斯特和布莱克门。5 月 20 日，星期四，鲍威尔写了一份备忘录给伯格：“太阳已经快落山了（我承诺过），我同意加入你们四人的撤销本案受理决定。”他补充道，这个裁定基础并不稳固，根据通常标准，将很难为它找到正当化理由。

布伦南撰写了一份两页纸的不同意见，指责撤销受理的五位大法官是对确定原则的公然蔑视。

史蒂文斯没有投票支持撤销决定，但是他认为布伦南的观点也不正确。尽管作为新任大法官，公开与其他大法官对立的情形并不常见，史蒂文斯撰写了一份三页纸的判决意见为撤销决定进行辩护。只要有一位曾经批准过本案申请的大法官对撤销决定表示支持，那么不会“削弱初稿法院四票受理原则的完整性”。撤销决定被公布时，布伦南和史蒂文斯同时公开了自己的意见。只有最敏锐的最高法院观察员，才能注意到最高法院涌动的暗潮下的真正的冲突。

布伦南和马歇尔为［多诉弗联邦律师（Doe v. Commonwealth's Attorney）］感到担心。该案的上诉申请是由弗吉尼亚州一个地区法院的三人合议庭直接提起的。合议庭肯定了弗吉尼亚州的一部反鸡奸法，认定同性恋行为是违法的，即使是成人之间相互统一的性行为。联邦法律规定最高法院必须受理三人合议庭提起的上诉申请，因此最高法院必须受理本案。但是布伦南和马歇尔举行言辞辩论提议，只得到了史蒂文斯的支持。其他大法官希望立刻进行判决支持下级法院的判决，最高法院将发出唯一一份声明：“我们维持本案判决。”

马歇尔非常愤怒。最高法院过去的案例中已经明确了隐私利益的存在，特别是1973年的堕胎案，因此成年人自愿的性行为应当得到法律的保障。弗吉尼亚州的法律还明确禁止同性之间的口交行为。马歇尔认为州政府竟然如此行使公权力，实在是太过荒谬。更糟糕的是，多数派不愿意直面这一问题——通过言辞辩论厘清各种观点，并撰写一份判决意见对最高法院的意见进行详细的说明。其他大法官——布莱克门、斯图尔特和鲍威尔——他们在哪儿？他们不是都曾试图扩张隐私权的概念作为堕胎权的基础吗？

最高法院的一句话声明“我们维持本案判决”，引发了许多法律学者的严厉批评。最高法院不能为自己的决定作出解释，来自得克萨斯州的保守派法学教授查尔斯·艾伦·赖特指出，它的决策过程看起来就像是在“抽彩票”。斯坦福法学院教授杰拉尔德·冈瑟称，最高法院的简单的确认声明是不负责任且没有法律依据的。

布伦南的助理拿来了一份赫伯洛克发表在报纸上的漫画，在4月25日当作布伦南七十岁的生日礼物送给了他。漫画上描述的是一对夫妻躺在他们家中的床上，房屋上面贴着“私人权利”的标语。当他们醒来时，他们发现房子已经被摧毁了。一位被称为尼克松－伯格最高法院的法官带领着拆迁工人，那位法官看起来非常像是首席大法官。旁边还站着笑容满面的伦奎斯特，他正用小推车把拆下的砖块搬走。受到了惊吓的丈夫对着妻子说：“我们被告知他们是严格的建筑师。”布伦南把漫画挂在办公室里，承诺会一直挂到首席大法官看到为止。

道格拉斯退休两天后，最高法院又开始讨论尚未解决的棘手的学校隔离案［卡尔诉蒙哥马利郡教育委员会案（Carr v. Montgomery County Board of Education）］。来自亚拉巴马州蒙哥马利郡的法兰克·约翰逊是南方最支持自由主义的联邦法官之一，经常被人们当作最高法院的备选候选人提及①。他的一个裁定中，认定当地不需要实施校车接送制。根据他的

---

① 约翰逊后来被吉米·卡特总统提名担任联邦调查局局长，但因病退出了。

这份判决，当地完全由黑人学童组成的一些学校虽然有隔离的嫌疑，但是不会被废除。自由派抑或保守派大法官都不知道应该怎么处理本案。保守派担心布伦南、马歇尔和怀特打算受理本案，然后他们势必会努力争取斯图尔特、布莱克门和道格拉斯的继任者的支持，要求约翰逊法官下令实施校车接送计划。

自由派人士担心的是，保守派将利用道格拉斯离职的机会，争取彻底解决校车接送的问题。约翰逊的意见巧妙地把适用范围限定在了本案的特定问题上，并谨慎地引用了最高法院近期的判决意见中的观点。如此紧密地结合事实做出的判决是很难被推翻的。

伯格在讨论会上再次弃权，等待布伦南先做出决定。布伦南有些犹豫，他本打算受理此案，但是他不知道保守派会不会采取什么行动。最终他表示："我拒绝。"斯图尔特感到意外，犹豫片刻后，他也表示拒绝。其他大法官都表示拒绝后，伯格也顺势做出了自己的决定。

本庭期末，鲍威尔很高兴得到了六位大法官对一个加州学校案［帕萨迪纳市教育委员会诉斯潘格勒案（Pasadena City Board of Education Spangler）］的支持，对联邦法院法官的权力做出了限制。他期望能有另外一个案件可以继续对联邦法院的权力做出进一步的限制。波士顿似乎有一个理想的案件，一位地区法院名叫阿瑟·加里提的法官，颁布了校车接送城中 2.1 万名公立中小学的学生的命令，这是第一个废除了城市中数所黑人和白人种族隔离学校的判决。这项决定受到了激进的白人群体的强烈反对，这个案件已经成为全国瞩目的焦点。

反对校车接送制的波士顿教育委员会和白人家长，向最高法院提起了上诉，有报道称福特政府也将表态反对校车接送学童计划。但是，这些报道引来了更加狂热的举动，白宫最终还是决定不介入这一争议。司法部长爱德华·利瓦伊表示自己将密切关注最高法院的判决。

6 月时，布伦南、马歇尔及怀特聚在一起对本案进行商讨。他们所有人都非常担心保守派会利用本案对校车接送计划进行广泛的限制。幸运的是，约翰逊法官对蒙哥马利郡案判决中，将判决意见与案件事实紧密结合在一起，因此很难通过此案直接推翻校车接送计划，否则必须越过很多判决先例。

保守派也召开会议商讨此案，鲍威尔及伯格急切地想要受理本案。加里提的判决明显超出了校车接送制的适用边界。但是，令他们意外的是，伦奎斯特强烈反对批准本案的上诉申请。最高法院无法在秋季前安排本案的言辞辩论环节，在学校下一年度的课程开始时，波士顿势必会发生另外一场暴乱。因此，他认为应该拒绝本案的上诉申请，即使它显然与蒙哥马利郡案的判决存在重大的矛盾。

讨论会上，伯格在开始时就明确表明："我拒绝接受本案。""拒绝"，布伦南的表态很简单，他也不确定会发生什么。整个讨论会上只有一位大法官投票赞成接受本案。在不到一分钟的时间里，最高法院就解决了可能是本庭期最具有争议性的案件。

最高法院的最终决定，导致校车接送计划这一问题上存在两个相互冲突的下级法院判决，这反映出最高法院对待这一问题的态度本身就存在不确定性。

史蒂文斯的新庭期

史蒂文斯在最高法院的首个半个庭期的工作让他感到有些失望和沮丧。他因为大量的文书工作而倍感压抑。在第一个月时，他还尝试着像布伦南一样，亲自阅读每一个案件的申请书。后来，他不得不放弃，接受助理们的帮助，由他们负责审查备忘录的撰写。但是，身为资历最浅的大法官，他的发言总是排在最后，是最不利的发言位置。每次轮到他的发言顺序时，伯格看起来总是快要失去耐心，其他大法官通常也已经做好了决定。因此，史蒂文斯经常在口头辩论时发言，试图在讨论会开始之前发表自己的观点，防止自己的意见总是被忽略。同时他也会撰写详细的备忘录进行传阅，并向其他大法官阐明他的理论是什么。

斯图尔特特别欣赏史蒂文斯的那些新鲜的方法，以及他对工作的投入。他赞赏史蒂文斯是"一流"的大法官。史蒂文斯不会对理论泛泛而谈，也不会不加深思地一味反对。道格拉斯的立场总是可以预测的，但是史蒂文斯不同，他没有任何确定的立场或者投票意向。史蒂文斯和布莱克门一样谨慎，但是他显然更加可靠。他和伦奎斯特一样总是直言不讳，富有活力，但是他的立场更容易让人接受。他和怀特一样对辩论抱有极大的热情，但是不具有侵略性。他的意见不可捉摸，而且他不怕改变自己的观点。斯图尔特开始将史蒂文斯称为“万能牌”。从布伦南到伦奎斯特，他可能投票支持任何人。斯图尔特欢迎他成为自己所属的中间派“组织”中的一员。

怀特对于史蒂文斯的态度没有那么宽容。他有时觉得史蒂文斯的行为非常古怪。怀特将斯图尔特的绰号拿来称呼史蒂文斯，叫他“独眼杰克”。史蒂文斯的法律观点总是与众不同。讨论会后，怀特告诉助理，投票结果是 5：3：1，或 6：2：1。说到“1”的时候，他总是会意味深长地微笑。助理们无须询问就知道这位单独的投票是哪位大法官。

怀特想知道什么时候那些法律评论才会意识到史蒂文斯不是他们想象中的那位大法官，而是一个对先例没有足够尊重的人，一位希望对每个问题都重新开始讨论的法官。史蒂文斯对每个案件的解决方式都是一个谜题，他似乎总是想要找到一些与众不同的解决方法。不过，怀特仍然佩服史蒂文斯对他自己那些疯狂想法的自信。每当投票结果出现 4：4 时，大法官们总会表示我们需要“万能牌”，并试图争取史蒂文斯的支持。

在一次讨论上，布伦南强烈表达了自己自由派的立场，而伦奎斯特同样发表了一份语气强硬的保守派声明。“我同意比尔的意见。”史蒂文斯微笑着说，引起了其他大法官的一阵哄笑。

但是，随着时间流逝，史蒂文斯渐渐摸清了最高法院的情况。在一个涉及劳工示威抗议的复杂案件（水牛城铁工厂诉美国钢铁工人案）中，他在讨论会上属于多数意见，和另外四位多数派大法官意见一致，包括伯格。首席大法官将本案分配给了史蒂文斯。史蒂文斯传阅了他的草案，其他多数派大法官似乎对他的草案都非常赞同，直到他得知伯格对这份草案不太满意。在讨论会上，史蒂文斯试图弄清伯格的异议是什么，但是伯格没有明确回应。史蒂文斯对首席大法官的意思进行了揣摩，并传阅了一份新的草案。伯格仍然没有作出回应，随后他继续起草了一份新草案。史蒂文斯的助理从伯格的一位助理那儿得知，伯格甚至还没开始阅读史蒂文斯的草案，但是他不敢将实情告知史蒂文斯。不过，史蒂文斯已经开始怀疑伯格是不是不在意自己的意见了。

伯格在最后时刻加入了怀特的意见，怀特的不同意见成了多数意见，而史蒂文斯不得不将自己的意见改写成不同意见。这个事情对史蒂文斯产生了持续深远的影响。史蒂文斯认为伯格不够坦白，这不仅因为伯格的能力不足，还因为他根本没有打算尝试。史蒂文斯开始频繁地讽刺伯格，两人的关系也日渐恶化。

有时，史蒂文斯觉得，大法官们在讨论会外只能通过各种文书交流彼此的意见，非正式的沟通渠道不够畅通。但是他真的和其他大法官进行交流时，他发现自己之前的想法都是妄想。史蒂文斯向马歇尔询问他正在撰写的一份意见的进展，随后他发现马歇尔没有理解本案的真正争议是什么。史蒂文斯相信马歇尔的能力足以成为一名优秀的律师，但是他对最高法院的工作准备得总是不够充分，实际上他的工作大多依赖于助理的协助。

伯格担任首席大法官的 6 年来，一直试图找机会废除或者彻底改变现有的证据排除规则。这一规则要求法院对非法取得的证据予以排除。[斯通诉鲍威尔案和沃尔夫诉赖司案（Stone v. Powell and Wolff v. Rice）] 两个刑事案件中，被告主张检方用来证明他们有罪的证据是非法取得的，违反了宪法第四修正案的规定。伯格认为这是个绝佳的机会：两名被指控谋杀的被告，基于宪法第四修正案，要求推翻自己的定罪。州高等法院驳回了他们的主张，两人随后向联邦法院提起上诉。根据宪法，任何刑事案件的被告都有权请求联邦法院发出人身保护令。他们在上诉中还要求州政府提出证明监禁合法的证据。

长久以来，伯格一直想要彻底终止宪法第四修正案的人身保护令的适用。他认为这些案件零散地进入法院，导致联邦法院的案件负担大大增加。如果能禁止类似申请，并改变沃伦法院期间的重大先例 [考夫曼诉美国政府案（Kaufman v. U.S.）]，将是最高法院的一次重大胜利。

但是，伯格的野心不止于此，他还希望推翻 1961 年的马普案，该案将联邦法律规定的证据排除规则适用于州法院管辖的案件上。伯格希望至少能限制联邦规定对州法院案件的适用，使其适用范围限制在仅排除那些警察故意蒙蔽和误导被告，并且使用了宪法第四修正案禁止的手段所取得的证据。

讨论会后，伯格对众人复杂的投票结果进行了评估。至少有五位大法官赞成限制人身保护令的适用。其中四位大法官，怀特、布莱克门、伦奎斯特和他自己希望能直接对证据排除规则的适用做出限制。鲍威尔只同意对人身保护令进行限制。如果鲍威尔愿意改变立场，同时加入限制证据排除规则效力的意见，伯格将可能赢得惊人的双重胜利。伯格对鲍威尔在这个问题上的灵活性还抱有希望。伯格竭尽全力地引诱鲍威尔，并将本案交给他来撰写。

不过，当伯格收到鲍威尔的草案时，他觉得自己被鲍威尔背叛了。鲍威尔在草案中对人身保护令的适用做出了限制，但是坚决地拒绝使用任何方式削弱证据排除规则的效力。伯格愤怒了，开始向鲍威尔施加压力。他明确表态，除非鲍威尔让步，否则自己绝不会加入他的这份草案。鲍威尔期待有伯格以外的第五张投票出现，那时首席大法官是否加入将无法对已经形成多数意见产生太大影响。鲍威尔知道自己的意见推翻了沃伦法院的有关案例，而斯图尔特通常不会允许自己成为推翻沃伦法院判例的第五票。但是，无论是首席大法官还是斯图尔特，鲍威尔需要他们中至少一人的投票。

斯图尔特发现了鲍威尔无计可施的困境。虽然斯图尔特对鲍威尔的意见还有一些异议，但他认为这个时候自己应该施以援手，他决定加入鲍威尔的意见。首席大法官失去了手中的筹码，他加入与否已经无关紧要。最终，他还是不情愿地加入了鲍威尔的意见。

来自五个州的死刑案件

史蒂文斯发现自己的立场成了死刑案件的关键，他为此感到有些不安。1972 年，有一个著名的重要案件——［弗曼诉佐治亚州（Furman v. Georgia）］，该案牵涉到死刑问题，法院最终以 5∶4 的投票结果达成了多数意见。这份判决导致 35 个州的法律被推翻，但是它又回避了其中根本性的宪法问题：死刑本身——作为一种刑罚方式——是否属于残酷且罕见的刑罚。

目前，已经有 35 个州又颁布了新的死刑法律。这些法律通过精心谨慎的设计，规避了 1972 年判决中设置的限制。这些新法实施后，还没有一例实际执行，但是判处死刑的名单上已经添上了数百人的名字。

道格拉斯是弗曼案中的多数派大法官。现在道格拉斯已经离开了最高法院，史蒂文斯作为继任者，他的投票将决定目前 4∶4 的局面最终将倒向哪边。史蒂文斯的立场还是个疑问，他在担任第七巡回法院的法官时没有审理过任何的死刑案件。根据他习惯的工作模式，史蒂文斯决定先对 50 个悬而未决的死刑案件进行梳理。他在办公室忙碌了一整天，晚上八点才回到家中。他会在十点时睡上一会儿，凌晨两点起床继续工作数小时后再回去睡觉。深夜一般是他精神最佳、效率最高的时候。

他辛苦地阅读着各种案卷记录以及之前的死刑案判决，他发现最高法院作出的不同先例之间本来就存在矛盾的地方。1971 年的麦克高塔案（McGautha case）意见中提到州法不需要对陪审团作出指引性规定，也不需要在案件审理后另外举行一场听证会。这一判决导致的结果是陪审团拥有了量刑权。但是，1972 年的弗曼案（Furman）判决，反对赋予陪审团无限制的裁量权，并明确指出死刑是违宪的，因为死刑的适用具有随意性，是对受刑人不公平的额外负担。

史蒂文斯反复审查了弗曼案中的九份判决意见。首席大法官、布莱克门、鲍威尔和伦奎斯特的态度非常明确。他们认定死刑没有违背宪法。与之完全相反的两份极端意见出自布伦南和马歇尔。两人都反对死刑，他们认为死刑在本质上属于“残忍且罕见的刑罚”。怀特和斯图尔特的意见不是那么明确，容易让人产生困惑。斯图尔特反对随意、武断和缺少一致性的死刑适用，根据这一标准，一共有 15 个州的死刑法律符合他的要求。这些州在法律中规定陪审团必须考虑所有的减刑条件。怀特认为，如果死刑的适用是一种罕见的情形，那么它难以发挥应有的威慑作用，根据他的标准，有 20 个州的法律符合他的要求，这些法律都对某些特定的犯罪明确规定了绝对死刑。

一月中旬，史蒂文斯就任大法官还不到一个月的时间，大法官们罕见地在周六举办了一场讨论会，商讨 50 个死刑案件。他们基本上都同意。1972 年的九份判决意见存在令人困惑的观点。他们赞同挑选出一组针对“残忍且罕见刑罚”这一问题的死刑案件。大法官们决定只接受谋杀案的申请。伯格想要接受其中最残忍的一个案件［麦科克代尔诉佐治亚州案（McCorquodale v. Georgia）］——案中被告使用剃刀将被害人折磨致死，但是他没有争取到另外三位大法官的投票。他们决定从各州最多只挑选一个案件，挑选出的五个案件代表的是五类不同的死刑法律。大法官们都同意最高法院应当只挑选那些案情相对简单的案件，案件事实必须清楚明确且不涉及任何与死刑问题无关的其他争议点，如种族歧视等。得州法律非常适合拿来讨论，但是可选择的德州案件不多，因此不得不挑出了一个残忍的谋杀案。

讨论会选择的五个案件完整地呈现了死刑问题的不同方面，并且分别来自五个州。

北卡罗来纳州：预谋杀人，或者在其他犯罪的过程中杀人的，适用死刑。［伍德森案（Woodson）］

路易斯安那州：判处一级谋杀的，同时适用死刑。但是陪审团认定的二级谋杀罪或者一般杀人罪，可以减轻量刑。［罗伯茨案（Roberts）］

得克萨斯州：特定情况下才适用死刑——如受雇佣而杀人，或者谋杀监狱员工的行为；或者有其他加重量刑的情况可以适用——如无故杀人；或者是被告有继续暴力犯罪的“可能性”。［杰瑞克案（Jurek）］

佛罗里达州：被告被认定为一级谋杀后，需另外举行公众听证会。陪审团对八种加重情节以及其中减轻情节进行判断。法院可以驳回陪审团的死刑建议，由法官或州最高法院作出最终的处刑。［普

罗菲特案（Proffitt）]

佐治亚州：详细列举了十项加重情节，只有符合其中一项时，陪审团才能建议死刑。死刑判决需要经过州最高法院的复核。[格雷格案（Gregg）]

中间派的崛起

鲍威尔相信最高法院这次可以彻底地解决死刑问题。他可以想象出同僚们面对这些无休止的死刑案件时的无力感。他们面对着太多的压力——要求废除的声音，九年累积下来的暂缓执行的案件，以及数百名等待最高法院判决的死囚犯。他猜测史蒂文斯或布莱克门将越过弗曼案判决，投出关键的第五票。他认为，斯图尔特和怀特将坚持原有立场，两人都是麦克高塔案和弗曼案的多数意见大法官。但是这两个案件的判决意旨存在矛盾的地方，因此唯一可行的做法是彻底否定这两个案件的效力，采取和布莱克门的堕胎案判决一样的方法撰写本案意见，不具体指出本案的宪法基础。

不过，鲍威尔还是相信自己在1972年的死刑案中的意见是正确的——死刑符合宪法。他认为，35个州都制定了新的死刑法律，实际上证明了死刑存在的必要性。基于某种考虑，最高法院必须顺应这个潮流，但又不能表现得像是为了迎合民意。的确，有些犯罪行为的残暴令人发指，判决他们死刑完全具有正当性。但是，如果最高法院转而支持死刑的话，鲍威尔又为那些等待执行的死囚犯感到担忧。一场即将来临的大屠杀和一次性废除35个州的法律一样可怕。他感到庆幸，自己不用直接面对那些被告，然后告诉他们将被执行死刑的消息。这些死囚犯的名字——格雷格、普罗菲特、杰瑞克、伍德森和罗伯茨——离他非常遥远，没有什么真实感。

鲍威尔认真考虑了特赦的可行性。或许最高法院可以裁定，那些在狱中等待多年的死囚犯正在遭受的正是残忍且罕见的刑罚。但是他没有找到任何可靠的法律依据。

1972年弗曼案判决宣布后，各州立刻着手制定新的死刑法律，斯图尔特知道自己之前的判断错了。“安东尼·阿姆斯特丹教授曾向我们保证，如果依照他的方法判决，本案将是最高法院的最后一个死刑案件。”斯图尔特在判决宣布后告诉他的助理们。显然，阿姆斯特丹的前提是最高法院依据宪法第八修正案，认定死刑在本质上是“残忍且罕见的刑罚”。斯图尔特和怀特拒绝了阿姆斯特丹的提议。

与斯图尔特不同，怀特对各州颁布新法的做法并不感到惊讶。他早就预见到了这种局面，而且他也不打算推翻这些法律。这些新法中已经规定了陪审团必须考虑所有可能减轻量刑的情节，这与他的意见相符。如果各州确实希望制定这么一部法律，他认为也并不存在任何的违宪情形。如果尼克松任命的四位大法官立场足够坚定，怀特推测自己可能成为维持五类死刑法律的第五位大法官。

布伦南感到非常受挫。他已经料想到怀特会支持这些新法，更不用提其他四位尼克松的任命者。此外，还有其他麻烦。道格拉斯仍然没有放弃参与最高法院的工作。他曾经致电布伦南，表示自己做好了听取死刑案口头辩论的准备。布伦南告诉他不可能，因为法席上只有九张椅子，道格拉斯则建议多放一张椅子即可。

“不行，”布伦南断然拒绝，“法律明确规定了最高法院只有九位大法官，你的职位已经被取代了。”

“这与你无关。”道格拉斯回答，然后挂上了电话。

讨论会决定，大法官们应该彻底阻止道格拉斯的行为。他们起草了一份态度明确的信件寄给了道格拉斯，向他说明他已经辞职了，他现在不再享有正式大法官才有的职权；他不能继续听取言辞辩论，不能继续投票、在讨论会上发言，也不能继续发表任何的判决意见。这封信由伯格亲自撰写，并交给了每位大法官签字。对布伦南而言，尽管在这封信上签字令他有些为难，他还是那么做了。

道格拉斯不再尝试着重返最高法院。

3 月 30 日和 31 日，在言辞辩论会上，阿姆斯特丹提出彻底废除死刑的要求。他没有将精力放在比较五类不同的死刑法律上，而是直接主张死刑在本质上是“残忍且罕见的刑罚”，应当被全面废止。

斯图尔特想要确认阿姆斯特丹的立场。“你认为，死刑在任何州任何情况下都是残忍且罕见的刑罚，不论犯罪手段是什么、罪行危害有多大，也不论是否经过了公正的程序。”

阿姆斯特丹回答：“是的，确实如此。”生命权是如此重要，要求陪审团能准确地比较各个案件存在的差异是不合理的。“我们主张任何的死亡都不是相同的。如果你们不接受我的这一主张，那我们就会败诉。”

布伦南、斯图尔特和怀特对阿姆斯特丹的自以为是感到不满。阿姆斯特丹就像是在教训他们，这是一个非常无理的举动。

讨论会于 4 月 2 日星期五召开。在依惯例相互握手后，大法官们就座。他们首先对死刑是否在任何情况下都是“残忍且罕见的刑罚”这一问题进行了表决。结果是 7∶2，只有布伦南和马歇尔支持这一极端观点。

随后，大法官们分别对五个州的法律进行了表决。伯格、怀特、伦奎斯特支持全部五种州法；布伦南和马歇尔则是全部反对。其他四位大法官对五部法律各有支持与反对。

斯图尔特认为，这些案件的主要争议是判决死刑的程序。他认为佐治亚州和佛罗里达州的法律提供了良好的程序示范，对个案情况给予了充分的考虑。北卡罗来纳州和路易斯安那州的法律对某些犯罪类型强制适用死刑，无法提供公正的审判。对得克萨斯州的法律，他的立场还不确定。

虽然从道德角度出发布莱克门是反对死刑的，但是他没有找到法律上的依据。北卡罗来纳州目前已经有 100 人左右被判处死刑，此外，有数据显示黑人被判处死刑的概率非常高。根据新的强制适用死刑的规定，被判处死刑的人数是 1972 年之前可选择性法律规定下的五倍。可能存在的种族歧视的情形令布莱克门深受困扰。但是他不确定自己可以接受一个支持部分死刑法律，但是又废除另外一些死刑法律的理论。他对北卡罗来纳州的法律暂时表示弃权。

鲍威尔说他同意对重大犯罪判处死刑。他不喜欢强制性的死刑适用规定。他曾表示：“我们国家现在需要的就是恢复公开执行死刑。”如果人们能亲眼目睹死刑执行，他们就不会再那么支持强制性死刑法律了。法律的最低限度应当是能为法官和陪审团提供一个合理的方式决定死刑的适用。

州法律应当对指导方针、死刑标准和独立的公众听证会作出规定，这对确保公正审判意义重大。佐治亚州和佛罗里达州要求州最高法院必须对死刑判决进行复核，用以对陪审团具有随意性的死刑决定进行把关。他暂时投票支持五部新法，但是他表示自己对北卡罗来纳州法律的投票不是自己的最终立场。

史蒂文斯投票反对路易斯安那州、得克萨斯州和北卡罗来纳州的死刑法律。他将北卡罗来纳州的强制性死刑规定称为“怪兽”，一旦释放将会导致“滥用司法制度”的后果。他认为 1972 年弗曼案判决具有约束力，本质上从程序方面对死刑的适用进行规制。因为独立的公众听审会和州最高法院的自动重审，能够确保正当程序的实现以及死刑判决的一致性，因此他投票支持佐治亚州和佛罗里达州的法律。

最后的投票结果为：

佐治亚州：7∶2 支持。布伦南和马歇尔反对。

佛罗里达州：7∶2 支持。布伦南和马歇尔反对。

得克萨斯州：5∶3 支持。史蒂文斯、布伦南和马歇尔反对，斯图尔特弃权。

路易斯安那州：5∶4 支持。史蒂文斯、斯图尔特、布伦南和马歇尔反对。

北卡罗来纳州：4∶3∶2 反对。布伦南、马歇尔、史蒂文斯和斯图尔特为四人多数意见，布莱克门和鲍威尔弃权。

布伦南对讨论会的结果感到悲伤而沮丧。现在最高法院中已经有七位大法官认为死刑不一定违反宪法第八修正案，没有任何一部法律有五位以上的大法官投票表示反对。最好的结果只是 4∶3 推翻北卡罗来纳州法律，另外还有两票弃权——鲍威尔和布莱克门——两人对其他四部法律都表示支持。布伦南感到非常失望，直接将案件交给了助理处理。

伯格发现自己现在还不能对五个案件进行分配。他自己是四个案件中的多数派大法官，但是对北卡罗来纳州一案，尚未形成五票以上的多数意见。因此，他实际上仍然拥有分案权。他希望自己或者伦奎斯特担任主笔人，但是怀特的投票非常关键。他对五部法律都表示支持，但是考虑到他在 1972 年判决中的反对立场，必须对他的投票情况予以密切关注。如果将案件分配给他，很大程度上能确保他不会改变现有立场。怀特还有可能会起草出一部逻辑严密、前后一致的判决意见，这有利于争取鲍威尔及布莱克门对北卡罗来纳州法律的支持，从而让支持死刑的意见能够赢得压倒性的胜利。

4 月 5 日，星期一，伯格传阅了分案表，将五个案件都交给了怀特撰写。怀特非常高兴，甚至对促使支持北卡罗来纳州法律的一方成为多数意见的这一挑战感到兴奋。他开始准备本案的研究和撰写工作，并将部分工作交给了三位助理。他们开始为这些案件而努力，但是怀特发现自己能否成功前景不明。接下来的四个星期中，他将全部的精力几乎都用在了这五个案件上。

鲍威尔对案件的分配有些惊讶。他翻阅了自己的讨论会记录，觉得一定是哪里出了差错。他曾经明确表示过自己想要投票反对北卡罗来纳州的法律，是该案的第五票。虽然其他大法官的投票结果已经确定，但是他还没明确表示要弃权。

史蒂文斯虽然已经快要在最高法院工作四个月了，他仍然不太清楚最高法院的工作程式，很多时候都觉得非常茫然。无论鲍威尔和布莱克门在北卡罗来纳州一案中的立场是什么，反对的人数无疑比支持它的人要多。

斯图尔特知道伯格为什么把这些案件分配给了怀特，但是他向鲍威尔提出了自己的疑问。鲍威尔明确表示，他对北卡罗来纳州的法律一直持反对态度。这意味着已经有五票多数意见认为该法存在违宪问题。

斯图尔特和鲍威尔对史蒂文斯的观感都不错。他们决定与史蒂文斯一同讨论。他们在商讨时发现彼此都坚定地反对北卡罗来纳州的死刑法律，即使基于不同理由。布伦南和马歇尔肯定会加入他们的意见，如此一来已经形成了五票多数意见。斯图尔特还发现中立派大法官还有可能在其他案件中争取到同盟。

斯图尔特、鲍威尔和史蒂文斯全都倾向于支持佐治亚州和佛罗里达州的法律。他们三人对得克萨斯州和路易斯安那州两个案件的意见不一致。或许可以通过撰写一份完整的判决意见，对推理过程进行详细地阐述，最后可能能够达成一致的意见。

斯图尔特非常确信，他们能够完成一份适用于五个案件的、折衷性的、系统的判决意见。

但是，他们需要立刻开始撰写了。一般情况下，他们可以等待怀特传阅他的意见后，再由他们中的一个人撰写一份针对北卡罗来纳州法律的不同意见。如果能够赢得多数派大法官的支持，这份不同意见当然会变成多数意见。不过，本庭期已经进入最忙乱的最后两个月了，如果他们继续等待，或许他们的判决意见将来不及传阅。这意味着必须等到明年重新讨论。

他们前去拜访首席大法官，向他说明他们投票立场的新情况。伯格的反应很冷淡。怀特仍然负责本案的撰写。伯格表示，他可能很快就要传阅他的草案，没有理由再对案件重新分配了。不过，他们可以继续进行他们认为必要的工作。

史蒂文斯感到非常惊讶，很显然伯格在试图阻止北卡罗来纳州已经非常明确的多数意见。首席大法官的反应迫使他们不得不秘密进行工作。斯图尔特和鲍威尔向史蒂文斯表示，现在他终于可以理解他们这么多年来必须应对什么样的情况了。

三位大法官——很快就得到了“三人组”的称号——决定直接告诉怀特，他的五份意见中至少有一个无法得到多数派的支持。怀特和助理们已经为这些案件忙碌了一个月了。史蒂文斯不想向怀特施压，所以他不愿出面。最后，三人组中资深大法官斯图尔特决定在五月的第一个工作日拜访怀特。他告诉怀特，鲍威尔、史蒂文斯和自己曾经有过非正式的会谈，他们一致同意推翻北卡罗来纳州的法律。加上布伦南和马歇尔的支持，他们将形成五人多数派。斯图尔特躲避着怀特的视线，继续表示他们正在努力构建一个能适用于全部五个案件的基本原则。

怎么能做到既肯定又否定呢？依据是什么？怀特问。

斯图尔特表示他们会研究出一个结果的。不过，他们都希望先将这个打算告诉怀特。如果等到怀特的意见传阅后再采取行动将为时已晚。但是他们不愿意背着怀特秘密进行这项工作。

但是你们打算怎么做？怀特继续追问，他表示或许自己能够满足他们的要求呢？

斯图尔特没有明确回应，他表示他们知道自己需要努力的方向是什么。与北卡罗来纳州这部法律类似的规定都应该被推翻。佐治亚州和佛罗里达州法律，为被告提供了独立听证会的机会，并向陪审团提出了指导方针，因而应该得到支持。

“显然，你们得推翻麦克高塔案了。”怀特说。麦克高塔案认定为陪审团提供量刑指导不是宪法上的要求。

“不会。”斯图尔特回答，他们将会找到其他方法。

“你们如何能够绕开麦克高塔案呢？”怀特继续问。

他们不准备讨论量刑标准的合宪性，斯图尔特回答。麦克高塔案仍然有效。

怀特不认可这种做法。

斯图尔特同样固执己见。一个小时后，他在冷淡的气氛中离开了。

怀特觉得沮丧，却又无计可施。他懊恼自己将一周的时间浪费在了北卡罗来纳州案上。但是斯图尔特离开后，他发现自己已经不再犹豫了。怀特找到助理，告诉他们“死刑案现在有三名多数派”。随后表示“我希望这些草案可以在今天印刷出来”。他将根据最高法院的程式办事，完成自己的任务。他表示自己不希望与其他大法官一起讨论他们的研究成果，尤其是斯图尔特、鲍威尔和史蒂文斯。他们必将看到自己已经传阅的草案。怀特仍然有些不安，对助理们说：“你们相信吗？他们说不会推翻麦克高塔案判决。”又一个令人厌恶的事情已经出现。怀特补充道：“我认为，我撰写并首先传阅这些意见的理由是让他们阅读之后再进行回应。”

怀特知道是斯图尔特在背后劝说其他人一起夺取自己的意见。这是典型的斯图尔特式做法，他总是把自己藏在其他人身后。但是，怀特其实承认，用一个具有一致性的基本原则对五个案件一并处理是非常重要的。他最终正式将五个案件交回讨论会重新分配。

5月5日星期三，首席大法官召开了一场特别讨论会，重新讨论如何分配死刑案件的问题。伯格希望这次会议仅限于大法官们知情。因此，无须启动正式讨论会的准备工作。会上将不会使用按铃，也不必准备茶点。这次讨论会必须迅速进行。

大法官们就座后，伯格直接表示，现在显然有五位大法官反对北卡罗来纳州的死刑法律。

怀特表示自己无法加入斯图尔特、鲍威尔和史蒂文斯试图建立的普遍性原则，因此将五个案件交回讨论会重新分配，这样才有可能达成一致意见。

针对第一个北卡罗来纳州案，伯格承认自己属于少数派，无权分配此案。案件的分配权在布伦南手中，但是他拒绝分配此案，他没有加入三人组的意见，仍然坚持一切死刑判决都是违宪的。

斯图尔特建议，中间派大法官可以对他们希望推翻的那些法律进行整合，结合布伦南和马歇尔的意见，并综合考虑其他大法官支持某些死刑法律的立场。

鲍威尔和斯图尔特详细介绍了他们希望能够确立的理论。他们认为麦克高塔案判决与弗曼案判决意旨不一致，前案明确指出为陪审团提供量刑指导和独立的死刑听证会不是宪法的必然要求。他们可能不得不承认麦克高塔案是一个不合格的判决，甚至必须将它推翻。

会议进行了 20 分钟后，伯格宣布休会。斯图尔特一直认为，中间派大法官控制着重要案件的结果，但是现实是他们的道路上障碍重重。右派的伯格，左派的道格拉斯和布伦南控制着分案权。现在通过打破固的有工作程式，中间派第一次掌握了分案权。

然而，三人组尚未撰写出一份意见，时间已经变得非常紧迫。鲍威尔还担心，他们可能无法提出一个适用范围明确的理论，因为他们三人内部也没有形成完全一致的意见。他们三人虽然组成了多数，但是仍然没有超过半数。三人多次进行协商，讨论如何分配工作。每个人都觉得他们的努力很有可能会落空。

他们一致同意由史蒂文斯负责案件事实部分的撰写，也同意需要专门撰写一部分内容来说明死刑的合宪性问题。鲍威尔决定负责这部分的内容，因为他可以直接引用自己在弗曼案中提出的不同意见。这部分内容的撰写可以结合佐治亚州法律，他们都认为佐治亚州法律在这一问题上的规定最为妥当。此外，他们还必须撰写一部分强有力的意见彻底推翻北卡罗来纳州的这部强制性死刑法律。斯图尔特同意由自己来承担这部分的内容。但是他们中还没有人找到一个明确的理由来解释为什么北卡罗来纳州的法律是违反宪法的。

如果他们能够完成这项任务，他们就可以按照案件类型，将意见适用于每一个案件。现在几乎已经可以确定的是，佐治亚州和佛罗里达州的法律将会得到支持，路易斯安那州和得克萨斯州的法律将处于中间状态。

斯图尔特和他的一位助理继续撰写北卡罗来纳州案的意见。最高法院对弗曼案的判决明显是北卡罗来纳州制定强制性死刑法律的直接原因。北卡罗来纳州提出的抗辩中称该法的制定是为了排除“量刑的可裁量性”，因此并不违背弗曼案的判决。毫无疑问，他至少应该为北卡罗来纳州的这部法律负起部分责任。

斯图尔特希望能够依赖自己在弗曼案中提出的意见。他曾对任意性的死刑法律明确表示过反对。但是强制性的死刑适用是有依据、可以预期的，且不存在适用不统一的可能。他立刻提出了一系列理由来支撑自己的观点。“对类似事情的不同处理方式是任意性行为的表现。”他表示。而通过强制性死刑法律来呼应最高法院作出的弗曼案判决，如本案中北卡罗来纳州的做法，确实结束了死刑适用不统一的情况。但是，斯图尔特进一步指出：“用相同方式处理不同案件同样也是任意性的表现。”因为每个被告被指控的罪行不可能完全相同，对他们不加区分地使用同样的刑罚——死刑，同样属于任意量刑。因此，法律对量刑指导方针的规定是必要的。

斯图尔特将草稿交给了鲍威尔和史蒂文斯，鲍威尔对他的这部分内容大为赞赏，史蒂文斯也非常满意。

其间，鲍威尔和他的助理们也投入在他的工作中。他担心自己对某些死刑法律的肯定看起来会有些刻意，因为数年前最高法院才刚刚推翻了一系列的死刑法律。他仍然坚持自己在不同意见中提出的观点，但是弗曼案的先例地位是不可否认的。不过，斯图尔特和史蒂文斯对鲍威尔的意见非常满意。这样三人组只需要继续处理剩下两个案件的问题了。

斯图尔特和史蒂文斯两人投票推翻路易斯安那州法，因为该法实际上是强制性法律。在这一点上他和北卡罗来纳州的法律一样僵化。斯图尔特向鲍威尔提供了一些论据，最终鲍威尔也同意加入两人对该案的立场。

最后只剩下得克萨斯州案了。得州的死刑法很难被明确归入强制法或者任意法中。它与任意法不同，没有对被告的程序权利做出特别规定，如提供量刑指导或者规定特别听证会。但是，鲍威尔仍然希望支持该法。他在路易斯安那案中做出了让步，现在轮到他们两人支持自己的意见了。斯图尔特改变了原有的弃权票，投票支持得州法，史蒂文斯同样改变了自己的原有立场。但是史蒂文斯对此有些不安，他觉得自己的行为就像是一个超级立法机关。尽管他们做了保守性陈述，没有硬性要求各州规定量刑指导以及独立的听证会，但是没有哪个州会真的忽视这个关键问题。他们的意见实际上已经宣示了指导标准和独立的听审会是宪法上的要求，这必然会推翻麦克高塔案。

三人组最后开始编排各个章节，将它们放到最恰当的位置中。鲍威尔觉得，这些判决意见看起来很像是委员会规划书，但是他们已经尽了最大的努力了。斯图尔特喜欢这种委员会的工作模式，这种模式下观点可以被充分讨论，而成果和责任同样由众人共同分担。考虑到他们在这些案件上只用了两个月的时间，斯图尔特觉得他们的工作完成得已经相当出色了。

布伦南的助理希望他能出面指明三人组判决意见中相互矛盾的地方，但是这次布伦南拒绝了。伦奎斯特将会站在相反立场对这些判决意见进行批评。布伦南希望让其他大法官能将更多的注意力放在密切相关的道德问题上——剥夺生命。1972年判决已经赢得的东西，现在又失掉了。他写道："这样的司法和犯罪本身一样令人不寒而栗。新的'法定谋杀'完全抹杀了对犯罪者进行矫正的可能性，是对社会的二次伤害。"不过，他的不同意见对本案的结果没有产生任何影响。

此前无法确定自己立场的布莱克门，在两个月后明确表示自己不愿加入三人组的意见。他将加入伯格、怀特和伦奎斯特，投票支持全部五个州的法律。

他们同意应宣布三人组的判决。7月2日星期五是预定的宣判日期，三人组的意见共有 112 页，肯定了其中三个州的法律，但是推翻了另外两州。其他6位大法官附上了长达93页的协同意见和不同意见。本案没有形成多数意见，首席大法官提议由自己先宣读自己撰写的意见。但是其他大法官坚持先宣读三人组的意见。首席大法官被迫做出让步。

判决公布当天的早晨，更衣室中的氛围严肃而静谧。外面笼罩着的厚重阴霾让法庭显得暗淡无光。当斯图尔特读到维持佐治亚州法律对死刑的规定时，他声音已经变得沙哑，手不停颤抖。马歇尔朗读了他撰写的一份愤怒且激烈的不同意见。结束后，大法官们沉默着离开了法庭。马歇尔不堪疲惫，失望地提前返回家中。当晚，他还经历了一场轻微的心脏病发作。

第二天，新闻报道特别提及，这份判决意味着，等待执行死刑的囚犯中半数左右最终将被执行——这些死刑犯均是基于任意法被判处死刑的。《纽约时报》猜测，距离这些囚犯被真正执行死刑大概还需要几个月的时间。“但是，今天的审判已经表明最终执行的最大法律障碍已经不复存在了。”

判决宣布两周后，阿姆斯特丹向最高法院提出申请，要求重新审理最高法院支持的三部法律。最高法院已经进入休庭期，所以这个申请被转交给鲍威尔，他是负责这些州巡回法院的大法官。最快的执行将于这个月末开始，除非鲍威尔签发暂缓执行令，直到最高法院开庭对申请重新进行审查。

鲍威尔不希望第一场屠杀与自己有关，他打算签署暂缓执行令。伯格得知后，极力劝说鲍威尔。伯格认为，这更像是一种拖延战略，企图利用法律漏洞搞砸法律的适用。如果暂缓执行，外界可能解读为鲍威尔改变立场了，或者揣测是不是整个最高法院的立场都发生了变化，这样只会引起更多的质疑。

鲍威尔告诉伯格，他个人不代表整个最高法院。如果有任何人在最高法院下一庭期开始前被处决，最高法院可能会拒绝重新审理的申请。无论这种可能会不会真的发生，自己都应该签署暂缓执行令。

伯格则表示，如果鲍威尔决定签署暂缓执行令，自己将不得不召开会议撤销他的命令，并直接拒绝重审申请。① 伯格知道多数派将支持自己的做法。

鲍威尔致电身在楠塔基特岛的布伦南，告诉他伯格的威胁。布伦南提醒他，自己担任巡回大法官期间，首席大法官无权干涉自己的任何行为。布伦南建议鲍威尔展现他的大无畏精神。

布伦南说，如果鲍威尔同意签署暂缓执行令，而伯格试图重新召集大法官们举行会议，自己将拒绝参与这次会议。如果伯格坚持的话，他将撰写一份反对最高法院举动的判决意见，并对伯格召开会议的真正动机进行详细说明。

7 月 22 日，鲍威尔签署了暂缓执行令，伯格并没有召集集体讨论会。②

自由派的式微

第一个庭期时的混乱不堪让史蒂文斯决定停下来对讨论会和各位大法官的情况进行仔细分析。讨论会上，首席大法官总是仔细阅读助理们准备的备忘录，防止自己在最后时间出差错。布伦南因最高法院的趋势而深受折磨，他的意见更像是荒原上的无助呐喊。史蒂文斯个人非常欣赏布伦南，但是布伦南常常不假思索就喊出他的自由主义观点。斯图尔特对工作非常投入，但是注意力不够集中。马歇尔总是紧紧追随着布伦南。布莱克门没

① 这个夏天最高法院最后一次召开会议以加速执行某死刑判决是在 1953 年，当时，最高法院推翻了道格拉斯阻止对已经定罪的间谍朱利叶斯和埃塞尔·罗森博格执行死刑的判决。

② 第二年 10 月，最高法院在新庭期最先采取的行动之一，就是发布了一项简短的拒绝重审申请的命令。没有一个人反对。从技术角度看，各州可以自由开始执行死刑。但阿姆斯特丹和基金公司的律师继续为每一个死刑判决据理力争，并为了阻止其执行向联邦法院提出了每一个可能提出的动议。除了被定罪的谋杀犯加利·吉尔摩之外，他们的申请都成功了。加利·吉尔摩在 1977 年 1 月要求犹他州执行其死刑判决。他被执行了枪决。1979 年 5 月 25 日上午 10 点 12 分，开始执行非自愿申请的死刑判决。约翰 A. 斯潘克林克被执行电刑。自 1972 年最高法院判决宣布死刑违宪以来，其判决一直被暂缓执行。

有决断力，总是尽力回避案件的真正争点，并试图限缩最高法院的最终判决。伦奎斯特极富才华，且对工作非常投入，但是他的观点过于偏向右派。他曲解先例的努力，几乎是到了令人难以置信的程度，但是史蒂文斯个人同样非常欣赏伦奎斯特。鲍威尔似乎是最深思熟虑、处事周到的人，他很少空谈，总是立刻行动。怀特非常愿意私下进行非正式讨论，但是他的严肃经常给周围人带来压力。

缺少理智的有深度或者有意义的讨论，史蒂文斯认为这是最高法院失去活力的表现。他还觉得最高法院挑选案件的程序过于粗糙，用于自省的时间不够充分。最令人担忧的是它缺乏激情、想象力和思想的开放性。

在这个庭期结束前，史蒂文斯已经习惯了大法官们基于现实原因，而不是法律原因，作出的决定——他们规避案件事实，曲解法律，用逻辑上的谬误来解决争议性问题。这不是他所期望的，但这就是现实。不过，最令史蒂文斯难以接受的是协商与研究的匮乏。史蒂文斯在庭期进展过半时就任大法官，他对局面产生的压力让内部的相互嫌恶变得更加公开和频繁。

6 月 20 日，星期六，《华盛顿星报》的记者莱尔·丹尼斯顿撰写了一篇标题为《没有道格拉斯的另外一个最高法院》的头条报道。他在报道中指出，道格拉斯的同事们，即使是那些与他观点冲突的人，都怀念他的坦率。虽然丹尼斯顿没有直接指明，但是他提到两位大法官曾经和自己谈论到道格拉斯的离开对布伦南和马歇尔产生的影响。他引用了一位大法官的表述，称剩下的两位自由派大法官经常在讨论会上被“围攻”。另外一位大法官也表示，布伦南和马歇尔已经意识到他们日益下降的影响力。孤立无援之下，他们只得不断提出语气激烈的不同意见。但是其中一位大法官表示，通常情况下，多数派觉得没必要回应马歇尔和布伦南。报道中还引用了另外一句话：“在长跑中，不用急着追逐那些故意快跑的人，他们的目的只是为了消耗对手的体力；也不需要留意他们竖起的每一面旗帜。”

数天后，在年末讨论会上，大法官们需要决定哪些案件已经可以进行宣判。鲍威尔撰写的一个与宪法第四修正案有关的案件被提出来讨论。

“我已经准备好了，但是我不知道布伦南的进展如何，或许他需要一些时间来准备他的不同意见。”鲍威尔表示。

“哦，”布伦南说，“如果《星报》报道的内容不是杜撰的，我不知道你们为什么还在乎我的意见。你们已经觉得没有必要阅读我的意见，或者作出回应了。”

“你不应该相信那篇报道。”鲍威尔回答。

其他大法官试图让布伦南冷静下来，但是布伦南愤怒地表示：“报道里可是引用了在座两位的原话！”

“你难道真的相信报纸上的报道吗？”怀特问。

史蒂文斯说，他怀疑无名大法官的所谓表述不是真实的。所有大法官都参与到了讨论中，纷纷表达着对这篇报道、媒体舆论、不同意见、道格拉斯的退休和他的重要性的观点。讨论持续了相当一段时间。

只有斯图尔特和伦奎斯特没有出声。

随后，布伦南针对鲍威尔的多数意见提出的反对观点中，语气变得缓和。这是他少见的语气温和的不同意见，不过其中的论述仍然非常有力。他谴责多数意见的欺骗性，指责他们实际上是在推翻沃伦法院 1969 年的判决，但是没有具体解释。他继续指责多数派的行为是“极端的”，“臆造的”，将导致“灾难性的后果”，并且导致“宪法保护功能的减损”。他还引用了 1970 年《耶鲁法学评论》的一篇文章的标题——“针对正在形成的尼克松多数派意见的公正性和逻辑性，一些令人担忧的观察意见”。

最高法院于 7 月 6 日宣布了与宪法第四修正案有关的五个相互独立的案件判决。当天已经是最高法院本庭期的最后一天。五个案件的判决都支持政府一方，削弱对公民权利的保护。在“美国政府诉马丁尼及福尔特案（U.S. v. Martinez-Fuerte）”中，最高法院支持了边境巡检队在距离国界数英里外设置固定检查站，无须充分理由，就可以对来往车辆进行搜查。布伦南代表自己和马歇尔提出了一份不同意见，将这些判决列为最高法院本庭期内“严重践踏美国宪法第四修正案”的九个案例之一。

因为五个案件在最后一天宣判，几乎所有大法官助理都把当天称作了“黑色星期二”。但是，即便这些判决是黑色的且与他们的自由主义立场相反，然而通过精心设计推翻沃伦法院判决的决定并不取决于伯格，决定权实际上掌控在斯图尔特、怀特、鲍威尔和史蒂文斯手中。斯图尔特和怀特在沃伦法院时期已经就任大法官，鲍威尔是四位尼克松任命者中立场最温和的一位，而史蒂文斯同样是一位温和派大法官。

中间派控制着最高法院。

Acknowledgments
致　谢

本书有两位赞助者，《华盛顿邮报》的前执行总编本杰明·布兰德利和西蒙-舒斯特出版社社长理查德·斯奈德。离开了他们的帮助和鼓励，此书不可能完成。独立的政府部门拥有的职权、传统和规约使其远在新闻界的触及范围之外。对其进行详细调查具有内在的风险，没有其他的报社编辑和出版社会像他们那样愿意承担这种风险。

我们还要特别感谢西蒙-舒斯特出版社的索菲·索尔金、弗兰·克梅茨、爱德华·施耐德、维恩·科恩、格温·爱德曼、阿尔伯特·哈伯特、乔·尼埃文斯、哈里特·里普斯基。

我们的编辑爱丽丝·梅休在本书完成过程中给予了我们持续的支持和指导，我们向她表达我们的敬意和爱戴。

我们也要感谢《华盛顿邮报》的凯瑟琳·格雷厄姆、唐纳德·格雷厄姆、霍华德·西蒙、已故的劳伦斯·斯特恩、伊丽莎白·希尔顿、茱莉亚·李、卡罗尔·莱格特、露西娅·纽、丽塔·巴克斯保、亚当·多布林。

凯伦·德·杨、马克·莱克利兹、安·摩尔、吉姆·摩尔、鲍勃·里奇、罗纳德·罗唐达、鲍勃·韦伦、道格拉斯·伍德罗克阅读了此书并提出了批评和诸多建议。

感谢汤姆·法伯为此书的写作提出的建议，对我们帮助很大。

我们在《华盛顿邮报》的同事米尔特·本杰明花费数月润色、编辑、修改本书的初稿。我们对他的谢意无以言表。

我们向所有给我们提供信息来源的人士表达我们最诚挚的谢意。

1979 年 8 月于华盛顿特区

北京市版权局出版外国图书合同登记号　图字：01-2015-3630 号

Simplified Chinese Translation copyright
© [year of first publication by Publisher] by **BobWoodward and Scott Armstrong**
CHINA LEGAL PUBLISHING HOUSE
THE BRETHREN: Inside the Supreme Court
Original English Language edition Copyright © **1979 by BobWoodward and Scott Armstrong**
All Rights Reserved.
Published by arrangement with the original publisher, Simon & Schuster, Inc.

图书在版编目（CIP）数据

隐秘的江湖：美国最高法院要案审理内幕 /（美）鲍伯·伍德沃德（Bob Woodward），（美）斯科特·阿姆斯特朗（Scott Armstrong）著；于鹏译.
—北京：中国法制出版社，2018. 2
书名原文：The Brethren: Inside the Supreme Court
ISBN 978-7-5093-8946-1

Ⅰ. ①隐… Ⅱ. ①鲍… ②斯… ③于… Ⅲ. ①司法制度—法制史—美国—1969-1975 Ⅳ. ① D971.29

中国版本图书馆 CIP 数据核字（2017）第 269937 号

责任编辑 / 胡　艺（ngaihu@gmail.com）　　封面设计 / 蒋　怡

隐秘的江湖：美国最高法院要案审理内幕
YINMI DE JIANGHU: MEIGUO ZUIGAO FAYUAN YAOAN SHENLI NEIMU

著 者 / [美] 鲍伯·伍德沃德　[美] 斯科特·阿姆斯特朗
译 者 / 于　鹏
经 销 / 新华书店
印 刷 / 三河市紫恒印装有限公司
开 本 / 880 毫米 ×1230 毫米　32 开
印 张 / 16.25
字 数 / 391 千

版 次：2018 年 2 月第 1 版 / 2018 年 2 月第 1 次印刷
书 号：ISBN 978-7-5093-8946-1　　定 价：68.00 元

北京西单横二条 2 号
邮政编码：100031　　传　真：010-66031119
网　址：http://www. zgfzs. com　　编辑部电话：010-66034985
市场营销部电话：010-66033393　　邮购部电话：010-66033288

（如有印装质量问题，请与本社编务印务管理部联系调换。电话：010-66032926）